QUESTÕES DISPUTADAS SOBRE A ALMA

COLEÇÃO
MEDIEVALIA

Reimpresso no Brasil, maio de 2014
Título original: *Quaestiones Disputatae de Anima*
Copyright © 2012 Fundación Tomás de Aquino, Pamplona (Espanha),
reproduzido com autorização do titular.

Existem discrepâncias acerca do critério estabelecido para a fixação do texto latino na edição Leonina de 1996. Por isto, o texto latino empregado na presente edição é o publicado no site da Fundação Tomás de Aquino (www.corpusthomisticum.org), baseado na edição Marietti de 1953, preparada por P. Bazzi O. P. e outros, transcrita por Roberto Busa S.J. e revisada pelo Dr. Enrique Alarcón.

Os direitos desta edição pertencem a
É Realizações Editora, Livraria e Distribuidora Ltda.
Caixa Postal 45321 – 04010-970 – São Paulo SP
Telefax (5511) 5572 5363
e@erealizacoes.com.br – www.erealizacoes.com.br

Editor
Edson Manoel de Oliveira Filho

Coordenação da Coleção Medievalia
Sidney Silveira

Edição do texto latino
P. Bazzi, R. Busa, E. Alarcón e outros

Gerente editorial
Sonnini Ruiz

Produção editorial e revisão
Liliana Cruz e William C. Cruz

Capa e projeto gráfico
Mauricio Nisi Gonçalves / Estúdio É

Diagramação
André Cavalcante Gimenez / Estúdio É

Impressão
Gráfica Vida & Consciência

Reservados todos os direitos desta obra.
Proibida toda e qualquer reprodução desta edição
por qualquer meio ou forma, seja ela eletrônica ou mecânica,
fotocópia, gravação ou qualquer outro meio de reprodução,
sem permissão expressa do editor.

QUESTÕES DISPUTADAS SOBRE A ALMA

Santo Tomás de Aquino

Tradução de Luiz Astorga

2ª impressão

Sumário

Prólogo 7
Nota Prévia do Tradutor 25
Tabela de Referências à Obra de Santo Tomás de Aquino 27

QUESTÕES DISPUTADAS SOBRE A ALMA

QUAESTIONES DISPUTATAE DE ANIMA |
    QUESTÕES DISPUTADAS SOBRE A ALMA .... 30 | 31

QUAESTIO I | QUESTÃO I .... 32 | 33

QUAESTIO II | QUESTÃO II .... 52 | 53

QUAESTIO III | QUESTÃO III .... 74 | 75

QUAESTIO IV | QUESTÃO IV .... 96 | 97

QUAESTIO V | QUESTÃO V .... 108 | 109

QUAESTIO VI | QUESTÃO VI .... 124 | 125

QUAESTIO VII | QUESTÃO VII .... 140 | 141

QUAESTIO VIII | QUESTÃO VIII .... 162 | 163

QUAESTIO IX | QUESTÃO IX .... 186 | 187

QUAESTIO X | QUESTÃO X .... 208 | 209

QUAESTIO XI | QUESTÃO XI .... 228 | 229

QUAESTIO XII | QUESTÃO XII .... 246 | 247

QUAESTIO XIII | QUESTÃO XIII .... 262 | 263

QUAESTIO XIV | QUESTÃO XIV .... 284 | 285

QUAESTIO XV | QUESTÃO XV .... 302 | 303

QUAESTIO XVI | QUESTÃO XVI .... 326 | 327

QUAESTIO XVII | QUESTÃO XVII .... 344 | 345

QUAESTIO XVIII | QUESTÃO XVIII .... 356 | 357

QUAESTIO XIX | QUESTÃO XIX .... 378 | 379

QUAESTIO XX | QUESTÃO XX .... 396 | 397

QUAESTIO XXI | QUESTÃO XXI .... 418 | 419

Notas 439

Prólogo

Carlos Augusto Casanova Guerra[1]

Agradeço à editora É e ao tradutor Luiz Astorga a oportunidade de cooperar com este fecundo projeto de tornar acessível ao público de língua portuguesa as considerações de Santo Tomás sobre a alma. Poucos temas se revestem de tamanha importância como os que foram elucidados nas vinte e uma questões em que o Aquinate dividiu este assunto disputado.

Talvez uma das primeiras perguntas que esta obra nas mãos dos leitores possa suscitar se refira à atualidade das observações e dos argumentos que contém. Está claro que a visão tomista a respeito dos corpos celestes e do chamado "quinto elemento" foi derrotada pelo desenvolvimento da investigação física, muito acelerado desde que o Merton College e outros centros escolásticos obtiveram êxito na aplicação sistemática da álgebra aos fenômenos, e desde que Kepler se deu conta de que as hipóteses aristarco-copernicanas prometiam uma explicação causal, e não meramente fenomênica, dos movimentos celestes.[2] Por esta razão, quando o Aquinate faz referência a esses aspectos da física aristotélica ou do século XIII, é preciso adaptar essa referência ao contexto daquilo que hoje sabemos. Mas está claro igualmente que, em matéria de reflexão filosófica (metafísica) dos fenômenos

---

[1] Carlos Augusto Casanova Guerra é doutor *cum laude* em Filosofia pela Universidade de Navarra. Foi visiting scholar na Universidade de Boston e senior research associate do Maritain Center na Universidade de Notre Dame, Indiana. Atualmente é Pró-reitor da International Academy of Philosophy na Pontifícia Universidade Católica de Santiago do Chile.

[2] Sobre a origem da ciência chamada "moderna", deve-se consultar o livro de A. C. Crombie, *Medieval and Early Modern Science*. Sobre as concepções aristotélicas na filosofia da ciência de Kepler, ver seu *Apologia pro Tychone contra Ursum*, p. 90, 92-93, 98, 141, 144-146 e 153-154 (In: N. Jardine, *The Birth of History and Philosophy of Science*. Cambridge, Cambridge University Press, 1984, p. 83-207); e Ernan McMullin, "Rationality and Paradigm Change in Science", p. 129 e 133-135 (In: Martin Curd & J. A. Cover (eds.), *Philosophy of Science. The Central Issues*. Nova York e Londres, W. W. Norton and Company, 1998, p. 119-138).

biológicos, psicológicos, espirituais, e também de não poucos fenômenos físicos, não é muito o que encontramos nesta obra que nossos atuais conhecimentos nos obriguem a modificar.

Muita tinta foi gasta acerca da suposta "superação" das noções de causa formal e final, que incluiriam a noção aristotélica de alma e de corpo orgânico. Expuseram-se diversos aspectos da física ou da biologia modernas que supostamente nos obrigariam a abandonar tais noções, mas todos os esforços nessa direção se mostraram infrutíferos – ao menos quando são considerados intelectivamente, por meio de um exame racional que avalie a verdade das experiências e dos argumentos. Mostraram-se, por outro lado, muito fecundos do ponto de vista da manipulação das massas, da desinformação do público.

René Descartes não foi o criador da ciência "moderna", como tampouco Galileu. Mas o italiano ao menos foi um cientista cabal e, precisamente por esta razão, teve de romper com o metafísico francês. Este, de fato, desejava submeter a realidade a um sistema preconcebido em que a Natureza fosse reduzida a um objeto de dominação por parte do homem-tecnocientífico, a uma pura massa de *res extensa* sem outras qualidades além da imagem ou do tamanho ou da velocidade. Por esta razão, porque eram qualidades não previstas em seu sistema, Descartes rejeitou as forças dos galileanos, e rompeu com eles. A despeito do autor francês, os autênticos cientistas ativeram-se à experiência, e não aos sonhos mecanicistas por ele delineados.

Depois, outros cartesianos quiseram forçar Newton a abandonar a força à distância e a gravidade, e tiveram êxito somente em obrigá-lo a distinguir bem a "filosofia" da física. Immanuel Kant, por sua vez, na *Metafísica dos Costumes*, também quis corrigir Newton, porque este sustentava que as leis da mecânica haviam sido tomadas da experiência.[3] Kant pensava, ao contrário de Newton, que na experiência não se encontra nada mais que "fenômenos" ordenados pelas formas *a priori* da sensibilidade e pelas categorias. Mas equivocava-se o idealista transcendental, e tinha razão o cientista: é da experiência que brota a física e qualquer ciência, porque nosso intelecto depara ali com inteligibilidades reais, ou seja, com formas e propriedades, como as que se podem descrever por meio das leis da inércia ou da gravitação universal. Precisamente por este motivo a

---

[3] Cf. p. 215 da edição da Academia preparada por Natorp.

experiência pôde forçar-nos, no fim do século XIX e no começo do XX, a alterar a noção de espaço físico, que, segundo Kant, era um *a priori*. Não foi em vão que Friedrich Gauss, a quem devemos em boa medida os desenvolvimentos da matemática e da física no século XX, afirmou que só Aristóteles entre os filósofos compreende realmente a ciência.[4]

Não há, pois, razão alguma contida nos desenvolvimentos da ciência que obrigue, de maneira nenhuma, a abandonar as clássicas noções de forma e fim. É verdade que a ciência particular não versa sobre elas, mas também é verdade que as pressupõe. Isaac Newton não pôde dar uma explicação filosófica de sua "ação à distância", mas um bom aristotélico não teria tido problema em mostrar que as "propriedades naturais" dos elementos e a própria lista de elementos sustentados nos tempos de Aristóteles deveriam ser substituídas pelas novas listas que a química moderna ia descobrindo e pelas propriedades que a mesma química ou que a mecânica de Newton agora iam mostrando. De fato, a sistematização euleriana da mecânica adota uma perspectiva aristotélica, e considera a velocidade ou o repouso como "qualidades" ou "propriedades" dos corpos, bem como a inércia e a gravidade.

O problema não se encontra na ciência natural, mas nas erradas reflexões de autores que se chamam a si mesmos "ilustrados". O principal de todos neste terreno não é outro senão David Hume. Não temos espaço agora para lançar-nos a uma refutação formal, mas sim para remeter o leitor a uma obra notável neste aspecto: *Powers. A Study in Metaphysics*, de George Molnar,[5] onde se mostra a necessidade de postular que há propriedades reais na natureza, potencialidades e tendências finalistas. Naturalmente, uma vez mais: o estudo dessas tendências enquanto teleológicas corresponde à metafísica, não à ciência natural, assim como o estudo da alma corresponde à metafísica, não à ciência natural, segundo a concepção aristotélica das relações entre as ciências, que é expressa com grande clareza no capítulo 1 do livro Épsilon (VI) da *Metafísica*.

Quanto ao evolucionismo de Darwin e outros, é preciso dizer que em nada afeta nossas experiências imediatas sobre o que é a vida e sobre os graus de vida, que são as experiências sobre as quais refletem Aristóteles e Santo Tomás. A hipótese evolucionista não está provada, ainda que se baseie em abundantes

---

[4] Fê-lo em carta a Schumacher de 1º de novembro de 1844. Em outra carta ao mesmo Schumacher, Gauss acrescentou que a filosofia de Hegel é *insanidade*.
[5] Nova York, Oxford University Press, 2003.

indícios, e não pode negar a experiência imediata. Em todo o caso, ademais, o que ela pretende nas versões em que constitui realmente uma hipótese de investigação paleontológica, e não uma bandeira ideológico-ateia, é explicar a diversificação das espécies por meio de um esclarecimento de suas causas segundas, e não negar que existam espécies. Por outro lado, pretender que o acaso e a seleção natural possam por si sós explicar o corpo orgânico dos seres vivos é muito mais implausível que crer em magia: se o acaso fosse a causa primeira, deveria ser a regra entre os seres vivos. Mas a regra é que os órgãos têm função, e a exceção, que supostamente não a tenham (não poucas vezes os supostos órgãos "atávicos" acabam por ter também uma função). Os darwinistas ateus não podem explicar isto. Os clássicos e escolásticos, por sua vez, podiam, sim, explicar a rara falta de função, pois sustentavam que, devido à materialidade, o acaso era uma causa real no cosmos visível: "o que seja o melhor deve ser procurado naquilo que existe em vista do fim. Assim, o melhor seria que o corpo animal fosse incorruptível, se tal matéria requerida pela forma animal suportasse sê-lo segundo sua natureza".[6] Mas pretender que o acaso e a seleção natural possam explicar as sensações ou a intelecção equivale simplesmente a abandonar o princípio de que "do nada, nada pode surgir", ou, mais precisamente formulado, de que "não há nem pode haver mudança sem uma causa proporcionada", abandono que surpreendentemente é proposto por Karl Popper.[7] Isto porém já não é somente "magia", mas uma rejeição radical da racionalidade científica e filosófica, em nome de um novo deus ateu ou panteísta chamado "Evolução".

A respeito da hermenêutica heideggeriana ou gadameriana ou ricoeuriana, não quero estender-me agora. Direi apenas que sua crítica à metafísica clássica e escolástica se baseia em um jogo de palavras e de falsa filologia em que, a partir do parágrafo 21 de *Ser e Tempo*, se obtém uma identificação prestidigitadora em pontos cruciais (a) entre a metafísica cartesiana, de um lado, e a "metafísica tradicional", de outro; e (b) entre os requisitos filosóficos da matemática e da física moderna e os da metafísica cartesiana. Quanto a esta segunda identificação, já dissemos bastante: a verdadeira ciência moderna é inocente das várias ideologias que a invocaram ou que usurparam seu nome, a começar pelo mecanicismo.

---

[6] Santo Tomás de Aquino, *Quaestiones Disputatae de Anima*, q.8 ad10.
[7] Cf. *The Self and Its Brain*. Nova York, Springer International, 1977, p. 15.

Quanto à primeira identificação, dizer que a pretensão de domínio da natureza e de alcançar uma imortalidade e um paraíso intraterrenos, que na Sexta Parte do *Discurso do Método* aparecem como os principais impulsos da obra de Descartes, ou que a fusão de sabedoria ou ciência e técnica na tecnociência, mais a absorção da prudência por essa "tecnociência", dizer que tudo isso brota naturalmente da "intelecção" ou do *noeîn* da metafísica clássica ou escolástica dista tanto da verdade quanto o céu da terra.

Podemos afirmar com segurança, então, que a obra que temos nas mãos não foi "superada" por nenhuma disciplina verdadeiramente científica ou filosófica. Temos de nos aproximar das experiências para as quais ela aponta, das reflexões sobre essas experiências e dos diferentes argumentos com que chega a suas conclusões com o espírito aberto para penetrar um dos temas mais cruciais de nossa existência, pela mão de um dos maiores mestres que já pisaram o pó deste mundo.

Santo Tomás vai fundir diante de nossos olhos, a partir de uma perspectiva filosófico-teológica, a sabedoria platônica e a aristotélica, a reflexão filosófica e o ensino bíblico, as intuições neoplatônicas, a meditação patrística e a precisão escolástica. Vai aplicar todo este saber às questões que mais preocupavam seus contemporâneos, de modo que não realiza um estudo sistemático de antropologia filosófica, mas, sobretudo, acerca do ser e da essência da alma; de seu lugar no cosmos visível e invisível; bem como de seu lugar e do lugar das potências, do corpo e das partes corpóreas na totalidade do ser do homem; e da relação da alma com a verdade que se encontra no sensível ou fora do sensível. Para encontrar um tratado sistemático de antropologia, será preciso ler esta obra em conjunto com a *Suma Teológica* ou a *Suma contra os Gentios*.[8]

Nos temas de que trata, esta é uma obra-prima. Quero destacar um conjunto de pontos em que se pode mostrar sua relevância atual: (1) a unidade do homem e seu caráter de substância anfíbia entre o mundo material e o espiritual; (2) a relevância desta concepção nos estudos bíblicos; (3) a rejeição tanto do empirismo

---

[8] No comentário ao *De Anima* de Aristóteles, encontra-se um estudo mais detalhado das potências sensitivas externas, do sentido comum e da fantasia e sua diferença com respeito ao intelecto. Parece-me que todos os outros temas tratados no *De Anima*, no que se relaciona ao homem, são tão bem tratados nesta questão quanto no comentário, e alguns mais bem tratados. No entanto, penso que se deva ler previamente vários diálogos platônicos (como *República* IV, VI-VII e X; *Fédon, Mênon, Banquete*) e o comentário ao *De Anima* para elevar-se passo a passo a um nível de compreensão em que seja possível assimilar o que se diz nesta obra que ora se apresenta ao público de língua portuguesa.

quanto de certo angelismo que quer negar que nosso conhecimento intelectual seja tomado do sensível. Este ponto incluirá uma breve consideração acerca do conhecimento intelectual dos singulares e (4) do modo como nos elevamos ao conhecimento de Deus, assim como a necessidade de passar, nesta via de ascensão, pelo do conhecimento da alma.[9]

1. A UNIDADE DO HOMEM E SEU CARÁTER DE SUBSTÂNCIA ANFÍBIA ENTRE O MUNDO MATERIAL E O ESPIRITUAL

Nesta obra, Santo Tomás adota uma vez mais a perspectiva aristotélica em que a alma é concebida como forma do corpo, e não como uma substância completa encarnada como castigo por uma espécie de "pecado original", com o fito de cuidar do corpo – como pensavam Platão e Orígenes.[10] Não se trata de uma simples "opção" ajustada às modas intelectuais da época, mas do resultado de uma consideração detida de todos os dados de experiência. O homem, com efeito, deve adquirir os conceitos, e também os termos dos primeiros princípios, o que ocorre quando temos aproximadamente um ano e meio, segundo a psicologia infantil moderna,[11] por meio do uso dos sentidos.[12] Mais ainda: nesta vida, o ser humano não pode considerar os conceitos sem apoiar-se na fantasia, que é um dos sentidos internos. Quando, por exemplo, queremos recordar uma classe de aracnídeos, temos na mente um conceito – e por isso somos capazes de empreender a atividade de recordar –, mas necessitamos "buscar" em nossa memória as imagens acertadas para que esse conceito se "encarne" nelas. Dado que os atos sensoriais, incluindo os da fantasia e da memória, conquanto não se possam reduzir à sua base fisiológica, necessitam de um órgão corpóreo como base material, é claro que o corpo não é um simples cárcere da alma, nem causa final da união entre a alma e o corpo. Ao contrário, o corpo como um todo, e cada um de seus órgãos, ordena-se ao bem da alma[13] e é a materialidade da substância única que é o homem. Este caráter

---

[9] Há outros temas relevantes, como a correta interpretação de Aristóteles no que se refere ao caráter de potência da alma humana que tanto o intelecto possível quanto o agente têm. Mas agora tenho de deixá-los de lado.
[10] Cf. *Quaestiones Disputatae de Anima*, q.7 *corpus*; q.15 *corpus*.
[11] Cf. William Stern, *Psychology of Early Childhood*. Nova York, Henry Holt and Company, 1924, p. 163.
[12] Cf. *Quaestiones Disputatae de Anima*, q.5 *corpus*.
[13] Cf. *Quaestiones Disputatae de Anima*, q.15 *corpus*.

material da substância do homem é o que explica que possa haver diversas almas espirituais pertencentes à mesma espécie humana: nossa alma "distingue-se das outras formas pelo fato de que seu ser não depende do corpo; daí que tampouco seu ser individuado dependa de seu corpo. Pois tudo o que é uno é, na mesma medida, indiviso em si e distinto dos outros".[14] Mas, como nossa alma não é completa sem o corpo, e verdadeiramente é forma de um corpo, seu ser se relaciona com a matéria e tem o poder de atualizá-la de diferentes maneiras, poder esse que não se dá nos anjos. Daí que cada alma não esgote a espécie, senão que possa haver muitas da mesma espécie.[15]

Ademais, o corpo não é o que é sem a alma. Esta constitui a *ratio* formal daquele e, portanto, é o que lhe confere sua unidade natural. Os artefatos têm somente unidade de ordem, e por isso neles a forma não é diferente do fim extrínseco e da estrutura dos componentes: a distinção entre forma e matéria é somente de razão.[16] Nos seres naturais, por outro lado, precisamente porque todas as suas partes e elementos constituem um único ser, a distinção entre forma e matéria é real. Estas porém não são "partes", nem "entes", mas coprincípios de um único ente. O ser deste ente vem da forma, e esta, em geral, não pode existir sem o corpo. A única exceção é a alma humana, que tem um ser não dependente da matéria, como nos é revelado pelo fato de ter operações não dependentes da matéria, tais como o entender e o querer volitivo.

Interessa agora sublinhar duas coisas: (a) o homem é uma substância única porque o ser do corpo é o mesmo ser da alma; e (b) a alma não é substância separada porque (b.1) parte de suas potências necessita, como dissemos, de órgão corpóreo para seu exercício e também para subsistir,[17] e porque (b.2) mesmo suas potências superiores, o intelecto e a vontade, ficam ao menos diminuídas em sua atividade se

---

[14] Cf. *Quaestiones Disputatae de Anima*, q.3 *corpus*.
[15] Cf. *Quaestiones Disputatae de Anima*, q.3 ad15, ad19, ad20.
[16] Por este motivo, as partes do artefato não recebem sua espécie da união ao todo artificial (senão que permanece sua espécie natural, como a do metal no automóvel, por exemplo); nem o princípio de unidade desse todo se encontra inteiro em cada parte, senão que a parte se integra ao todo por alguma qualidade acidental que lhe é infundida pelo artesão. Por isso, o todo artificial é resultado da integração de todas as partes e de sua conexão com o fim extrínseco. Nos seres compostos naturais, por sua vez, as partes recebem sua espécie da união ao todo (como o olho no animal), e a forma apresenta-se inteira em cada parte. Por isso, o todo natural é causado pela forma, que integra as partes nesse todo.
[17] Cf. *Quaestiones Disputatae de Anima*, q.19.

não podem apoiar-se na fantasia. Dessa maneira, vemos que Santo Tomás evita todo dualismo de substâncias e, portanto, escapa às principais críticas que os atuais filósofos materialistas da mente dirigem à espiritualidade da alma humana.[18]

Por outro lado, Santo Tomás vai mais longe que Aristóteles no que se refere ao estudo do destino da alma após a morte. No *De Anima*, o Estagirita ousa dizer apenas que a alma subsiste, "mas não recorda", pois nesta vida todo o nosso conhecimento intelectivo, conquanto incorpóreo, necessita da fantasia. Talvez a isto se deva aquele fragmento em que Aristóteles nos revela que, quanto mais solitário fica, mais amante se torna do mito. O Aquinate apresenta uma série de razões poderosas, ouso dizer que até demonstrativas, para sustentar que o modo de conhecimento natural da alma deve mudar ao morrer, ainda que não seja perfeito enquanto ela se encontrar despojada do corpo e da fantasia:[19] "Inteligir é a operação máxima da alma. Portanto, se o inteligir não convém à alma sem o corpo, nenhuma outra operação sua lhe convém. Mas se não lhe conviesse nenhuma operação própria, seria impossível que a alma existisse separada. Mas afirmamos que a alma existe separada. Logo, é necessário afirmar que ela inteligE".[20] Ao expor o modo

---

[18] Cf., por exemplo, John Searle, *The Mystery of Consciousnes*. Nova York, The New York Review of Books, 1998, p. XIII, 98, 194; e *Mind. A Brief Introduction*. Oxford, Oxford University Press, cap. 1-5. E ainda Steven Pinker, *The Blank Slate*. Nova York, Viking Press, 2002, p. VII-XIII, 5-13, 42, 166, 174, 176, 177, 184, 185, 372 ss.

[19] Cf. *Quaestiones Disputatae de Anima*, q.15 *corpus* e ad6.

[20] *Quaestiones Disputatae de Anima*, q.15 *sed contra* 1. Deve-se fazer uma pequena mas importante observação para responder a certas críticas provenientes da escola fenomenológica realista. Santo Tomás, como se vê no texto, sustenta que a alma humana é incorpórea e subsiste após a morte. No entanto, afirma também que ela pertence à espécie humana, da qual é uma parte, tanto porque a operação intelectual de todas as almas humanas recebe sua atualidade das essências ou formas que segundo suas espécies devem ser abstraídas do sensível (q.7 ad1), como porque o corpo é realmente parte da essência do homem. (Após a morte, a alma pode receber *rationes* inteligíveis infundidas pelos anjos ou por Deus, mas: (a) o objeto natural imediato continua a ser o sensível e a própria alma, a partir de onde a mente pode elevar-se até as causas; (b) dado que a inteligibilidade é um transcendental, e não é gênero que se possa dividir no plano das substâncias em diversas espécies, a recepção das *rationes* infusas não requer uma mudança na espécie do intelecto humano; e (c) por isso o conhecimento proporcionado pelas *rationes* infusas é imperfeito (cf. q.15 arg8, ad8 e ad18).) Porque o corpo é parte da essência do homem, as potências vegetativas emanam da alma humana como de sua raiz, embora se possam chamar "potências naturais" na medida em que seu objeto é o mesmo que se dá nas operações dos seres meramente físicos, ainda que se deem nos seres vivos de outra maneira (cf. q.13 *corpus* e ad14). É por esse caráter natural da potência geradora que Santo Tomás pode dizer que "a natureza tem em vista gerar *o homem*, não *este homem*" (q.18 *corpus*), o que não significa que cada alma não seja amável por si mesma ou que Deus não a estime por si mesma.

como a alma separada entende, Santo Tomás ensina que ela conserva as espécies adquiridas nesta vida e recebe certas espécies das substâncias superiores (anjos, demônios ou Deus), que, por serem semelhanças não das coisas sensíveis, mas das ideias criadoras de Deus, têm poder para dar a conhecer também os singulares. Com estas espécies angélicas, portanto, podemos considerar tanto certos vestígios singulares de nossas ações em nossa alma como os anjos com que gozamos ou os demônios e o fogo que nos torturam.[21] Fundado expressamente na fé, afirma, então, que a alma separada tem conhecimento natural dos anjos e demônios, que são substâncias separadas inteligíveis em ato, por meio de certa influência dessas substâncias separadas ou de Deus. Este conhecimento se dá por uma intuição da própria essência da alma, dado haver uma semelhança inteligível entre a alma e os anjos, pois todos têm uma Causa comum, que é Deus.[22]

2. A RELEVÂNCIA DAS DOUTRINAS ANTERIORES NOS ESTUDOS BÍBLICOS

Os ensinamentos anteriores, embora procedam em seu núcleo essencial da experiência filosófica, parecem-me extremamente úteis para dar conta do que nos é entregue na Revelação. Em primeiro lugar, o homem não é somente sua alma, mas corpo animado, como descrito em Gênesis 2,7. Por ser seu corpo parte essencial de sua espécie, a alma solitária clama por retornar à carne, segundo sua natureza. Não tinham razão os filósofos que, ao ouvi-lo falar da ressurreição, interromperam São Paulo e zombaram dele ou lhe disseram: "A respeito disto te ouviremos outra vez",[23] certamente movidos por seu desprezo pelo corpo. Por outro lado, teve razão São Paulo quando, em sua Primeira Epístola aos Coríntios 15,17-18, disse: "E, se Cristo não ressuscitou, ilusória é a vossa fé; ainda estais nos vossos pecados. Por conseguinte, aqueles que adormeceram em Cristo estão perdidos", porque sem a fé na ressurreição é muito difícil sustentar a imortalidade da alma: como é possível, com efeito, que Deus tenha criado uma substância natural que passe somente um breve período de tempo completa e uma eternidade incompleta?[24] Este é o tipo de razão

---

[21] Cf. *Quaestiones Disputatae de Anima*, q.20 *corpus*.
[22] Cf. *Quaestiones Disputatae de Anima*, q.17 *corpus* e ad4.
[23] Atos 17,32.
[24] Cf. comentário de Santo Tomás ao lugar citado. Talvez São Paulo estivesse argumentando mais precisamente num contexto como o dos saduceus, que ligavam indissoluvelmente, ao que parece, a

que levou Santo Agostinho a corrigir suas afirmações iniciais e acabar declarando que "o homem é uma substância racional que consta de alma e corpo".[25]

Há, no entanto, algumas dificuldades que requerem uma consideração cuidadosa. O texto da Primeira Epístola aos Coríntios não é totalmente esclarecido com o mero dizer que a carne é parte da substância do homem, se se pode provar que a alma pode subsistir e conhecer após a morte, ao que me parece. Do mesmo modo, alguns textos do Antigo Testamento parecem condenados a uma obscuridade invencível com a prova de que a alma pode conhecer após a morte. É verdade que a imortalidade da alma nunca foi muito claramente revelada senão no livro da Sabedoria ou no dos Macabeus e no Novo Testamento. Mas devemos encontrar uma explicação plausível para algumas passagens de, por exemplo, Eclesiastes e Eclesiástico. Tenho em mente trechos como estes:

> Pois a sorte do homem e a do animal é idêntica: como morre um, assim morre o outro (Ecl 3,19).
>
> Quem louvará o Altíssimo no Xeol, se os vivos não lhe dão glória? Para o morto, como se não existisse mais nada, o louvor acabou; o que tem vida e saúde glorifica o Senhor (Eclo 17,26-27).

Santo Tomás explica a primeira passagem dizendo que se refere somente à corrupção do composto que se segue à separação de alma e corpo, e que ocorre nos animais e nos homens; ou que se trata de um texto atribuído ao insensato.[26] A primeira explicação me parece mais provável, pois o livro pretende mostrar ao leitor a futilidade deste mundo. Também Santa Teresa, por exemplo, ou São Francisco de Borja, embora conheçam bem a imortalidade da alma, usam em certas ocasiões linguagem semelhante: o homem é pó, os vermes devorarão seu corpo, etc. Talvez outro texto do Eclesiástico (41,5) mostre bem esse tipo de reflexão: "Não temas a sentença da morte; lembra-te dos que te precederam e dos

---

ressurreição e a permanência da alma após a morte. Cristo fez algo semelhante ao discutir com os que negavam a ressurreição: disse-lhes que o Deus de Abraão, Isaac e Jacó não é Deus de mortos, mas de vivos. Cf. Lc 20, 34-40.

[25] *De Trinitate* XV, 7, 11. Note-se que já não diz que a alma seja "substância", mas sim que o homem é substância. Devo o ter reparado neste texto ao professor Claudio Pierantoni, então da Faculdade de Teologia da Pontifícia Universidad Católica de Chile.

[26] Cf. *Quaestiones Disputatae de Anima*, q.14 ad1.

que te seguirão. É sentença do Senhor para toda carne". Mas o mesmo livro do Eclesiástico parece-me apresentar um problema mais difícil, na passagem transcrita e em outras, pois que ali se fala de certa imortalidade, a do bom nome e da descendência,[27] e, conquanto se admita haver certa vida no "xeol" ou "hades", ela é representada como um "repouso" total, ao menos para o justo, ou como uma inatividade notável.[28]

Pode-se lançar uma hipótese. A obra que ora apresentamos contém *todos* os elementos para resolver este problema de interpretação bíblica, ainda que para isso se devam levar seus ensinamentos para um âmbito a que não foram aplicados: antes da Ressurreição de Cristo, que é a causa de nossa própria vitória sobre a morte, as almas dos justos não receberam a iluminação ou a locução dos anjos que podiam ter recebido naturalmente. Deus, devido ao pecado da humanidade, teria decretado que os justos esperassem por Cristo não somente para entrar no céu, na visão direta e sobrenatural da Essência Divina, mas também para a ditosa vida natural que podem alcançar as almas com o auxílio dos anjos. Daí que se diga que Jesus, ao morrer, "desceu aos infernos", ao lugar onde a maioria dos justos passava uma existência puramente expectante.[29] Só os condenados teriam obtido o conhecimento natural que as almas separadas podem alcançar, mas para sua tortura, e não para louvar a Deus.

3. A REJEIÇÃO DO EMPIRISMO E DO ANGELISMO.
O CONHECIMENTO INTELECTUAL DOS SINGULARES

A posição de Santo Tomás de Aquino no que se refere ao conhecimento intelectual humano dá conta de todos os fenômenos e surpreende pelo equilíbrio metafísico que manifesta. Com efeito, o Aquinate sabe que um milhão de semelhanças sensíveis não podem dar lugar a uma semelhança inteligível e que, portanto, de uma experiência puramente sensorial não se podem extrair senão propriedades sensíveis semelhantes, que talvez se conformem a uma imagem

---

[27] Cf. 44,8-12.
[28] Cf. 30,17; 41,7; 48,5 (um morto se levantou do hades pela palavra de Elias).
[29] Alguns justos, todavia, gozavam de outra existência. O Evangelho nos revela que Abraão recebia os justos e gozava do uso de seu intelecto e de sua vontade, e até podia falar com a alma de um condenado, o rico Epulão. Cf. Lc 16,19-31.

vaga em que caibam muitos indivíduos. Uma imagem assim não é nem pode ser um verdadeiro conceito, *pace* John Locke e John Stuart Mill. A postulação platônica da teoria da reminiscência não foi arbitrária, senão que respondeu a esta sólida observação. Mas, uma vez destruída por Aristóteles a teoria das Ideias separadas, o intelecto agente toma uma parte do lugar da reminiscência:[30] nossas espécies vêm, em um sentido, da condição inteligível atual de nossa alma e, em outro, das coisas sensíveis, cuja essência é inteligível em potência. Somos em parte passivos, em parte ativos, na captação intelectual. – Por isso se distingue o intelecto possível do agente e se usam duas metáforas ao falar do intelecto agente: a da luz e a do artesão.[31]

A dimensão ativa do entender, necessária para separar as *rationes* formais da matéria individual e torná-las inteligíveis em ato, está na raiz de o ser humano conhecer nesta vida intelectualmente e diretamente apenas os universais (e, por reflexão, a própria alma). Deus, por sua vez, conhece em Si todas as coisas, também as singulares, porque possui a concepção que cria o ser inteiro de todas elas, forma e matéria; enquanto o anjo conhece as essências e os singulares porque Deus infunde em seu intelecto, ao criá-lo, as espécies que são semelhanças das Ideias divinas. A razão dessa diferença entre o intelecto humano e os outros intelectos reside em que só as coisas sensíveis nos são dadas diretamente, e em que delas tomamos as espécies, as essências formalizadas. Só por copulação com o sentido nosso intelecto pode voltar ao singular, à matéria concreta.[32]

---

[30] Cf. *Quaestiones Disputatae de Anima*, q.4 corpus. A outra parte, à qual se referem o *Mênon* (80-86), o *Banquete* (discurso de Diotima) e o *Fédon* (72e-77a; em especial, 73d) de modo diferente, consiste na presença de um estado intermediário entre o saber e a ignorância, que explica o fato de podermos aprender e investigar. Aristóteles defende tal estado intermediário, mas não sob a forma de conhecimento adquirido antes de a alma encarnar e esquecido no momento da encarnação, e sim sob a forma de amor natural à verdade (cf. o início mesmo da *Metafísica*). Esse amor é também a tensão volitiva natural do homem para a felicidade a que se refere o livro I da *Ética a Nicômaco*, conquanto isto só seja óbvio depois de ele ter investigado qual é a natureza da felicidade a que aspiramos.

[31] Cf. *Quaestiones Disputatae de Anima*, q.5 corpus, ad2, ad6; q.15 corpus. Também *Quaestiones Disputatae de Veritate*, q.10 a6 corpus.

[32] Naturalmente, o intelecto humano conhece os singulares, porque se não os conhecesse seria a mais débil de todas as potências do homem, assim como Deus seria o mais ignorante de todos os seres se não conhecesse os singulares. Mais ainda: que tenhamos conhecimento intelectivo dos singulares deveria ser uma obviedade, como se pode captar ao refletir sobre frases como a seguinte: "Sócrates é homem". Cf. *Quaestiones Disputatae de Anima*, q.20 ad *sed contra* 1.

Com estas observações confirma-se que a nosso intelecto cabe a condição ínfima entre as substâncias inteligíveis em ato, ou a suprema entre as substâncias corpóreas: o homem é um confim entre o inteligível e o sensível.[33]

Quero, a partir do dito anteriormente, tratar de três assuntos: em primeiro lugar, encontra-se em Santo Tomás um realismo que facilmente pode evitar as críticas do imanentismo moderno; em segundo lugar, esse realismo está distante do inatismo angelizante de muitos outros autores; em terceiro lugar, a alma capta as *rationes* inteligíveis que se encontram no singular, também na medida em que se encontram no singular, e isto, unido à imperfeição de nosso conhecimento dos seres suprassensíveis, corrobora que não possuamos espécies inatas.

Acerca do imanentismo deve-se dizer que todos os argumentos apresentados por Descartes contra o conhecimento sensorial, tanto nas *Meditações Metafísicas* quanto no *Discurso do Método*, devem ser antes entendidas como uma espécie de ato de prestidigitação para substituir as coisas pelas "ideias" como objeto de nosso conhecimento.[34] Se não procurarmos, como Descartes, recriar o saber, o que é uma tarefa impossível, mas aceitarmos que ele existe e somente refletirmos sobre quais são seus elementos, dar-nos-emos conta de que a melhor explicação é a tomista: conhecemos as coisas, mas não sem espécies sensíveis ou inteligíveis. Tais espécies, no entanto, não são "mediações", mas a própria forma da coisa presente imaterialmente em nossa alma, quando nos é dada na experiência;[35] ou uma semelhança sensível ou inteligível (conforme o caso) *em que* ou *com que* conhecemos as próprias coisas. Não conhecemos intelectivamente sem conceitos, mas o que conhecemos não são os conceitos.[36] Poderíamos acrescentar que, em quase toda a tradição da filosofia analítica, se oscila entre a aceitação de um *tertium quid* que se

---

[33] Cf. *Quaestiones Disputatae de Anima*, q.2 *corpus*.
[34] Étienne Gilson estudou bem este problema em sua obra *O Realismo Metódico*, à qual remeto o leitor. Ao ler esta obra, deve-se porém ter em conta que nela Gilson incorre em não pequenos erros historiográficos. Assim, por exemplo, equivoca-se quando supõe que a escolástica ou o aristotelismo sejam incompatíveis com a ciência natural moderna. A verdade é que a ciência natural mal chamada moderna se iniciou na Academia de Platão, prosseguiu no Liceu e nas escolas herdeiras de Alexandria e foi retomada e impulsionada na escolástica, que conseguiu aplicar a álgebra a um maior número de disciplinas naturais que os gregos ou os árabes. Cf. Pierre Duhem, *The Aim and Structure of Physical Theory*. Nova York, Atheneum, 1962, p. 39 ss.
[35] Mas a forma inteligível não fecunda nosso intelecto possível senão quando é iluminada e imaterializada pelo intelecto agente, despojada de condições individuantes.
[36] Cf. *Quaestiones Disputatae de Anima*, q.2 ad5. Somente na lógica e na metafísica fazemos das espécies objeto de conhecimento.

interpõe entre as coisas e nossa mente como uma tela ou como um objeto mediador, por um lado, e a negação de que haja necessidade de conceitos para conhecer intelectualmente as coisas, por outro lado, como se pode perceber na obra de John O'Callagham *Thomist Realism and the Linguistic Turn*.

Quanto ao segundo ponto, note-se que Santo Tomás afirma, assim como São Boaventura, que os primeiros princípios (práticos e teóricos) são conhecidos de modo natural. Assim interpreta o Salmo 4,7: "Imprimi em nós, Senhor, a luz de vossa face".[37] Mas apressa-se a acrescentar que "de modo natural" não significa de modo inato. Assim como o amor de uma mãe por seu filho é natural mas não se dá enquanto não existe o filho, os primeiros princípios são naturais mas só se formam quando o intelecto possível concebe os termos. E tais termos ("ente", "bom", "todo", "parte", etc.) são tomados da experiência sensorial.[38] Diferentemente dos anjos, portanto, recebemos as espécies dos entes sensíveis (embora conheçamos nossa própria alma sem espécies, por reflexão sobre nossas operações relativas diretamente ao sensível). É precisamente por esta razão que nossa alma não pode operar perfeitamente sem o corpo e que, em consequência, a alma é causa final do corpo, como já se disse.

Deve-se sublinhar que, se conhecemos intelectivamente o singular, isto se deve a que captamos nele as *rationes* inteligíveis que dele predicamos. A hipótese platônica da reminiscência não exclui, por exemplo, que vejamos o inteligível que está no sensível. Tampouco a hipótese de certos tomistas segundo a qual a luz do agente contém em si as espécies inteligíveis com que entendemos os sensíveis (ou contém em si, ao menos, os primeiros princípios e seus termos) pode excluir que vejamos o inteligível que se acha potencialmente no sensível. Neste ponto, como em outros, distinguem-se as mencionadas hipóteses da kantiana, que postula as categorias e as formas da sensibilidade. Mas a hipótese aristotélica, seguida por Santo Tomás, é mais plausível porque, (a) se efetivamente conhecemos o inteligível que se encontra potencialmente no sensível, parece que a reminiscência da Ideia ou a espécie inata como explicação de nosso conhecimento se tornam desnecessárias. (Mas, se não conhecêssemos o inteligível que se

---

[37] Esta é a tradução do hebraico, tanto da versão dos LXX como da Vulgata. Novas traduções leem de outra maneira, mas, para dizer a verdade, parecem-me mais confiáveis os sábios judeus alexandrinos e São Jerônimo.

[38] Cf. *Quaestiones Disputatae de Anima*, q.5 corpus.

encontra realmente no sensível, a Ideia ou a espécie não nos revelariam a natureza do singular, pois, como diz Santo Tomás, em perfeita harmonia neste ponto com Kant, "é evidente que, não importa o quanto se agregue a universais, nunca se pode deste modo perfazer um singular. De fato, se eu dissesse "homem *branco, músico*..." e o que mais se lhe possa agregar, isto ainda não seria um singular");[39] e (b), ainda que conheçamos as realidades puramente suprassensíveis, conhecemo-las de um modo imperfeito que claramente revela que nos elevamos a elas a partir do (inteligível que está no) sensível.

4. O CONHECIMENTO NATURAL DE DEUS PASSA PELO CONHECIMENTO DA ALMA

O grande equilíbrio metafísico que atribuímos a Santo Tomás manifesta-se também na questão mais crucial, a referente ao conhecimento que temos de Deus e das demais substâncias separadas. Afirma-se, com efeito, nesta obra (que realiza neste ponto uma investigação prometida por Aristóteles em *De Anima* III, mas nunca levada a efeito) que a Deus e às substâncias separadas em geral conhecemo-las por uma ascensão a partir do sensível. Mas, ao mesmo tempo, evita-se um erro em que é fácil incorrer, e que foi comum no século XX: pensar que a teologia natural ou metafísica pode ser elaborada por um processo de progressiva abstração:

> (...) houve outra opinião: a de que a alma humana poderia alcançar, pelos princípios da filosofia, a intelecção das substâncias separadas. Para demonstrá-la, assim procediam: É manifesto que a alma humana pode abstrair das coisas materiais as suas quididades e inteligi-las; isto se realiza tantas vezes quantas inteligimos de alguma coisa material aquilo que ela é. Portanto, se aquela quididade abstraída não é pura quididade, mas apenas uma coisa possuidora de quididade, novamente pode o nosso intelecto abstraí-la. E, como não se pode proceder ao infinito, chegar-se-á a que intelija alguma quididade simples e, mediante sua consideração, nosso intelecto inteligirá as substâncias separadas – que nada são senão certas quididades simples. Mas este arrazoado é absolutamente insuficiente. Primeiro, porque as quididades das coisas materiais são distintas em gênero das quididades

---

[39] *Quaestiones Disputatae de Anima*, q.20 *corpus*. Cf., em sentido semelhante, *Teeteto*, 209c.

separadas, e possuem outro modo de ser. Donde, pelo fato de que nosso intelecto capte as quididades das coisas materiais, não se segue que capte as quididades separadas.[40]

A metafísica não consiste num impossível espremer o ser sensível para que destile o ser divino. Ela parte, em contrapartida, refletindo sobre o conhecimento que temos das inteligibilidades sensíveis e apercebendo-se, escalonadamente, de que (a) ele se dá por meio de espécies despojadas de matéria concreta; o que é possível (b) porque nosso intelecto é incorpóreo. Dessa maneira pode constatar que há uma hierarquia de seres no mundo visível, cuja cúspide é ocupada por um intelecto em ato. A partir daí conhece com certeza que as causas do cosmos não podem ser senão Inteligíveis em ato ("*et sic per considerationem intellectus nostri deducimur in cognitionem substantiarum separatarum intelligibilium*"),[41] e que a Causa Suprema deve ser um Primeiro Intelecto que se identifica com o Primeiro Inteligível, etc.

Pois bem, o intelecto conhece-se a si mesmo por reflexão sobre seu ato de entender as *rationes* inteligíveis que estão no sensível.[42] Por isso, nem sequer de nosso próprio intelecto podemos falar senão mediante o uso de analogias

---

[40] *Quaestiones Disputatae de Anima*, q.16 *corpus*. Esta passagem pode ser posta em conexão com a *Metafísica* Épsilon (VI) 1 para perceber-se que a noção de "ente", pela qual nos elevamos a Deus, não é uma "abstração", nem como "abstração do todo" nem como "abstração da forma". Ela faz referência ao todo em que se dão as partes que se consideram separadamente na análise constituída pela abstração: "[...] segundo o juízo de Aristóteles, somente pelo intelecto conhecemos o que é um em muitos, abstraindo os princípios individuantes. No entanto, o intelecto não é inútil ou falso só por não haver algo ideal abstrato na realidade. Pois, nas coisas que se dão ao mesmo tempo, uma pode ser corretamente compreendida ou nomeada sem que se compreenda ou nomeie corretamente a outra; ainda que, entre aquelas coisas que se dão ao mesmo tempo, não seja possível que uma seja corretamente compreendida ou nomeada sem que exista a outra" (*Quaestiones Disputatae de Anima*, q.3 ad8). Como se vê, quando se considera o ente sensível real enquanto existente, devem-se considerar também seus princípios individuantes. Quando captamos que "isto é algo" (água, por exemplo), captamos o todo e sua formalidade substancial (*abstractio totius*), e, quando captamos que "tudo tem um nome", captamos esta estrutura das coisas reais. Mas logo se entende que a noção de ente pode ser predicada com verdade do intelecto, embora este não tenha órgão corpóreo; e da alma, embora seu ser não esteja de todo imerso na corporeidade. E assim se pode entender que a noção de ente não se limita ao sensível, diferentemente de todos os conceitos abstratos. Assim, a noção de "ente" não é propriamente "abstrata", conquanto a possuamos de modo intencional (imaterial) e conquanto constitua uma noção "geral".
[41] *Quaestiones Disputatae de Anima*, q.16 *corpus*.
[42] *Quaestiones Disputatae de Anima*, q.16 ad8.

de realidades sensíveis e metáforas.⁴³ "É-nos impossível luzir o raio divino sem que esteja velado pela variedade dos véus sagrados":⁴⁴ "a alma (enquanto unida ao corpo) pode ascender à cognição das substâncias separadas apenas na medida em que pode ser conduzida pelas espécies recebidas dos fantasmas. Isto, entretanto, não se dá para que entendamos *o que elas são*, uma vez que tais substâncias excedem toda a proporção destes inteligíveis [inferiores]. Mas assim podemos, acerca das substâncias separadas, de certo modo conhecer *que* elas são – assim como, por efeitos deficientes, chegamos a causas excelentes, para que delas saibamos apenas que existem. E, quando conhecemos que são causas excelentes, delas sabemos que não são tais quais seus efeitos. De fato, isto é saber delas mais o que *não são* do que o que *são*".⁴⁵

---

⁴³ Por exemplo: o intelecto é "o olho da alma", o agente é "uma luz" ou "um artesão", um homem pode ter uma inteligência "penetrante" ou "profunda", etc.
⁴⁴ Pseudo-Dionísio, *De Caelesti Hierachia*, capítulo 1.
⁴⁵ *Quaestiones Disputatae de Anima*, q.16 *corpus*.

Nota prévia do tradutor

Provavelmente disputada e publicada na Itália entre os anos de 1266 e 1267 (segundo os mais recentes estudos cronológicos), a presente obra difundiu-se em abundância no florescente âmbito universitário medieval. Seu conteúdo foi reproduzido em inúmeros manuscritos, cujos exemplares preservados se encontram hoje em nada menos que noventa e três universidades, europeias em sua quase totalidade. Ao legado de seus copistas devemos a publicação, desde 1472, de vinte e sete edições latinas impressas, se somamos a este total o mais recente texto crítico (o Leonino), concluído em 1996.

Duas foram as fontes latinas de que mais nos valemos para a produção deste livro:

Em primeiro lugar, a tradicionalmente conhecida edição de Turim (*Sancti Thomae de Aquino Quaestio disputata de anima*. Textum Taurini 1953 editum ac automato translatum a Roberto Busa SJ in taenias magneticas denuo recognovit Enrique Alarcón atque instruxit [www.corpusthomisticum.org]).

Em segundo lugar, a já mencionada edição Leonina (*Sancti Thomae Aquinatis Opera Omnia, Iussu edita Leonis XIII P.M.*, cura et studio Fratrum Praedicatorum; t. 24-1: *Quaestiones Disputatae de Anima*. Romae: Apud Sedem Commissionis Leoninae, 1996). Esta completíssima edição contribuiu sobremaneira para o resultado final do presente trabalho. Por ser ela o mais detalhado estabelecimento do texto latino, submetemos a primeira fonte à autoridade desta; pois, embora ao compará-las tenhamos visto que as duas pouco diferem entre si, houve situações relevantes em que tivemos de preferir o texto Leonino ao de Turim, ora por sua maior fidelidade ao itinerário argumentativo, ora por sua maior clareza. Por isso, o leitor que se remeter ao latim deverá ter em mente a seguinte codificação: nele, colchetes vazios ([ ]) indicam a supressão de um termo presente no texto de Turim, em concordância com a estrutura do Leonino; por sua vez, colchetes com conteúdo indicam a substituição de um termo de Turim pelo respectivo termo Leonino.

Já quanto aos colchetes presentes na própria tradução, apenas indicam a inserção, por nossa parte, de termos que dessem maior clareza à redação, e em nada correspondem aos colchetes da seção latina.

Quanto às notas: como convém ao teor desta obra, o leitor encontrará as devidas referências às obras citadas no corpo do texto, ou cuja menção tem relevância para sua compreensão. No início de cada questão, mencionaremos os locais paralelos dos escritos em que o Aquinate dá tratamento ao respectivo tema. Ademais, adotamos como padrão que, se não mencionado seu autor, as citações remetem a obras do próprio Santo Tomás, e neste caso se encontram abreviadas. Não obstante, podem ocorrer eventuais afastamentos deste padrão, por exigências de clareza.

Agregamos também notas explicativas, distinguidas respectivamente como do tradutor (N. T.), se de nossa própria lavra, ou do coordenador (N. C.), se elaboradas por Sidney Silveira, responsável pela coleção que com esta obra se inicia, e integrante do ANGELICUM – Instituto de Filosofia e de Estudos Tomistas. Contudo, quando nelas não há conteúdo explicativo propriamente dito, mas apenas o termo latino traduzido em certa passagem, ou remissões a outras notas, etc., julgamos desnecessário indicar sua autoria.

Luiz Astorga

Tabela de referências à obra de Santo Tomás de Aquino

CG – *Summa contra Gentiles*
Com Th – *Compendium Theologiae ad Fratrem Reginaldum*
De Ente et Ess – *Opusculum de Ente et Essentia*
De Mal – *Quaestiones Disputatae de Malo*
De Pot – *Quaestiones Disputatae de Potentia Dei*
De Spirit Creat – *Quaestio Disputata de Spiritualibus Creaturis*
De Subst Sep – *Tractatus de Substantiis Separatis*
De Un Int – *De Unitate Intellectus contra Averroistas*
De Ver – *Quaestiones Disputatae de Veritate*
De Virt Card – *Quaestio Disputata de Virtutibus Cardinalibus*
In De An – *In Aristotelis Librum De Anima Commentarium*
In De Cael – *In Libros Aristotelis De Caelo et Mundo Expositio*
In De Causis – *In Librum de Causis Expositio*
In De Heb – *Expositio Libri Boetii De Hebdomadibus*
In De Trin – *Expositio Libri Boetii De Trinitate*
In Ethic – *Sententia Libri Ethicorum Aristotelis Expositio*
In Metaph – *In Duodecim Libros Metaphysicorum Aristotelis Expositio*
In Phys – *In Octo Libros Physicorum Aristotelis Expositio*
In Sent – *Scriptum Super Libros Sententiarum Magistri Petri Lombardi*
Quodl – *Quaestiones Quodlibetales*
Resp de XLIII – *Responsio de XLIII Articulis ad Magistrum Ioannem*
STh – *Summa Theologiae*
Tract De Mem – *Tractatus de Memoria et Reminiscentia*
Tract De Sen – *Tractatus de Sensu et Sensato*

QUESTÕES DISPUTADAS SOBRE A ALMA

Quaestiones Disputatae de Anima

Prooemium.

Et primo enim quaeritur, utrum anima humana possit esse forma et hoc aliquid.

Secundo utrum anima humana sit separata secundum esse a corpore.

Tertio utrum intellectus possibilis, sive anima intellectiva, sit una in omnibus.

Quarto utrum necesse sit ponere intellectum agentem.

Quinto utrum intellectus agens sit unus et separatus.

Sexto utrum anima sit composita ex materia et forma.

Septimo utrum Angelus et anima differant specie.

Octavo utrum anima rationalis tali corpori debeat uniri quale est corpus humanum.

Nono utrum anima uniatur materiae corporali [per medium].

Decimo utrum anima sit tota in toto corpore, et in qualibet parte eius.

Undecimo utrum in homine anima rationalis, sensibilis et vegetabilis sit una substantia.

Duodecimo utrum anima sit suae potentiae.

Decimotertio de distinctione potentiarum animae, utrum videlicet distinguantur per obiecta.

Decimoquarto de immortalitate animae humanae, et utrum sit immortalis.

Decimoquinto utrum anima separata a corpore possit intelligere.

Decimosexto utrum anima coniuncta corpori possit intelligere substantias separatas.

Decimoseptimo utrum anima separata possit intelligere substantias separatas.

Decimoctavo utrum anima separata cognoscat omnia naturalia.

Decimonono utrum potentiae sensitivae remaneant in anima separata.

Vicesimo utrum anima separata singularia cognoscat.

Vicesimoprimo utrum anima separata possit pati poenam ab igne corporeo.

Questões Disputadas[1]
Sobre a Alma

PROÊMIO.

Em primeiro lugar, investiga-se se a alma humana pode ser forma e algo concreto.
Em segundo lugar, se a alma humana é separada do corpo segundo seu ser.
Em terceiro lugar, se o intelecto possível ou a alma intelectiva é uma para todos.
Em quarto lugar, se é necessário admitir um intelecto agente.
Em quinto lugar, se o intelecto agente é único e separado.
Em sexto lugar, se a alma se compõe de matéria e forma.
Em sétimo lugar, se o anjo e a alma diferem em espécie.
Em oitavo lugar, se a alma racional tinha de unir-se a um corpo como o humano.
Em nono lugar, se a alma se une à matéria corporal por algum meio.
Em décimo lugar, se a alma está em todo o corpo e em qualquer parte dele.
Em décimo primeiro lugar, se as almas racional, sensível e vegetativa são no homem uma só substância.
Em décimo segundo lugar, se a alma é o mesmo que suas potências.
Em décimo terceiro lugar, se as potências da alma se distinguem por seus objetos.
Em décimo quarto lugar, sobre a imortalidade da alma humana, e sobre se é imortal.
Em décimo quinto lugar, se a alma separada do corpo pode inteligir.
Em décimo sexto lugar, se a alma unida ao corpo pode inteligir as substâncias separadas.
Em décimo sétimo lugar, se a alma separada intelige as substâncias separadas.
Em décimo oitavo lugar, se a alma separada conhece todas as coisas naturais.
Em décimo nono lugar, se as potências sensitivas permanecem na alma separada.
Em vigésimo lugar, se a alma separada conhece os singulares.
Em vigésimo primeiro lugar, se a alma separada pode padecer como pena o fogo corpóreo.

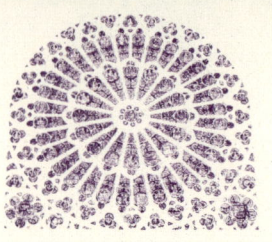

QUAESTIO I

Et primo quaeritur utrum anima humana possit esse forma et hoc aliquid

ET VIDETUR QUOD NON.

1 Si enim anima humana est hoc aliquid, est subsistens et habens per se esse completum. Quod autem advenit alicui post esse completum, advenit ei accidentaliter, ut albedo homini et vestimentum. Corpus igitur unitum animae advenit ei accidentaliter. Si ergo anima est hoc aliquid, non est forma substantialis corporis.

2 Praeterea, si anima est hoc aliquid, oportet quod sit aliquid individuatum; nullum enim universalium est hoc aliquid. Aut igitur individuatur ex aliquo alio, aut ex se. Si ex alio, et est forma corporis, oportet quod individuetur ex corpore (nam formae individuantur ex propria materia); et sic sequitur quod remoto corpore tollitur individuatio animae; et sic anima non poterit esse per se subsistens, nec hoc aliquid. Si autem ex se individuatur, aut est forma simplex, aut est aliquid compositum ex materia et forma. Si est forma simplex sequitur quod anima individuata, ab alia differre non poterit nisi secundum formam. Differentia autem secundum formam facit diversitatem speciei. Sequitur igitur quod animae diversorum hominum sint specie differentes; unde et homines specie differrent si anima est forma corporis, cum unumquodque a propria forma speciem sortiatur. Si autem anima est composita ex materia et forma, impossibile est quod secundum se totam sit forma corporis, nam materia nullius est forma. Relinquitur igitur quod impossibile sit animam simul esse hoc aliquid et formam.

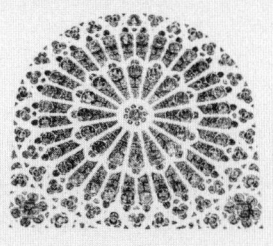

QUESTÃO I

Se a alma humana pode ser forma e algo concreto[2]

E PARECE QUE NÃO.

1. Pois, se a alma humana fosse algo concreto, seria subsistente por si e teria por si o ser completo. Mas o que advém a algo depois de ser completo advém-lhe acidentalmente, tal como a brancura e a vestimenta advêm ao homem.[3] Portanto, o corpo unido à alma advém a esta acidentalmente. Logo, se a alma é algo concreto, não é forma substancial do corpo.

2. Ademais, se a alma fosse algo concreto, conviria que fosse algo individuado, pois nenhum dos universais é algo concreto. Portanto, ou seria individuada por outro, ou por si mesma. Se o fosse por outro, sendo também forma do corpo, conviria que a alma fosse individuada por ele (porque as formas são individuadas pela própria matéria);[4] e deste modo se seguiria que, uma vez removido o corpo, a alma deixaria de ser individuada; e deste modo a alma não poderia ser subsistente por si mesma, nem ser algo concreto. Mas, se fosse individuada por si mesma, seria tal ou porque a alma é forma simples, ou porque é algo composto de matéria e forma. Se fosse forma simples, seguir-se-ia que uma alma individuada não diferiria de outra senão por sua própria forma. Ora, a diferença procedente da forma cria a diversidade de espécies. Seguir-se-ia, por conseguinte, que as almas dos diversos homens seriam de espécies diferentes, razão por que, se a alma é forma de um corpo, também os homens difeririam em espécie, uma vez que cada coisa toma sua espécie da própria forma. Mas, se a alma humana fosse composta de matéria e forma, seria impossível que, segundo sua totalidade, fosse forma do corpo, pois a matéria não é forma de nada. Portanto, só resta dizer que é impossível que a alma seja ao mesmo tempo algo concreto e forma.

3 Praeterea, si anima est hoc aliquid sequitur quod sit individuum quoddam. Omne autem individuum est in aliqua specie et in aliquo genere. Relinquitur igitur quod anima habeat propriam speciem et proprium genus. Impossibile est autem quod aliquid propriam speciem habens recipiat superadditionem alterius ad speciei cuiusdam constitutionem; quia, ut philosophus dicit VIII Metaph., formae vel species rerum sunt sicut numeri; quibus quidquid subtrahitur vel additur, speciem variat. Materia autem et forma uniuntur ad speciei constitutionem. Si igitur anima est hoc aliquid, non unietur corpori ut forma materiae.

4 Praeterea, cum Deus res propter sui bonitatem fecerit, quae in diversis rerum gradibus manifestatur, tot gradus entium instituit, quot potuit natura pati. Si igitur anima humana potest per se subsistere, quod oportet dicere, si est hoc aliquid, sequeretur quod anima per se existens sit unus gradus entium. Formae autem non sunt unus gradus entium seorsum sine materiis. Igitur anima, si est hoc aliquid, non erit forma alicuius materiae.

5 Praeterea, si anima est hoc aliquid, et per se subsistens, oportet quod sit incorruptibilis; cum neque contrarium habeat, neque ex contrariis composita sit. Si autem est incorruptibilis, non potest esse proportionata corpori corruptibili, quale est corpus humanum. Omnis autem forma est proportionata suae materiae. Igitur si anima est hoc aliquid, non erit forma corporis humani.

6 Praeterea, nihil subsistens est actus purus nisi Deus. Si igitur anima est hoc aliquid, utpote per se subsistens, erit in ea aliqua compositio actus et potentiae; et sic non poterit esse forma, quia potentia non est alicuius actus. Si igitur anima sit hoc aliquid non erit forma.

7 Praeterea, si anima est hoc aliquid potens per se subsistere, non oportet quod corpori uniatur nisi propter aliquod bonum ipsius. Aut igitur propter aliquod bonum essentiale, aut propter bonum accidentale. Propter bonum essentiale non, quia sine corpore potest subsistere; neque etiam propter bonum accidentale, quod praecipue videtur esse cognitio veritatis quam anima humana per sensus accipit, qui sine organis corporis esse non possunt. Sed animae puerorum antequam nascantur morientium, dicuntur a quibusdam perfectam cognitionem rerum habere, quam tamen constat quod per sensum non acquisierunt. Si igitur anima est hoc aliquid, nulla ratio est quare corpori uniatur ut forma.

3. Ademais, se a alma fosse algo concreto, seguir-se-ia que seria certo indivíduo. Ora, todo indivíduo pertence a uma espécie e a um gênero. Resta, portanto, que a alma tenha sua própria espécie e seu próprio gênero. Mas é impossível que a algo, tendo sua própria espécie, se acrescente outro para constituir a espécie de uma coisa; por isso, diz o Filósofo no livro VIII da *Metafísica*[5] que as formas ou espécies das coisas são como os números, cuja espécie varia se lhes adicionamos ou subtraímos qualquer coisa. Assim, a matéria e a forma se unem para constituir uma espécie. Portanto, se a alma fosse algo concreto, não se uniria ao corpo como forma da matéria.

4. Ademais, tendo Deus criado as coisas por Sua bondade, a qual se manifesta nos diversos graus destas coisas, instituiu tantos graus de entes quantos a natureza pôde acolher. Portanto, se a alma humana pudesse subsistir por si mesma, o que caberia dizer se fosse algo concreto, seguir-se-ia que à alma existente por si mesma corresponderia um grau entre os entes. Mas às formas, se separadas de sua matéria, não corresponde um grau entre os entes. Logo, se a alma fosse algo concreto, não seria forma de nenhuma matéria.

5. Ademais, se a alma fosse algo concreto, e fosse subsistente por si mesma, seria necessariamente incorruptível; pois não tem um contrário, nem é composta de contrários. Ora, se fosse incorruptível, não poderia estar proporcionada a um corpo corruptível, como o é o humano. Mas toda forma está proporcionada à sua matéria. Logo, se a alma fosse algo concreto, não seria forma do corpo humano.

6. Ademais, nada subsistente é ato puro, salvo Deus. Portanto, se a alma fosse algo concreto, e assim subsistente por si mesma, haveria nela certa composição de ato e potência; deste modo, não poderia ser forma, porque a potência não é ato de nada. Portanto, se a alma fosse algo concreto, não seria forma.

7. Ademais, se a alma fosse algo concreto capaz de subsistir por si mesmo, não seria necessário que se unisse ao corpo, a não ser em razão de algum bem para si. Logo, ou o faria por um bem essencial, ou acidental. Por razão de um bem essencial, não, porque a alma pode subsistir sem o corpo; e tampouco em razão de um bem acidental, que principalmente parece tratar-se do conhecimento da verdade, a qual a alma alcança mediante os sentidos, que não podem existir sem órgãos corpóreos. Mas, das almas das crianças que morrem antes de nascer, dizem alguns que elas gozaram de um perfeito conhecimento das coisas, o qual nos consta que não puderam adquirir mediante os sentidos. Portanto, se a alma fosse algo concreto, não haveria razão alguma para que se unisse ao corpo como forma dele.

8 Praeterea, forma et hoc aliquid ex opposito dividuntur; dicit enim philosophus in II de anima, quod substantia dividitur in tria: quorum unum est forma, aliud materia et tertium quod est hoc aliquid. Opposita autem non dicuntur de eodem. Ergo anima humana non potest esse forma et hoc aliquid.

9 Praeterea, id quod est hoc aliquid per se subsistit. Formae autem proprium est quod sit in alio, quae videntur esse opposita. Si igitur anima est hoc aliquid, non videtur quod sit forma.

10 Sed dicebat quod corrupto corpore anima remanet hoc aliquid et per se subsistens, sed tunc perit in ea ratio formae. Sed contra, omne quod potest abscedere ab aliquo, manente substantia eius, inest ei accidentaliter. Si igitur anima remanente post corpus, perit in ea ratio formae, sequitur quod ratio formae conveniat ei accidentaliter. Sed non unitur corpori ad constitutionem hominis nisi prout est forma. Ergo unitur corpori accidentaliter, et per consequens homo erit ens per accidens; quod est inconveniens.

11 Praeterea, si anima humana est hoc aliquid et per se existens, oportet quod per se habeat aliquam propriam operationem; quia uniuscuiusque rei per se existentis est aliqua propria operatio. Sed anima humana non habet aliquam propriam operationem; quia ipsum intelligere, quod maxime videtur esse eius proprium, non est animae, sed hominis per animam, ut dicitur in I de anima. Ergo anima humana non est hoc aliquid.

12 Praeterea, si anima humana est forma corporis, oportet quod habeat aliquam dependentiam ad corpus; forma enim et materia a se invicem dependent. Sed quod dependet ex aliquo, non est hoc aliquid. Si igitur anima est forma corporis, non erit hoc aliquid.

13 Praeterea, si anima est forma corporis, oportet quod animae et corporis sit unum esse: nam ex materia et forma fit unum secundum esse. Sed animae et corporis non potest esse unum esse, cum sint diversorum generum; anima enim est in genere substantiae incorporeae, corpus vero in genere substantiae corporeae. Anima igitur non potest esse forma corporis.

[13BIS: Praeterea. Anima habet esse proximum ex suis principiis. Si igitur habet aliquod esse commune corpori sequitur quod habeat duplex esse, quod est impossibile.]

8. Ademais, ser forma e ser algo concreto são opostos. Pois diz o Filósofo no livro II *Sobre a Alma*⁶ que a substância se divide em três coisas, uma das quais é a forma, outra a matéria, e outra algo concreto. Mas os opostos não se dizem de uma mesma coisa. Logo, a alma não pode ser forma e algo concreto.

9. Ademais, aquilo que é algo concreto subsiste por si mesmo. Ora, o próprio da forma é existir em outro, e tais determinações parecem opostas. Portanto, se a alma fosse algo concreto, não parece que seria forma.

10. Poder-se-ia dizer, porém, que, ao corromper-se o corpo, a alma permanece algo concreto e subsistente por si mesma, mas então perece nela a razão de forma. Mas em sentido contrário: tudo o que pode abandonar outro, permanecendo a substância deste outro, nele está acidentalmente. Portanto, se após o corpo permanece a alma, mas nela perece a razão de forma, é porque a razão de forma lhe convinha acidentalmente. Ora, a alma não se une ao corpo para a constituição de um homem senão na medida em que é forma. Logo, une-se ao corpo acidentalmente, e portanto o homem será um ente *per accidens*,⁷ o que carece de sentido.

11. Ademais, se a alma humana fosse algo concreto e existisse por si mesma, conviria que operasse por si mesma; pois a cada coisa que existe por si mesma corresponde uma operação própria. Ora, a alma humana não goza de uma operação própria, já que a intelecção mesma, que é o que lhe parece ser mais próprio, não corresponde à alma, e sim ao homem por meio da alma, como se diz no livro I *Sobre a Alma*.⁸ Logo, a alma humana não é algo concreto.

12. Ademais, se a alma humana fosse forma do corpo, conviria que tivesse certa dependência do corpo, pois a forma e a matéria dependem uma da outra. Mas o que depende de outro não pode ser algo concreto. Portanto, se a alma é forma do corpo, não pode ser algo concreto.

13. Ademais, se a alma é forma do corpo, convém que o ser da alma e o do corpo sejam o mesmo: pois da matéria e da forma faz-se algo uno segundo o ser. Mas não pode haver um mesmo ser para a alma e para o corpo, por pertencerem a gêneros diversos: a alma pertence ao gênero das substâncias incorpóreas, enquanto o corpo pertence ao gênero das substâncias corpóreas. Portanto, a alma não pode ser forma do corpo.

13 bis. Ademais, a alma possui o ser a partir de seus próprios princípios. Se, portanto, possui algum ser comum ao corpo, segue-se que possuiria duplo ser, o que é impossível.

14 Praeterea, esse corporis est esse corruptibile, et ex partibus quantitativis resultans; esse autem animae est incorruptibile et simplex. Ergo corporis et animae non est unum esse.

15 Sed dicebat quod corpus humanum ipsum esse corporis habet per animam. Sed contra, philosophus dicit in II de anima, quod anima est actus corporis physici organici. Hoc igitur quod comparatur ad animam ut materia ad actum, est iam corpus physicum organicum: quod non potest esse nisi per aliquam formam, qua constituatur in genere corporis. Habet igitur corpus humanum suum esse praeter esse animae.

16 Praeterea, principia essentialia, quae sunt materia et forma, ordinantur ad esse. Sed ad illud quod potest haberi in natura ab uno, non requiruntur duo. Si igitur anima, cum sit hoc aliquid, habet in se proprium esse, non adiungetur ei secundum naturam corpus, [ ] ut materia formae.

17 Praeterea, esse comparatur ad substantiam animae ut actus eius, et sic oportet quod sit supremum in anima. Inferius autem non contingit id quod est superius secundum supremum in eo, sed magis secundum infimum; dicit enim Dionysius, quod divina sapientia coniungit fines primorum principiis secundorum. Corpus igitur, quod est inferius anima, non pertingit ad esse quod est supremum in ipsa.

18 Praeterea, quorum est unum esse, et una operatio. Si igitur esse animae humanae coniunctae corpori sit commune corpori; et operatio eius, quae est intelligere, erit communis animae et corpori; quod est impossibile, ut probatur in III de anima. Non est igitur unum esse animae humanae et corporis; unde sequitur quod anima non sit forma corporis et hoc aliquid.

Sed contra.

1 Unumquodque sortitur speciem per propriam formam. Sed homo est homo in quantum est rationalis. Ergo anima rationalis est propria forma hominis. Est autem hoc aliquid et per se subsistens, cum per se operetur. Non enim est intelligere per organum corporeum, ut probatur in III de anima. Anima igitur humana est hoc aliquid et forma.

2 Praeterea, ultima perfectio animae humanae consistit in cognitione veritatis, quae est per intellectum. Ad hoc autem quod perficiatur anima in

14. Ademais, o ser corpóreo é um ser corruptível, e que consta de partes quantitativas; o ser da alma, por sua vez, é incorruptível[9] e simples. Logo, o ser do corpo e o da alma não são o mesmo.

15. Poder-se-ia dizer, porém, que o corpo humano possui o próprio ser do corpo mediante a alma. Mas em sentido contrário: diz o Filósofo no livro II *Sobre a Alma*[10] que a alma é o ato de um corpo natural organizado. Portanto, aquilo que está para a alma como a matéria está para o ato é, já, um corpo natural organizado: o que não poderia dar-se senão por uma forma que o fizesse pertencer ao gênero dos corpos. Portanto, o corpo humano tem seu ser à margem do ser da alma.

16. Ademais, os princípios essenciais, ou seja, matéria e forma, ordenam-se ao ser. Mas, àquilo que na natureza pode obter-se por um só, não se requerem dois. Por conseguinte, se a alma, sendo algo concreto, possui em si seu próprio ser, não lhe será agregado o corpo segundo sua natureza, como a matéria à forma.

17. Ademais, o ser se relaciona à substância da alma como ato seu; convém, portanto, que seja o que há de supremo na alma. Mas o inferior não toca o superior segundo aquilo que é supremo no superior, mas segundo o que é ínfimo; pois diz Dionísio[11] que a sabedoria divina une os fins dos primeiros aos princípios dos segundos. Logo, o corpo, que é inferior à alma, dela não alcançará o ser, que é nela o que há de supremo.

18. Ademais, naquilo em que é uno o ser, é una a operação. Portanto, se o ser da alma humana unida ao corpo fosse comum ao corpo, também a operação daquela, ou seja, a intelecção, seria comum à alma e ao corpo; o que é impossível, como se demonstra no livro III *Sobre a Alma*.[12] Assim, não são o mesmo o ser da alma humana e o do corpo; segue-se que a alma não é forma do corpo nem algo concreto.

Mas em sentido contrário:

1. Qualquer coisa toma sua espécie da própria forma.[13] Assim, o homem é homem na medida em que é racional. Logo, a alma racional é a forma própria do homem. Mas ela é algo concreto e subsistente por si, visto que opera por si mesma – pois a intelecção não requer órgão corpóreo, como se demonstra no livro III *Sobre a Alma*.[14] Logo, a alma humana é algo concreto e forma.

2. Ademais, a perfeição última da alma humana consiste no conhecimento da verdade, o qual se dá por meio do intelecto. Mas, para que a alma chegue ao

cognitione veritatis, indiget uniri corpori; quia intelligit per phantasmata, quae non sunt sine corpore. Ergo necesse est ut anima corpori uniatur ut forma, et sit hoc aliquid.

RESPONDEO. Dicendum quod hoc aliquid proprie dicitur individuum in genere substantiae. Dicit enim philosophus in praedicamentis, quod primae substantiae indubitanter hoc aliquid significant; secundae vero substantiae, etsi videantur hoc aliquid significare, magis tamen significant quale quid. Individuum autem in genere substantiae non solum habet quod per se possit subsistere, sed quod sit aliquid completum in aliqua specie et genere substantiae; unde philosophus etiam in praedicamentis, manum et pedem et huiusmodi nominat partes substantiarum magis quam substantias primas vel secundas: quia, licet non sint in alio sicut in subiecto (quod proprie substantiae est), non tamen participant complete naturam alicuius speciei; unde non sunt in aliqua specie neque in aliquo genere, nisi per reductionem.

Duobus igitur existentibus de ratione eius quod est hoc aliquid; quidam utrumque animae humanae abstulerunt, dicentes animam esse harmoniam, ut Empedocles; aut complexionem, ut Galenus; aut aliquid huiusmodi. Sic enim anima neque per se poterit subsistere, neque erit aliquid completum in aliqua specie vel genere substantiae; sed erit forma tantum similis aliis materialibus formis.

Sed haec positio stare non potest nec quantum ad animam vegetabilem, cuius operationes oportet habere aliquod principium supergrediens qualitates activas et passivas, quae in nutriendo et in augendo se habent instrumentaliter tantum, ut probatur in II de anima; complexio autem et harmonia qualitates elementares non transcendunt. Similiter autem non potest stare quantum ad animam sensibilem, cuius operationes sunt in recipiendo species sine materia, ut probatur in II de anima; cum tamen qualitates activae et passivae ultra materiam se non extendant, utpote materiae dispositiones existentes. Multo autem minus potest stare quantum ad animam rationalem, cuius operationes sunt intelligere et abstrahere species, non solum a materia, sed ab omnibus conditionibus materialibus individuantibus, quod requiritur ad cognitionem universalis. Sed adhuc aliquid amplius proprie in anima rationali considerari

conhecimento da verdade, precisa unir-se ao corpo; porque a alma intelige[15] mediante fantasmas,[16] que não existem sem o corpo. Logo, é necessário que a alma se una como forma ao corpo, e que seja algo concreto.

◈

RESPONDO. Deve-se dizer que algo concreto se diz propriamente do indivíduo pertencente ao gênero da substância. Pois diz o Filósofo em suas Categorias[17] que, no caso das substâncias primeiras, é indubitável que significam algo concreto; as substâncias segundas, por sua vez, ainda que pareçam significar algo concreto, significam antes *quale quid*.[18] Mas ao indivíduo pertencente ao gênero da substância não só compete que possa subsistir por si mesmo, mas também que seja algo completo numa espécie e no gênero da substância; portanto, também diz o Filósofo em suas *Categorias*[19] que à mão, ao pé e a outras partes como estas antes se chama partes da substância que substâncias primeiras ou segundas: porque, embora não existam em outro como em seu sujeito (o que é o próprio da substância), não participam completamente da natureza de nenhuma espécie; razão por que não são consideradas certa espécie ou gênero senão por redução.[20]

Destes dois sentidos que se encontram abarcados na razão de algo concreto, alguns negaram ambos à alma humana, afirmando, como Empédocles,[21] que a alma humana é uma harmonia, ou, como Galeno,[22] que é um composto ou coisa semelhante. Assim, a alma não poderia subsistir por si nem ser algo completo numa espécie ou num gênero de substância, mas seria somente uma forma semelhante às outras formas materiais.

Mas tal opinião não pode sustentar-se, nem quanto à alma vegetativa, cujas operações requerem um princípio que excede as qualidades ativas e passivas, que, como se viu no livro II *Sobre a Alma*,[23] se comportam na nutrição e no crescimento como simples instrumentos (pois de fato um composto ou uma harmonia não transcendem às qualidades dos elementos); nem quanto à alma sensitiva, cujas operações, como se viu no mesmo livro,[24] consistem em receber as espécies sem a matéria, enquanto as qualidades ativas e passivas, que são disposições da matéria, não se estendem para além desta; nem, muito menos ainda, quanto à alma racional, cujas operações consistem em inteligir e abstrair as espécies não somente da matéria, mas de todas as condições materiais individuantes: o que é necessário para o conhecimento do universal. Ademais, no caso da alma racional, deve-se

oportet: quia non solum absque materia et conditionibus materiae species intelligibiles recipit, sed nec etiam in eius propria operatione possibile est communicare aliquod organum corporale; ut sic aliquod corporeum sit organum intelligendi, sicut oculus est organum videndi; ut probatur in III de anima. Et sic oportet quod anima intellectiva per se agat, utpote propriam operationem habens absque corporis communione. Et quia unumquodque agit secundum quod est actu, oportet quod anima intellectiva habeat esse per se absolutum non dependens a corpore. Formae enim quae habent esse dependens a materia vel subiecto, non habent per se operationem: non enim calor agit, sed calidum.

Et propter hoc posteriores philosophi iudicaverunt partem animae intellectivam esse aliquid per se subsistens. Dicit enim philosophus in III de anima, quod intellectus est substantia quaedam et non corrumpitur. Et in idem redit dictum Platonis ponentis animam immortalem et per se subsistentem, ex eo quod movet seipsam. Large enim accepit motum pro omni operatione, ut sic intelligatur quod intellectus movet seipsum, quia a seipso operatur.

Sed ulterius posuit Plato, quod anima humana non solum per se subsisteret, sed quod etiam haberet in se completam naturam speciei. Ponebat enim totam naturam speciei in anima esse, dicens hominem non esse aliquid compositum ex anima et corpore, sed animam corpori advenientem; ut sit comparatio animae ad corpus sicut nautae ad navem, vel sicuti induti ad vestem.

Sed haec opinio stare non potest. Manifestum est enim id quo vivit corpus, animam esse, vivere autem est esse viventium: anima igitur est quo corpus humanum habet esse actu. Huiusmodi autem forma est. Est igitur anima humana corporis forma. Ita si anima esset in corpore sicut nauta in navi, non daret speciem corpori, neque partibus eius; cuius contrarium apparet ex hoc quod recedente anima, singulae partes non retinent pristinum nomen nisi aequivoce. Dicitur enim oculus mortui aequivoce oculus, sicut pictus aut lapideus; et simile est de aliis partibus. Et praeterea, si anima esset in corpore sicut nauta in navi, sequeretur quod unio animae et corporis esset accidentalis. Mors igitur, quae inducit eorum separationem, non esset corruptio substantialis; quod patet esse falsum.

considerar ainda outra coisa: decerto, a alma recebe as espécies inteligíveis sem a matéria e sem as condições da matéria, e tampouco há possibilidade de que em sua operação própria tenha comunicação com um órgão corporal de maneira que uma coisa corporal seja órgão da intelecção, tal como o olho o é da visão.[25] Assim, pelo fato de ter uma operação própria sem comunicação com o corpo, é necessário que a alma intelectiva opere por si. E, como cada coisa opera segundo está em ato, é necessário igualmente que a alma intelectiva tenha o ser absolutamente por si, não dependente do corpo. De fato, as formas cujo ser depende da matéria ou do sujeito não têm operação que lhes seja própria; assim, não é o calor mas o que está quente o que opera.

Por essas razões, os filósofos posteriores julgaram que a parte intelectiva da alma é algo que subsiste por si. Assim, afirma Aristóteles[26] que o intelecto é certa substância, e que não se corrompe. E o mesmo concluem as palavras de Platão,[27] de que a alma é imortal e subsistente por si por mover-se a si mesma – de fato, aqui o termo "movimento" significa toda e qualquer operação, de modo que assim se entenda que o intelecto se move a si mesmo porque opera por si mesmo.

Mas Platão afirmava,[28] ademais, que a alma humana não só subsistiria por si, mas também possuiria em si uma natureza específica completa. Pois dizia que toda a natureza específica está na alma, definindo o homem não como um composto de alma e corpo, mas como uma alma que se utiliza de um corpo; e, assim, a relação entre a alma e o corpo seria como a que se dá entre um piloto e seu navio ou entre o que está vestido e suas vestes.

Mas tal opinião não pode ser sustentada. De fato, é manifesto que aquilo pelo qual vive o corpo é a alma. Ora, viver, para os viventes, é ser. Assim, a alma é aquilo pelo qual o corpo humano tem o ser em ato; mas tal coisa é forma: a alma humana é, portanto, a forma do corpo. Da mesma maneira, se a alma estivesse no corpo como o piloto no navio, não especificaria o corpo, e tampouco suas partes; enquanto o contrário é manifesto pelo fato de que, ao retirar-se a alma, cada uma de suas partes não conserva seu antigo nome senão equivocamente.[29] De fato, é equivocamente que se chama olho ao olho de um morto, assim como ao que está pintado ou cinzelado em pedra, e o mesmo se deve dizer das outras partes. Ademais, se a alma estivesse no corpo como o piloto no navio, seguir-se-ia que a união da alma ao corpo seria acidental. Dessa forma, a morte, que provoca sua separação,[30] não seria uma corrupção substancial, o que é evidentemente falso.

Relinquitur igitur quod anima est hoc aliquid, ut per se potens subsistere; non quasi habens in se completam speciem, sed quasi perficiens speciem humanam ut forma corporis; et similiter est forma et hoc aliquid.

Quod quidem ex ordine formarum naturalium considerari potest. Invenitur enim inter formas inferiorum corporum tanto aliqua altior, quanto superioribus principiis magis assimilatur et appropinquat. Quod quidem ex propriis formarum operationibus, perpendi potest. Formae enim elementorum, quae sunt infimae et materiae propinquissimae, non habent aliquam operationem excedentem qualitates activas et passivas, ut rarum et densum, et aliae huiusmodi, quae videntur esse materiae dispositiones. Super has autem sunt formae mixtorum corporum, quae praeter praedictas operationes, habent aliquam operationem consequentem speciem, quam sortiuntur ex corporibus caelestibus; sicut quod adamas attrahit ferrum, non propter calorem aut frigus aut aliquid huiusmodi, sed ex quadam participatione virtutis caelestis. Super has autem formas sunt iterum animae plantarum, quae habent similitudinem non solum ad ipsa corpora caelestia, sed ad motores corporum caelestium in quantum sunt principia cuiusdam motus, quibusdam seipsa moventibus. Super has autem ulterius sunt animae brutorum, quae similitudinem iam habent ad substantiam moventem caelestia corpora, non solum in operatione qua movent corpora, sed etiam in hoc quod in seipsis cognoscitivae sunt; licet brutorum cognitio sit materialium tantum, et materialiter, unde organis corporalibus indigent.

Super has autem ultimo sunt animae humanae, quae similitudinem habent ad superiores substantias etiam in genere cognitionis, quia immaterialia cognoscere possunt intelligendo. In hoc tamen ab eis differunt, quod intellectus animae humanae habent naturam acquirendi cognitionem immaterialem ex cognitione materialium, quae est per sensum.

Sic igitur ex operatione animae humanae, modus esse ipsius cognosci potest. In quantum enim habet operationem materialia transcendentem, esse suum est supra corpus elevatum, non dependens ex ipso; in quantum vero immaterialem cognitionem ex materiali est nata acquirere, manifestum est quod complementum suae speciei esse non potest absque corporis unione. Non enim aliquid est completum in specie, nisi habeat ea

Resta, pois, que a alma é algo concreto no sentido de que pode subsistir por si, não possuindo em si uma espécie completa, mas perfazendo[31] a espécie humana na medida em que é forma do corpo. Assim, é ao mesmo tempo forma e algo concreto.

Isso pode manifestar-se pela ordem das formas das coisas naturais. Pois se encontra, entre as formas dos corpos inferiores, que algumas são mais elevadas quanto mais se assemelhem aos princípios superiores e mais se aproximem deles: o que pode ser estabelecido conforme as operações próprias de cada forma. Pois as formas dos elementos, que são as mais baixas e as mais próximas da matéria, carecem de toda operação que exceda as qualidades ativas e passivas, como o rarefeito e o denso e outras formas semelhantes, que parecem ser disposições da matéria. Acima dessas formas encontram-se as dos corpos mistos, que, além das operações precedentes, têm uma operação específica que recebem dos corpos celestes; e, assim, o ímã atrai o ferro não em razão do calor ou do frio ou de coisas semelhantes, mas porque participa de uma virtude celeste. Acima dessas formas estão as almas das plantas, que têm semelhança não só com os corpos celestes, mas com seus motores, enquanto são princípios de certo movimento, porque alguns deles se movem a si mesmos. Mais acima ainda estão as almas dos animais, que já têm semelhança com a substância que move os corpos celestes, não só por sua ação motriz dos corpos, mas também pelo fato de que está em sua natureza serem cognoscentes, ainda que o conhecimento dos animais seja tão somente das coisas materiais e se dê materialmente, razão por que necessitam de órgãos corporais.

Acima destas formas, enfim, estão as almas humanas, que se assemelham às substâncias superiores também quanto ao gênero de seu conhecimento, porque podem conhecer as coisas imateriais inteligindo. Elas, no entanto, são inferiores a essas substâncias por ser da natureza da alma humana adquirir o conhecimento intelectivo imaterial a partir do conhecimento das coisas materiais, que se dá mediante os sentidos.

Assim, pelo tipo de operação da alma humana, é possível reconhecer qual é seu modo de ser. Pois, na medida em que sua operação transcende às coisas materiais, seu ser se encontra acima do corpo e é independente dele; mas, na medida em que por natureza tem de adquirir um conhecimento imaterial a partir do material, é evidente que não pode estar completa sua natureza específica sem sua união ao corpo. Porque uma coisa não pode ser especificamente completa se não

quae requiruntur ad propriam operationem ipsius speciei. Si igitur anima humana, in quantum unitur corpori ut forma, habet esse elevatum supra corpus non dependens ab eo, manifestum est quod ipsa est in confinio corporalium et separatarum substantiarum constituta.

1 AD PRIMUM ergo dicendum quod licet anima habeat esse completum non tamen sequitur quod corpus ei accidentaliter uniatur; tum quia illud idem esse quod est animae communicat corpori, ut sit unum esse totius compositi; tum etiam quia etsi possit per se subsistere, non tamen habet speciem completam, sed corpus advenit ei ad completionem speciei.

2 AD SECUNDUM dicendum quod unumquodque secundum idem habet esse et individuationem. Universalia enim non habent esse in rerum natura ut universalia sunt, sed solum secundum quod sunt individuata. Sicut igitur esse animae est a Deo sicut a principio activo, et in corpore sicut in materia, nec tamen esse animae perit pereunte corpore; ita et individuatio animae, etsi aliquam relationem habeat ad corpus, non tamen perit corpore pereunte.

3 AD TERTIUM dicendum quod anima humana non est hoc aliquid sicut substantia completam speciem habens; sed sicut pars habentis speciem completam, ut ex dictis patet. Unde ratio non sequitur.

4 AD QUARTUM dicendum quod, licet anima humana per se possit subsistere, non tamen per se habet speciem completam; unde non posset esse quod animae separatae constituerent unum gradum entium.

5 AD QUINTUM dicendum quod corpus humanum est materia proportionata animae humanae; comparatur enim ad eam ut potentia ad actum. Nec tamen oportet quod ei adaequetur in virtute essendi: quia anima humana non est forma a materia totaliter comprehensa; quod patet ex hoc quod aliqua eius operatio est supra materiam. Potest tamen aliter dici secundum sententiam fidei, quod corpus humanum a principio aliquo modo incorruptibile constitutum est, et per peccatum necessitatem moriendi incurrit, a qua iterum in resurrectione liberabitur. Unde per accidens est quod ad immortalitatem animae non pertingit.

possui todo o necessário para sua própria operação específica. Portanto, se a alma humana, enquanto está unida ao corpo como forma, tem porém seu ser elevado acima do corpo e é independente dele, é patente que se acha estabelecida na fronteira entre os entes corpóreos e as substâncias separadas.[32]

1. QUANTO AO PRIMEIRO ARGUMENTO, portanto, deve-se dizer que, ainda que a alma tivesse o ser completo, disto não se seguiria que o corpo se unisse a ela acidentalmente; seja porque o ser pertencente à alma se comunica com o corpo de tal modo que um só é o ser de todo o composto, seja porque, ainda que possa subsistir por si mesma, ela não possui espécie completa, mas para isto lhe advém o corpo.

2. QUANTO AO SEGUNDO, deve-se dizer que de um mesmo modo se tomam o ser e a individuação. De fato, os universais não têm ser real enquanto universais, mas somente na medida em que estão individuados. Portanto, assim como o ser da alma procede de Deus como de seu princípio ativo e está num corpo como em sua matéria, mas não obstante não perece ao perecer o corpo, assim também a individuação da alma, embora tenha certa relação com o corpo, não perece ao perecer o corpo.

3. QUANTO AO TERCEIRO, deve-se dizer que a alma humana não é algo concreto como uma substância que tem espécie completa, mas como uma parte do que tem espécie completa, como se disse. Por conseguinte, a objeção não procede.

4. QUANTO AO QUARTO, deve-se dizer que, embora a alma humana possa subsistir por si mesma, não tem por si mesma espécie completa, razão por que não pode suceder que às almas separadas corresponda [por si sós] um grau entre os entes.

5. QUANTO AO QUINTO, deve-se dizer que o corpo humano é uma matéria proporcional à alma humana, pois se relaciona a ela como a potência ao ato. No entanto, não é necessário que convenha com ela quanto a seu modo de ser: pois a alma humana não é uma forma totalmente abarcada por sua matéria, o que se manifesta pelo fato de uma de suas operações exceder a matéria. Ou, de outro modo, também se pode dizer, segundo a fé, que no princípio o corpo humano foi criado incorruptível de certo modo, e pelo pecado incorreu na necessidade de morrer, não vindo a ser novamente libertado da morte senão com a ressurreição. Por conseguinte, é só *per accidens* que ao corpo não cabe a imortalidade da alma.

6 AD SEXTUM dicendum quod anima humana, cum sit subsistens, composita est ex potentia et actu. Nam ipsa substantia animae non est suum esse, sed comparatur ad ipsum ut potentia ad actum. Nec tamen sequitur quod anima non possit esse forma corporis: quia etiam in aliis formis id quod est ut forma et actus in comparatione ad unum, est ut potentia in comparatione ad aliud; sicut diaphanum formaliter advenit aeri, quod tamen est potentia respectu luminis.

7 AD SEPTIMUM dicendum quod anima unitur corpori et propter bonum quod est perfectio substantialis, ut scilicet compleatur species humana; et propter bonum quod est perfectio accidentalis, ut scilicet perficiatur in cognitione intellectiva, quam anima ex sensibus acquirit; hic enim modus intelligendi est naturalis homini. Nec obstat, si animae separatae puerorum et aliorum hominum alio modo intelligendi utuntur, quia hoc magis competit eis ratione separationis quam ratione speciei humanae.

8 AD OCTAVUM dicendum quod non est de ratione eius quod est hoc aliquid quod sit ex materia et forma compositum, sed solum quod possit per se subsistere. Unde licet compositum sit hoc aliquid, non tamen removetur quin aliis possit competere quod sint hoc aliquid.

9 AD NONUM dicendum quod in alio esse sicut accidens in subiecto, tollit rationem eius quod est hoc aliquid. Esse autem in alio sicut partem (quomodo anima est in homine), non omnino excludit quin id quod est in alio, possit hoc aliquid dici.

10 AD DECIMUM dicendum quod corrupto corpore non perit ab anima natura secundum quam competit ei ut sit forma; licet non perficiat materiam actu, ut [ ] forma.

11 AD UNDECIMUM dicendum quod intelligere est propria operatio animae, si consideretur principium a quo egreditur operatio; non enim egreditur ab anima mediante organo corporali, sicut visio mediante oculo, communicat tamen in ea corpus ex parte obiecti; nam phantasmata, quae sunt obiecta intellectus, sine corporeis organis esse non possunt.

12 AD DUODECIMUM dicendum quod etiam anima aliquam dependentiam habet ad corpus, in quantum sine corpore non pertingit ad complementum suae speciei; non tamen sic dependet a corpore quin sine corpore esse possit.

6. QUANTO AO SEXTO, deve-se dizer que a alma humana, sendo subsistente, é composta de potência e ato, pois a própria substância da alma não é seu ser, senão que se relaciona a ele como a potência ao ato. Mas disso não se segue que a alma não possa figurar como forma do corpo: porque, também em se tratando de outras formas, o que é forma e ato com respeito a uma coisa se encontra em potência com respeito a outra; assim como o diáfano advém formalmente ao ar, mas está em potência com respeito à luz.

7. QUANTO AO SÉTIMO, deve-se dizer que a alma se une ao corpo tanto pelo bem que é sua perfeição substancial (ou seja, porque com isto a espécie humana é completada), como pelo bem que é sua perfeição acidental (ou seja, porque com isto se perfaz o conhecimento intelectivo, que se dá através dos sentidos). Pois este é o modo de intelecção natural ao homem. A isto não se opõe que as almas separadas das crianças e de outros homens tenham outro modo de inteligir, porque isto lhes concerne mais em razão de sua separação que em razão da espécie humana.

8. QUANTO AO OITAVO, deve-se dizer que não se inclui na razão de algo concreto que este seja composto de matéria e forma, mas somente que possa subsistir por si mesmo. Por conseguinte, embora um composto seja algo concreto, isto não obsta a que outras coisas também o possam ser.

9. QUANTO AO NONO, deve-se dizer que existir em outro como o acidente em um sujeito vai contra a razão de algo concreto. Mas existir em outro como parte dele mesmo (como a alma está no homem) não exclui em absoluto que o que existe em outro possa ser denominado algo concreto.

10. QUANTO AO DÉCIMO, deve-se dizer que, ao corromper-se o corpo, não perece na alma a natureza segundo a qual lhe compete que seja forma, embora ela [então] não leve uma matéria ao ato como forma.

11. QUANTO AO DÉCIMO PRIMEIRO, deve-se dizer que a intelecção é a operação própria da alma, se se atende ao princípio de que procede a operação: porque a intelecção não procede da alma mediante um órgão corporal, tal como a visão procede da alma mediante o olho. No entanto, o corpo se comunica com a intelecção mediante o objeto desta, pois os fantasmas, que são objeto do intelecto, não podem existir sem órgãos corpóreos.

12. QUANTO AO DÉCIMO SEGUNDO, deve-se dizer que a alma tem certa dependência do corpo, na medida em que sem o corpo a alma não chega ao complemento de sua espécie. Entretanto, não depende do corpo no sentido de que não possa existir sem ele.

13 Ad decimumtertium dicendum quod necesse est, si anima est forma corporis, quod animae et corporis sit unum esse commune, quod est esse compositi. Nec hoc impeditur per hoc quod anima et corpus sint diversorum generum: nam neque anima neque corpus sunt in specie vel genere, nisi per reductionem, sicut partes reducuntur ad speciem vel genus totius.

[13 bis. Deest solutio.]

14 Ad decimumquartum dicendum quod illud quod proprie corrumpitur, non est forma neque materia, neque ipsum esse, sed compositum. Dicitur autem esse corporis corruptibile, in quantum corpus per corruptionem deficit ab illo esse quod erat sibi et anima commune, quod remanet in anima subsistente. Et pro tanto etiam dicitur ex partibus consistens esse corporis, quia ex suis partibus corpus constituitur tale ut possit ab anima esse recipere.

15 Ad decimumquintum dicendum quod in definitionibus formarum aliquando ponitur subiectum ut informe, sicut cum dicitur: *motus est actus existentis in potentia*. Aliquando autem ponitur subiectum formatum, sicut cum dicitur: *motus est actus mobilis*, lumen est actus lucidi. Et hoc modo dicitur anima actus corporis organici physici, quia anima facit ipsum esse corpus organicum, sicut lumen facit aliquid esse lucidum.

16 Ad decimumsextum dicendum quod principia essentialia alicuius speciei ordinantur non ad esse tantum, sed ad esse huius speciei. Licet igitur anima possit per se esse, non tamen potest in complemento suae speciei esse sine corpore.

17 Ad decimumseptimum dicendum quod licet esse sit formalissimum inter omnia, tamen est etiam maxime communicabile, licet non eodem modo inferioribus et superioribus communicetur. Sic ergo corpus esse animae participat, sed non ita nobiliter sicut anima.

18 Ad decimumoctavum dicendum quod quamvis esse animae sit quodammodo corporis, non tamen corpus attingit ad esse animae participandum secundum totam suam nobilitatem et virtutem; et ideo est aliqua operatio animae in qua non communicat corpus.

13. QUANTO AO DÉCIMO TERCEIRO, deve-se dizer que, se a alma é forma do corpo, é necessário que a alma e o corpo tenham um ser comum, que é o do composto. E isto não é impedido pelo fato de a alma e o corpo pertencerem a gêneros distintos: pois nem a alma nem o corpo se encontram numa espécie ou gênero senão por redução,[33] assim como as partes se reduzem à espécie ou ao gênero do todo.

13 *bis*. Solução ausente.[34]

14. QUANTO AO DÉCIMO QUARTO, deve-se dizer que o que propriamente se corrompe não é a forma, nem a matéria, nem o próprio ser, mas o composto. Por outro lado, diz-se que o ser do corpo é corruptível na medida em que o corpo se priva mediante a corrupção daquele ser que era comum a ele e à alma, o qual permanece na alma subsistente. E isso se diz também das partes de que consta o corpo, porque graças a suas partes o corpo se constitui de tal modo que possa receber da alma o ser.

15. QUANTO AO DÉCIMO QUINTO, deve-se dizer que, na definição das formas, às vezes se denomina o sujeito como informe, como quando se diz: "o movimento é o ato do que existe em potência". Outras vezes, se denomina o sujeito como formado, como quando se diz: "o movimento é o ato do móvel", "a luz é o ato do luminoso". E é deste modo que se diz que "alma é o ato de um corpo natural organizado", porque a alma faz que o próprio corpo organizado exista, assim como a luz faz que algo seja luminoso.

16. QUANTO AO DÉCIMO SEXTO, deve-se dizer que os princípios essenciais de uma espécie não se ordenam somente ao ser, mas ao ser desta espécie. Assim, embora a alma possa existir por si mesma, não pode, para o complemento de sua espécie, existir sem o corpo.

17. QUANTO AO DÉCIMO SÉTIMO, deve-se dizer que, embora o ser seja o mais formal entre todas as coisas, também é o mais comunicável, embora não se comunique às coisas inferiores do mesmo modo que às superiores. Portanto, o corpo participa do ser da alma, mas não de modo tão nobre como a alma.

18. QUANTO AO DÉCIMO OITAVO, deve-se dizer que, embora o ser da alma seja de algum modo o ser do corpo, o corpo, porém, não chega a participar do ser da alma segundo toda a nobreza e virtude desta; e por isso existe na alma certa operação com a qual o corpo não se comunica.

QUAESTIO II

Secundo quaeritur utrum anima humana sit separata secundum esse a corpore

Et videtur quod sic.

1 Dicit enim philosophus in III de anima quod sensitivum non sine corpore est; intellectus autem est separatus. Intellectus autem est anima humana. Ergo anima humana est secundum esse a corpore separata.

2 Praeterea, anima est actus corporis physici organici, in quantum corpus est organum eius. Si igitur intellectus unitur secundum esse corpori ut forma, oportet quod corpus sit organum eius; quod est impossibile, ut probat philosophus in III de anima.

3 Praeterea, maior est concretio formae ad materiam quam virtutis ad organum. Sed intellectus propter sui simplicitatem non potest esse concretus corpori sicut virtus organo. Ergo multo minus potest ei uniri sicut forma ad materiam.

4 Sed dicebat quod intellectus, id est potentia intellectiva, non habet organum; sed ipsa essentia animae intellectivae unitur corpori ut forma. Sed contra, effectus non est simplicior sua causa. Sed potentia animae est effectus essentiae eius, quia omnes potentiae fluunt ab [essentia] eius. Nulla ergo potentia animae est simplicior [essentia] animae. Si ergo intellectus non potest esse actus corporis, ut probatur in III de anima, neque anima intellectiva poterit uniri corpori ut forma.

5 Praeterea, omnis forma unita materiae individuatur per materiam. Si igitur anima intellectiva unitur corpori ut forma, oportet quod sit individua. Ergo formae receptae in ea sunt formae individuatae. Non ergo anima intellectiva poterit universalia cognoscere; quod patet esse falsum.

QUESTÃO II

Se a alma humana é separada do corpo segundo seu ser[35]

E PARECE QUE SIM.

1. Pois diz o Filósofo, no livro III *Sobre a Alma*,[36] que o sensitivo não existe sem o corpo, enquanto que o intelecto, por sua vez, é separado. Mas o intelecto é a alma humana. Logo, a alma humana é separada do corpo segundo o ser.

2. Ademais, a alma é o ato do corpo natural organizado[37] na medida em que o corpo é seu órgão. Se, portanto, segundo o ser, o intelecto se une ao corpo como forma, é necessário que o corpo seja seu órgão; o que é impossível, como prova o Filósofo no livro III *Sobre a Alma*.[38]

3. Ademais, mais forte é a união da forma à matéria que a da virtude ao órgão. Mas o intelecto, devido à sua simplicidade, não pode unir-se ao corpo tal como a virtude ao órgão. Logo, muito menos lhe é possível unir-se à matéria como sua forma.

4. Poder-se-ia dizer, porém, que o intelecto, isto é, a potência intelectiva, não possui órgão; mas que a própria essência da alma intelectiva une-se ao corpo como forma. Mas em sentido contrário: um efeito não é mais simples que sua causa. Ora, a potência da alma é efeito de sua essência, pois todas as potências fluem de sua essência. Logo, nenhuma potência da alma é mais simples que a essência desta alma. Se, pois, o intelecto não pode ser o ato do corpo, como se prova no livro III *Sobre a Alma*,[39] tampouco poderia a alma intelectiva unir-se ao corpo como forma.

5. Ademais, toda forma unida à matéria individua-se por meio desta. Se, pois, a alma intelectiva une-se ao corpo como forma, é necessário que seja individuada. Logo, as formas nela recebidas são formas individuadas. Não poderia a alma intelectiva, portanto, conhecer universais – o que se mostra evidentemente falso.

6 Praeterea, forma universalis non habet quod sit intellectiva a re quae est extra animam; quia omnes formae quae sunt in rebus extra animam, sunt individuatae. Si igitur formae intellectus sint universales, oportet quod hoc habeant ab anima intellectiva. Non ergo anima intellectiva est forma individuata; et ita non unitur corpori secundum esse.

7 Sed dicebat quod formae intelligibiles ex illa parte qua inhaerent animae, sunt individuatae; sed ex illa parte qua sunt rerum similitudines, sunt universales, repraesentantes res secundum naturam communem, et non secundum principia individuantia. Sed contra, cum forma sit principium operationis, operatio egreditur a forma secundum modum quo inhaeret subiecto. Quanto enim aliquid est calidum, tantum calefacit. Si igitur species rerum quae sunt in anima intellectiva sunt individuatae ex ea parte qua inhaerent animae, cognitio quae sequitur erit individualis tantum, et non universalis.

8 Praeterea, philosophus dicit in II de anima, quod sicut trigonum est in tetragono, et tetragonum est in pentagono; ita nutritivum est in sensitivo et sensitivum in intellectivo. Sed trigonum non est in tetragono actu sed potentia tantum; neque etiam tetragonum in pentagono. Ergo nec nutritivum nec sensitivum sunt in actu in intellectiva parte animae. Cum ergo pars intellectiva non uniatur corpori nisi mediante nutritivo et sensitivo, ex quo nutritivum et sensitivum non sunt actu in intellectivo, intellectiva pars animae non erit corpori unita.

9 Praeterea, philosophus dicit in XVI de animalibus, quod non est simul animal et homo; sed primum animal, et postea homo. Non igitur idem est quo est animal, et quo est homo. Sed animal est per sensitivum, homo vero per intellectivum. Non igitur sensitivum et intellectivum uniuntur in una substantia animae; et sic idem quod prius.

10 Praeterea, forma est in eodem genere cum materia cui unitur. Sed intellectus non est in genere corporalium. Intellectus igitur non est forma unita corpori sicut materiae.

11 Praeterea, ex duabus substantiis existentibus actu non fit aliquid unum. Sed tam corpus quam intellectus est substantia existens actu. Non igitur intellectus potest uniri corpori, ut ex eis fiat aliquid unum.

6. Ademais, que a forma universal seja inteligida não é algo que provém de uma coisa exterior à alma; pois todas as formas que estão nas coisas exteriormente à alma são individuadas. Se, portanto, as formas do intelecto são universais, é forçoso que o obtenham a partir da alma intelectiva. Logo, não é a alma intelectiva uma forma individuada; e assim não se une ao corpo segundo o ser.

7. Poder-se-ia porém dizer que as formas inteligíveis, segundo são inerentes à alma, são individuadas, ao passo que, enquanto semelhanças das coisas, são universais, e representantes dessas coisas segundo sua natureza comum, e não segundo seus princípios individuantes. Mas em sentido contrário: visto que a forma é princípio de operação, esta procede da alma ao modo pelo qual a forma inere ao sujeito; pois algo se diz quente na mesma medida em que esquenta. Portanto, se as espécies das coisas que estão na alma intelectiva são individuadas na medida em que inerem à alma, a cognição que se segue seria individual apenas, e não universal.

8. Ademais, diz o Filósofo no livro II *Sobre a Alma*,[40] que, assim como um triângulo está num quadrado, e um quadrado está num pentágono; assim também o nutritivo está no sensitivo, e o sensitivo no intelectivo. Todavia, o triângulo não está no quadrado em ato, mas apenas em potência; tampouco o quadrado no pentágono. Logo, nem o nutritivo nem o sensitivo estariam em ato na parte intelectiva da alma. Como, portanto, a parte intelectiva não se uniria ao corpo senão mediante o nutritivo e o sensitivo, e dado que o nutritivo e o sensitivo não estariam em ato no intelectivo, não estaria então unida ao corpo a parte intelectiva da alma.

9. Ademais, diz o Filósofo, no livro XVI *Sobre os Animais*,[41] que não existem simultaneamente o animal e o homem, mas primeiro o animal e depois o homem. Logo, não são o mesmo aquilo pelo qual existe o animal e aquilo pelo qual existe o homem; o animal existe pelo sensitivo, enquanto o homem existe pelo intelectivo. Logo, não se unem o sensitivo e o intelectivo em uma só substância da alma; assim, tem-se o mesmo que antes.

10. Ademais, a forma se situa no mesmo gênero que a matéria à qual se une. Mas o intelecto não está no gênero dos corporais. Logo o intelecto não é forma unida ao corpo como à sua matéria.

11. Ademais, de duas substâncias existentes em ato não se faz algo uno. Mas tanto o corpo quanto o intelecto são substâncias existentes em ato. Logo, não pode o intelecto unir-se ao corpo, tal que deles se faça algo uno.

12 Praeterea, omnis forma unita materiae reducitur in actum per motum et mutationem materiae. Sed anima intellectiva non reducitur in actum de potentia materiae, sed est ab extrinseco, ut philosophus dicit in XVI de animalibus. Ergo non est forma unita materiae.

13 Praeterea, unumquodque secundum quod est, sic operatur. Sed anima intellectiva habet operationem per se sine corpore, scilicet intelligere. Ergo non est unita corpori secundum esse.

14 Praeterea, minimum inconveniens est Deo impossibile. Sed inconveniens est quod anima innocens corpori includatur, quod est quasi carcer. Impossibile est igitur Deo quod animam intellectivam uniat corpori.

15 Praeterea, nullus artifex sapiens praestat impedimentum suo operato. Sed animae intellectivae est maximum impedimentum corpus ad veritatis cognitionem percipiendam, in qua perfectio eius consistit, secundum illud Sap. IX: *corpus, quod corrumpitur, aggravat animam*. Non igitur Deus animam intellectivam corpori univit.

16 Praeterea, ea quae sunt unita ad invicem, habent mutuam affinitatem ad invicem. Sed anima intellectiva et corpus habent contrarietatem, *quia caro concupiscit adversus spiritum, et spiritus adversus carnem*. Non igitur anima intellectiva unita est corpori.

17 Praeterea, intellectus est in potentia ad omnes formas intelligibiles, nullam earum habens in actu; sicut materia prima est in potentia ad omnes formas sensibiles, et nullam earum habet in actu. Sed hac ratione est prima materia una omnium. Ergo et intellectus est unus omnium; et sic non est unitus corpori, quod ipsum individuat.

18 Praeterea, philosophus probat in III de anima quod si intellectus possibilis haberet organum corporale, haberet aliquam naturam determinatam de naturis sensibilibus, et sic non esset receptivus et cognoscitivus omnium formarum sensibilium. Sed magis forma unitur materiae quam virtus organo. Ergo si intellectus uniatur corpori ut forma, habebit aliquam naturam sensibilem determinatam; et sic non erit perceptivus et cognoscitivus omnium formarum sensibilium; quod est impossibile.

19 Praeterea, omnis forma unita materiae, est in materia recepta. Omne autem quod recipitur ab aliquo, est in eo per modum recipientis. Ergo omnis forma unita materiae est in ea per modum materiae. Sed modus materiae sensibilis

12. Ademais, toda forma unida à matéria se reduz ao ato mediante movimento e mutação da matéria. Mas a alma intelectiva não se reduz ao ato a partir da potência da matéria, mas a partir de algo extrínseco, como diz o Filósofo no livro XVI *Sobre os Animais*.[42] Logo, ela não é forma unida à matéria.

13. Ademais, toda e qualquer coisa opera em conformidade com o seu ser. Mas a alma intelectiva tem por si uma operação sem o corpo, a saber: o inteligir. Logo, não é unida ao corpo segundo o ser.

14. Ademais, mesmo o minimamente inconveniente é impossível a Deus. Mas é inconveniente que a alma inocente seja encerrada no corpo, que lhe é quase como um cárcere. Logo é impossível a Deus unir a alma intelectiva ao corpo.

15. Ademais, nenhum artífice sábio põe um impedimento à sua obra. Mas o corpo é, para uma alma intelectiva, enorme impedimento a captar a cognição da verdade, operação em que consiste sua perfeição, segundo consta em Sabedoria, 9,15: "O corpo corruptível torna pesada a alma, e esta morada terrestre abate o espírito". Logo, Deus não uniu a alma intelectiva ao corpo.

16. Ademais, as coisas que são unidas uma à outra têm mútua afinidade entre si. Mas entre a alma intelectiva e o corpo há contrariedade, "porque a carne tem desejos contrários ao espírito, e o espírito desejos contrários à carne".[43] Logo não está a alma intelectiva unida ao corpo.

17. Ademais, o intelecto está em potência para todas as formas inteligíveis, não tendo nenhuma delas em ato; assim como a matéria prima[44] está em potência para todas as formas sensíveis, não tendo nenhuma delas em ato. Porém, neste raciocínio, a matéria prima é uma só para todas as coisas. Logo, também o intelecto é um só para todos; e assim não está unido a um corpo que o individue.

18. Ademais, prova o Filósofo, no livro III *Sobre a Alma*,[45] que, se o intelecto possível tivesse um órgão corporal, teria alguma natureza sensível determinada, e assim não seria receptivo e cognoscitivo de todas as formas sensíveis. Ora, mas mais se une a matéria à forma que a virtude ao órgão. Logo, se o intelecto se unisse ao corpo tal qual forma, teria alguma natureza sensível determinada; e assim não seria perceptivo e cognoscitivo de todas as formas sensíveis; o que é impossível.

19. Ademais, toda forma unida à matéria é recebida na matéria. Mas tudo o que se recebe de outro é recebido ao modo do recipiente. Logo, toda forma unida à matéria está nela ao modo da matéria. Mas não é próprio do modo da matéria

et corporalis non est quod recipiat aliquid per modum intelligibilem. Cum igitur intellectus habeat esse intelligibile, non est forma materiae corporali unita.

20 Praeterea, si anima unitur materiae corporali, oportet quod recipiatur in ea. Sed quidquid recipitur ab eo quod est esse a materia receptum, est in materia receptum. Ergo si anima est unita materiae, quidquid recipitur in anima recipitur in materia. Sed formae intellectus non possunt recipi a materia prima; quinimmo per abstractionem a materia intelligibiles fiunt. Ergo anima quae est unita materiae corporali non est receptiva formarum intelligibilium; et ita intellectus, qui est receptivus formarum intelligibilium, non erit unitus materiae corporali.

Sed contra.

1 Est quod philosophus dicit in II de anima quod non oportet quaerere si anima et corpus sint unum, sicut neque de cera et figura. Sed figura nullo modo potest esse separata a cera secundum esse. Ergo nec anima est separata a corpore. Sed intellectus est pars animae, ut philosophus dicit in III de anima. Ergo intellectus non est separatus a corpore secundum esse.

2 Praeterea, nulla forma est separata a materia secundum esse. Sed anima intellectiva est forma corporis. Ergo non est forma separata a materia secundum esse.

Respondeo. Ad evidentiam huius quaestionis considerandum est, quod ubicumque invenitur aliquid quandoque in potentia, quandoque in actu, oportet esse aliquod principium per quod res illa sit in potentia: sicut homo quandoque est sentiens actu, et quandoque in potentia; et propter hoc in homine oportet ponere principium sensitivum, quod sit in potentia ad sensibilia: si enim esset semper sentiens actu, formae sensibilium inessent semper actu principio sentiendi. Similiter cum homo inveniatur quandoque intelligens actu, quandoque intelligens in potentia tantum; oportet in homine considerare aliquod intellectivum principium, quod sit in potentia ad intelligibilia. Et hoc principium nominat philosophus in III de anima *intellectum possibilem*. Hunc igitur intellectum possibilem

sensível que esta receba algo ao modo inteligível. Visto, pois, que o intelecto possui ser inteligível, este não pode ser forma unida à matéria corporal.

20. Ademais, se a alma se une à matéria corporal, é necessário que seja nela recebida. Mas o que quer que seja recebido por algo que, por sua vez, é recebido na matéria, é ele também recebido na matéria. Logo, se a alma está unida à matéria, o que quer que se receba na alma é recebido na matéria. Mas as formas do intelecto não podem ser recebidas pela matéria prima; pois é por abstração da matéria que elas se fazem inteligíveis. Portanto, a alma que está unida à matéria corporal não é receptiva das formas inteligíveis; e assim o intelecto, que é receptivo destas formas, não se encontrará unido à matéria corporal.

Mas em sentido contrário:

1. Como diz o Filósofo no livro II *Sobre a Alma*,[46] investigar se a alma e o corpo seriam um só é tão desnecessário quanto fazê-lo acerca da cera e da figura. Ora, a figura não pode de nenhum modo ser separada da cera segundo o ser. Logo, tampouco é a alma separada do corpo. Mas o intelecto é parte da alma, como diz o Filósofo no livro III *Sobre a Alma*.[47] Logo o intelecto não é separado do corpo segundo o ser.

2. Ademais, nenhuma forma é separada da matéria segundo o ser. Mas a alma intelectiva é a forma do corpo. Logo ela não é separada da matéria segundo o ser.

Respondo. Para o esclarecimento desta questão, deve-se considerar que, sempre que se encontra algo às vezes em potência, às vezes em ato, é necessário haver algum princípio pelo qual aquela coisa esteja em potência: assim como o homem às vezes está sentindo em ato, às vezes em potência; e por causa disto é forçoso afirmar haver no homem um princípio sensitivo, que exista em potência para as coisas sensíveis: pois, se estivesse sempre sentindo em ato, as formas das coisas sensíveis sempre estariam em ato no princípio sensitivo. De modo similar, visto que o homem se encontra às vezes inteligindo em ato, às vezes apenas em potência, é necessário considerar haver no homem algum princípio intelectivo que exista em potência para as coisas inteligíveis. E a este princípio o Filósofo dá o nome, no livro III de *Sobre a Alma*,[48] de *intelecto possível*. Assim, deve este intelecto possível

necesse est esse in potentia ad omnia quae sunt intelligibilia per hominem, et receptivum eorum, et per consequens denudatum ab his: quia omne quod est receptivum aliquorum, et in potentia ad ea, quantum de se est, est denudatum ab eis; sicut pupilla, quae est receptiva omnium colorum, caret omni colore. Homo autem natus est intelligere formas omnium sensibilium rerum. Oportet igitur intellectum possibilem esse denudatum, quantum in se est, ab omnibus sensibilibus formis et naturis; et ita oportet quod non habeat aliquod organum corporeum. Si enim haberet aliquod organum corporeum, determinaretur ad aliquam naturam sensibilem, sicut potentia visiva determinatur ad naturam oculi. Per hanc philosophi demonstrationem excluditur positio philosophorum antiquorum, qui ponebant intellectum non differre a potentiis sensitivis; vel quicumque alii posuerunt principium quo intelligit homo, esse aliquam formam vel virtutem permixtam corpori, sicut aliae formae aut virtutes materiales.

Sed hoc quidam fugientes, in contrarium dilabuntur errorem. Existimant enim sic intellectum possibilem esse denudatum ab omni natura sensibili, et impermixtum corpori, quod sit quaedam substantia secundum esse a corpore separata quae sit in potentia ad omnes formas intelligibiles. Sed haec positio stare non potest. Non enim inquirimus de intellectu possibili nisi secundum quod per eum intelligit homo: sic enim Aristoteles in eius notitiam devenit. Quod patet ex hoc quod dicit in III de anima, incipiens tractare de intellectu possibili: *de parte autem animae, qua cognoscit anima et sapit, considerandum est* etc.; et iterum: *dico autem intellectum possibilem, quo intelligit anima*. Si autem intellectus possibilis esset substantia separata, impossibile esset quod eo intelligeret homo: non enim est possibile, si aliqua substantia operatur aliquam operationem, quod illa operatio sit alterius substantiae ab ea diversa. Licet enim duarum substantiarum diversarum una possit alteri esse causa operandi ut principale agens instrumento, tamen actio principalis agentis non est actio instrumenti eadem secundum numerum, cum actio principalis agentis sit in movendo instrumentum; actio vero instrumenti in moveri a principali agente, et movere aliquid alterum. Sic igitur, si intellectus possibilis sit substantia separata secundum esse ab hoc homine sive ab illo homine; impossibile est quod intelligere intellectus possibilis sit huius hominis vel illius. Unde cum

estar em potência para todas as coisas que são inteligíveis pelo homem, e deve ser receptivo destas mesmas coisas. Por consequência, deve também estar desprovido delas; porque tudo o que é receptivo de outros (e está em potência com relação a eles) deve existir desprovido deles no que lhe compete por si mesmo – assim como a pupila, que é receptiva de todas as cores, carece de toda cor. Ora, mas ao homem cabe naturalmente inteligir as formas de todas as coisas sensíveis. O intelecto possível, pois, tem de ser desprovido, no que lhe compete por si mesmo, de todas as formas e naturezas sensíveis; e assim é necessário que não tenha qualquer órgão corpóreo. De fato, se tivesse algum órgão corpóreo, estaria determinado a alguma natureza sensível, assim como a potência visiva determina-se à natureza do olho. Com esta demonstração do Filósofo refuta-se a posição dos filósofos antigos,[49] que afirmavam não diferir das potências sensitivas o intelecto;[50] assim como [refutam-se] todos os demais que propuseram que o princípio pelo qual o homem intelige é certa forma ou virtude misturada ao corpo,[51] assim como as outras formas ou virtudes materiais.

Outros, por sua vez, buscando disto escapar, caem no erro contrário. Estimam, pois, que o intelecto possível é de tal modo desprovido de toda natureza sensível e de mescla com o corpo, que seria certa substância separada do corpo segundo o ser, a qual existiria em potência para todas as formas inteligíveis.[52] Mas esta posição não se sustenta. De fato, não investigamos acerca do intelecto possível senão segundo que, *mediante ele, o homem intelige*; porque é esta a noção a que chega Aristóteles. E isto se faz claro pelo que ele afirma no livro III *Sobre a Alma*,[53] começando a tratar do intelecto possível: "Sobre a parte da alma pela qual a alma conhece e sabe, deve-se considerar..."; e também: "Chamo de intelecto possível aquilo pelo qual a alma intelige". Ora, se o intelecto possível fosse uma substância separada, seria impossível que *por ele o homem inteligisse*: pois não é possível, se alguma substância realiza alguma operação, que tal operação seja de outra substância, dela diversa. Ainda que, de duas substâncias diversas, uma pudesse ser causa de operação para a outra, tal qual um agente principal o é para um instrumento, no entanto a ação do agente principal não é numericamente a mesma do instrumento – visto que a ação do agente principal reside em mover o instrumento, enquanto a ação do instrumento reside em ser movido pelo agente principal, e em mover outra coisa. Portanto, tratando-se o intelecto possível como uma substância que, segundo o ser, é separada deste homem ou daquele, é impossível que o

ista operatio quae est intelligere, non attribuatur alii principio in homine nisi intellectui possibili; sequitur quod nullus homo aliquid intelligat. Unde idem modus disputandi est contra hanc positionem, et contra negantes principia, ut patet per disputationem Aristotelis contra eos in IV Metaph.

Hoc autem inconveniens evitare intendens Averroes, huius positionis sectator, posuit intellectum possibilem, licet secundum esse a corpore separatum, tamen continuari cum homine mediantibus phantasmatibus. Phantasmata enim, ut dicit philosophus in III de anima, se habent ad intellectum possibilem sicut sensibilia ad sensum, et colores ad visum. Sic igitur species intelligibilis habet duplex subiectum: unum in quo est secundum esse intelligibile, et hoc est intellectus possibilis; aliud in quo est secundum esse reale, et hoc subiectum sunt ipsa phantasmata. Est igitur quaedam continuatio intellectus possibilis cum phantasmatibus, in quantum species intelligibilis est quodammodo utrobique; et per hanc continuationem homo intelligit per intellectum possibilem.

Sed ista continuatio adhuc non sufficit. Non enim aliquid est cognoscitivum ex hoc quod ei adest species cognoscibilis, sed ex hoc quod ei adest potentia cognoscitiva. Patet autem secundum praedicta, quod homini non aderit nisi sola species intelligibilis; potentia autem intelligendi, quae est intellectus possibilis, est omnino separata. Homo igitur ex continuatione praedicta non habebit quod sit intelligens, sed solum quod [intelligatur, vel ipse] vel aliquid eius; quod per simile supra inductum manifeste apparet. Si enim sic se habent phantasmata ad intellectum sicut colores ad visum, non erit secundum praedicta alia continuatio intellectus possibilis ad nos per phantasmata quam quae est visus ad parietem per colores; paries autem non habet per hoc quod colores sunt in eo, quod videat, sed quod videatur tantum. Unde et homo non habebit per hoc quod phantasmata sunt in eo, quod intelligat, sed solum quod intelligatur.

Et praeterea, phantasma non est subiectum speciei intelligibilis secundum quod est [intellecta] in actu, sed magis per abstractionem a phantasmatibus fit [intellecta] in actu. Intellectus autem possibilis non est subiectum speciei intelligibilis, nisi secundum quod est intellecta iam in actu, et abstracta a phantasmatibus. Non igitur aliquid unum est, quod sit in intellectu possibili et phantasmatibus, per quod intellectus possibilis continuetur nobiscum.

intelecto possível pertença a este homem ou àquele. Ora, visto que esta operação (o inteligir) não se atribui a outro princípio no homem senão ao intelecto possível, ocorreria que nenhum homem intelige coisa alguma. Por conseguinte, tal como o faz Aristóteles no livro IV da *Metafísica*,[54] pode-se disputar contra esta posição do mesmo modo que se disputa contra aqueles que negam os princípios.

Averróis, na intenção de evitar este inconveniente, mas seguindo a referida posição, propôs que o intelecto possível, embora separado do corpo segundo o ser, tem *continuação*[55] com o homem mediante os fantasmas. Ora, os fantasmas, como diz o Filósofo no livro III *Sobre a Alma*,[56] estão para o intelecto possível assim como as coisas sensíveis para os sentidos e as cores para a visão. Portanto, a espécie inteligível teria um duplo sujeito: um enquanto existe segundo o ser inteligível, e este é o intelecto possível; e outro enquanto existe segundo o ser real, e este sujeito seriam os próprios fantasmas. Logo, existiria certa continuação do intelecto possível com os fantasmas, enquanto a espécie inteligível está de certo modo em ambos; e mediante esta continuação o homem intelige pelo intelecto possível.

Mas a mencionada continuação não basta para isso. Pois algo é capaz de conhecer não pela presença nele de uma espécie cognoscível, mas pela presença nele de uma potência cognoscitiva. Ora, é patente, pela referida opinião, que não está presente no homem senão a espécie inteligível; já a potência de inteligir, que é o intelecto possível, existiria completamente separada. Portanto não se tem, pela citada continuação, que o homem seja *inteligente*, mas apenas que *ou ele próprio é inteligido, ou algo nele*. E isto transparece claramente pelo paralelo acima conduzido. Pois, se os fantasmas estão para o intelecto assim como as cores estão para a visão, então não haverá, mediante os fantasmas, outra continuação do intelecto possível conosco senão aquela que há da visão à parede mediante as cores. Ora, por existirem as cores numa parede, não ocorre que a parede veja, mas apenas que seja vista. Donde tampouco o homem inteligiria por haver fantasmas nele, mas apenas seria inteligido.

Ademais: o fantasma não é sujeito da espécie inteligível na medida em que ela é inteligida em ato, mas na medida em que, mediante a abstração dos fantasmas, ela se faz inteligida em ato. Mas o intelecto possível não é sujeito da espécie inteligível senão na medida em que ela está abstraída dos fantasmas e inteligida já em ato. Assim, não há algo uno que esteja no intelecto possível e também nos fantasmas, pelo qual o intelecto possível faça continuação conosco.

Et praeterea, si per species intelligibiles non est aliquis intelligens nisi secundum quod sunt intellectae in actu, sequitur quod nos nullo modo simus intelligentes secundum praedictam positionem; non enim aderunt nobis species intelligibiles nisi secundum quod sunt in phantasmatibus, prout sunt intellectae in potentia tantum.

Sic ergo apparet ex parte nostra praedictam positionem esse impossibilem. Quod etiam apparet ex natura substantiarum separatarum; quae, cum sint perfectissimae, impossibile est quod in propriis operationibus indigeant aliquibus rebus materialibus aut operationibus earum; aut quod sint in potentia ad alia quae sunt huiusmodi, quia hoc etiam manifestum est de corporibus caelestibus, quae sunt infra substantias praedictas.

Unde cum intellectus possibilis sit in potentia ad species rerum sensibilium, et non compleatur eius operatio sine phantasmatibus, quae ex nostra operatione dependent; impossibile et inopinabile est quod intellectus possibilis sit una de substantiis separatis.

Unde dicendum est quod est quaedam vis, seu potentia animae humanae. Cum enim anima humana sit quaedam forma unita corpori, ita tamen quod non sit a corpore totaliter comprehensa quasi ei immersa, sicut aliae formae materiales, sed excedat capacitatem totius materiae corporalis, quantum ad hoc in quo excedit materiam corporalem, inest ei potentia ad intelligibilia, quod pertinet ad intellectum possibilem; secundum vero quod unitur corpori, habet operationes et vires in quibus communicat ei corpus; sicut sunt vires partis nutritivae et sensitivae. Et sic salvatur natura intellectus possibilis, quam Aristoteles demonstrat, dum intellectus possibilis non est potentia fundata in aliquo organo corporali; et tamen eo intelligit homo formaliter, in quantum fundatur in essentia animae humanae, quae est hominis forma.

1 AD PRIMUM ergo dicendum quod intellectus dicitur separatus, non sensus: quia intellectus remanet corrupto corpore in anima separata, non autem potentiae sensitivae. Vel melius dicendum, quod intellectus pro tanto dicitur separatus, quia non utitur organo corporali in operatione sua, sicut sensus.

Ademais: ninguém se faz inteligente mediante as espécies inteligíveis senão enquanto elas são inteligidas em ato; por isso segue-se que nós, segundo a proposta em questão, não seríamos de nenhum modo inteligentes; pois não estarão presentes em nós estas espécies inteligíveis senão conforme existem nos fantasmas (ou seja: inteligidas apenas em potência).

Assim evidencia-se, de nossa parte, que a mencionada posição é impossível. E isto também se faz claro pela natureza das substâncias separadas; como são perfeitíssimas, é-lhes impossível que em suas operações próprias tenham necessidade de coisas materiais (ou de suas operações), ou que estejam em potência a coisas desta natureza – pois isto é verdadeiro já no caso dos corpos celestes, os quais estão abaixo das substâncias separadas.

Donde, uma vez que o intelecto possível está em potência para as espécies das coisas sensíveis, e que não se perfaz sua operação sem os fantasmas – os quais por sua vez dependem de nossa operação –, faz-se impossível e impensável que o intelecto possível seja uma das substâncias separadas.

Portanto, deve-se dizer que ele é certa força ou potência da alma humana. Visto, pois, que a alma humana é certa forma unida ao corpo – mas sem que seja por ele totalmente abarcada e sem que esteja nele imersa, como ocorre com as outras formas materiais; ao contrário, ela excede a capacidade de toda matéria corporal. Na medida em que excede a matéria corporal, inere na alma a potência para os inteligíveis, que pertence ao intelecto possível; já na medida em que se une ao corpo, possui operações e forças nas quais se comunica com ela o corpo, como é o caso das forças das partes nutritivas e sensitivas. E assim se salva a natureza do intelecto possível demonstrada por Aristóteles:[57] ele não é uma potência fundada em órgão corporal algum, e não obstante é o homem que por ele inteligente formalmente, na medida em que o intelecto possível é fundado na essência da alma humana, a qual é a forma do homem.

1. Quanto ao primeiro argumento, portanto, deve-se dizer que é o intelecto que se diz separado, não os sentidos: pois, corrompido o corpo, o intelecto permanece na alma separada, mas não as potências sensitivas. Ou, melhor, respondemos que o intelecto se diz separado porque não utiliza um órgão corporal em sua operação, como o fazem os sentidos.

2 AD SECUNDUM dicendum quod anima humana est actus corporis organici, eo quod corpus est organum eius. Non tamen oportet quod sit organum eius quantum ad quamlibet eius potentiam et virtutem; cum anima humana excedat proportionem corporis, ut dictum est.

3 AD TERTIUM dicendum, quod organum alicuius potentiae est principium operationis illius potentiae. Unde si intellectus possibilis uniretur alicui organo, operatio eius esset etiam operatio illius organi; et sic non esset possibile quod principium quo intelligimus, esset denudatum ab omni natura sensibili. Principium enim quo intelligimus, esset intellectus possibilis simul cum suo organo; sicut principium quo videmus, scilicet visus, simul est cum pupilla. Sed si anima humana est forma corporis, et intellectus possibilis est quaedam virtus eius, non sequitur quod intellectus possibilis determinetur ad aliquam naturam sensibilem; quia anima humana excedit corporis proportionem, ut dictum est.

4 AD QUARTUM dicendum quod intellectus possibilis consequitur animam humanam in quantum supra materiam corporalem elevatur; unde per hoc quod non est actus alicuius organi, non excedit totaliter essentiam animae, sed est supremum in ipsa.

5 AD QUINTUM dicendum quod anima humana est quaedam forma individuata; et similiter potentia eius quae dicitur intellectus possibilis, et formae intelligibiles in eo receptae. Sed hoc non prohibet eas esse intellectas in actu: ex hoc enim aliquid est intellectum in actu quod est immateriale, non autem ex hoc quod est universale; sed magis universale habet quod sit intelligibile per hoc quod est abstractum a principiis materialibus individuantibus.

Manifestum est autem substantias separatas esse intelligibiles actu, et tamen individua quaedam sunt; sicut Aristoteles dicit in VII Metaph., quod formae separatae, quas Plato ponebat, individua quaedam erant. Unde manifestum est quod si individuatio repugnaret intelligibilitati, eadem difficultas remaneret ponentibus intellectum possibilem substantiam separatam: sic enim et intellectus possibilis individuus esset individuans species in se receptas.

Sciendum igitur, quod quamvis species receptae in intellectu possibili sint individuatae ex illa parte qua inhaerent intellectui possibili; tamen in eis, in quantum sunt immateriales, cognoscitur universale quod concipitur per abstractionem a principiis individuantibus. Universalia enim, de quibus

2. QUANTO AO SEGUNDO, deve-se dizer que de fato a alma humana é o ato do corpo organizado, por ser o corpo seu órgão. Mas não é necessário que seja seu órgão quanto a qualquer potência e virtude sua; pois a alma humana excede a proporção do corpo, como foi dito.

3. QUANTO AO TERCEIRO, deve-se dizer que o órgão de uma potência é princípio de operação desta potência. Donde, se o intelecto possível se unisse a algum órgão, sua operação seria também a operação deste órgão; e assim não seria possível que o princípio pelo qual inteligimos fosse desprovido de toda natureza sensível. Destarte, o princípio pelo qual inteligimos seria o intelecto possível simultaneamente com seu órgão – assim como o princípio pelo qual vemos, a saber, a visão, é simultâneo com a pupila. Mas, se a alma humana é a forma do corpo, e o intelecto possível é certa força sua, não se segue que o intelecto possível esteja determinado a alguma natureza sensível – pois a alma humana excede a proporção do corpo, como foi dito.

4. QUANTO AO QUARTO, deve-se dizer que o intelecto possível acompanha a alma humana na medida em que se eleva acima da matéria corporal. Assim, embora ele não exceda completamente a essência da alma em razão de não ser ato de um órgão, não obstante ele se estabelece como o que nela há de mais elevado.

5. QUANTO AO QUINTO, deve-se dizer que a alma humana é certa forma individuada, e também o é aquela potência sua denominada intelecto possível, assim como as formas inteligíveis nele recebidas. Mas isto[58] não proíbe que elas sejam inteligidas em ato: pois algo é inteligido em ato por ser imaterial, não por ser universal; ao contrário, é antes o universal que deriva sua inteligibilidade da abstração dos princípios materiais individuantes.

De fato, é evidente que as substâncias separadas são inteligíveis em ato, e no entanto são indivíduos; razão por que diz Aristóteles, no livro VII da *Metafísica*,[59] que as formas separadas, que propunha Platão, eram certos indivíduos. Donde se faz evidente que, se a individuação contrariasse a inteligibilidade, permaneceria a mesma dificuldade aos que afirmam que o intelecto possível é uma substância separada: e assim também individuaria das espécies nele recebidas.

Portanto, deve-se ter em mente que, embora as espécies recebidas no intelecto possível sejam individuadas na medida em que inerem neste intelecto possível, no entanto, na medida em que são imateriais, o universal é nelas conhecido porque é concebido por abstração dos princípios individuantes. Ora, os universais,

sunt scientiae, sunt quae cognoscuntur per species intelligibiles, non ipsae species intelligibiles; de quibus planum est quod non sunt scientiae omnes, sed sola physica et metaphysica. Species enim intelligibilis est quo intellectus intelligit, non id quod intelligit, nisi per reflexionem, in quantum intelligit se intelligere [et id quo] intelligit.

6 AD SEXTUM dicendum quod intellectus dat formis intellectis universalitatem, in quantum abstrahit eas a principiis materialibus individuantibus; unde non oportet quod intellectus sit universalis, sed quod sit immaterialis.

7 AD SEPTIMUM dicendum quod species operationis consequitur speciem formae, quae est operationis principium; licet inefficacia operationis sequatur formam secundum quod inhaeret subiecto. Ex eo enim quod calor est, calefacit: sed secundum modum quo perficit subiectum magis vel minus, efficacius vel minus efficaciter calefacit. Intelligere autem universalia pertinet ad speciem intellectualis operationis; unde hoc sequitur speciem intellectualem secundum propriam operationem. Sed ex eo quod inhaeret intelligenti perfectius vel minus perfecte, sequitur quod aliquis perfectius vel minus perfecte intelligat.

8 AD OCTAVUM dicendum quod similitudo philosophi de figuris ad partes animae attenditur quantum ad hoc, quod sicut tetragonum habet quidquid habet trigonum et adhuc amplius et pentagonum quidquid habet tetragonum: ita sensitiva anima habet quidquid habet nutritiva, et intellectiva quidquid habet sensitiva et adhuc amplius. Non ergo per hoc ostenditur quod nutritivum et sensitivum essentialiter differant ab intellectivo; sed magis quod unum illorum includat alterum.

9 AD NONUM dicendum quod sicut non simul est quod concipitur animal et homo, ita non simul est animal et equus, ut philosophus ibidem dicit. Non igitur haec est ratio dicti, quod aliud principium sit in homine substantialiter anima sensitiva qua est animal, et aliud anima intellectiva qua est homo; cum non possit dici quod in equo sint plura principia diversa, quorum uno sit animal, et alio sit equus. Sed hoc ea ratione dicitur, quia in animali concepto prius apparent operationes imperfectae, et postea apparent magis perfectae; sicut omnis generatio est transmutatio de imperfecto ad perfectum.

sobre os quais versam as ciências, são antes aquilo que se conhece mediante as espécies inteligíveis, e não as próprias espécies inteligíveis – sobre as quais claramente não versam todas as ciências, mas apenas a física e metafísica. Pois a espécie inteligível é aquilo mediante o qual o intelecto intelige, e não aquilo que ele intelige – exceto reflexivamente, enquanto intelige que intelige a si próprio e àquilo pelo qual intelige.[60]

6. QUANTO AO SEXTO, deve-se dizer que o intelecto dá universalidade às formas inteligidas conforme as abstrai dos princípios materiais individuantes; logo não é necessário que o intelecto seja um universal, mas que seja algo imaterial.

7. QUANTO AO SÉTIMO, deve-se dizer que a espécie da operação segue a espécie da forma, que é princípio de operação; ainda que a ineficácia da operação siga a forma na medida em que ela inere a um sujeito. Pois, uma vez que o calor existe, ele aquece; mas conforme perfaz o sujeito mais ou menos, aquece mais ou menos eficazmente. Mas inteligir os universais pertence à espécie da operação intelectual; e por isto segue a espécie inteligível segundo sua operação própria. Mas, por inerir mais ou menos perfeitamente naquele que intelige, segue-se que alguém intelija mais ou menos perfeitamente.

8. QUANTO AO OITAVO, deve-se dizer que a semelhança estabelecida pelo Filósofo entre as figuras e as partes da alma destina-se a mostrar que, assim como o quadrado tem tudo o que o triângulo possui e ainda mais, e o pentágono tem tudo o que o quadrado possui, igualmente a alma sensitiva tem tudo o que a nutritiva possui, e a intelectiva tem tudo o que a sensitiva possui e ainda mais. Logo, disto não se demonstra que o nutritivo e o sensitivo difiram essencialmente do intelectivo; mas sim que um deles inclua o outro.

9. QUANTO AO NONO, deve-se dizer que, assim como não ocorre que seja concebido simultaneamente o animal e o homem, tampouco há simultaneamente o animal e o cavalo, como diz o Filósofo no mesmo ponto. Pois não é este o sentido de sua afirmação, a saber: que no homem a alma sensitiva seria substancialmente um princípio pelo qual ele seria animal, e que a alma intelectiva seria substancialmente outro, pelo qual ele seria homem; porque tampouco se pode dizer que no cavalo haja diversos princípios, dos quais por um ele seja animal, e por outro seja cavalo. A afirmação, pois, é feita com o seguinte sentido: o de que, no animal concebido, aparecem antes operações imperfeitas, e depois operações mais perfeitas – assim como toda geração é uma transmutação do imperfeito ao perfeito.

10 Ad decimum dicendum quod forma non est in aliquo genere, ut dictum est; unde, cum anima intellectiva sit forma hominis, non est in alio genere quam corpus; sed utrumque est in genere animalis et in specie hominis per reductionem.

11 Ad undecimum dicendum quod ex duabus substantiis actu existentibus et perfectis in sua specie et natura non fit aliquid unum. Anima autem et corpus non sunt huiusmodi, cum sint partes humanae naturae; unde ex eis nihil prohibet fieri unum.

12 Ad duodecimum dicendum quod anima humana licet sit forma unita corpori, tamen excedit proportionem totius materiae corporalis et ideo non potest educi in actum de potentia materiae per aliquem motum vel mutationem, sicut aliae formae quae sunt immersae materiae.

13 Ad decimumtertium dicendum, quod anima habet operationem in qua non communicat corpus, ex ea parte qua superat omnem corporis proportionem; ex hoc tamen non removetur quin sit aliquo modo corpori unita.

14 Ad decimumquartum dicendum, quod obiectio illa procedit secundum positionem Origenis, qui posuit animas creatas a principio absque corporibus inter substantias spirituales, et postea eas unitas esse corporibus, quasi carceribus inclusas. Sed hoc non dicebat animas passas innocentes, sed merito praecedentis peccati. Existimabat igitur Origenes quod anima humana haberet in se speciem completam, secundum opinionem Platonis; et quod corpus adveniret ei per accidens. Sed cum hoc sit falsum, ut supra ostensum est, non est in detrimentum animae quod corpori uniatur; sed hoc est ad perfectionem suae naturae. Sed quod corpus sit ei carcer, et eam inficiat, hoc est ex merito praevaricationis primae.

15 Ad decimumquintum dicendum quod iste modus cognoscendi est naturalis animae, ut percipiat intelligibilem veritatem infra modum quo percipiunt spirituales substantiae superiores, accipiendo scilicet eam ex sensibilibus; sed in hoc etiam patitur impedimentum ex corruptio corporis, quae provenit ex peccato primi parentis.

16 Ad decimumsextum dicendum quod hoc ipsum quod *caro concupiscit adversus spiritum*, ostendit affinitatem animae ad corpus. Spiritus enim dicitur pars animae superior, qua homo excedit alia animalia, ut Augustinus dicit super Genesim contra Manichaeos. Caro

10. QUANTO AO DÉCIMO, deve-se dizer que a forma não se situa em um gênero, conforme dito acima. Por isso, visto que a alma intelectiva é a forma do homem, ela não se situa em gênero distinto daquele do corpo; senão que ambos se situam, por redução, no gênero animal e na espécie homem.

11. QUANTO AO DÉCIMO PRIMEIRO, deve-se dizer que, de duas substâncias existentes em ato e perfeitas em espécie e natureza, não se faz algo uno. Mas a alma e o corpo não são deste modo, visto que são partes da natureza humana. Logo, isto em nada impede que as duas se façam algo uno.

12. QUANTO AO DÉCIMO SEGUNDO, deve-se dizer que, embora a alma humana seja forma unida ao corpo, esta no entanto excede a proporção de toda matéria corporal. Logo não pode ser levada ao ato a partir da potência da matéria, mediante movimento ou mutação, como se dá com outras formas que existem imersas na matéria.

13. QUANTO AO DÉCIMO TERCEIRO, deve-se dizer que a alma possui uma operação na qual o corpo não comunica, na medida em que supera toda a proporção do corpo; disto, no entanto, não se exclui que de algum modo seja unida ao corpo.

14. QUANTO AO DÉCIMO QUARTO, deve-se dizer que tal objeção procede da opinião de Orígenes,[61] que afirmou que no princípio haviam sido criadas as almas sem corpos, em meio às substâncias espirituais, e que depois foram unidas aos corpos, neles encerradas como em cárceres. Mas Orígenes não dizia que as almas haviam sofrido isto inocentes, mas devido a um pecado precedente. Pois estimava Orígenes que a alma humana possuísse em si uma espécie completa – seguindo a opinião de Platão –, e que o corpo lhes adviesse *per accidens*. Entretanto, como isto é falso (conforme demonstramos acima), não é para detrimento da alma que ela seria unida ao corpo, mas para a perfeição de sua natureza. Mas, que o corpo se lhe tenha tornado um cárcere e a estorve, isto se deu pelo pecado original.

15. QUANTO AO DÉCIMO QUINTO, deve-se dizer que é natural à alma o conhecer a verdade inteligível por um modo inferior ao das substâncias espirituais superiores, isto é, adquirindo-a das coisas sensíveis. Mas também neste modo sofre impedimentos devido à corrupção do corpo, proveniente do pecado dos primeiros pais.

16. QUANTO AO DÉCIMO SEXTO, deve-se dizer que, pela frase mesma "a carne tem desejos contrários ao espírito" ostenta-se a afinidade da alma ao corpo. Pois o espírito é denominado a parte superior da alma, pela qual o homem excede aos animais, como diz Agostinho em *Sobre o Gênesis contra Maniqueus*.[62] Mas diz-se

autem concupiscere dicitur, quia partes animae carni affixae, ea quae sunt delectabilia carni, concupiscunt: quae concupiscentiae spiritui interdum repugnant.

17 Ad decimumseptimum dicendum quod intellectus possibilis non habet aliquam formam intelligibilem in actu, sed in potentia tantum, sicut materia prima non habet aliquam formam sensibilem actu. Unde non oportet, nec ita ratio ostendit, quod intellectus possibilis sit unus in omnibus; sed quod sit unus respectu omnium formarum intelligibilium, sicut materia prima est una respectu omnium formarum sensibilium.

18 Ad decimumoctavum dicendum quod si intellectus possibilis haberet aliquod organum corporale, oporteret quod illud organum esset principium simul cum intellectu possibili quo intelligimus, sicut pupilla cum potentia visiva est principium quo videmus. Et ita principium quo intelligimus haberet aliquam naturam determinatam sensibilem; quod patet esse falsum ex demonstratione Aristotelis supra inducta. Hoc autem non sequitur ex hoc quod anima est forma humani corporis, quia intellectus possibilis est quaedam potentia eius, in quantum excedit corporis proportionem.

19 Ad decimumnonum dicendum quod anima, licet uniatur corpori secundum modum corporis, tamen ex ea parte qua excedit corporis capacitatem, naturam intellectualem habet; et sic formae receptae in ea sunt intelligibiles et non materiales.

20 Unde patet solutio ad vigesimum.

que "a carne" tem concupiscência porque as partes da alma ligadas à carne desejam aquelas coisas que são deleitáveis à carne – e tais desejos às vezes contrariam o espírito.

17. QUANTO AO DÉCIMO SÉTIMO, deve-se dizer que de fato o intelecto possível não tem nenhuma forma inteligível em ato, mas apenas em potência, assim como a matéria prima não tem nenhuma forma sensível em ato. Mas disto não se faz necessário que o intelecto possível seja um só para todos os homens; mas apenas que seja um só com respeito a todas as formas inteligíveis, assim como a matéria prima é uma só com respeito a todas as formas sensíveis.

18. QUANTO AO DÉCIMO OITAVO, deve-se dizer que, se o intelecto possível tivesse algum órgão corporal, seria necessário que tal órgão fosse, simultaneamente com o intelecto possível, o princípio pelo qual inteligimos – assim como a pupila e a potência visiva são juntas o princípio pelo qual vemos. Destarte, o princípio pelo qual inteligimos teria alguma natureza sensível determinada, o que é falso, como se torna claro pela demonstração de Aristóteles acima apresentada.[63] Isto, porém, não decorre de ser a alma a forma do corpo humano, porque o intelecto possível é certa potência da alma, na razão em que esta excede a proporção do corpo.

19. QUANTO AO DÉCIMO NONO, deve-se dizer que, embora a alma se una ao corpo segundo o modo do corpo, esta, no entanto, naquilo em que excede a capacidade do corpo, possui natureza intelectual; e por isso as formas nela recebidas são inteligíveis e não materiais.

20. E com isto se evidencia a solução para o VIGÉSIMO.

QUAESTIO III

Tertio quaeritur utrum intellectus possibilis, sive anima intellectiva, sit una in omnibus

Et videtur quod sic.

1 Perfectio enim est proportionata perfectibili. Sed veritas est perfectio intellectus: nam verum est bonum intellectus, sicut philosophus dicit, VI Ethic. Cum igitur veritas sit una, quam omnes intelligunt, videtur quod intellectus possibilis sit unus in omnibus.

2 Praeterea, Augustinus dicit in libro de quantitate animae: *de numero animarum nescio quid tibi respondeam. Si enim dixero unam esse animam, conturbaberis, quod in altero beata est, et in altero misera: nec una res simul beata et misera esse potest. Si unam simul et multas esse dicam, ridebis; nec facile mihi unde tuum risum comprimam suppetit. Si multas tantummodo dixero esse, ipse me ridebo, minusque me mihi displicentem quam tibi proferam.* Videtur ergo esse derisibile in pluribus hominibus esse plures animas.

3 Praeterea, omne quod distinguitur ab alio, distinguitur per aliquam naturam determinatam quam habet. Sed intellectus possibilis est in potentia ad omnem formam, nullam habens actu. Ergo intellectus possibilis non habet distingui; ergo nec multiplicari, ut sint multi in diversis.

4 Praeterea, intellectus possibilis denudatur ab omni quod intelligitur; quia nihil est eorum quae sunt, ante intelligere, ut dicitur in III de anima. Sed, ut in eodem dicitur, ipse est denudatus a seipso; et ita non habet unde possit multiplicari in diversis.

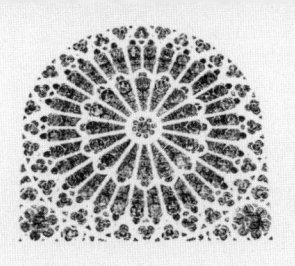

QUESTÃO III

Se o intelecto possível ou a alma intelectiva é uma para todos[64]

E PARECE QUE SIM.

1. Pois a perfeição é proporcional ao perfectível. Mas a verdade é uma perfeição do intelecto: pois a verdade é o bem do intelecto, como diz o Filósofo no livro VI da *Ética*.[65] Por conseguinte, sendo uma a verdade que todos conhecem, parece que o intelecto possível é um para todos.

2. Ademais, diz Agostinho em *Sobre a Quantidade da Alma*:[66] "Não sei o que devo responder-te acerca do número das almas. Pois, se te dissesse que existe uma só, inquietar-te-ias, já que em uns ela se apresenta feliz, e em outros se apresenta infeliz; e uma coisa não pode ser ao mesmo tempo feliz e infeliz. Se te dissesse que ao mesmo tempo há uma só e várias, rir-te-ias, e não me parece fácil fazer que contenhas o riso. Se dissesse tão somente que há muitas, estar-me-ia rindo de mim mesmo". Logo, parece risível que haja várias almas para vários homens.

3. Ademais, tudo o que se distingue de outro se distingue pela natureza determinada que possui. Mas o intelecto possível está em potência com respeito a toda forma, sem ter nenhuma em ato. Logo, ao intelecto possível não cabe distinguir-se; logo, tampouco multiplicar-se, de modo que haja muitos intelectos para várias almas.

4. Ademais, o intelecto possível é despojado de tudo o que ele intelige, dado que, antes de inteligir, nada há nele das coisas que existem, como se diz no livro III *Sobre a Alma*.[67] Mas, como se diz no mesmo lugar, o próprio intelecto é despojado de si mesmo; assim, não possui meios pelos quais possa multiplicar-se entre vários.

5 Praeterea, in omnibus distinctis et multiplicatis oportet aliquid esse commune: pluribus enim hominibus communis est homo, et pluribus animalibus [animal]. Sed intellectus possibilis nulli aliquid habet commune, ut dicitur in III de anima. Ergo intellectus possibilis non potest distingui et multiplicari in diversis.

6 Praeterea, in his quae sunt separata a materia, ut dicit Rabbi Moyses, non multiplicantur nisi secundum causam et causatum. Sed intellectus hominis unius, aut anima, non est causa intellectus aut animae alterius. Cum ergo intellectus possibilis sit separatus, ut dicitur in III de anima; non erit intellectus possibilis multiplex in diversis.

7 Praeterea, philosophus dicit in III de anima, quod idem est intellectus et quod intelligitur. Sed id quod intelligitur est idem apud omnes. Ergo intellectus possibilis est unus in omnibus hominibus.

8 Praeterea, id quod intelligitur est universale, quod est unum in multis. Sed forma intellecta non habet hanc unitatem ex parte rei: non enim est forma hominis in rebus nisi individuata et multiplicata in diversis. Ergo hoc habet ex parte intellectus. Intellectus igitur est unus in omnibus.

9 Praeterea, philosophus in III de anima dicit, quod anima est locus specierum. Sed locus est communis diversis quae in loco sunt. Non ergo anima multiplicatur secundum diversos homines.

10 Sed dicebat, quod anima dicitur locus specierum, quia est specierum contentiva. Sed contra, sicut intellectus est contentivus specierum intelligibilium, ita sensus est contentivus specierum sensibilium. Si igitur intellectus est locus specierum, quia est contentivus earum, pari ratione et sensus erit locus specierum; quod est contra philosophum dicentem in III de anima, quod anima est locus specierum, praeter quod non tota, sed intellectiva tantum.

11 Praeterea, nihil operatur nisi ubi est. Sed intellectus possibilis operatur ubique: intelligit enim quae sunt in caelo, et quae sunt in terra, et quae sunt ubique. Ergo intellectus possibilis est ubique et ita est in omnibus unus.

12 Praeterea, quod est definitum ad aliquid unum particulare, habet materiam determinatam; quia principium individuationis, materia est. Sed intellectus possibilis non terminatur ad materiam, ut

5. Ademais, nas coisas que são distintas e múltiplas, convém que exista algo comum a todas: pois "homem" é comum a vários homens, e "animal" é comum a vários animais. Mas o intelecto possível nada possui em comum, como se diz no livro III *Sobre a Alma*.⁶⁸ Logo, não pode o intelecto possível distinguir-se e multiplicar-se em vários.

6. Ademais, como diz o rabino Moisés,⁶⁹ as coisas que existem separadas da matéria não se multiplicam senão segundo a relação de causa e causado. Mas o intelecto de um homem, ou uma alma, não é causa de outro intelecto ou de outra alma. Logo, sendo o intelecto possível separado, como se diz no livro III *Sobre a Alma*,⁷⁰ não haverá múltiplos intelectos possíveis.

7. Ademais, diz o Filósofo no livro III *Sobre a Alma*⁷¹ que o intelecto e o inteligido são uma mesma coisa. Mas o inteligido é o mesmo para todos. Logo, o intelecto possível é um para todos os homens.

8. Ademais, o inteligido é universal, porque é um em muitos. Mas a forma inteligida não adquire essa unidade por parte da coisa: pois a forma de homem não existe nas coisas senão de modo individuado e multiplicado em muitos. Logo, sua unidade vem do intelecto. Portanto, o intelecto é um em muitos.

9. Ademais, diz o Filósofo no livro III *Sobre a Alma*⁷² que a alma é o lugar das espécies. Mas o lugar é comum às diversas coisas que o ocupam. Logo, a alma não se multiplica segundo os diversos homens.

10. Poder-se-ia dizer, porém, que a alma é o lugar das espécies porque as contém. Mas em sentido contrário: assim como o intelecto contém as espécies inteligíveis, assim também o sentido contém as espécies sensíveis. Por conseguinte, se o intelecto é o lugar das espécies porque as contém, pela mesma razão também o sentido será lugar das espécies, o que é contrário ao que diz o Filósofo no livro III *Sobre a Alma*,⁷³ a saber, que a alma é o lugar das espécies, mas não toda ela – somente a alma intelectiva.

11. Ademais, nada opera senão onde está. Ora, o intelecto possível opera em todo e qualquer lugar: porque conhece o que está no céu, o que está na terra e o que está em todo e qualquer lugar. Logo, o intelecto possível está em todo lugar, e assim é um para todos.

12. Ademais, o que está determinado a ser uma coisa particular possui uma matéria determinada, porque a matéria é princípio de individuação. Mas o intelecto possível não é limitado pela matéria, como se demonstra no livro III *Sobre a*

probatur in III de anima. Ergo non definitur ad aliquid particulare, et ita est unus in omnibus.

13 Sed dicebat quod intellectus possibilis habet materiam in qua est, ad quam terminatur, scilicet corpus humanum. Sed contra, principia individuantia debent esse de essentia individuati. Sed corpus non est de essentia intellectus possibilis. Ergo non potest individuari per corpus, et per consequens nec multiplicari.

14 Praeterea, philosophus dicit in I de caelo quod si essent plures mundi, essent plures caeli primi. Sed si essent plures primi caeli, essent plures primi motores; et sic primi motores essent materiales. Pari igitur ratione si essent plures intellectus possibiles in pluribus hominibus, intellectus possibilis esset materialis; quod est impossibile.

15 Praeterea, si intellectus possibiles sint plures in hominibus, oportet quod remaneant multi corruptis corporibus. Sed tunc, cum non possit in eis esse differentia nisi secundum formam, oportebit quod differant secundum speciem. Cum igitur corrupto corpore speciem aliam non obtineant, quia nihil mutatur de specie in speciem, nisi corrumpatur; etiam ante corruptionem corporum secundum speciem differebant: sed homo habet speciem ab anima intellectiva, ergo diversi homines non sunt eiusdem speciei; quod patet esse falsum.

16 Praeterea, id quod est separatum a corpore, non potest multiplicari secundum corpora. Sed intellectus possibilis est separatus a corpore, ut probat philosophus in III de anima. Ergo non potest multiplicari vel distingui secundum corpora; non ergo in pluribus hominibus sunt plures.

17 Praeterea, si intellectus possibilis multiplicatur in diversis, oportet quod species intelligibiles multiplicentur in diversis; et ita sequitur quod sint formae individuales. Sed formae individuales non sunt intellectae nisi in potentia; oportet enim quod abstrahatur ab eis universale, quod proprie intelligitur. Formae igitur quae sunt in intellectu possibili, erunt intelligibiles in potentia tantum; et ita intellectus possibilis non poterit intelligi in actu, quod est inconveniens.

18 Praeterea, agens et patiens, movens et motum, habent aliquid commune. Phantasma autem comparatur ad intellectum possibilem qui est in nobis, sicut agens ad patiens, et movens ad motum. Ergo intellectus qui

Alma.⁷⁴ Logo, o intelecto possível não está determinado a ser algo particular, e por isso é um em todos.

13. Poder-se-ia dizer, porém, que a matéria em que se encontra o intelecto possível é também a que o delimita, ou seja, o corpo humano. Mas em sentido contrário: os princípios individuantes devem pertencer à essência do individuado. Ora, o corpo não pertence à essência do intelecto possível. Logo, este não pode ser individuado pelo corpo e, por conseguinte, tampouco multiplicar-se.

14. Ademais, diz o Filósofo no livro I *Sobre o Céu*⁷⁵ que, se existissem muitos mundos, existiriam muitos céus primeiros. Mas, se existissem muitos céus primeiros, existiriam muitos primeiros motores; e assim os primeiros motores seriam materiais. Logo, pela mesma razão, se houvesse vários intelectos possíveis para vários homens, o intelecto possível seria material, o que é impossível.

15. Ademais, se houvesse vários intelectos possíveis para os homens, conviria que [tais intelectos] permanecessem vários em número após a corrupção dos corpos. Mas, não podendo então haver neles outra diferença senão segundo a forma, conviria que diferissem em espécie. Logo, visto que, corrompidos seus corpos, os intelectos não obteriam outra espécie (porque nada muda de uma espécie para outra a não ser que se corrompa), também antes da corrupção de seus corpos os intelectos já diferiam em espécie. Mas o homem toma sua espécie da alma intelectiva; logo, os diversos homens não pertenceriam à mesma espécie; o que evidentemente é falso.

16. Ademais, o que está separado do corpo não pode multiplicar-se segundo os corpos. Ora, o intelecto possível está separado do corpo, como demonstra o Filósofo no livro III *Sobre a Alma*.⁷⁶ Logo, não pode multiplicar-se ou distinguir-se segundo os corpos; e, assim, não há vários intelectos possíveis para vários homens.

17. Ademais, se houvesse vários intelectos possíveis, haveria várias espécies inteligíveis. Seriam, portanto, formas individuais. Mas as formas individuais não são inteligíveis senão em potência. Pois é necessário que delas seja abstraído o universal, que é o propriamente inteligido. Por conseguinte, as formas que estão no intelecto possível serão inteligíveis somente em potência. E assim o intelecto possível não poderá inteligir em ato; o que não tem sentido.

18. Ademais, o agente tem algo em comum com o paciente, e o motor tem algo em comum com o movido. Pois bem, os fantasmas são para o intelecto possível que há em nós o que o agente é para o paciente e o que o motor é para o

est in nobis, habet aliquid commune cum phantasmatibus. Sed intellectus possibilis nihil habet commune cum phantasmatibus, ut dicitur in III de anima. Ergo intellectus possibilis est alius ab intellectu qui est in nobis; et ita intellectus possibilis non multiplicatur in diversis hominibus.

19 Praeterea, unumquodque, in quantum est unum est. Cuius igitur esse non dependet ab alio, nec unitas eius dependet ab alio. Sed esse intellectus possibilis non dependet a corpore; alias corrumperetur corrupto corpore. Ergo nec unitas intellectus possibilis dependet a corpore, et per consequens nec eius multitudo. Non igitur intellectus possibilis multiplicatur in diversis corporibus.

20 Praeterea, philosophus dicit VIII Metaph. quod in illis quae sunt formae tantum, idem est res et quod quid erat esse, idest natura speciei. Sed intellectus possibilis, vel anima intellectiva, est forma tantum: si enim componeretur ex materia et forma, non esset forma alterius. Ergo anima intellectiva est ipsa natura suae speciei. Si igitur natura speciei est una in omnibus animalibus intellectivis, non potest esse quod anima intellectiva multiplicetur in diversis.

21 Praeterea, anima non multiplicatur secundum corpora nisi ex eo quod unitur corpori. Sed intellectus possibilis ex ea parte consequitur animam qua corporis excedit unionem. Intellectus igitur possibilis non multiplicatur in hominibus.

22 Praeterea, si anima humana multiplicatur secundum divisionem corporum, et intellectus possibilis per multiplicationem animarum, cum constet quod oporteat species intelligibiles multiplicari si intellectus possibilis multiplicetur, relinquitur quod primum multiplicationis principium erit materia corporalis. Sed quod multiplicatur secundum materiam est individuale et non intelligibile in actu. Species igitur quae sunt in intellectu possibili, non erunt intelligibiles actu; quod est inconveniens. Non igitur anima humana et intellectus possibilis multiplicantur in diversis.

Sed contra.

1 Per intellectum possibilem homo intelligit. Dicitur enim in III de anima quod intellectus possibilis est quo intelligit anima. Si igitur unus sit

movido. Logo, o intelecto que há em nós tem algo em comum com os fantasmas. Mas o intelecto possível nada tem em comum com algo, como se diz no livro III *Sobre a Alma*.[77] Logo, o intelecto possível é distinto do intelecto que há em nós. E assim o intelecto possível não se multiplica segundo os diversos homens.

19. Ademais, cada coisa, na medida em que é, é una. Por conseguinte, aquilo cujo ser não depende de outro tampouco tem sua unidade dependente de outro. Mas o ser do intelecto possível não depende do corpo, pois de outro modo se destruiria ao destruir-se o corpo. Logo, a unidade do intelecto possível não depende do corpo e, por conseguinte, tampouco sua multiplicação. Por conseguinte, o intelecto possível não se multiplica segundo os diversos corpos.

20. Ademais, diz o Filósofo no livro VIII da *Metafísica*[78]: naquilo que é somente forma, são o mesmo a coisa e a essência[79] (ou seja, sua natureza específica). Mas o intelecto possível ou alma intelectiva é tão somente forma. Pois se fosse composto de matéria e forma, não seria forma de outro. Logo, a alma intelectiva é sua própria natureza específica. Por conseguinte, se a natureza específica é uma em todas as almas intelectivas, não pode suceder que a alma intelectiva se multiplique por vários.

21. Ademais, a alma não se multiplica segundo os corpos senão na medida em que está unida ao corpo. Mas o intelecto possível pertence à alma segundo aquela parte em que ela excede sua união com o corpo. Logo, o intelecto possível não se multiplica segundo os diversos homens.

22. Ademais, se a alma humana se multiplica segundo a multiplicação dos corpos, e o intelecto possível se multiplica com a multiplicação das almas, então, dado que é necessário que as espécies inteligíveis se multipliquem se o intelecto possível se multiplica, só resta afirmar que o primeiro princípio da multiplicação será a matéria corporal. Mas o que se multiplica segundo a matéria é individual e não inteligível em ato. Por conseguinte, as espécies que há no intelecto possível não serão inteligíveis em ato, o que não tem sentido. Portanto, a alma humana e o intelecto possível não se multiplicam em muitos.

MAS EM SENTIDO CONTRÁRIO:

1. O homem conhece mediante o intelecto possível. Pois se diz no livro III *Sobre a Alma*[80] que o intelecto possível é aquilo pelo qual a alma conhece. Por

intellectus possibilis in omnibus, sequitur quod illud quod unus intelligit alius intelligat; quod patet esse falsum.

2 Praeterea, anima intellectiva comparatur ad corpus ut forma ad materiam, et ut motor ad instrumentum. Sed omnis forma requirit determinatam materiam, et omnis motor determinata instrumenta. Impossibile est igitur quod sit una anima intellectiva in diversis hominibus.

Respondeo. Dicendum quod ista quaestio aliqualiter dependet a superiori. Si enim intellectus possibilis est substantia separata secundum esse a corpore, necessarium est eum esse unum tantum; quae enim secundum esse sunt a corpore separata, nullo modo per multiplicationem corporum multiplicari possunt.

Sed tamen unitas intellectus specialem requirit considerationem, quia specialem habet difficultatem. Videtur enim in primo aspectu hoc esse impossibile quod unus intellectus sit omnium hominum. Manifestum est enim quod intellectus possibilis comparatur ad perfectiones scientiarum sicut perfectio prima ad secundam, et per intellectum possibilem sumus in potentia scientes; et hoc cogit ad ponendum intellectum possibilem. Manifestum est autem quod perfectiones scientiarum non sunt eaedem in omnibus, cum quidam inveniantur habere scientias, quibus alii carent. Hoc autem videtur inconveniens et impossibile quod perfectio secunda non sit una in omnibus, perfectione prima existente una in eis. Sicut est impossibile quod unum subiectum primum sit in actu et in potentia respectu eiusdem formae; sicut quod superficies sit in potentia, et in actu simul alba.

Hoc autem inconveniens evadere nituntur quidam ponentes intellectum possibilem unum in omnibus per hoc quod species intelligibiles, in quibus consistit perfectio scientiae, habent duplex subiectum, ut supra dictum est: scilicet ipsa phantasmata, et intellectum possibilem. Et quia ipsa phantasmata non sunt eadem in omnibus ab illa parte, nec species intelligibiles sunt eaedem in omnibus. Ex illa vero parte qua sunt in intellectu possibili, non multiplicantur. Et inde est quod propter diversitatem phantasmatum unus habet scientiam, qua alius caret.

conseguinte, se houvesse um só intelecto possível para todos, seguir-se-ia que aquilo que um conhece, outro também o conhece; o que é patentemente falso.

2. Ademais, a alma intelectiva é para o corpo o que a forma é para a matéria e o que o motor é para o instrumento. Mas toda forma requer determinada matéria, e todo motor, determinados instrumentos. Por conseguinte, é impossível que haja uma só alma intelectiva para vários homens.

RESPONDO. Deve-se dizer que esta questão depende, de certo modo, da anterior. De fato, se o intelecto possível é uma substância separada do corpo segundo seu ser, é necessário que ele seja um só, já que as coisas que são separadas do corpo segundo o ser não podem de modo algum multiplicar-se segundo a multiplicação dos corpos.

Não obstante, a unidade do intelecto requer uma consideração especial, pois encerra uma dificuldade especial. De fato, à primeira vista se vê impossível que haja um só intelecto para todos os homens. Pois é patente que o intelecto possível está para as conclusões das ciências assim como a perfeição primeira está para a segunda, e mediante o intelecto possível somos cientes em potência: é isto o que nos leva a afirmar que há o intelecto possível. Ora, é fato que as conclusões das ciências não são as mesmas para todos, pois alguns possuem conhecimentos de que outros carecem. Não obstante, parece impossível e inconveniente não haver a mesma perfeição segunda para todos os homens, se existe uma perfeição primeira para todos eles, assim como é impossível que um mesmo sujeito primeiro se encontre em ato e em potência com respeito à mesma forma, isto é, que, por exemplo, uma superfície seja simultaneamente branca em ato e em potência.

Alguns se empenham em esquivar-se deste inconveniente sustentando que o intelecto possível pode ser um para todos pelo fato de que as espécies inteligíveis, em que consiste a perfeição da ciência, possuem, como já dissemos, um duplo sujeito, a saber: os próprios fantasmas e o intelecto possível. E, como os próprios fantasmas não são os mesmos para todos, de sua parte tampouco as espécies inteligíveis são as mesmas para todos; mas, segundo estão no intelecto possível, não se multiplicam. Daí se seguiria que, devido à diversidade de fantasmas, um homem tem determinado conhecimento de que outro carece.

Sed hoc patet frivolum esse ex his quae superius dicta sunt. Species enim non sunt intelligibiles actu nisi per hoc quod a phantasmatibus abstrahuntur, et sunt in intellectu possibili. Diversitas igitur phantasmatum non potest esse causa unitatis vel multiplicationis perfectionis, quae est secundum scientiam intelligibilem. Nec habitus scientiarum sunt sicut in subiecto in aliqua parte pertinente ad animam sensitivam, ut dicunt.

Sed adhuc aliquid difficilius sequetur ponentibus intellectum possibilem esse in omnibus unum. Manifestum est enim quod haec operatio, quae est intelligere, egreditur ab intellectu possibili sicut a primo principio, per quod intelligimus; sicut haec operatio sentire egreditur a potentia sensitiva. Et licet supra ostensum sit, quod si intellectus possibilis est secundum esse ab homine separatus, non est possibile quod intelligere, quod est intellectus possibilis, sit operatio huius vel illius hominis; tamen hoc causa inquisitionis dato, sequitur quod hic homo vel ille intelligat per ipsum intelligere intellectus possibilis. Nulla autem operatio potest multiplicari nisi dupliciter: vel ex parte obiectorum, vel ex parte principii operantis. Potest tamen addi et tertium ex parte temporis; sicut cum aliqua operatio recipit interpolationem temporum. Ipsum ergo intelligere, quod est operatio intellectus possibilis, potest quidem multiplicari secundum obiecta, ut aliud sit intelligere hominem, aliud intelligere equum; et etiam secundum tempus, ut aliud sit numero intelligere quod fuit heri, et quod est hodie, si tamen discontinuetur operatio. Non autem potest multiplicari ex parte principii operantis, si intellectus possibilis est unus tantum. Si igitur ipsum intelligere intellectus possibilis est intelligere hominis huius et illius; poterit quidem aliud esse intelligere huius hominis, et intelligere illius, si diversa intelligant; cuius aliqua ratio esse potest diversitas phantasmatum. Sed diversorum hominum simul idem intelligentium, ut ipsi dicunt, similiter poterit multiplicari ipsum intelligere, scilicet ut unus hodie intelligat, et alius cras. Quod etiam potest referri ad diversum usum phantasmatum; sed duorum hominum simul idem intelligentium, necesse est quod sit unum et idem numero ipsum intelligere, quod manifeste est impossibile. Impossibile est igitur quod intellectus possibilis, quo intelligimus formaliter, sit unus in omnibus.

Mas esse argumento é frívolo, pelo que anteriormente dissemos.[81] Pois as espécies não são inteligíveis em ato senão na medida em que são abstraídas dos fantasmas e se encontram no intelecto possível. Por conseguinte, a diversidade dos fantasmas não pode ser causa da unidade ou da multiplicidade de uma perfeição que se dá segundo o conhecimento inteligível. E tampouco os hábitos das ciências se encontram como em seu sujeito em alguma parte pertencente à alma sensitiva, tal como eles sustentam.

Mas outra coisa, ainda mais difícil, se apresenta aos que consideram que o intelecto possível é um só para todos. Pois está claro que a operação de inteligir se origina do intelecto possível como de seu princípio primeiro, mediante o qual inteligimos, assim como a operação de sentir se origina da potência sensitiva. E, embora anteriormente[82] já se tenha demonstrado que, se o intelecto possível estivesse separado do homem quanto a seu ser, não seria possível que o inteligir (que é próprio do intelecto possível) fosse deste ou daquele homem, concedamo-lo, a bem do argumento; seguir-se-ia, então, que este ou aquele homem intelige mediante o próprio inteligir do intelecto possível. Pois bem, uma operação não pode multiplicar-se senão por duas causas: por parte dos objetos ou por parte do princípio operante. Não obstante, pode-se acrescentar uma terceira, por parte do tempo: como quando uma operação se dá com interpolação de tempos. Portanto, a intelecção, que é operação do intelecto possível, pode multiplicar-se segundo seus objetos – de modo que uma coisa é inteligir um homem e outra inteligir um cavalo – e também pode multiplicar-se segundo o tempo – de modo que uma coisa é conhecer numericamente o que sucedeu ontem, e outra o que sucedeu hoje, desde que a operação seja executada de maneira descontínua. Mas a intelecção não pode multiplicar-se por parte do princípio de operação se o intelecto possível for um só. Por conseguinte, se o próprio inteligir do intelecto possível é o inteligir deste e daquele homem, é verdade que poderá haver alguma intelecção para este homem e outra para aquele, se eles inteligem coisas diversas, cuja razão pode ser a diversidade de fantasmas. E, de modo semelhante, no que se refere a vários homens que inteligem simultaneamente o mesmo, a mesma intelecção poderá multiplicar-se se um intelige hoje e outro amanhã, o que também pode referir-se ao diverso uso dos fantasmas. Mas, se dois homens inteligissem o mesmo objeto e ao mesmo tempo, seria necessário que a intelecção fosse uma e a mesma numericamente para ambos, o que é patentemente impossível. Por conseguinte, é impossível que o intelecto possível mediante o qual inteligimos formalmente seja um para todos.

Si autem per intellectum possibilem intelligeremus sicut per principium activum, quod faceret nos intelligentes per aliquod principium intelligendi in nobis, esset positio magis rationabilis. Nam unum movens movet diversa ad operandum; sed quod aliqua diversa operentur per aliquod unum formaliter, hoc est omnino impossibile. Iterum formae et species rerum naturalium per proprias operationes cognoscuntur. Propria autem operatio hominis in eo quod est homo, est intelligere, et ratione uti; unde oportet quod principium huius operationis, scilicet intellectus, sit illud quo homo speciem sortitur, et non per animam sensitivam, aut per aliam vim eius. Si igitur intellectus possibilis est unus in omnibus, velut quaedam substantia separata; sequitur quod omnes homines sortiantur speciem per unam substantiam separatam; quod est simile positioni idearum, et eamdem difficultatem habens.

Unde simpliciter dicendum est quod intellectus possibilis non est unus in omnibus, sed multiplicatur in diversis. Et cum sit quaedam vis vel potentia animae humanae, multiplicatur secundum multiplicationem substantiae ipsius animae, cuius multiplicatio sic considerari potest. Si enim aliquid quod sit de ratione alicuius communis materialem multiplicationem recipiat, necesse est quod illud commune multiplicetur secundum numerum, eadem specie remanente: sicut de ratione animalis sunt carnes et ossa; unde distinctio animalium, quae est secundum has vel illas carnes, facit diversitatem in numero, non in specie.

Manifestum est autem ex his quae supra; dicta sunt, quod de ratione animae humanae est quod corpori humano sit unibilis, cum non habeat in se speciem completam; sed speciei complementum sit in ipso composito. Unde quod sit unibilis huic aut illi corpori, multiplicat animam secundum numerum non autem secundum speciem; sicut et haec albedo differt ab illa numero per hoc quod est esse huius et illius subiecti. Sed in hoc differt anima humana ab aliis formis, quod esse suum non dependet a corpore, nec hoc esse individuatum eius a corpore dependet; unumquodque enim, in quantum est unum, est in se indivisum, et ab aliis distinctum.

Mas, se por intelecto possível entendêssemos um princípio ativo que nos faria capazes de inteligir mediante algum princípio de intelecção já presente em nós, aquela posição seria mais razoável. Pois uma mesma coisa pode mover diversas outras para que operem, mas é absolutamente impossível que diversas coisas operem formalmente mediante algo único. Igualmente, as formas e as espécies das coisas naturais são conhecidas por suas operações próprias. Mas a operação própria do homem, e pela qual é homem, é a intelecção e o uso da razão. Donde é necessário que o princípio de sua operação, ou seja, o intelecto, seja aquilo pelo qual o homem se constitui em sua espécie, e não em virtude de sua alma sensitiva ou de outra capacidade sua. Por conseguinte, se o intelecto possível fosse único para todos os homens, como certa substância separada, seguir-se-ia que todos os homens se constituiriam em sua espécie por uma só substância separada, posição parecida com a das ideias e que encerra a mesma dificuldade.

Por isso, deve-se dizer pura e simplesmente que o intelecto possível não é um em todos, senão que se multiplica nos diversos homens. E, visto que ele é certa virtude ou potência da alma humana, multiplica-se conforme a multiplicação da substância da própria alma. E esta pode ser considerada do seguinte modo: se algo que estivesse sob a razão de algo comum admitisse multiplicação material, seria necessário que este comum se multiplicasse segundo o número, mas permanecendo a espécie a mesma, tal como sucede com a carne e os ossos, que estão sob a razão de animal. Por isso, a distinção dos animais feita segundo estas ou aquelas carnes cria uma diversidade para eles quanto ao seu número, mas não quanto à sua espécie.

Como ficou claro pelo dito em ponto anterior,[83] pertence à razão da alma humana que ela seja suscetível de unir-se ao corpo, já que a alma não possui por si uma espécie completa, mas é complemento da espécie no próprio composto. Portanto, o fato de ser suscetível de unir-se a este ou aquele corpo também multiplica a alma quanto ao número, mas não quanto à espécie, assim como esta brancura se distingue daquela numericamente, porque uma pertence ao ser deste sujeito e a outra ao daquele. Mas a alma humana distingue-se das outras formas pelo fato de que seu ser não depende do corpo; daí que tampouco seu ser individuado dependa de seu corpo. Pois tudo o que é uno é, na mesma medida, indiviso em si e distinto dos outros.

1 AD primum ergo dicendum quod veritas est adaequatio intellectus ad rem. Sic igitur est una veritas quam diversi intelligunt, ex eo quod eorum conceptiones eidem rei adaequantur.

2 Ad secundum dicendum quod Augustinus se derisibilem profitetur, non si dicat multas animas, sed si dicat multas tantum; ita scilicet quod sint multae et secundum numerum et secundum speciem.

3 Ad tertium dicendum quod intellectus possibilis non multiplicatur in diversis secundum differentiam alicuius formae, sed secundum multiplicationem substantiae animae, cuius potentia est.

4 Ad quartum dicendum quod non est necessarium intellectum communem denudari ab eo quod intelligit, sed solum intellectum in potentia; sicut et omne recipiens denudatur a natura recepti. Unde si aliquis intellectus est qui sit actus tantum (sicut intellectus divinus), se intelligit per seipsum. Sed intellectus possibilis intelligibilis dicitur, sicut et alia intelligibilia, quia per speciem intelligibilem aliorum intelligibilium se intelligit. Ex obiecto enim cognoscit suam operationem, per quam devenit ad cognitionem sui ipsius.

5 Ad quintum dicendum quod intellectus possibilis intelligendus est non habere commune cum aliqua naturarum sensibilium, a quibus sua intelligibilia accipit; communicat tamen unus intellectus possibilis cum alio in specie.

6 Ad sextum dicendum quod in his quae sunt secundum esse a materia separata, non potest esse distinctio nisi secundum speciem. Diversae autem species in diversis gradibus constitutae sunt; unde et assimilantur numeris, a quibus species diversificatur secundum additionem et subtractionem unitatis. Et ideo secundum positionem quorumdam dicentium, ea quae sunt inferiora in entibus, causari a superioribus, sequitur quod in separatis a materia sit multiplicatio secundum causam et causatum. Sed haec positio secundum fidem non sustinetur. Intellectus ergo possibilis non est substantia separata a materia secundum esse. Unde ratio non est ad propositum.

7 Ad septimum dicendum quod licet species intelligibilis qua intellectus formaliter intelligit, sit in intellectu possibili istius et illius hominis, ex quo intellectus possibiles sunt plures; id tamen quod

1. QUANTO AO PRIMEIRO ARGUMENTO, portanto, deve-se dizer que a verdade é uma adequação do intelecto à coisa. Portanto, a verdade que vários compreendem é única na medida em que as diversas concepções que se têm dela se adequam a uma mesma coisa.

2. QUANTO AO SEGUNDO, deve-se dizer que Agostinho se julgaria objeto de escárnio não se ele dissesse que há muitas almas, mas se dissesse irrestritamente que há muitas almas: ou seja, se dissesse que há muitas quanto ao número e quanto à espécie.

3. QUANTO AO TERCEIRO, deve-se dizer que o intelecto possível não se multiplica em vários sujeitos conforme a diferença de alguma forma, mas conforme a multiplicação da substância da alma, da qual é potência.

4. QUANTO AO QUARTO, deve-se dizer que não é necessário ao intelecto por inteiro despojar-se daquilo que conhece, mas [isto cabe] somente ao intelecto em potência, assim como a todo recipiente é necessário despojar-se da natureza do recebido. Daí que, se há algum intelecto que seja somente ato, como o intelecto divino, [ele] se inteligirá por si mesmo. Em contrapartida, diz-se do intelecto possível que é inteligível como as demais coisas inteligíveis porque intelige a si mesmo mediante a espécie inteligível dos demais inteligíveis; pois por meio do objeto conhece sua operação, e mediante esta vem a conhecer a si mesmo.[84]

5. QUANTO AO QUINTO, deve-se dizer que, embora o intelecto possível nada tenha em comum com as naturezas sensíveis, de que toma seus inteligíveis, ele tem em comum com outro a espécie a que ambos pertencem.

6. QUANTO AO SEXTO, deve-se dizer que, nas coisas que estão separadas da matéria quanto ao ser, não pode haver distinção senão segundo a espécie. Ora, mas diversas espécies constituem-se em diversos graus. Por isso, assemelham-se aos números, nos quais se diversifica a espécie segundo a adição ou subtração da unidade. Daí que, segundo a posição dos que dizem que os inferiores entre os entes são causados pelos superiores, se siga que, naquilo que está separado da matéria, a multiplicação se dê segundo a relação de causa e causado. Mas essa posição não é sustentável segundo a fé. Portanto, o intelecto possível não é uma substância separada da matéria segundo seu ser, razão por que esse argumento não se avém com nosso propósito.

7. QUANTO AO SÉTIMO, deve-se dizer que, embora a espécie inteligível pela qual o intelecto formalmente intelige exista no intelecto possível deste e daquele homem

intelligitur per huiusmodi species est unum, si consideremus habito respectu ad rem intellectam; quia universale quod intelligitur ab utroque, est idem in omnibus. Et quod per species multiplicatas in diversis, id quod est unum in omnibus possit intelligi, contingit ex immaterialitate specierum, quae repraesentant rem absque materialibus conditionibus individuantibus, ex quibus una natura secundum speciem multiplicatur numero in diversis.

8 AD OCTAVUM dicendum quod secundum Platonicos causa huius quod intelligitur unum in multis, non est ex parte intellectus, sed ex parte rei. Cum enim intellectus noster intelligat aliquid unum in multis; nisi aliqua res esset una participata a multis, videretur quod intellectus esset vanus, non habens aliquid respondens sibi in re. Unde coacti sunt ponere ideas, per quarum participationem et res naturales speciem sortiuntur, et intellectus nostri fiunt universalia intelligentes. Sed secundum sententiam Aristotelis hoc est ab intellectu, scilicet quod intelligat unum in multis per abstractionem a principiis individuantibus. Nec tamen intellectus est vanus aut falsus, licet non sit aliquid abstractum in rerum natura. Quia eorum quae sunt simul, unum potest vere intelligi aut nominari, absque hoc quod intelligatur vel nominetur alterum; licet non possit vere intelligi vel dici, quod eorum quae sunt simul, unum sit sine altero. Sic igitur vere potest considerari et dici id quod est in aliquo individuo, de natura speciei, in quo simile est cum aliis, absque eo quod considerentur in eo principia individuantia, secundum quae distinguitur ab omnibus aliis. Sic ergo sua abstractione intellectus facit istam unitatem universalem, non eo quod sit unus in omnibus, sed in quantum est immaterialis.

9 AD NONUM dicendum quod intellectus est locus specierum, eo quod continet species; unde non sequitur quod intellectus possibilis sit unus omnium hominum, sed unus et communis omnibus speciebus.

10 AD DECIMUM dicendum quod sensus non recipit species absque organo; et ideo non dicitur locus specierum, sicut intellectus.

11 AD UNDECIMUM dicendum quod intellectus possibilis potest dici ubique operari, non quia operatio eius sit ubique, sed quia operatio eius est circa ea quae sunt ubique.

(razão por que há vários intelectos possíveis), no entanto o conhecido mediante tal espécie é algo uno, se consideramos o obtido com respeito à coisa inteligida; pois o universal conhecido por este ou aquele homem é o mesmo em todos. E deve-se à imaterialidade das espécies o fato de que, mediante muitas delas, multiplicadas em diversos sujeitos, pode-se conhecer aquilo que é uno em todos; elas representam a coisa sem as condições materiais individuantes, pelas quais uma mesma natureza segundo a espécie multiplica-se numericamente em vários sujeitos.

8. Quanto ao oitavo, deve-se dizer que, segundo os platônicos,[85] a causa de compreendermos o uno no múltiplo não procede do intelecto, mas da própria coisa. Dado que nosso intelecto intelige o que é um em muitos, a não ser que alguma coisa fosse una participada por muitos o intelecto pareceria ser inútil, por carente de algo que lhe corresponda na coisa. Por isso, eles viram-se obrigados a estabelecer as ideias, por cuja participação não só as coisas naturais se constituem em sua espécie, mas também nossos intelectos chegam a conhecer os universais. Mas, segundo o juízo de Aristóteles,[86] é por parte do intelecto que conhecemos o que é um em muitos, por abstração dos princípios individuantes. No entanto, o intelecto não é inútil ou falso só por não haver algo abstrato na ordem da natureza. Pois, nas coisas que são simultâneas, uma pode ser corretamente compreendida ou nomeada sem que se compreenda ou nomeie corretamente a outra; embora não se possa corretamente compreender ou dizer que, entre as coisas que são simultâneas, uma exista sem a outra. Assim, é possível compreender e denotar corretamente aquilo que, sendo da natureza da espécie, está em algum indivíduo, e no qual se assemelha a outros indivíduos, sem ter de considerar os princípios que o individuam, e conforme aos quais se distingue de todos os demais. Desse modo, por sua abstração, o intelecto causa a unidade do universal, não porque seja um em todos, mas por ser imaterial.

9. Quanto ao nono, deve-se dizer que o intelecto é o lugar das espécies porque contém espécies. Disto não se segue que o intelecto possível seja um só para todos os homens, mas sim um e comum a todas as espécies inteligíveis.

10. Quanto ao décimo, deve-se dizer que o sentido não recebe espécies sem seu órgão, e por isso o sentido não se diz lugar das espécies como o intelecto.

11. Quanto ao décimo primeiro, deve-se dizer que o intelecto possível pode operar em todo e qualquer lugar, não porque sua operação ocorra em todo e qualquer lugar, mas porque sua operação tem por objeto aquilo que está em todo e qualquer lugar.

12 Ad duodecimum dicendum quod intellectus possibilis, licet materiam determinatam non habeat, tamen substantia animae, cuius est potentia, habet materiam determinatam, non ex qua sit, sed in qua sit.

13 Ad decimumtertium dicendum quod principia individuantia omnium formarum, non sunt de essentia earum, sed hoc solum verum est in compositis.

14 Ad decimumquartum dicendum quod primus motor caeli est omnino separatus a materia etiam secundum esse; unde nullo modo potest numero multiplicari: non est autem simile de anima humana.

15 Ad decimumquintum dicendum quod animae separatae non differunt specie, sed numero, ex eo quod sunt tali vel tali corpori unibiles.

16 Ad decimumsextum dicendum quod licet intellectus possibilis sit separatus a corpore quantum ad operationem; est tamen potentia animae, quae est actus corporis.

17 Ad decimumseptimum dicendum quod aliquid est intellectum in potentia, non ex eo quod est individuale, sed ex eo quod est materiale; unde species intelligibiles, quae immaterialiter recipiuntur in intellectu, etsi sint individuatae, sunt intellectae in actu. Et praeterea idem sequitur apud ponentes intellectum possibilem esse unum; quia si intellectus possibilis est unus sicut quaedam substantia separata, oportet quod sit aliquod individuum; sicut et de ideis Platonis Aristoteles argumentatur. Et eadem ratione species intelligibiles in ipso essent individuatae, et essent etiam diversae in diversis intellectibus separatis, cum omnis intelligentia sit plena formis intelligibilibus.

18 Ad decimumoctavum dicendum quod phantasma movet intellectum prout est factum intelligibile actu, virtute intellectus agentis ad quam comparatur intellectus possibilis sicut potentia ad agens, et ita cum eo communicat.

19 Ad decimumnonum dicendum quod, licet esse animae intellectivae non dependeat a corpore, tamen habet habitudinem ad corpus naturaliter, propter perfectionem suae speciei.

20 Ad vicesimum dicendum quod, licet anima humana non habeat materiam partem sui, est tamen forma corporis; et ideo quod quid erat esse suum, includit habitudinem ad corpus.

Questão III

12. Quanto ao décimo segundo, deve-se dizer que, embora o intelecto possível não tenha uma matéria determinada, a substância da alma, da qual é potência, possui uma matéria determinada não da qual é feita, mas na qual se encontra.

13. Quanto ao décimo terceiro, deve-se dizer que os princípios individuantes de todas as formas não pertencem à essência destas; mas isso só é verdade nas coisas compostas.

14. Quanto ao décimo quarto, deve-se dizer que o primeiro motor do céu está totalmente separado da matéria também segundo seu ser; razão por que de maneira alguma pode multiplicar-se numericamente. Mas não ocorre algo semelhante com a alma humana.

15. Quanto ao décimo quinto, deve-se dizer que as almas separadas não diferem em espécie, mas sim numericamente, por serem suscetíveis de unir-se a tal ou qual corpo.

16. Quanto ao décimo sexto, deve-se dizer que, embora o intelecto possível seja separado do corpo quanto à sua operação, é uma potência da alma, a qual é ato do corpo.

17. Quanto ao décimo sétimo, deve-se dizer que as coisas não são inteligíveis em potência por serem individuais, mas por serem materiais. Por isso, as espécies inteligíveis que são recebidas imaterialmente pelo intelecto, embora individuais, são inteligíveis em ato. Isso também se aplica entre os que supõem que o intelecto possível seja um só:[87] porque, se o intelecto possível é um, como uma substância separada, é necessário que seja individual, como o são as ideias de Platão que Aristóteles[88] discute. E, pela mesma razão, tanto as espécies inteligíveis existentes no dito intelecto seriam individuadas, quanto seriam [tais espécies] também diversas nos diversos intelectos separados, pois toda inteligência [separada] é repleta de formas inteligíveis.

18. Quanto ao décimo oitavo, deve-se dizer que o fantasma move o intelecto na medida em que se torna inteligível em ato por virtude do intelecto agente, para o qual está o intelecto possível assim como a potência está para o agente, e é assim que se relaciona com ele.

19. Quanto ao décimo nono, deve-se dizer que, embora o ser da alma intelectiva não dependa do corpo, ela possui naturalmente relação com um corpo, em vista da perfeição de sua espécie.

20. Quanto ao vigésimo, deve-se dizer que, embora a alma humana não tenha a matéria como parte de si mesma, ainda assim é forma de um corpo. E por isso sua essência inclui a relação com um corpo.

21 Ad vicesimumprimum dicendum quod, licet intellectus possibilis elevetur supra corpus, non tamen elevatur supra totam substantiam animae, quae multiplicatur secundum habitudinem ad diversa corpora.

22 Ad vicesimumsecundum dicendum quod ratio illa procederet, si corpus sic uniretur animae quasi totam essentiam et virtutem comprehendens; sic enim oporteret quidquid est in anima esse materiale. Sed hoc non est ita, ut supra manifestatum est; unde ratio non sequitur.

21. Quanto ao vigésimo primeiro, deve-se dizer que, embora o intelecto possível se eleve acima do corpo, não se eleva acima de toda a substância da alma, que se multiplica segundo a sua relação com os diversos corpos.

22. Quanto ao vigésimo segundo, deve-se dizer que este argumento procederia caso o corpo se unisse à alma de modo tal que abarcasse toda a essência e toda a virtude desta. Pois, deste modo, seria necessário que tudo o que há na alma fosse material. Mas isso não sucede, como já se demonstrou. Daí que o argumento não proceda.

QUAESTIO IV

Quarto quaeritur utrum necesse sit ponere intellectum agentem

Et videtur quod non.

1 Quod enim potest per unum fieri in natura, non fit per plura. Sed homo potest sufficienter intelligere per unum intellectum, scilicet possibilem. Non ergo necessarium est ponere intellectum agentem. Probatio mediae. Potentiae quae radicantur in una essentia animae, compatiuntur sibi invicem; unde ex motu facto in potentia sensitiva relinquitur aliquid in imaginatione; nam phantasia est motus a sensu factus secundum actum, ut dicitur in III de anima. Si ergo intellectus possibilis est in anima nostra, et non est substantia separata, sicut superius dictum est; oportet quod sit in eadem essentia animae cum imaginatione. Ergo motus imaginationis redundat in intellectum possibilem; et ita non est necessarium ponere intellectum agentem, qui faciat phantasmata [receptibilia in intellectu possibili].

2 Praeterea, tactus et visus sunt diversae potentiae. Contingit autem in caeco quod ex motu relicto in imaginatione a sensu tactus, commovetur imaginatio ad imaginandum aliquid quod pertinet ad sensum visus; et hoc ideo quia visus et tactus radicantur in una essentia animae. Si igitur intellectus possibilis est quaedam potentia animae, pari ratione ex motu imaginationis resultabit aliquid in intellectum possibilem; et ita non est necessarium ponere intellectum agentem.

3 Praeterea, intellectus agens ad hoc ponitur, quod intelligibilia in potentia faciat intelligibilia actu. Fiunt autem aliqua intelligibilia actu per hoc quod abstrahuntur a materia et a materialibus conditionibus. Ad hoc ergo ponitur intellectus agens ut species intelligibiles a materia abstrahantur.

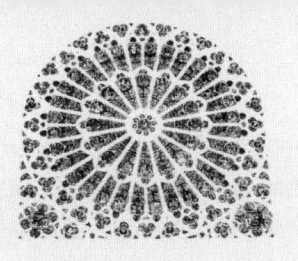

QUESTÃO IV

~ *Se é necessário admitir um intelecto agente*[89] ~

E PARECE QUE NÃO.

1. Pois o que na natureza pode ser feito por apenas um, não se faz por vários. Mas o homem pode suficientemente inteligir com um só intelecto, a saber, o possível. Logo, não é necessário supor um intelecto agente. – Prova da proposição média: as potências que radicam em uma só essência da alma padecem-se mutuamente; é por isso que, de um movimento feito na potência sensitiva resulta algo na imaginação; pois a fantasia é o movimento feito pelos sentidos segundo o ato, como está dito no livro III *Sobre a Alma*.[90] Se, pois, o intelecto possível existe na nossa alma, e não é substância separada (conforme dito acima), é necessário que coexista, na mesma essência da alma, com a imaginação. Logo, o movimento da imaginação redunda no intelecto possível. E assim não é necessário propor um intelecto agente que torne receptíveis no intelecto possível os fantasmas.

2. Ademais, o tato e a visão são potências diversas. Mas ocorre com um cego que, do movimento deixado na imaginação pelo sentido do tato, esta se mova em conjunto, de modo que intelija algo que pertence ao sentido da visão; e isto porque a visão e o tato radicam-se numa só essência da alma. Se, pois, o intelecto possível é certa potência da alma, então por um raciocínio análogo – mediante o movimento da imaginação – resultará algo no intelecto possível. E assim não é necessário propor um intelecto agente.

3. Ademais, propõe-se um intelecto agente para que este faça dos inteligíveis em potência inteligíveis em ato. Mas os inteligíveis fazem-se em ato por serem abstraídos da matéria e das condições materiais. Logo, propõe-se um intelecto agente para isto: para que as espécies inteligíveis sejam abstraídas da matéria. Mas isto

Sed hoc potest fieri sine intellectu agente; nam intellectus possibilis, cum sit immaterialis, immaterialiter necesse est quod recipiat, cum omne receptum sit in recipiente per modum recipientis. Nulla igitur necessitas est ponendi intellectum agentem.

4 Praeterea, Aristoteles in III de anima, assimilat intellectum agentem lumini. Sed lumen non est necessarium ad videndum, nisi in quantum facit diaphanum esse actu lucidum, est enim color secundum se visibilis, et motivus lucidi secundum actum, ut dicitur in II de anima. Sed intellectus agens non est necessarius ad hoc quod faciat intellectum possibilem aptum ad recipiendum; quia secundum id quod est, est in potentia ad intelligibilia. Ergo non est necessarium ponere intellectum agentem.

5 Praeterea, sicut se habet intellectus ad intelligibilia, ita sensus ad sensibilia. Sed sensibilia ad hoc quod moveant sensum, non indigent aliquo agente, licet secundum esse spirituale sint in sensu, qui est susceptivus rerum sensibilium sine materia, ut dicitur in [II] de anima; et in medio quod recipit spiritualiter species sensibilium: quod patet ex hoc quod in eadem parte medii recipitur species contrariorum, ut albi et nigri. Ergo nec intelligibilia indigent aliquo alio intellectu agente.

6 Praeterea, ad hoc quod aliquid quod est in potentia reducatur in actum in rebus naturalibus, sufficit id quod est in actu eiusdem generis; sicut ex materia quae est potentia ignis, fit actu ignis per ignem qui est actu. Ad hoc igitur quod intellectus qui in nobis est in potentia fiat in actu, non requiritur nisi intellectus in actu, vel ipsiusmet intelligentis; sicut quando ex cognitione principiorum venimus in cognitionem conclusionum, vel alterius, sicut cum aliquis addiscit a magistro. Non est igitur necessarium ponere intellectum agentem, ut videtur.

7 Praeterea, intellectus agens ad hoc ponitur ut illuminet nostra phantasmata, sicut lux solis illuminat colores. Sed ad nostram illuminationem sufficit divina lux: *quae illuminat omnem hominem venientem in hunc mundum*, ut dicitur Ioan. I. Non igitur est necessarium ponere intellectum agentem.

8 Praeterea, actus intellectus est intelligere. Si igitur est duplex intellectus, scilicet agens et possibilis, erit unius hominis duplex intelligere; quod videtur inconveniens.

pode fazer-se sem um intelecto agente: pois é necessário que o intelecto possível, visto que é imaterial, receba imaterialmente, uma vez que tudo o que é recebido existe no recipiente pelo modo deste recipiente. Portanto, nenhuma necessidade há para se propor um intelecto agente.

4. Ademais, Aristóteles, no livro III *Sobre a Alma*,[91] assemelha o intelecto agente a uma luz. Mas a luz não é necessária para a visão, exceto enquanto faz o diáfano ser luminoso em ato, pois é a cor que é propriamente visível em si e que move o luminoso segundo o ato, como está dito no livro II *Sobre a Alma*.[92] Mas o intelecto agente não é necessário para tornar o intelecto possível apto para receber; porque o intelecto possível, segundo aquilo mesmo que ele é, está em potência para os inteligíveis. Logo, não é necessário propor um intelecto agente.

5. Ademais, tal como o intelecto está para os inteligíveis, os sentidos estão para os sensíveis. Mas os sensíveis, para que movam os sentidos, não carecem de um agente, embora os sensíveis se encontrem nos sentidos segundo o ser espiritual – pois, como se diz no livro II *Sobre a Alma*,[93] os sentidos recebem as coisas sensíveis sem sua matéria – e também se encontrem deste modo no meio,[94] porque este recebe espiritualmente as espécies dos sensíveis – o que se evidencia pelo fato de que numa mesma parte do meio recebe-se a espécie de contrários, como o branco e o preto. Logo, tampouco os inteligíveis carecem de um intelecto agente.

6. Ademais, para que algo em potência seja reduzido ao ato nas coisas naturais, basta aquilo de mesmo gênero que está em ato: assim, da matéria que está em potência para o fogo, faz-se em ato o fogo por um fogo que está em ato. Portanto, para que o intelecto que está em potência em nós faça-se em ato, nada se requer senão um intelecto em ato, seja este o do próprio inteligente (como quando, do conhecimento dos princípios, chegamos ao conhecimento da conclusão), seja o de outrem (como quando alguém aprende de um mestre). Assim, não é necessário propor um intelecto agente, como se vê.

7. Ademais, propõe-se o intelecto agente para que ilumine nossos fantasmas, tal qual a luz do sol ilumina as cores. Mas para nossa iluminação basta a luz divina: "que ilumina todo homem que vem a este mundo", como se diz em João 1,9. Logo, não é necessário propor um intelecto agente.

8. Ademais, o ato do intelecto é inteligir. Se, pois, há dois intelectos, a saber, um agente e um possível, haverá num mesmo homem um duplo inteligir; e isto se mostra inconveniente.

9 Praeterea, species intelligibilis videtur esse perfectio intellectus. Si igitur est duplex intellectus, scilicet possibilis et agens, [erit] duplex [species intelligibilis]; quod videtur superfluum.

Sed contra.

Est ratio Aristotelis in III de anima; quod cum in omni natura sit agens et id quod est in potentia, oportet haec duo in anima esse, quorum alterum est intellectus agens, alterum intellectus possibilis.

Respondeo. Dicendum quod necesse est ponere intellectum agentem. Ad cuius evidentiam considerandum est quod, cum intellectus possibilis sit in potentia ad intelligibilia, necesse est quod intelligibilia moveant intellectum possibilem. Quod autem non est, non potest aliquid movere. Intelligibile autem per intellectum possibilem non est aliquid in rerum natura existens, in quantum intelligibile est; intelligit enim intellectus possibilis noster aliquid quasi unum in multis et de multis. Tale autem non invenitur in rerum natura subsistens, ut Aristoteles probat in VII Metaphys.

Oportet igitur, si intellectus possibilis debet moveri ab intelligibili, quod huiusmodi intelligibile per intellectum fiat. Et cum non possit esse id quod est, in potentia ad aliquid factum ipsius, oportet ponere praeter intellectum possibilem intellectum agentem, qui faciat intelligibilia in actu, quae moveant intellectum possibilem. Facit autem ea per abstractionem a materia, et a materialibus conditionibus, quae sunt principia individuationis. Cum enim natura speciei, quantum ad id quod per se ad speciem pertinet, non habeat unde multiplicetur in diversis, sed individuantia principia sint praeter rationem ipsius; poterit intellectus accipere eam praeter omnes conditiones individuantes; et sic accipietur aliquid unum. Et eadem ratione intellectus accipit naturam generis abstrahendo a differentiis specificis, ut unum in multis et de multis speciebus.

Si autem universalia per se subsisterent in rerum natura, sicut Platonici posuerunt, necessitas nulla esset ponere intellectum agentem; quia ipsae res intelligibiles per se intellectum possibilem moverent. Unde videtur

9. Ademais, a espécie inteligível parece ser a perfeição do intelecto. Se, pois, há dois intelectos, a saber, um possível e um agente, haverá dupla espécie inteligível; e isto se mostra supérfluo.

MAS EM SENTIDO CONTRÁRIO:

Tem-se o argumento de Aristóteles no livro III *Sobre a Alma*:[95] visto que em toda e qualquer natureza há o agente e o que está em potência, é necessário haver os dois na alma, dos quais um é o intelecto agente e outro o intelecto possível.

RESPONDO. Deve-se dizer que é necessário propor um intelecto agente. Para evidenciar este fato, há de se considerar que, visto que o intelecto possível está em potência para os inteligíveis, é então necessário que os inteligíveis movam o intelecto possível. Mas aquilo que não tem ser não pode mover algo. E o que é inteligível mediante o intelecto possível não é algo existente na natureza como inteligível; pois nosso intelecto possível intelige algo como *um em muitos*, ou *um a partir de muitos*, e isto não se encontra na natureza subsistente das coisas, como prova Aristóteles no livro VII[96] da *Metafísica*.

Portanto, se o intelecto possível deve ser movido por um inteligível, é necessário que tal inteligível seja feito por meio de um intelecto. E, como aquilo que está em potência a algo não pode produzir este algo, é necessário propor, além do intelecto possível, um intelecto agente, que produza os inteligíveis em ato que movam o intelecto possível. Ele os produz por abstração da matéria e das condições materiais, que são os princípios de individuação. Como a natureza da espécie, quanto àquilo que pertence *per se* à espécie, não tem meios para multiplicar-se em vários – pois os princípios individuantes estão fora de sua razão –, poderá o intelecto captar a espécie para além de todas as condições individuantes, e assim captar-se-á algo uno. E pelo mesmo motivo o intelecto capta a natureza do gênero, abstraindo das diferenças específicas, como *um em muitas* e *um a partir de muitas* espécies.

Se, do contrário, os universais subsistissem por si na natureza das coisas, tal como propuseram os platônicos,[97] não haveria necessidade alguma de propor um intelecto agente, pois as próprias coisas inteligíveis moveriam por si o intelecto

Aristoteles hac necessitate inductus ad ponendum intellectum agentem, quia non consensit opinioni Platonis de positione idearum.

Sunt tamen et aliqua per se intelligibilia in actu subsistentia in rerum natura, sicut sunt substantiae immateriales; sed tamen ad ea cognoscenda intellectus possibilis pertingere non potest, sed aliqualiter in eorum cognitionem devenit per ea quae abstrahit a rebus materialibus et sensibilibus.

1 Ad primum ergo dicendum quod intelligere nostrum non potest compleri per intellectum possibilem tantum. Non enim intellectus possibilis potest intelligere nisi moveatur ab intelligibili; quod, cum non praeexistat in rerum natura, oportet quod fiat per intellectum agentem. Verum est autem quod duae potentiae quae sunt in una substantia animae radicatae, compatiuntur sibi ad invicem; sed ista compassio quantum ad duo potest intelligi; scilicet quantum ad hoc quod una potentia impeditur vel totaliter abstrahitur a suo actu, quando alia potentia intense operatur; sed hoc non est ad propositum. Vel etiam quantum ad hoc quod una potentia ab alia movetur, sicut imaginatio a sensu. Et hoc quidem possibile est, quia formae imaginationis et sensus sunt eiusdem generis; utraeque enim sunt individuales. Et ideo formae quae sunt in sensu, possunt imprimere formas quae sunt in imaginatione movendo imaginationem quasi sibi similes. Formae autem imaginationis, in quantum sunt individuales, non possunt causare formas intelligibiles, cum sint universales.

2 Ad secundum dicendum quod ex speciebus receptis in imaginatione a sensu tactus, imaginatio non sufficeret formare formas ad visum pertinentes, nisi praeexisterent formae per visum receptae, in thesauro memoriae vel imaginationis reservatae. Non enim caecus natus colorem imaginari potest per quascumque alias species sensibiles.

3 Ad tertium dicendum quod conditio recipientis non potest transferre speciem receptam de uno genere in aliud; potest tamen, eodem genere manente, variare speciem receptam secundum aliquem modum essendi. Et inde est quod cum species universalis et particularis differant secundum genus, sola [conditio] intellectus possibilis non sufficit ad hoc quod species quae sunt in imaginatione particulares, in eo fiant universales; sed requiritur intellectus agens, qui hoc faciat.

possível. Por isso parece Aristóteles[98] ter sido induzido a propor um intelecto agente: porque não consentia com a opinião de Platão acerca das ideias.

Há também, no entanto, alguns inteligíveis em ato subsistentes por si na natureza das coisas, como substâncias imateriais. No entanto, o intelecto possível não pode chegar a conhecê-las, mas alcança a sua cognição de certo modo, mediante o que abstrai das coisas materiais e sensíveis.

1. Quanto ao primeiro argumento, portanto, deve-se dizer que o nosso inteligir não pode completar-se apenas pelo intelecto possível. Pois o intelecto possível não pode inteligir senão movido por um inteligível, o qual, visto que não preexiste na natureza das coisas, tem de ser produzido pelo intelecto agente. Embora seja verdadeiro que duas potências radicadas em uma mesma substância se padecem mutuamente, tal paixão mútua pode ser entendida em dois sentidos: enquanto uma potência é estorvada ou totalmente afastada de seu ato quando outra potência opera intensamente, o que não é o caso; ou enquanto uma potência é movida por outra, como a imaginação o é pelos sentidos. E este último é possível, porque as formas da imaginação e dos sentidos são do mesmo gênero: ambas são individuais. E, portanto, as formas que estão nos sentidos podem imprimir as formas que estão na imaginação, movendo-a, estas enquanto semelhantes àquelas. Mas as formas da imaginação, visto que são individuais, não podem causar as formas inteligíveis, visto que estas são universais.

2. Quanto ao segundo, deve-se dizer que, a partir das espécies recebidas na imaginação pelo sentido do tato, esta não bastaria para produzir formas pertinentes à visão, exceto se já preexistissem, no acervo da memória ou na imaginação, formas recebidas pela visão. Assim, o cego nato não pode imaginar uma cor mediante quaisquer formas inteligíveis que sejam.

3. Quanto ao terceiro, deve-se dizer que a condição do recipiente não pode transferir de um gênero para outro a espécie recebida; pode, no entanto, mantendo-se o mesmo gênero, variar a espécie recebida segundo algum modo de ser. E é por isto que, sendo a espécie universal e a particular diferentes em gênero, a condição do intelecto possível não basta para que as espécies que na imaginação são particulares façam-se nele universais; é requerido, pois, para que isto seja feito, o intelecto agente.

4 AD QUARTUM dicendum quod de lumine, ut Commentator dicit in II de anima, est duplex opinio. Quidam enim dixerunt quod lumen necessarium est ad videndum, quantum ad hoc quod dat virtutem coloribus, ut possint movere visum; quasi color non ex seipso sit visibilis, sed per lumen. Sed hoc videtur Aristoteles removere, cum dicit in II de anima, quod color est per se visibilis; quod non esset, si solum ex lumine haberet visibilitatem. Et ideo alii aliter dicunt, et melius, quod lumen necessarium est ad videndum in quantum perficit diaphanum, faciens illud esse lucidum actu; unde philosophus dicit in [II] de anima, quod color est motivus lucidi secundum actum. Nec obstat quod ab eo qui est in tenebris, videntur ea quae sunt in luce, et non e converso. Hoc enim accidit ex eo quod oportet illuminari diaphanum, quod circumstat rem visibilem, ut recipiat visibilem speciem, quae usque ad hoc visibilis est quousque porrigitur actus luminis illuminantis diaphanum; licet de propinquo perfectius illuminet, et a longinquo magis debilitetur. Comparatio ergo luminis ad intellectum agentem non est quantum ad omnia; cum intellectus agens ad hoc sit necessarius ut faciat intelligibilia in potentia esse intelligibilia actu. Et hoc significavit Aristoteles in III de anima, cum dixit, quod intellectus agens est quasi lumen quoquo modo.

5 AD QUINTUM dicendum quod sensibile, cum sit quoddam particulare, non imprimit nec in sensum nec in medium speciem alterius generis; cum species in medio et in sensu non sit nisi particularis. Intellectus autem possibilis recipit species alterius generis quam sint in imaginatione; cum intellectus possibilis recipiat species universales, et imaginatio non contineat nisi particulares. Et ideo in intelligibilibus indigemus intellectu agente, non autem in sensibilibus alia potentia activa; sed omnes potentiae sensitivae sunt potentiae passivae.

6 AD SEXTUM dicendum quod intellectus possibilis factus in actu non sufficit ad causandum scientiam in nobis, nisi praesupposito intellectu agente. Si enim loquamur de intellectu in actu qui est in ipso addiscente, contingit quod intellectus possibilis alicuius sit in potentia quantum ad aliquid, et quantum ad aliquid in actu. Et per quod est in actu potest reduci, etiam quantum ad id quod est in potentia, in actum; sicut per id quod est actu cognoscens principia, fit in actu cognoscens conclusiones, quas prius cognoscebat in potentia. Sed tamen actualem cognitionem principiorum habere non potest intellectus possibilis nisi per intellectum

4. QUANTO AO QUARTO, deve-se dizer que, como diz o Comentador no livro II *Sobre a Alma*,[99] há uma dupla opinião no tocante à luz. Alguns, pois, disseram que a luz é necessária para o ver, quanto ao fato de que dá virtude às cores para que estas possam mover a visão; como se a cor não fosse visível de si mesma, mas pela luz. Mas parece negá-lo Aristóteles, quando diz, no livro II *Sobre a Alma*,[100] que a cor é visível por si – e ela não o seria, se possuísse visibilidade apenas a partir da luz. E portanto outros dizem, de modo melhor, que a luz é necessária para o ver enquanto perfaz o diáfano, fazendo-o lúcido em ato; donde diz o Filósofo, no livro II *Sobre a Alma*,[101] que a cor é motor do lúcido segundo o ato. Tampouco constitui obstáculo que, por aquele que está nas trevas, sejam vistas coisas que estão na luz, mas não o contrário. Isto ocorre por ser necessário iluminar-se o diáfano, circunstante à coisa visível, para que ele receba a espécie visível, a qual é visível até onde se estende o ato da luz que ilumina o diáfano, ainda que de perto ela ilumine mais perfeitamente, e de longe seja mais débil. Logo a comparação da luz com o intelecto agente não se estende a todos os aspectos, pois o intelecto agente é necessário para que os inteligíveis em potência se tornem inteligíveis em ato. E Aristóteles isto indicou no livro III *Sobre a Alma*,[102] quando disse que o intelecto agente é, *de certo modo*, como a luz.

5. QUANTO AO QUINTO, deve-se dizer que o sensível, visto que é um particular, não imprime, nem nos sentidos, nem no meio, uma espécie de outro gênero; pois a espécie, no meio e nos sentidos, não existe senão no particular. Mas o intelecto possível recebe espécies de outro gênero que não o das formas da imaginação; pois ele recebe espécies universais, e a imaginação não contém senão espécies particulares. E assim, nos inteligíveis, carecemos de um intelecto agente, mas não de uma potência ativa nos sensíveis: todas as potências sensitivas são potências passivas.

6. QUANTO AO SEXTO, deve-se dizer que um intelecto possível levado ao ato não basta para causar em nós a ciência, se não se pressupuser o intelecto agente. Pois, se falamos de um intelecto em ato que está *no próprio discente*, ocorre que o intelecto possível desta pessoa estaria em potência com relação a certas coisas, e em ato com relação a outras. E, porque está em ato, pode ser reduzido – também quanto àquilo que está em potência – ao ato; assim como, por alguém conhecer em ato os princípios, faz-se em ato conhecedor de conclusões que antes conhecia em potência. No entanto, o intelecto possível não pode possuir a cognição atual dos princípios senão pelo intelecto agente. Pois a cognição dos princípios recebe-se das

agentem. Cognitio enim principiorum a sensibilibus accipitur ut dicitur in fine libri posteriorum. A sensibilibus autem non possunt intelligibilia accipi nisi per abstractionem intellectus agentis. Et ita patet quod intellectus in actu principiorum non sufficit ad reducendum intellectum possibilem de potentia in actum sine intellectu agente; sed in hac reductione intellectus agens se habet sicut artifex, et principia demonstrationis sicut instrumenta.

Si autem loquamur de intellectu in actu docentis, manifestum est quod docens non causat scientiam in addiscente, tamquam interius agens, sed sicut exterius adminiculans; sicut etiam medicus sanat sicut exterius adminiculans, natura autem tamquam interius agens.

7 AD SEPTIMUM dicendum quod, sicut in rebus naturalibus sunt propria principia activa in unoquoque genere, licet Deus sit causa agens prima et communis, ita etiam requiritur proprium lumen intellectuale in homine, quamvis Deus sit prima lux omnes communiter illuminans.

8 AD OCTAVUM dicendum quod duorum intellectuum, scilicet possibilis et agentis, sunt duae actiones. Nam actus intellectus possibilis est recipere intelligibilia; actio autem intellectus agentis est abstrahere intelligibilia. Nec tamen sequitur quod sit duplex intelligere in homine; quia ad unum intelligere oportet quod utraque istarum actionum concurrat.

9 AD NONUM dicendum quod species intelligibilis eadem comparatur ad intellectum agentem et possibilem; sed ad intellectum possibilem sicut ad recipientem, ad intellectum autem agentem sicut ad facientem huiusmodi species per abstractionem.

coisas sensíveis, como está dito no fim do livro *Analíticos Posteriores*.[103] Das coisas sensíveis, porém, os inteligíveis não podem ser recebidos senão por abstração do intelecto agente. E assim evidencia-se que o entendimento em ato dos princípios, sem o intelecto agente, não basta para reduzir o intelecto possível da potência ao ato. Nesta redução, o intelecto agente tem a si como artífice, e aos princípios da demonstração, como instrumentos.

Se, por outro lado, falamos no intelecto em ato *do docente*, é manifesto que o docente não causa a ciência no discente tal qual um agente interno, mas como um auxiliar externo, assim como também o médico sana como um auxiliar externo, enquanto a natureza o faz como agente interno.

7. QUANTO AO SÉTIMO, deve-se dizer que, assim como nas coisas naturais há princípios ativos próprios em cada gênero, embora Deus seja a causa agente primeira e comum, assim também se requer uma luz intelectual própria no homem, ainda que Deus seja a primeira luz, que ilumina a todos em comum.

8. QUANTO AO OITAVO, deve-se dizer que, dos dois intelectos, isto é, do possível e do agente, são duas as ações. O ato do intelecto possível, pois, é receber os inteligíveis; já o ato do intelecto agente é abstrair os inteligíveis. Assim, tampouco se segue que haja um duplo inteligir no homem, pois para um único inteligir é necessário que concorram ambas estas ações.

9. QUANTO AO NONO, deve-se dizer que a mesma espécie inteligível pertence ao intelecto agente e ao possível; mas ao intelecto possível como seu recipiente, e ao intelecto agente como seu produtor, por abstração.

QUAESTIO V

Quinto quaeritur utrum intellectus agens sit unus et separatus

Et videtur quod sic.

1 Quia philosophus dicit in III de anima, quod intellectus agens non quandoque intelligit et quandoque non. Nihil autem est tale in nobis. Ergo intellectus agens est separatus, et per consequens in omnibus unus.

2 Praeterea, impossibile est quod aliquid sit simul in potentia et in actu respectu eiusdem. Sed intellectus possibilis est in potentia ad omnia intelligibilia; intellectus autem agens est in actu respectu eorum, cum sit intelligibilium specierum actus. Impossibile igitur videtur quod in eadem substantia animae radicetur intellectus possibilis et agens; et ita, cum intellectus possibilis sit in essentia animae, ut ex praedictis patet, intellectus agens erit separatus.

3 Sed dicebat, quod intellectus possibilis est in potentia ad intelligibilia, et intellectus agens in actu respectu eorum secundum aliud et aliud esse. Sed contra, intellectus possibilis non est in potentia ad intelligibilia secundum quod habet ea, quia secundum hoc iam est actu per ea. Est igitur in potentia ad species intelligibiles secundum quod sunt in phantasmatibus. Sed respectu specierum, secundum quod sunt in phantasmatibus, intellectus agens est actus; cum faciat ea intelligibilia in actu per abstractionem. Ergo intellectus [possibilis] est in potentia ad intelligibilia, secundum illud esse secundum quod comparatur intellectus agens ad ipsa, ut faciens.

4 Praeterea, philosophus in III de anima attribuit quaedam intellectui agenti quae non videntur nisi substantiae separatae convenire; dicens

QUESTÃO V

∾ *Se o intelecto agente é único e separado*[104] ∾

E PARECE QUE SIM.

1. Pois diz o Filósofo no livro III *Sobre a Alma*[105] que o intelecto agente não é tal que umas vezes intelija e outras não. Mas, em nós, nada é de tal modo. Logo, o intelecto agente é separado e, por conseguinte, único para todos.

2. Ademais, é impossível que algo exista simultaneamente em potência e em ato com respeito à mesma coisa. Ora, o intelecto possível está em potência com respeito a todos os inteligíveis. Mas o intelecto agente está em ato com respeito a eles, por ser o ato das espécies inteligíveis. Por conseguinte, parece impossível que na mesma substância da alma se encontrem o intelecto possível e o intelecto agente. E, como o intelecto possível pertence à essência da alma (conforme expusemos), conclui-se que o intelecto agente será separado.

3. Poder-se-ia dizer, porém, que o intelecto possível está em potência com respeito aos inteligíveis e que o intelecto agente está em ato com respeito aos mesmos inteligíveis, segundo um ser e outro ser. Mas em sentido contrário: o intelecto possível não está em potência para os inteligíveis na razão em que os possui, porque, neste sentido, já está em ato mediante os referidos inteligíveis. Por conseguinte, só está em potência com respeito às espécies inteligíveis na medida em que elas se encontram nos fantasmas. Mas, com respeito às espécies conforme elas existem nos fantasmas, o intelecto agente é ato (porque por abstração as torna inteligíveis em ato). Logo, o intelecto possível está em potência para os inteligíveis segundo aquele [mesmo] ser pelo qual o intelecto agente está como produtor para os referidos inteligíveis.

4. Ademais, no livro III *Sobre a Alma*,[106] o Filósofo atribui ao intelecto agente coisas que não parecem corresponder senão a uma substância separada, como,

quod hoc solum est perpetuum et incorruptibile et separatum. Est igitur intellectus agens substantia separata, ut videtur.

5 Praeterea, intellectus non dependet ex complexione corporali, cum sit absolutus ab organo corporali. Sed facultas intelligendi in nobis variatur secundum complexiones diversas. Non igitur ista facultas nobis competit per istum intellectum qui sit in nobis; et ita videtur quod intellectus agens sit separatus.

6 Praeterea, ad actionem aliquam non requiritur nisi agens et patiens. Si igitur intellectus possibilis, qui se habet ut patiens in intelligendo est aliquid substantiae nostrae, ut prius monstratum est, et intellectus agens est aliquid animae nostrae; videtur quod in nobis sufficienter habeamus unde intelligere possimus. Nihil ergo aliud est nobis necessarium ad intelligendum; quod tamen patet esse falsum. Indigemus enim sensibus, ex quibus experimenta accipimus ad sciendum, unde qui caret uno sensu, scilicet visu, caret una scientia, scilicet colorum. Indigemus etiam ad intelligendum doctrina, quae fit per magistrum; et ulterius illuminatione quae fit per Deum, secundum quod dicitur Ioan. I: *erat lux vera quae illuminat omnem hominem venientem in hunc mundum.*

7 Praeterea, intellectus agens comparatur ad intelligibilia sicut lumen ad visibilia, ut patet in III de anima. Sed una lux separata, scilicet solis, sufficit ad faciendum omnia visibilia actu. Ergo ad faciendum omnia intelligibilia actu sufficit una lux separata; et sic nulla necessitas est ponere intellectum agentem in nobis.

8 Praeterea, intellectus agens assimilatur arti, ut patet in III de anima. Sed ars est principium separatum ab artificiatis. Ergo et intellectus agens est principium separatum.

9 Praeterea, perfectio cuiuslibet naturae est ut similetur suo agenti. Tunc enim generatum perfectum est quando ad similitudinem generantis pertingit; et artificiatum quando consequitur similitudinem formae quae est in artifice. Si igitur intellectus agens est aliquid animae nostrae, ultima perfectio et beatitudo animae nostrae erit in aliquo quod est in ipsa; quod patet esse falsum: sic enim animae seipsa esset fruendum. Non ergo intellectus agens est aliquid in nobis.

10 Praeterea, agens est honorabilius patiente, ut dicitur in III de anima. Si ergo intellectus possibilis est aliquo modo separatus, intellectus

por exemplo, que "só isto é perpétuo, incorruptível e separado". Por conseguinte, o intelecto agente é uma substância separada, como parece.

5. Ademais, o intelecto não depende da compleição corporal, dado que é destituído de órgão corporal. Mas nossa faculdade de inteligir varia segundo as diversas compleições. Portanto, esta faculdade não nos compete pelo próprio intelecto que existiria em nós, mas antes parece que o intelecto agente seria separado.

6. Ademais, para uma ação, nada se requer senão o agente e o paciente. Por conseguinte, se o intelecto possível, que se encontra como paciente durante a intelecção, é algo de nossa alma (como se demonstrou anteriormente), e também o intelecto agente é algo de nossa alma, parece que temos em nós o suficiente para poder inteligir. Portanto, não temos necessidade de outra coisa para inteligir, o que evidentemente é falso: pois também necessitamos dos *sentidos*, dos quais tomamos a experiência para conhecer, razão pela qual aquele que carece de um sentido, como a visão, carece de um conhecimento: o das cores. Para inteligir também necessitamos do ensinamento, que se faz pelo mestre; e carecemos também da iluminação, que procede de Deus, como se diz em João 1,9: "Ele era a luz verdadeira que ilumina todo homem que vem a este mundo".

7. Ademais, o intelecto agente é para os inteligíveis o que a luz é para os visíveis,[107] como se afirma no livro III *Sobre a Alma*.[108] Mas uma só luz separada, como a do sol, basta para fazer que todas as coisas sejam visíveis em ato. Logo, para fazer que todas as coisas sejam inteligíveis em ato, basta uma única luz separada. Assim, não há nenhuma necessidade de pôr em nós o intelecto agente.

8. Ademais, o intelecto agente é semelhante à arte, como se afirma no livro III *Sobre a Alma*.[109] Ora, a arte é um princípio separado de sua obra. Logo, também o intelecto agente é um princípio separado.

9. Ademais, a perfeição de qualquer natureza consiste em assemelhar-se à sua causa agente. Pois o gerado é perfeito quando alcança a semelhança com o gerador, e a obra de arte [é perfeita] quando consegue assemelhar-se à forma que está no artífice. Portanto, se o intelecto agente é algo de nossa alma, a felicidade e a perfeição últimas de nossa alma consistirão em algo que reside nela mesma, o que evidentemente é falso, pois deste modo a alma haveria de desfrutar de si mesma. Logo, o intelecto agente não é algo em nós.

10. Ademais, o agente é mais nobre que o paciente, como se diz no livro III *Sobre a Alma*.[110] Portanto, se o intelecto possível é de algum modo separado, o

agens erit magis separatus: quod non potest esse, ut videtur, nisi omnino extra substantiam animae ponatur.

Sed contra.

1 Est quod dicitur in [III] de anima: quod sicut in omni natura est aliquid, hoc quidem ut materia aliud autem quod est factivum, ita necesse est in anima esse has differentias; ad quorum unum pertinet intellectus possibilis, ad alterum intellectus agens. Uterque ergo intellectus, possibilis scilicet et agens, est aliquid in anima.

2 Praeterea, operatio intellectus agentis est abstrahere species intelligibiles a phantasmatibus: quod quidem semper in nobis accidit. Non autem esset ratio quare haec abstractio quandoque fieret et quandoque non fieret, ut videtur, si intellectus agens esset substantia separata. Non est ergo intellectus agens substantia separata.

Respondeo. Dicendum, quod intellectum agentem esse unum et separatum plus videtur rationis habere quam si hoc de intellectu possibili ponatur. Est enim intellectus possibilis, secundum quem sumus intelligentes, quandoque quidem in potentia quandoque autem in actu; intellectus autem agens est qui facit nos intelligentes actu. Agens autem invenitur separatus ab his quae reducit in actum; sed id per quod aliquid est in potentia, omnino videtur esse intrinsecum rei.

Et ideo plures posuerunt intellectum agentem esse substantiam separatam, intellectum autem possibilem esse aliquid animae nostrae. Et hunc intellectum agentem posuerunt esse quamdam substantiam separatam, quam intelligentiam nominant; quae ita se habet ad animas nostras, et ad totam sphaeram activorum et passivorum, sicut se habent substantiae superiores separatae, quas intelligentias dicunt, ad animas caelestium corporum, quae animata ponunt, et ad ipsa caelestia corpora; ut sicut superiora corpora a praedictis substantiis separatis recipiunt motum, animae vero caelestium corporum intelligibilem perfectionem; ita haec omnia inferiora corpora ab intellectu agente separato recipiunt formas et proprios motus, animae vero nostrae recipiunt ab eo intelligibiles perfectiones.

intelecto agente será ainda mais separado. Mas isto não poderia suceder senão supondo-o completamente fora da substância da alma.

MAS EM SENTIDO CONTRÁRIO:

1. Tem-se o que se diz no livro III *Sobre a Alma*,[111] a saber, que, assim como em toda natureza há algo comparável à matéria e algo que atua como agente, assim também é necessário que na alma se encontrem essas diferenças, das quais a primeira corresponde ao intelecto possível e a segunda ao intelecto agente. Por conseguinte, tanto o intelecto possível quanto o intelecto agente se encontram na alma.

2. Ademais, a operação do intelecto agente consiste em abstrair as espécies inteligíveis dos fantasmas, o que nem sempre se verifica em nós. Mas não haveria razão para que esta abstração se produzisse algumas vezes e outras não, como é o caso, se o intelecto agente fosse uma substância separada. Por conseguinte, o intelecto agente não é uma substância separada.

RESPONDO. Deve-se dizer que parece haver mais razões para propor que o intelecto agente é único e separado do que para propor o mesmo do intelecto possível. Pois o intelecto possível, pelo qual somos inteligentes, algumas vezes está em potência e outras em ato. Mas é o intelecto agente que nos torna inteligentes em ato. Pois bem: o agente se encontra separado das coisas que ele reduz ao ato, ao passo que aquilo pelo qual algo está em potência parece absolutamente intrínseco à coisa.

Em razão disto, alguns afirmaram que o intelecto agente seria uma substância separada, enquanto que o intelecto possível, por sua vez, seria algo de nossa alma. E defenderam ser este intelecto agente uma substância separada, que denominaram inteligência, a qual está para nossas almas e para toda a esfera de princípios ativos e passivos assim como as substâncias superiores separadas (que denominam inteligências) estão para as almas dos corpos celestes, que consideram animados, e para os próprios corpos celestes.[112] De maneira que, assim como os corpos celestes recebem dessas substâncias separadas o movimento, e as almas recebem dos corpos celestes a perfeição de ordem inteligível, assim também todos os corpos inferiores recebem do intelecto agente separado suas formas e seus movimentos próprios, e nossas almas recebem as perfeições de ordem inteligível.

Sed quia fides Catholica Deum, et non aliquam substantiam separatam in natura et animabus nostris operantem ponit, ideo quidam Catholici posuerunt, quod intellectus agens sit ipse Deus, qui est *lux vera quae illuminat omnem hominem venientem in hunc mundum*. Sed haec positio, si quis diligenter consideret, non videtur esse conveniens. Comparantur enim substantiae superiores ad animas nostras, sicut corpora caelestia ad inferiora corpora. Sicut enim virtutes superiorum corporum sunt quaedam principia activa universalia respectu inferiorum corporum; ita virtus divina, et virtutes aliarum substantiarum secundarum, si qua influentia ex eis fiat in nos, comparantur ad animas nostras sicut principia activa universalia.

Videmus autem quod praeter principia activa universalia, quae sunt caelestium corporum, oportet esse principia activa particularia, quae sunt virtutes inferiorum corporum determinatae ad proprias operationes huius vel illius rei; et hoc praecipue requiritur in animalibus perfectis. Inveniuntur enim quaedam animalia imperfecta, ad quorum productionem sufficit virtus caelestis corporis, sicut patet de animalibus generatis ex putrefactione; sed ad generationem animalium perfectorum praeter virtutem caelestem requiritur etiam virtus particularis, quae est in semine. Cum igitur id quod est perfectissimum in omnibus corporibus inferioribus, sit intellectualis operatio, praeter principia activa universalia, quae sunt virtus Dei illuminantis, vel cuiuscumque alterius substantiae separatae, requiritur in nobis principium activum proprium, per quod efficiamur intelligentes in actu; et hoc est intellectus agens.

Considerandum etiam est, quod si intellectus agens ponatur aliqua substantia separata praeter Deum, sequitur aliquid fidei nostrae repugnans: ut scilicet ultima perfectio nostra et felicitas sit in coniunctione aliquali animae nostrae, non ad Deum, ut doctrina evangelica tradit dicens: *haec est vita aeterna, ut cognoscant te Deum verum*; sed in coniunctione ad aliquam aliam substantiam separatam. Manifestum est enim quod ultima beatitudo sive felicitas hominis consistit in sua nobilissima operatione, quae est intelligere; cuius ultimam perfectionem oportet esse per hoc quod intellectus noster suo activo principio coniungitur. Tunc enim unumquodque passivum maxime perfectum est quando pertingit ad proprium activum, quod est ei causa perfectionis. Et ideo ponentes intellectum agentem esse substantiam

Mas, por estabelecer a fé católica que Deus, e não qualquer outra substância separada, é quem opera na natureza e em nossas almas, certos católicos[113] defenderam que o intelecto agente é o próprio Deus, que é "a luz verdadeira que ilumina todo homem que vem ao mundo".[114] Mas esta posição, considerada detidamente, não parece ser conveniente. Pois as substâncias superiores estão para nossas almas assim como os corpos celestes estão para os corpos inferiores. Pois, assim como as virtudes dos corpos superiores são certos princípios ativos universais com respeito aos corpos inferiores, assim também a virtude divina e as virtudes das substâncias superiores criadas, se é que influem algo sobre nós, estão para nossas almas como princípios ativos universais.

Entretanto, constatamos que além dos princípios ativos universais, que são virtudes dos corpos celestes, é necessário haver princípios ativos particulares, que são as virtudes dos corpos inferiores, determinadas para as operações próprias desta ou daquela coisa. E isto principalmente se exige nos animais perfeitos. De fato, há certos animais imperfeitos, para cuja geração basta a virtude dos corpos celestes, o que é manifesto no caso dos animais gerados mediante putrefação. Por outro lado, para a geração dos animais perfeitos requer-se igualmente, além da virtude celeste, uma virtude particular que se encontra no sêmen de cada um deles. Por conseguinte, dado que o que há de mais perfeito entre os inferiores é a operação intelectual, é necessário que haja em nós, além dos princípios ativos universais (que são a virtude de Deus iluminante, ou de qualquer outra substância separada), um princípio ativo próprio que nos faça inteligentes em ato. E este princípio é o intelecto agente.

Também é necessário considerar que, se se pretende que o intelecto agente seja uma substância separada distinta de Deus, chega-se igualmente a uma consequência contrária à nossa fé: a saber, que nossa felicidade e última perfeição consiste em certa união de nossa alma não com Deus – como ensina a doutrina evangélica, quando diz: "A vida eterna é esta: que eles te conheçam a ti, o único Deus verdadeiro"–,[115] mas com alguma outra substância separada. Pois é manifesto que a bem-aventurança ou felicidade última do homem consiste na mais nobre de suas operações, que é a intelecção, cuja perfeição última é forçoso que se realize quando nosso intelecto se encontre unido a seu princípio ativo. Todo passivo é maximamente perfeito quando alcança seu princípio ativo próprio, que é a causa de sua perfeição. Por isso, aqueles que pretendem que o intelecto agente seja uma

a materia separatam, dicunt quod ultima felicitas hominis est in hoc quod possit intelligere intellectum agentem.

Ulterius autem si diligenter consideremus, inveniemus eadem ratione impossibile esse, intellectum agentem substantiam separatam esse, qua ratione et de intellectu possibili hoc supra ostensum est. Sicut enim operatio intellectus possibilis est recipere intelligibilia, ita propria operatio intellectus agentis est abstrahere ea: sic enim ea facit intelligibilia actu. Utramque autem harum operationum experimur in nobis ipsis. Nam et nos intelligibilia recipimus et abstrahimus ea. Oportet autem in unoquoque operante esse aliquod formale principium, quo formaliter operetur: non enim potest aliquid formaliter operari per id quod est secundum esse separatum ab ipso. Sed etsi id quod est separatum, est principium motivum ad operandum, nihilominus oportet esse aliquod intrinsecum quo formaliter operetur, sive illud sit forma, sive qualiscumque impressio. Oportet igitur esse in nobis aliquod principium formale quo recipiamus intelligibilia, et aliud quo abstrahamus ea. Et huiusmodi principia nominantur intellectus possibilis et agens. Uterque igitur eorum est aliquid in nobis. Non autem sufficit ad hoc, quod actio intellectus agentis, quae est abstrahere intelligibilia, conveniat nobis per ipsa phantasmata, quae sunt in nobis illustrata ab ipso intellectu agente. [Nunquam] enim artificiatum consequitur actionem artificis, cum tamen intellectus agens comparetur ad phantasmata illustrata sicut [ars] ad artificiata.

Non est autem difficile considerare, qualiter in eadem substantia animae utrumque possit inveniri; scilicet intellectus possibilis, qui est in potentia ad omnia intelligibilia, et intellectus agens, qui facit ea intelligibilia in actu. Non enim est impossibile aliquid esse in potentia respectu alicuius, et in actu respectu eiusdem, secundum diversa. Si ergo consideremus ipsa phantasmata per respectum ad animam humanam, inveniuntur quantum ad aliquid esse in potentia, scilicet in quantum non sunt ab individuantibus conditionibus abstracta, abstrahibilia tamen, quantum vero ad aliquid inveniuntur esse in actu respectu animae, in quantum scilicet sunt similitudines determinatarum rerum.

Est ergo in anima nostra invenire potentialitatem respectu phantasmatum, secundum quod sunt repraesentativa determinatarum rerum. Et hoc pertinet ad intellectum possibilem, qui, quantum est de se,

substância separada afirmam que a felicidade última do homem consiste em poder conhecer o intelecto agente.

Ademais, se considerarmos atentamente, descobriremos a impossibilidade de o intelecto agente ser uma substância separada, pela mesma razão referente ao caso do intelecto possível.[116] Pois, assim como a operação do intelecto possível consiste em receber os inteligíveis, assim também a operação própria do intelecto agente consiste em abstraí-los: pois é assim que os torna inteligíveis em ato. De ambas operações temos experiência, porque somos nós que recebemos os inteligíveis e os abstraímos. Mas é necessário que em todo agente haja um princípio formal pelo qual ele opere formalmente, porque é impossível que um agente opere formalmente mediante algo que é separado dele segundo o ser. Em verdade, ainda que o separado seja apenas princípio motor da operação, não obstante seria necessário haver algo intrínseco pelo qual opere formalmente, seja este uma forma ou uma impressão de algum tipo. Logo, deve haver em nós um princípio formal pelo qual recebemos os inteligíveis, e outro pelo qual os abstraímos. E tais princípios se chamam intelecto possível e intelecto agente. Portanto, cada um deles é algo *em nós*. Mas para isso[117] não basta que a ação do intelecto agente (ou seja, a abstração dos inteligíveis) nos convenha mediante os próprios fantasmas que em nós são iluminados pelo referido intelecto agente. Pois a obra nunca alcança a ação do artífice, e o intelecto agente está para os fantasmas iluminados como a arte está para sua obra.[118]

Entretanto, não é difícil dar-se conta de como, na mesma e única substância da alma, podem encontrar-se um e outro, a saber: o intelecto possível, que está em potência com respeito a todos os inteligíveis, e o intelecto agente, que os torna inteligíveis em ato. Pois não é impossível que algo esteja em potência e em ato com respeito à mesma coisa, se isto se dá sob aspectos diferentes. Assim, se consideramos os próprios fantasmas com respeito à alma humana, vemos que estão em potência na medida em que não estão abstraídos das condições individuantes, mas podem vir a sê-lo; por outro lado, também com respeito à alma humana tais fantasmas se encontram em ato, na medida em que são semelhanças das coisas concretas.

É necessário, pois, que resida em nossa alma uma potencialidade com respeito aos fantasmas enquanto são representativos das coisas concretas; e isto pertence ao intelecto possível, que de si está em potência para todos os inteligíveis, mas é

est in potentia ad omnia intelligibilia; sed determinatur ad hoc vel aliud per species a phantasmatibus abstractas. Est etiam in anima invenire quamdam virtutem activam immaterialem, quae ipsa phantasmata a materialibus conditionibus abstrahit; et hoc pertinet ad intellectum agentem, ut intellectus agens sit quasi quaedam virtus participata ex aliqua substantia superiori, scilicet Deo. Unde philosophus dicit quod intellectus agens est ut habitus quidam et lumen; et in Psal. IV, dicitur: *signatum est super nos lumen vultus tui, domine*. Et huiusmodi simile quodammodo apparet in animalibus videntibus de nocte, quorum pupillae sunt in potentia ad omnes colores; in quantum nullum colorem habent determinatum in actu, sed per quamdam lucem insitam faciunt quodammodo colores visibiles actu.

Quidam vero crediderunt intellectum agentem non esse aliud quam habitum principiorum indemonstrabilium in nobis. Sed hoc esse non potest, quia etiam ipsa principia indemonstrabilia cognoscimus abstrahendo a singularibus, ut docet philosophus in I Poster. Unde oportet praeexistere intellectum agentem habitui principiorum sicut causam ipsius; quia vero principia comparantur ad intellectum agentem ut instrumenta quaedam eius, quia per ea, facit alia intelligibilia actu.

1 Ad primum ergo dicendum quod verbum illud philosophi, non aliquando intelligit, aliquando vero non intelligit, non intelligitur de intellectu agente, sed de intellectu in actu. Nam postquam Aristoteles determinavit de intellectu possibili et agente, necessarium fuit ut determinaret de intellectu in actu, cuius primo differentiam ostendit ad intellectum possibilem. Nam intellectus possibilis et res quae intelligitur, non sunt idem; sed intellectus sive scientia in actu est idem rei scitae in actu, sicut et de sensu idem dixerat, quod sensus et sensibile in potentia differunt, sed sensus et sensibile in actu sunt unum et idem. Iterum ostendit ordinem intellectus possibilis ad intellectum in actu: quia in uno et eodem prius est intellectus in potentia quam in actu, non tamen simpliciter; sicut et multoties consuevit hoc dicere de his quae exeunt de potentia in actum. Et postea subdit verbum inductum, in quo ostendit differentiam inter intellectum possibilem et inter intellectum in actu: quia intellectus

determinado para este ou aquele inteligível pela espécie abstraída dos fantasmas. Ademais, também é necessário que haja na alma uma potência ativa imaterial que abstraia os fantasmas de suas condições materiais, o que cabe ao intelecto agente; de maneira que este é como uma virtude participada de uma substância superior, a saber: Deus. Por isso afirma Aristóteles[119] que o intelecto agente é como um hábito e uma luz, e nos Salmos se diz: "Imprimi em nós, Senhor, a luz de vossa face".[120] E algo semelhante sucede nos animais que veem de noite: suas pupilas estão em potência para todas as cores, sem ter em ato nenhuma cor determinada. Mas, em virtude de uma espécie de luz imanente a eles, de algum modo fazem as cores visíveis em ato.[121]

Finalmente, alguns acreditaram que o intelecto agente não é em nós outra coisa senão o hábito dos princípios indemonstráveis. Mas não pode ser assim, porque também os próprios princípios indemonstráveis são conhecidos por abstração dos singulares, como ensina Aristóteles no livro II dos *Analíticos Posteriores*.[122] É pois necessário que o intelecto agente preexista, como causa, ao hábito dos princípios. Estes, por sua vez, apresentam-se como instrumentos do intelecto agente, uma vez que por meio deles faz as outras coisas inteligíveis em ato.

1. QUANTO AO PRIMEIRO ARGUMENTO, portanto, deve-se dizer que, quando o Filósofo[123] afirma que "não é de natureza tal que umas vezes intelija e outras não intelija", não se refere ao intelecto agente, mas ao intelecto em ato; porque, após haver tratado do intelecto possível e do intelecto agente, foi necessário que se pronunciasse sobre o intelecto em ato. Deste, mostra primeiro uma diferença com respeito ao intelecto possível. Ora, o intelecto possível e as coisas inteligidas não são o mesmo, mas o intelecto ou a ciência em ato são o mesmo que a coisa conhecida em ato – assim como também tinha dito, com respeito ao sentido, que o sentido e o sensível em potência são diferentes, mas o sentido e o sensível em ato são uma e a mesma coisa. Mais adiante, mostra a ordem do intelecto possível com respeito ao intelecto em ato: porque o intelecto em potência é anterior ao intelecto em ato no tempo, mas não absolutamente, como muitas vezes dizia das coisas que passam da potência ao ato. E depois acrescenta a supracitada expressão,[124] com a qual mostra a diferença entre o intelecto possível e o intelecto em ato, pois o intelecto possível

possibilis quandoque intelligit, et quandoque non; quod non potest dici de intellectu in actu. Et similem differentiam ostendit in [II] Physic., inter causas in potentia, et causas in actu.

2 AD SECUNDUM dicendum quod substantia animae est in potentia et in actu respectu eorumdem phantasmatum, sed non secundum idem, ut supra expositum est.

3 AD TERTIUM dicendum quod intellectus possibilis est in potentia respectu intelligibilium, secundum esse quod habent in phantasmatibus. Et secundum illud idem intellectus agens est actus respectu eorum; tamen alia et alia ratione, ut ostensum est.

4 AD QUARTUM dicendum quod verba illa philosophi, quod hoc solum est separatum et immortale perpetuum, non possunt intelligi de intellectu agente; nam et supra dixerat, quod intellectus possibilis est separatus. Oportet autem quod intelligantur de intellectu in actu secundum contextum superiorum verborum, ut supra dictum est. Intellectus enim in actu comprehendit et intellectum possibilem et intellectum agentem. Et hoc solum animae est separatum et perpetuum et immortale, quod continet intellectum agentem et possibilem; nam ceterae partes animae non sunt sine corpore.

5 AD QUINTUM dicendum quod diversitas complexionum causat facultatem intelligendi vel meliorem vel minus bonam, ratione potentiarum a quibus abstrahit intellectus; quae sunt potentiae utentes organis corporalibus, sicut imaginatio, memoria, et huiusmodi.

6 AD SEXTUM dicendum quod licet in anima nostra sit intellectus agens et possibilis, tamen requiritur aliquid extrinsecum ad hoc quod intelligere possimus. Et primo quidem requiruntur phantasmata a sensibilibus accepta, per quae repraesententur intellectui rerum determinatarum similitudines. Nam intellectus agens non est talis actus in quo omnium rerum species determinatae accipi possint ad cognoscendum; sicut nec lumen determinare potest visum ad species determinatas colorum, nisi adsint colores determinantes visum. Ulterius autem, cum posuerimus intellectum agentem esse quamdam virtutem participatam in animabus nostris, velut lumen quoddam, necesse est ponere aliam causam exteriorem a qua illud lumen participetur. Et hanc dicimus Deum, qui interius docet; in quantum

algumas vezes intelige e outras vezes não; o que não se pode dizer do intelecto em ato. E no livro II da *Física*[125] mostra que há diferença semelhante entre as causas em potência e as causas em ato.

2. QUANTO AO SEGUNDO, deve-se dizer que a substância da alma está em potência e em ato com respeito aos mesmos fantasmas, mas não sob o mesmo aspecto, como se expôs na resposta.

3. QUANTO AO TERCEIRO, deve-se dizer que o intelecto possível está em potência com respeito aos inteligíveis segundo o ser que estes têm nos fantasmas. E é segundo o mesmo ser que os inteligíveis têm nos fantasmas que o intelecto agente está em ato com respeito a eles, mas um por uma razão e outro por outra razão, como se mostrou na resposta.

4. QUANTO AO QUARTO, deve-se dizer que, quando o Filósofo[126] afirma que "só isto é perpétuo, imortal e separado", não pode referir-se ao intelecto agente, pois também havia sustentado antes que o intelecto possível é separado. Efetivamente, é necessário atribuir as referidas palavras ao intelecto em ato, segundo o contexto original, como já expusemos acima.[127] Pois o intelecto em ato abrange tanto o intelecto possível quanto o intelecto agente. E na alma só é separado, imortal e perpétuo o que contém o intelecto agente e o possível; pois as demais partes da alma não existem sem o corpo.

5. QUANTO AO QUINTO, deve-se dizer que a diversidade de compleição é causa de que nossa faculdade de inteligir seja melhor ou pior, em razão das potências de que o intelecto abstrai, visto que elas se servem de órgãos corporais como a imaginação, a memória e outras deste tipo.

6. QUANTO AO SEXTO, deve-se dizer que, embora em nossa alma estejam o intelecto agente e o possível, é necessário algo extrínseco para que possamos inteligir. Em primeiro lugar, são necessários os fantasmas tomados das coisas sensíveis, por meio dos quais estão presentes ao nosso intelecto as semelhanças de coisas determinadas. Pois o intelecto agente não é um ato tal, que nele se possam receber para o conhecimento as espécies determinadas de todas as coisas, assim como tampouco a luz pode determinar nossa visão às espécies de determinadas cores, a não ser que estejam presentes as cores que determinarão a visão. Ademais, como propusemos que o intelecto agente é certa virtude de que participam nossas almas, como certa luz, é necessário propor uma causa exterior da qual participa esta luz. E esta dissemos que é Deus, que nos instrui interiormente, na medida em que

huiusmodi lumen animae infundit, et supra huiusmodi lumen naturale addit, pro suo beneplacito, copiosius lumen ad cognoscendum ea ad quae naturalis ratio attingere non potest, sicut est lumen fidei et lumen prophetiae.

7 AD SEPTIMUM dicendum, quod colores moventes visum sunt extra animam; sed phantasmata, quae movent intellectum possibilem, sunt nobis intrinseca. Et ideo, licet lux solis exterior sufficiat ad faciendum colores visibiles actu, ad faciendum tamen phantasmata intelligibilia esse actu, requiritur lux interior, quae est lux intellectus agentis. Et praeterea, pars intellectiva animae est perfectior quam sensitiva; unde necessarium est quod magis ei adsint sufficientia principia ad propriam operationem: propter quod et secundum intellectivam partem invenimur et recipere intelligibilia, et abstrahere ea, quasi in nobis existente secundum intellectum virtute activa et passiva; quod circa sensum non accidit.

8 AD OCTAVUM dicendum quod licet sit similitudo quaedam intellectus agentis ad artem, non oportet huiusmodi similitudinem quantum ad omnia extendi.

9 AD NONUM dicendum quod intellectus agens non sufficit per se ad reducendum intellectum possibilem perfecte in actum, cum non sint in eo determinatae rationes omnium rerum, ut dictum est. Et ideo requiritur ad ultimam perfectionem intellectus possibilis quod uniatur aliqualiter illi agenti in quo sunt rationes omnium rerum, scilicet Deo.

10 AD DECIMUM dicendum quod intellectus agens nobilior est possibili, sicut virtus activa nobilior quam passiva, et magis separatus, secundum quod magis a similitudine materiae recedit; non tamen ita quod sit substantia separata.

infunde esta luz da alma; e, a esta luz natural, agrega por seu beneplácito outra luz abundante, para o conhecimento daquilo que a pura razão natural não pode alcançar, tal como a luz da fé e a da profecia.

7. QUANTO AO SÉTIMO, deve-se dizer que as cores que movem a faculdade da visão estão fora da alma, mas os fantasmas que movem o intelecto possível nos são intrínsecos. Por isso, embora a luz exterior do sol baste para fazer as cores visíveis em ato, requer-se uma luz interior para tornar os fantasmas inteligíveis em ato – e esta é a luz do intelecto agente. Ademais, a parte intelectiva da alma é mais perfeita que a parte sensitiva. Donde ser necessário que lhe estejam mais presentes os princípios para realizar sua própria operação. Por isso, encontramos em nossa parte intelectiva tanto a recepção dos inteligíveis quanto sua abstração, como que existindo em nós, segundo o intelecto, uma virtude ativa e passiva, o que não sucede no caso dos sentidos.

8. QUANTO AO OITAVO, deve-se dizer que, embora haja uma semelhança entre o intelecto agente e a arte, não é necessário estender a tudo esta semelhança.

9. QUANTO AO NONO, deve-se dizer que o intelecto agente não basta por si mesmo para reduzir o intelecto possível perfeitamente ao ato, dado que não existem nele as razões determinadas de todas as coisas, como se disse.[128] Portanto, para a perfeição última do intelecto possível, é necessário que ele se una de algum modo àquele agente em quem se encontram as razões de todas as coisas, ou seja, Deus.

10. QUANTO AO DÉCIMO, deve-se dizer que o intelecto agente é mais nobre que o intelecto possível, assim como a virtude ativa é mais nobre que a virtude passiva, e é mais separado, porque está mais distante da semelhança da matéria; mas não de modo que seja uma substância separada.

QUAESTIO VI

Sexto quaeritur utrum anima composita sit ex materia et forma

Et videtur quod sic.

1 Dicit enim Boetius in libro de Trinit.: *forma simplex subiectum esse non potest*. Sed anima est subiectum, scientiarum scilicet et virtutum. Ergo non est forma simplex; ergo est composita ex materia et forma.

2 Praeterea, Boetius dicit in libro de Hebdom. *Id quod est, participare aliquid potest; ipsum vero esse nihil participat*; et pari ratione subiecta participant, non autem formae; sicut album potest aliquid participare praeter albedinem, non autem albedo. Sed anima aliquid participat, ea scilicet quibus informatur anima. Ergo non est forma tantum; est ergo composita ex materia et forma.

3 Praeterea, si anima est forma tantum, et est in potentia ad aliquid, maxime videtur quod ipsum esse sit actus eius; non enim ipsa est suum esse. Sed unius simplicis potentiae simplicissimus erit actus. Non ergo poterit esse subiectum alterius nisi ipsius esse. Manifestum est autem quod est aliorum subiectum. Non est ergo substantia simplex, sed composita ex materia et forma.

4 Praeterea, accidentia formae sunt consequentia totam speciem; accidentia vero materialia, sunt consequentia individuum hoc vel illud; nam forma est principium speciei, materia vero est principium individuationis. Si ergo anima sit forma tantum omnia eius accidentia erunt consequentia totam speciem. Hoc autem patet esse falsum; nam musicum et grammaticum et huiusmodi, non consequuntur totam speciem. Anima ergo non est forma tantum, sed composita ex materia et forma.

QUESTÃO VI

Se a alma se compõe de matéria e forma[129]

E PARECE QUE SIM.

1. Pois diz Boécio, no livro *Sobre a Trindade*:[130] "uma forma simples não pode ser sujeito". Mas a alma é sujeito, a saber, das ciências e das virtudes. Portanto, ela não é forma simples; logo é composta de matéria e forma.[131]

2. Ademais, diz Boécio, no livro *Sobre as Semanas*:[132] "Aquilo que é pode participar de algo; mas o próprio ser, este de nada participa"; e por razão análoga os sujeitos participam, mas não as formas – assim como o branco pode participar de algo além da brancura, mas não o pode a brancura. Mas a alma participa de algo, a saber, as coisas das quais se informa a alma. Logo, não é ela apenas forma; é portanto composta de matéria e forma.

3. Ademais, se a alma é apenas forma e está em potência para algo, maximamente parece que o próprio ser seja seu ato; pois ela não é o próprio ser. Mas de uma só potência simples provém um só ato. Portanto, ela não poderá ser sujeito de outro senão do próprio ser. Mas é evidente que ela é sujeito de outras coisas. Logo, não é simples, mas composta de matéria e forma.

4. Ademais, os acidentes da forma são consequentes da espécie toda, ao passo que os acidentes materiais são consequentes deste ou daquele indivíduo; pois a forma é princípio da espécie, enquanto a matéria é princípio de individuação. Portanto, se a alma fosse apenas forma, então todos os seus acidentes seriam consequentes da espécie toda. E isto é claramente falso; decerto, "músico", "gramático" e acidentes similares não são consequentes da espécie toda. Logo, a alma não é apenas forma, mas é composta de matéria e forma.

5 Praeterea, forma est principium actionis, materia vero principium patiendi. In quocumque ergo est actio et passio, ibi est compositio formae et materiae. Sed in ipsa anima est actio et passio, nam operatio intellectus possibilis est in patiendo; propter quod dicit philosophus, quod intelligere est quoddam pati; operatio autem intellectus agentis est in agendo, facit enim intelligibilia in potentia intelligibilia in actu, ut dicitur in III de anima. Ergo in anima est compositio formae et materiae.

6 Praeterea, in quocumque inveniuntur proprietates materiae, illud oportet esse ex materia compositum. Sed in anima inveniuntur proprietates materiae, scilicet esse in potentia, recipere, subiici, et alia huiusmodi. Ergo anima est composita ex materia et forma.

7 Praeterea, agentium et patientium oportet esse materiam communem, ut patet in I de Gener. Quidquid ergo pati potest ab aliquo materiali, habet in se materiam. Sed anima habet pati ab aliquo materiali, scilicet ab igne Inferni, qui est ignis corporeus, ut Augustinus probat, XXI de Civ. Dei. Ergo anima in se materiam habet.

8 Praeterea, actio agentis non terminatur ad formam tantum, sed ad compositum ex materia et forma, ut probatur in VII Metaphys. Sed actio agentis, scilicet Dei, terminatur ad animam. Ergo anima est composita ex materia et forma.

9 Praeterea, illud quod est forma tantum statim est ens et unum; et non indiget aliquo quod faciat ipsum ens et unum, ut dicit philosophus in VIII Metaph. Sed anima indiget aliquo quod faciat ipsam entem et unam, scilicet Deo creante. Ergo anima non est forma tantum.

10 Praeterea, agens ad hoc necessarium est ut reducat aliquid de potentia in actum. Sed reduci de potentia in actum competit solum illis in quibus est materia et forma. Si igitur anima non sit composita ex materia et forma non indiget causa agente; quod patet esse falsum.

11 Praeterea, Alexander dicit in libro de intellectu, quod anima habet intellectum ylealem. Yle autem dicitur prima materia. Ergo in anima est aliquid de prima materia.

12 Praeterea, omne quod est vel est actus purus, vel potentia pura, vel compositum ex potentia et actu. Sed anima non est actus purus, quia hoc solius Dei est; nec est potentia pura, quia sic non differret a prima materia.

5. Ademais, a forma é princípio de ação, enquanto a matéria é princípio de paixão. E, naquele em que haja ação e paixão, nele há a composição de matéria e forma. Mas na própria alma há a ação e a paixão, pois a operação do intelecto possível consiste em padecer – pelo que diz o Filósofo: o inteligir é certo padecer – e a operação do intelecto agente está no agir, uma vez que faz dos inteligíveis em potência inteligíveis em ato, como dito no livro III *Sobre a Alma*.[133] Logo, na alma há composição de forma e matéria.

6. Ademais, naquele em que se encontrem propriedades da matéria, a ele faz-se necessário que tenha composição de matéria. Mas na alma encontram-se propriedades da matéria, a saber, estar em potência, receber, sujeitar-se e similares. Logo, a alma é composta de matéria e forma.

7. Ademais, é necessário que a matéria dos agentes e dos pacientes seja comum, como se evidencia no livro I *Sobre a Geração e a Corrupção*.[134] Logo, o que quer que possa padecer a partir de algo material tem em si matéria. Mas a alma padece a partir de algo material, a saber, do fogo do Inferno, que é fogo corpóreo, como demonstra Agostinho, no Livro XXI de *Sobre a Cidade de Deus*.[135] Logo, a alma tem em si matéria.

8. Ademais, a ação do agente não tem seu termo apenas na forma, mas no composto de matéria e forma, como se prova no livro VII da *Metafísica*.[136] Mas a ação do agente, a saber, de Deus, tem termo na alma. Logo, a alma é composta de matéria e forma.

9. Ademais, aquilo que é apenas forma é imediatamente ente e uno; e não carece de algo que o faça ente e uno, como diz o filósofo no livro VIII da *Metafísica*.[137] Mas a alma carece de algo que faça a ela própria ente e una, a saber, do Deus criador. Logo, a alma não é apenas forma.

10. Ademais, um agente se faz necessário para reduzir algo da potência ao ato. Mas reduzir da potência ao ato compete somente àqueles em que há matéria e forma. Se, pois, a alma não fosse composta de matéria e forma, não careceria de uma causa agente, o que é claramente falso.

11. Ademais, diz Alexandre no livro *Sobre o Intelecto*[138] que a alma tem intelecto *hileal*,[139] pois se chama *hylé* à matéria prima. Logo, na alma há algo de matéria prima.

12. Ademais, tudo o que existe, ou é ato puro, ou potência pura, ou composto de potência e ato. Mas a alma não é ato puro, pois isto apenas Deus o é; tampouco

Ergo est composita ex potentia pura et actu; ergo non est forma tantum, cum forma sit actus.

13 Praeterea, omne quod individuatur, individuatur ex materia. Sed anima non individuatur ex materia in qua est, scilicet ex corpore; quia perempto corpore cessaret eius individuatio. Ergo individuatur ex materia ex qua. Habet ergo materiam partem sui.

14 Praeterea, agentis et patientis oportet esse aliquid commune, ut patet in I de Gener. Sed anima patitur a sensibilibus, quae sunt materialia; nec est dicere, quod in homine sit alia substantia animae sensibilis et intellectualis. Ergo anima habet aliquid commune cum materialibus; et ita videtur quod in se materiam habeat.

15 Praeterea, cum anima non sit simplicior quam Angelus, oportet quod sit in genere quasi species, hoc enim Angelo convenit. Sed omne quod est in genere sicut species, videtur esse compositum ex materia et forma; nam genus se habet ut materia, differentia autem ut forma. Ergo anima est composita ex materia et forma.

16 Praeterea, forma communis diversificatur in multis per divisionem materiae. Sed intellectualitas est quaedam forma communis non solum animabus, sed etiam Angelis. Ergo oportet quod etiam in Angelis et in animabus sit aliqua materia, per cuius divisionem huiusmodi forma distribuatur in multos.

17 Praeterea, omne quod movetur, habet materiam. Sed anima movetur: per hoc enim ostendit Augustinus, quod anima non est divinae naturae, quia est mutationi subiecta. Anima ergo est composita ex materia et forma.

Sed contra.

Omne compositum ex materia et forma habet formam. Si igitur anima est composita ex materia et forma, anima habet formam. Sed anima est forma. Ergo forma habet formam; quod videtur impossibile, quia sic esset ire in infinitum.

Respondeo. Dicendum quod circa hanc quaestionem diversimode aliqui opinantur. Quidam dicunt quod anima, et omnino omnis substantia praeter

é potência pura, pois assim não diferiria da matéria prima. Logo é composta de potência pura e ato; assim, ela não é apenas forma, visto que a forma é ato.

13. Ademais, tudo o que se individua, individua-se pela matéria. Mas a alma não se individua a partir da matéria *na qual existe*, a saber, o corpo; pois, perecido o corpo, cessaria sua individuação. Logo, individua-se a partir de matéria *da qual ela existe*. Assim, tem matéria como parte de si.

14. Ademais, é necessário haver, entre o agente e o paciente, algo em comum, como está claro no livro I *Sobre a Geração e a Corrupção*.[140] Mas a alma padece a partir dos sensíveis, que são materiais; e não cabe dizer que no homem seja uma a substância sensível e outra a intelectual. Logo a alma possui algo em comum com as coisas materiais; e assim se vê que nela haveria matéria.

15. Ademais, como a alma não é mais simples que o anjo, é necessário que se situe num gênero como uma espécie, tal qual convém ao anjo. Mas tudo o que está num gênero como uma espécie parece ser composto de matéria e forma, pois o gênero se tem como matéria, e a diferença como forma.[141] Logo, a alma é composta de matéria e forma.

16. Ademais, a forma comum se diversifica em muitos pela divisão da matéria. Mas a intelectualidade é certa forma comum não às almas, mas também aos anjos. Logo é necessário que também nos anjos e nas almas haja alguma matéria, por cuja divisão esta forma distribua-se em muitos.

17. Ademais, tudo o que é movido possui matéria. Mas a alma é movida – pois assim aponta Agostinho[142] que ela não é de natureza divina: por ser sujeita a mutação. Logo a alma é composta de matéria e forma.

Mas em sentido contrário:

Todo composto de matéria e forma possui forma. Se, portanto, a alma é composta de matéria e forma, a alma possui forma. Mas a alma é forma. Portanto, a forma tem forma, o que parece impossível, pois assim seguiríamos *in infinitum*.

Respondo. Deve-se dizer que, acerca desta questão, alguns opinam de maneiras diversas. Alguns dizem que a alma, e toda substância exceto Deus, é composta

Deum, est composita ex materia et forma. Cuius quidem positionis primus auctor invenitur Avicebron auctor libri fontis vitae. Huius autem ratio est, quae etiam in obiiciendo est tacta, quod oportet in quocumque inveniuntur proprietates materiae, inveniri materiam. Unde cum in anima inveniantur proprietates materiae, quae sunt recipere, subiici, esse in potentia, et alia huiusmodi; arbitratur esse necessarium quod in anima sit materia.

Sed haec ratio frivola est, et positio impossibilis. Debilitas autem huius rationis apparet ex hoc, quod recipere et subiici et alia huiusmodi non secundum eamdem rationem conveniunt animae et materiae primae. Nam materia prima recipit aliquid cum transmutatione et motu. Et quia omnis transmutatio et motus reducitur ad motum localem, sicut ad primum et communiorem, ut probatur in VIII Physic.; relinquitur quod materia in illis tantum invenitur in quibus est potentia ad ubi. Huiusmodi autem sunt solum corporalia, quae loco circumscribuntur. Unde materia non invenitur nisi in rebus corporalibus, secundum quod philosophi de materia sunt locuti; nisi aliquis materiam sumere velit aequivoce.

Anima autem non recipit cum motu et transmutatione, immo per separationem a motu et a rebus mobilibus: secundum quod dicitur in [VII] Physic. quod in quiescendo fit anima sciens et prudens. Unde etiam philosophus dicit, III de anima, quod intelligere dicitur pati alio modo quam sit in rebus corporalibus passio. Si quis ergo concludere velit animam esse ex materia compositam per hoc quod recipit vel patitur, manifeste ex aequivocatione decipitur. Sic ergo manifestum est rationem praedictam esse frivolam.

Quod etiam positio sit impossibilis, multipliciter manifestum esse potest. Primo quidem, quia forma materiae adveniens constituit speciem. Si ergo anima sit ex materia et forma composita, ex ipsa unione formae ad materiam animae, constituetur quaedam species in rerum natura. Quod autem per se habet speciem, non unitur alteri ad speciei constitutionem, nisi alterum ipsorum corrumpatur aliquo modo; sicut elementa uniuntur ad componendam speciem mixti. Non igitur anima uniretur corpori ad constituendam humanam speciem; sed tota species humana consisteret in anima: quod patet esse falsum; quia si corpus non pertineret ad speciem hominis, accidentaliter animae adveniret.

de matéria e forma. Como primeiro autor desta opinião encontra-se Avicebrão, autor do livro *A Fonte da Vida*.[143] Dele é o raciocínio – também aplicado em algumas objeções acima – de que é necessário, onde quer que se encontrem as propriedades da matéria, que ali se encontre matéria. Assim, visto que se encontram na alma as propriedades da matéria, que são o receber, o ser sujeito [de algo], o estar em potência e outras similares, julga ele necessário que na alma haja matéria.[144]

Mas tal raciocínio é frívolo, e sua posição, impossível. Sua fragilidade se torna patente pelo fato de que receber, ser sujeito e similares não convêm à alma e à matéria prima segundo a mesma razão. Pois a matéria prima recebe com transmutação e movimento. E, porque toda transmutação e movimento se reduz ao movimento local como ao primeiro e mais comum (como se prova no livro VIII da *Física*),[145] resta que a matéria só se encontra naqueles em que há potência para [ocupar algum] lugar.[146] Mas são apenas os entes corpóreos que se circunscrevem a um lugar. Donde a matéria não se encontrar senão nas coisas corporais – conforme falaram sobre ela os filósofos –, a não ser que se queira tomar o termo "matéria" de modo equívoco.

A alma, por sua vez, não recebe com movimento e transmutação, mas mediante sua separação do movimento e das coisas móveis, conforme se diz no livro VII da *Física*:[147] que a alma, em repouso, faz-se sábia e prudente. Donde também diz o Filósofo, no livro III *Sobre a Alma*,[148] que o inteligir é chamado de "padecer" de outro modo que não o da paixão nas coisas corporais. Caso alguém, portanto, queira concluir que a alma é composta de matéria pelo fato de que recebe ou padece, claramente se engana por equivocação.[149] E deste modo se vê que o argumento acima mencionado é frívolo.

Que também sua opinião seja impossível é algo que se pode demonstrar de várias maneiras. Primeiro, porque a forma que advém à matéria constitui a espécie. Logo, se a alma fosse composta de matéria e forma, teríamos que, a partir da própria união entre a forma da alma e a matéria da alma, constituir-se-ia certa espécie na natureza das coisas. Mas o que possui espécie por si não se une a outro para a constituição de uma espécie, a não ser que se corrompa um deles de algum modo, assim como os elementos unem-se para compor a espécie da mistura. Portanto, a alma não se uniria ao corpo para constituir a espécie humana, mas a espécie humana por inteiro consistiria na alma: o que é evidentemente falso, pois, se o corpo não pertencesse à espécie do homem, este adviria à alma acidentalmente.

Non autem potest dici, quod secundum hoc nec manus est composita ex materia et forma, quia non habet completam speciem, sed est pars speciei; manifestum est enim quod materia manus non seorsum sua forma perficitur; sed una forma est quae simul perficit materiam totius corporis et omnium partium eius; quod non posset dici de anima, si esset ex materia et forma composita. Nam prius oporteret materiam animae ordine naturae perfici per suam formam, et postmodum corpus perfici per animam. Nisi forte quis diceret, quod materia animae esset aliqua pars materiae corporalis; quod est omnino absurdum.

Item positio prima ostenditur impossibilis ex hoc quod in omni composito ex materia et forma materia se habet ut recipiens esse, non autem ut quo aliquid est; hoc enim proprium est formae. Si ergo anima sit composita ex materia et forma, impossibile est quod anima se tota sit principium formale essendi corpori. Non igitur anima erit forma corporis, sed aliquid animae. Quidquid autem est illud quod est forma huius corporis, est anima. Non igitur illud quod ponebatur compositum ex materia et forma, est anima, sed solum forma eius.

Apparet etiam hoc esse impossibile alia ratione. Si enim anima est composita ex materia et forma, et iterum corpus: utrumque eorum habebit per se suam unitatem; et ita necessarium erit ponere aliquid tertium quo uniatur anima corpori. Et hoc quidam sequentes praedictam positionem concedunt. Dicunt enim, animam uniri corpori mediante luce: vegetabile quidem mediante luce caeli siderei; sensibile vero mediante luce caeli crystallini; rationale vero mediante luce caeli Empirei. Quae omnino fabulosa sunt. Oportet enim immediate animam uniri corpori sicut actum potentiae, sicut patet in VIII metaphysicorum. Unde manifestum fit quod anima non potest esse composita ex materia et forma.

Non tamen excluditur quin in anima sit actus et potentia; nam potentia et actus non solum in rebus mobilibus [ ] inveniuntur, [sed] sunt communiora, sicut dicit philosophus in [IX] Metaph., cum [tamen] materia non sit [nisi] in rebus [mobilibus].

Quomodo autem in anima actus et potentia inveniantur sic considerandum est ex materialibus ad immaterialia procedendo. In substantiis enim ex materia et forma compositis tria invenimus, scilicet

E não se pode dizer que, de acordo com este [nosso] argumento, tampouco a mão seria composta de matéria e forma, porque ela não possuiria a espécie completa, senão que seria parte da espécie; pois é evidente que a matéria da mão não perfaz sua forma separadamente, mas é uma só a forma que perfaz ao mesmo tempo a matéria do corpo inteiro e de todas as suas partes. E isto não poderia ser dito da alma, se fosse composta de matéria e forma; pois antes seria necessário, pela ordem da natureza, que a matéria da alma se perfizesse mediante sua própria forma, e que posteriormente o corpo se perfizesse mediante a alma. Exceto, por acaso, se alguém dissesse que a matéria da alma seria certa parte da matéria corporal, o que é completamente absurdo.

E também: a primeira opinião demonstra-se ser impossível porque, em todo composto de matéria e forma, a matéria se dispõe como recipiente do ser, não como aquilo *pelo qual* algo é; isto, pois, é próprio da forma. Se, portanto, a alma fosse composta de matéria e forma, seria impossível que a alma, segundo sua totalidade, fosse para o corpo o princípio formal de ser. Não seria, então, a alma a forma do corpo, senão que algo da alma o seria. Mas o que quer que seja a forma deste corpo, é isto sua alma. Logo, aquilo que se propunha como algo composto de matéria e forma não seria a alma, mas o seria apenas a forma do referido composto.

E tal posição parece ser impossível, também, por outra razão. Ora, se a alma é composta de matéria e forma, e igualmente o é o corpo, então ambos possuirão por si sua unidade; e assim será necessário propor algo terceiro que una a alma ao corpo. E os que seguem a mencionada opinião o concedem, pois dizem eles que a alma se une ao corpo mediante a luz; o vegetal, mediante a luz do céu sideral; o sensível, mediante a luz do céu cristalino; e o racional, mediante a luz do céu empíreo. Mas tudo isso é fantasioso. Pois é necessário que a alma se una imediatamente ao corpo como o ato à potência, como está claro no livro VIII da *Metafísica*;[150] donde se faz manifesto que a alma não pode ser composta de matéria e forma.

No entanto, isto não exclui que haja na alma ato e potência, pois, como diz o Filósofo no livro IX da *Metafísica*,[151] potência e ato não se encontram somente nas coisas móveis (senão que nelas são apenas mais comuns), embora a matéria encontre-se apenas nas coisas móveis.

De que modo encontrar-se-iam na alma o ato e a potência, assim deve-se considerar: procedendo das coisas materiais para as imateriais. Ora, nas substâncias compostas de matéria e forma encontramos três coisas, a saber: a matéria, a forma

materiam et formam et ipsum esse. Cuius quidem principium est forma; nam materia ex hoc quod recipit formam, participat esse. Sic igitur esse consequitur ipsam formam. Nec tamen forma est suum esse, cum sit eius principium. Et licet materia non pertingat ad esse nisi per formam, forma tamen in quantum est forma, non indiget materia ad suum esse, cum ipsam formam consequatur esse; sed indiget materia, cum sit talis forma, quae per se non subsistit. Nihil ergo prohibet esse aliquam formam a materia separatam, quae habeat esse, et esse sit in huiusmodi forma. Ipsa enim essentia formae comparatur ad esse sicut potentia ad proprium actum. Et ita in formis per se subsistentibus invenitur et potentia et actus, in quantum ipsum esse est actus formae subsistentis, quae non est suum esse.

Si autem aliqua res sit quae sit suum esse, quod proprium Dei est, non est ibi potentia et actus, sed actus purus. Et hinc est quod Boetius dicit in Lib. de hebdomadibus quod in aliis quae sunt post Deum, differt esse et quod est; vel, sicut quidam dicunt, quod est et quo est. Nam ipsum esse est quo aliquid est, sicut cursus est quo aliquis currit. Cum igitur anima sit quaedam forma per se subsistens, potest esse in ea compositio actus et potentiae, id est esse et quod est, non autem compositio materiae et formae.

1 AD PRIMUM ergo dicendum quod Boetius loquitur ibi de forma quae est omnino simplex, scilicet de divina essentia; in qua cum nihil sit de potentia, sed sit actus purus, omnino subiectum esse non potest. Aliae autem formae simplices, [si] sint subsistentes, ut Angeli et anima, possunt tamen esse subiecta secundum quod habent aliquid de potentia, ex qua competit eis ut aliquid recipere possint.

2 AD SECUNDUM dicendum quod ipsum esse est actus ultimus qui participabilis est ab omnibus, ipsum autem nihil participat; unde si sit aliquid quod sit ipsum esse subsistens, sicut de Deo dicimus, nihil participare dicimus. Non autem est similis ratio de aliis formis subsistentibus, quas necesse est participare ad ipsum ut potentiam ad actum; et ita, cum sint quodammodo in potentia, possunt aliquid aliud participare.

3 AD TERTIUM dicendum quod forma aliqua non solum comparatur ad ipsum esse ut potentia ad actum, sed etiam nihil prohibet unam formam

e o ser. O princípio do ser é a forma; já a matéria participa do ser por receber a forma. Assim, o ser é consequente à própria forma. Não obstante, a forma não é o próprio ser, visto que é dele princípio. E, embora a matéria não alcance o ser senão pela forma, a forma, no entanto, enquanto é forma, não carece da matéria para seu ser, visto que o ser se segue à própria forma; apenas necessita de matéria caso a forma seja tal, que por si mesma não subsista. Portanto, nada proíbe que haja uma forma separada da matéria, a qual possua, ela mesma, o ser. Portanto, a própria essência da forma está para o ser assim como a potência está para seu ato próprio. E assim encontra-se potência e ato nas formas por si subsistentes: na medida em que o próprio ser é o ato da forma subsistente, a qual não é seu próprio ser.

Se alguma coisa, por sua vez, fosse seu próprio ser – o que convém só a Deus –, não haveria nela potência e ato, mas apenas ato puro. E é deste modo que diz Boécio, no livro *Sobre as Semanas*,[152] que, nas coisas que são distintas de Deus, diferem entre si o *ser* e o *que é*, ou, segundo dizem alguns, o *que é* e *aquilo pelo qual ele é*. De fato, o próprio ser é aquilo pelo qual algo é, assim como a corrida é aquilo pelo qual alguém corre. Portanto, visto que a alma é certa forma subsistente por si, concebe-se em sua composição ato e potência – isto é, o *ser* e o *que é* – sem que haja composição de matéria e forma.

1. Quanto ao primeiro argumento, portanto, deve-se dizer que Boécio ali fala sobre a forma que é absolutamente simples, a saber, a essência divina, na qual, visto que nada há de potência, senão que é ato puro, não pode de maneira alguma ser sujeito. Já as outras formas simples – se são subsistentes, como o anjo e a alma –, podem ser sujeitos na medida em que têm algo de potência, a partir da qual lhes compete que possam receber algo.

2. Quanto ao segundo, deve-se dizer que o próprio ser é ato último, que é participável por todos, mas que de nada participa; assim, caso se trate de algo que seja o próprio ser subsistente – tal qual falamos de Deus –, dizemos então que de nada participa. Entretanto, o mesmo não se aplica às demais formas subsistentes, às quais é necessário d'Ele participar como uma potência participa do ato. E assim, visto que estão de certo modo em potência, podem participar de alguma outra coisa.

3. Quanto ao terceiro, deve-se dizer que uma forma não somente se compara ao próprio ser como uma potência ao ato, mas que, também, nada

comparari ad aliam ut potentiam ad actum, sicut diaphanum ad lumen, et humorem ad calorem. Unde si diaphaneitas esset forma separata per se subsistens, non solum esset susceptiva ipsius esse, sed etiam luminis. Et similiter nihil prohibet formas subsistentes, quae sunt Angeli et animae, non solum esse susceptiva ipsius esse, sed etiam aliarum perfectionum. Sed tamen quanto huiusmodi formae subsistentes perfectiores fuerint, tanto paucioribus participant ad sui perfectionem, utpote in essentia suae naturae plus perfectionis habentes.

4 AD QUARTUM dicendum quod licet animae humanae sint formae tantum, sunt tamen formae individuatae in corporibus, et multiplicatae numero secundum multiplicationem corporum; unde nihil prohibet quin aliqua accidentia consequantur eas secundum quod sunt individuatae, quae non consequuntur totam speciem.

5 AD QUINTUM dicendum quod passio quae est in anima, quae attribuitur intellectui possibili, non est de genere passionum quae attribuuntur materiae; sed aequivoce dicitur passio utrobique, ut patet per philosophum in III de anima; cum passio intellectus possibilis consistat in receptione, secundum quod recepit aliquid immaterialiter. Et similiter actio intellectus agentis, non est eiusdem modi cum actione formarum naturalium. Nam actio intellectus agentis consistit in abstrahendo a materia, actio vero agentium naturalium in imprimendo formas in materia. Unde ex huiusmodi actione et passione quae invenitur in anima non sequitur quod anima sit composita ex materia et forma.

6 AD SEXTUM dicendum quod recipere et subiici, et alia huiusmodi, alio modo animae conveniunt quam materiae primae; unde non sequitur quod proprietates materiae in anima inveniantur.

7 AD SEPTIMUM dicendum quod licet ignis Inferni, a quo anima patitur, sit materialis et corporalis; non tamen anima patitur ab ipso materialiter, per modum scilicet corporum materialium; sed patitur ab eo afflictionem spiritualem, secundum quod est instrumentum divinae iustitiae iudicantis.

8 AD OCTAVUM dicendum quod actio generantis terminatur ad compositum ex materia et forma, quia generans naturale non nisi ex materia generat; actio vero creantis non est ex materia, unde non oportet quod actio creantis terminetur ad compositum ex materia et forma.

proíbe uma forma comparar-se a outra como potência ao ato, tal qual o diáfano à luz, e o humor ao calor. Assim, se a transparência[153] fosse uma forma separada subsistente por si, não seria apenas receptiva do próprio ser, mas também da luz. E, de modo similar, nada proíbe que as formas subsistentes, isto é, os anjos e as almas, sejam receptivas do próprio ser e também de outras perfeições. Não obstante, quanto mais perfeitas forem tais formas subsistentes, de tanto menos participarão para sua perfeição, por possuírem mais perfeição na essência de sua natureza.

4. QUANTO AO QUARTO, deve-se dizer que, embora as almas humanas sejam apenas formas, são no entanto formas individuadas nos corpos, e multiplicadas em número segundo a multiplicação dos corpos; por isso nada proíbe que, na medida em que são individuadas, se deem nelas alguns acidentes que não são consequentes da espécie inteira.

5. QUANTO AO QUINTO, deve-se dizer que a paixão que, na alma, se atribui ao intelecto possível não é do gênero das paixões que se atribuem à matéria; antes, "paixão" diz-se igualmente a ambos por equivocidade, como está claro pelo que afirma o Filósofo no livro III *Sobre a Alma*.[154] Porque a paixão do intelecto consiste numa recepção, mas na medida em que se recebe algo imaterialmente. E, de modo semelhante, a ação do intelecto agente não é do mesmo modo que a ação das formas naturais. Pois a ação do intelecto agente consiste em abstrair da matéria, ao passo que a ação dos agentes naturais consiste em imprimir formas na matéria. Assim, desta ação e paixão que se encontram na alma, não se segue que a alma seja composta de matéria e forma.

6. QUANTO AO SEXTO, deve-se dizer que receber e ser sujeito e similares convêm de modo diverso à alma e à matéria prima; logo não se segue que as propriedades da matéria sejam encontradas na alma.

7. QUANTO AO SÉTIMO, deve-se dizer que, embora o fogo do inferno, pelo qual padece a alma, seja material e corporal, ela no entanto não o padece materialmente. Ao contrário, padece dele uma aflição espiritual, conforme é instrumento da divina justiça que a julga.

8. QUANTO AO OITAVO, deve-se dizer que a ação daquele que gera termina num composto de matéria e forma, pois o que gera naturalmente não o faz senão a partir da matéria; já a ação de um criador[155] não se dá a partir da matéria, donde não se faz necessário que tal ação tenha término num composto de matéria e forma.

9 Ad nonum dicendum quod ea quae sunt formae subsistentes, ad hoc quod sint unum et ens, non requirunt causam formalem, quia ipsae sunt formae; habent tamen causam exteriorem agentem, quae dat eis esse.

10 Ad decimum dicendum quod agens per motum reducit aliquid de potentia in actum; agens autem sine motu non reducit aliquid de potentia in actum, sed facit esse actu quod secundum naturam est in potentia ad esse, et huiusmodi agens est creans.

11 Ad undecimum dicendum quod intellectus ylealis, id est materialis, nominatur a quibusdam intellectus possibilis, non quia sit forma materialis, sed quia habet similitudinem cum materia, in quantum est in potentia ad formas intelligibiles, sicut materia ad formas sensibiles.

12 Ad duodecimum dicendum quod licet anima non sit actus purus nec potentia pura, non tamen sequitur quod sit composita ex materia et forma, ut ex dictis manifestum est.

13 Ad decimumtertium dicendum quod anima non individuatur per materiam ex qua sit, sed secundum habitudinem ad materiam in qua est: quod qualiter possit esse, in quaestionibus praecedentibus manifestum est.

14 Ad decimumquartum dicendum quod anima sensitiva non patitur a sensibilibus sed coniunctum; sentire enim, quod est pati quoddam, non est animae tantum sed organi animati.

15 Ad decimumquintum dicendum quod anima non est in genere proprie quasi species, sed quasi pars speciei humanae; unde non sequitur quod sit ex materia et forma composita.

16 Ad decimumsextum dicendum quod intelligibilitas non convenit multis, sicut una forma speciei distributa in multos secundum divisionem materiae, cum sit forma spiritualis et immaterialis; sed magis diversificatur secundum diversitatem formarum; sive sint formae differentes specie, sicut homo et Angelus, sive sint differentes numero solo, sicut animae diversorum hominum.

17 Ad decimumseptimum dicendum quod anima et Angeli dicuntur spiritus mutabiles, prout possunt mutari secundum electionem; quae quidem mutatio est de operatione in operationem: ad quam mutationem non requiritur materia; sed ad mutationes naturales, quae sunt de forma ad formam, vel de loco ad locum.

9. QUANTO AO NONO, deve-se dizer que, para que as formas subsistentes sejam [cada uma] una e ente, não se requer uma causa formal, pois elas próprias já são formas; possuem, entretanto, uma causa agente exterior, que lhes dá o ser.

10. QUANTO AO DÉCIMO, deve-se dizer que aquele que age mediante movimento reduz algo da potência ao ato; já um agente sem movimento não reduz algo da potência ao ato, mas antes faz ser em ato aquilo que, segundo a natureza, está em potência para ser. E é deste segundo tipo o agente que cria.

11. QUANTO AO DÉCIMO PRIMEIRO, deve-se dizer que o intelecto *hileal* (isto é, material) é denominado por alguns "intelecto possível"; não porque seja uma forma material, mas porque possui semelhança com a matéria, na medida em que está em potência para as formas inteligíveis, assim como a matéria o está para as formas sensíveis.

12. QUANTO AO DÉCIMO SEGUNDO, deve-se dizer que, embora a alma não seja ato puro nem potência pura, não se segue no entanto que seja composta de matéria e forma, como está claro pelo que já foi dito.

13. QUANTO AO DÉCIMO TERCEIRO, deve-se dizer que a alma não se individua pela matéria *da qual* ela existe, mas segundo a relação com a matéria *na qual* ela existe. E está evidente nas questões precedentes de que modo isto se pode dar.[156]

14. QUANTO AO DÉCIMO QUARTO, deve-se dizer que não é a alma sensitiva que padece as coisas sensíveis, mas o conjunto; assim, o sentir, que é certo padecer, não compete à alma apenas, mas ao órgão animado.

15. QUANTO AO DÉCIMO QUINTO, deve-se dizer que a alma não está propriamente num gênero como espécie, mas como parte da espécie humana; logo não se segue que seja composta de matéria e forma.

16. QUANTO AO DÉCIMO SEXTO, deve-se dizer que a inteligibilidade não convém a muitos tal como a forma de uma espécie se distribui em muitos segundo divisão da matéria, visto que a inteligibilidade é forma espiritual e imaterial; ao contrário, diversifica-se segundo a diversidade das formas, quer sejam formas diferentes em espécie, como o homem e o anjo, quer sejam diferentes apenas em número, como as almas dos diversos homens.

17. QUANTO AO DÉCIMO SÉTIMO, deve-se dizer que a alma e os anjos são chamados de "espíritos mutáveis" por poder mudar a si mesmos segundo escolha. E não se requer matéria para tal mudança, visto que se dá de operação para operação; apenas requerem matéria as mutações naturais, que se dão de forma para forma, ou de lugar para lugar.

QUAESTIO VII

Septimo quaeritur utrum Angelus et anima differant specie

Et videtur quod non.

1 Quorum enim eadem est operatio propria et naturalis, illa sunt eadem secundum speciem; quia per operationem natura rei cognoscitur. Sed animae et Angeli est eadem operatio propria et naturalis, scilicet intelligere. Ergo anima et Angelus sunt eiusdem speciei.

2 Sed dicebat quod intelligere animae est cum discursu, intelligere vero Angeli est sine discursu; et sic non est eadem operatio secundum speciem animae et Angeli. Sed contra, diversarum operationum secundum speciem non est eadem potentia. Sed nos per eamdem potentiam, scilicet per intellectum possibilem, intelligimus quaedam sine discursu, scilicet prima principia; quaedam vero cum discursu, scilicet conclusiones. Ergo intelligere cum discursu et sine discursu non diversificant speciem.

3 Praeterea, intelligere cum discursu et sine discursu videntur differre sicut esse in motu et esse in quiete: nam discursus est quidam motus intellectus de uno in aliud. Sed esse in motu et quiete non diversificant speciem; nam motus reducitur ad illud genus in quo est terminus motus ut dicit Commentator in III Physic. Unde et philosophus ibidem dicit quod tot sunt species motus, quot et species entis sunt, scilicet terminantis motum. Ergo nec intelligere cum discursu et sine discursu differunt secundum speciem.

4 Praeterea, sicut Angeli intelligunt res in verbo, ita et animae beatorum. Sed cognitio quae est in verbo est sine discursu; unde Augustinus dicit, XV

QUESTÃO VII

Se o anjo e a alma diferem em espécie[157]

E PARECE QUE NÃO.

1. Pois aqueles que possuem a mesma operação própria e natural pertencem à mesma espécie, porque a natureza da uma coisa se conhece por sua operação. Mas a alma e o anjo têm a mesma operação própria e natural, a saber: a intelecção. Logo, a alma e o anjo são da mesma espécie.

2. Poder-se-ia dizer, porém, que a intelecção da alma se realiza com discurso, enquanto a intelecção do anjo, não; e assim os anjos e as almas não têm operação de mesma espécie. Mas em sentido contrário: a mesma potência não pode ser princípio de operações diversas segundo a espécie. Mas nós, mediante a mesma potência, ou seja, mediante o intelecto possível, inteligimos algumas coisas sem discurso, a saber, os primeiros princípios, e outras coisas de modo discursivo, a saber, as conclusões. Logo, o inteligir com discurso ou sem discurso não diversifica a espécie.

3. Ademais, inteligir com discurso e inteligir sem discurso parecem ser diferentes como o estar em movimento e o estar em repouso, pois o discurso é certo movimento do intelecto de uma coisa para outra. Mas o estar em movimento e o estar em repouso não diversificam a espécie; pois, como diz o Comentador no livro III da *Física*,[158] o movimento se reduz ao mesmo gênero em que se encontra o termo do movimento. Donde também diz o Filósofo,[159] no mesmo ponto, que tantas são as espécies de movimento quantas são as espécies do ente, ou seja, daquele que termina um movimento. Logo, o inteligir com discurso e o sem discurso tampouco diversificam a espécie.

4. Ademais, assim como os anjos inteligem a realidade no Verbo, assim também a inteligem as almas dos bem-aventurados. Mas o conhecer no Verbo não é

de Trin. quod in patria non erunt cogitationes volubiles. Non ergo differt anima ab Angelo per intelligere cum discursu et sine discursu.

5 Praeterea, omnes Angeli non conveniunt in specie, ut a multis ponitur; et tamen omnes Angeli intelligunt sine discursu. Non ergo intelligere cum discursu et sine discursu facit diversitatem speciei in substantiis intellectualibus.

6 Sed dicebat quod etiam Angelorum alii perfectius aliis intelligunt. Sed contra, magis et minus non diversificant speciem. Sed intelligere perfectius et minus perfecte non differunt nisi per magis et minus. Ergo Angeli non differunt secundum speciem per hoc quod magis perfecte vel minus perfecte intelligunt.

7 Praeterea, omnes animae humanae sunt eiusdem speciei, non tamen omnes aequaliter intelligunt. Non ergo est differentia speciei in substantiis intellectualibus per hoc quod est perfectius aut minus perfecte intelligere.

8 Praeterea, anima humana dicitur intelligere discurrendo, per hoc quod intelligit causam per effectum et e converso. Sed hoc etiam contingit Angelis: dicitur enim in libro de causis, quod intelligentia intelligit quod est supra se, quia est causatum ab ea; et intelligit quod est sub se, quia est causa eius. Ergo non differt Angelus ab anima per hoc quod est intelligere cum discursu et sine discursu.

9 Praeterea, quaecumque perficiuntur eisdem perfectionibus videntur esse eadem secundum speciem: nam proprius actus in propria potentia fit. Sed Angelus et anima perficiuntur eisdem perfectionibus, scilicet gratia, gloria et caritate. Ergo sunt eiusdem speciei.

10 Praeterea, quorum est idem finis videtur esse eadem species: nam unumquodque ordinatur ad finem per suam formam, quae est principium speciei. Sed Angeli et animae est idem finis, scilicet beatitudo aeterna; ut patet per id quod dicitur Matth. XX, quod filii resurrectionis erunt sicut Angeli in caelo; et Gregorius dicit quod animae assumuntur ad ordines Angelorum. Ergo Angelus et anima sunt eiusdem speciei.

11 Praeterea, si Angelus et anima specie differunt, oportet quod Angelus sit superior anima in ordine naturae; et sic erit medius inter animam et Deum. Sed inter mentem nostram et Deum non est medium, sicut Augustinus dicit. Ergo Angelus et anima non differunt specie.

discursivo, razão por que diz Agostinho, em *Sobre a Trindade*,[160] que no céu não haverá pensamentos variáveis. Logo, a alma não difere do anjo por inteligir com discurso e sem discurso.

5. Ademais, como o defendem muitos, nem todos os anjos convêm em espécie; e, no entanto, todos inteligem sem discurso. Logo, o inteligir com discurso e o inteligir sem discurso não causam diversidade de espécies nas substâncias intelectuais.

6. Poder-se-ia dizer, porém, que alguns anjos inteligem mais perfeitamente que outros. Mas em sentido contrário: o mais e o menos não diversificam a espécie. Mas o inteligir mais perfeitamente e o inteligir menos perfeitamente não diferem senão pelo mais e pelo menos. Logo, os anjos não diferem por inteligir mais ou menos perfeitamente.

7. Ademais, todas as almas humanas são da mesma espécie, ainda que nem todas inteligam igualmente. Logo, as substâncias intelectuais não pertencem a diferentes espécies pelo fato de inteligirem mais ou menos perfeitamente.

8. Ademais, diz-se que a alma humana inteligea discorrendo porque conhece a causa pelo efeito e vice-versa. Mas isto também ocorre nos anjos; pois consta do *Livro sobre as Causas*[161] que a inteligência inteligea o que está acima dela porque é causada por este, e também inteligea o que está abaixo dela pelo fato de que é causa disto. Logo, o anjo não difere da alma porque ele inteligea com discurso e ela sem discurso.

9. Ademais, parece que os que se perfazem pelas mesmas perfeições são da mesma espécie, pois os atos próprios são executados por potências próprias. Ora, o anjo e a alma são aperfeiçoados pelas mesmas perfeições, a saber: a graça, a glória ou a caridade. Logo, são da mesma espécie.

10. Ademais, parece que as coisas que têm fim idêntico são da mesma espécie: pois cada ser está ordenado a seu fim por sua forma, que é princípio da espécie. Mas o anjo e a alma têm o mesmo fim, a saber, a bem-aventurança eterna, como é patente pelo que se diz em Mateus 22,30, a saber, que os filhos provenientes da ressurreição serão como os anjos no céu. Ademais, diz Gregório[162] que as almas serão elevadas à ordem dos anjos. Logo, o anjo e a alma são da mesma espécie.

11. Ademais, se o anjo e a alma diferem em espécie, é necessário que o anjo seja superior à alma na ordem da natureza; e, assim, ocupará um lugar intermediário entre a alma e Deus. Mas entre nossa alma e Deus não há intermediário, como diz Agostinho.[163] Logo, o anjo e a alma não diferem em espécie.

12 Praeterea, impressio eiusdem imaginis in diversis non diversificat speciem; imago enim Herculis in auro et in argento sunt eiusdem speciei. Sed tam in anima quam in Angelo est imago Dei. Ergo Angelus et anima non differunt specie.

13 Praeterea, quorum est eadem definitio, est eadem species. Sed definitio Angeli convenit animae; dicit enim Damascenus, quod Angelus est substantia incorporea, semper mobilis, arbitrio libera, Deo ministrans; gratia, non natura, immobilitatem suscipiens. Haec autem omnia animae humanae conveniunt. Ergo anima et Angelus sunt eiusdem speciei.

14 Praeterea, quaecumque conveniunt in ultima differentia, sunt eadem specie: quia ultima differentia est constitutiva speciei. Sed Angelus et anima conveniunt in ultima differentia: in hoc, scilicet, quod est intellectuale esse; quod oportet esse ultimam differentiam, cum nihil sit nobilius in natura animae vel Angeli: semper enim ultima differentia est completissima. Ergo Angelus et anima non differunt specie.

15 Praeterea, ea quae non sunt in specie, non possunt specie differre. Sed anima non est in specie, sed magis est pars speciei. Ergo non potest specie differre ab Angelo.

16 Praeterea, definitio proprie competit speciei. Ea ergo quae non sunt definibilia, non videntur esse in specie. Sed Angelus et anima non sunt definibilia, cum non sint composita ex materia et forma, ut supra ostensum est; in omni enim definitione est aliquid ut materia, et aliquid ut forma, ut patet per philosophum in VII Metaph.: ubi ipse dicit quod si species rerum essent sine materia, ut Plato posuit, non essent definibiles. Ergo Angelus et anima non proprie possunt dici specie differre.

17 Praeterea, omnis species constat ex genere et differentia. Genus autem et differentia in diversis fundantur; sicut genus hominis, quod est animal, in natura sensitiva; et differentia eius, quae est rationale, in natura intellectiva. In Angelo autem et anima non sunt aliqua diversa super quae genus et differentia fundari possint; essentia enim eorum est simplex forma, esse autem eorum nec genus nec differentia esse potest. Philosophus enim probat in III Metaph., quod ens nec est genus nec differentia. Ergo Angelus et anima non habent genus et differentiam, et ita non possunt specie differre.

12. Ademais, a impressão da mesma imagem em várias coisas não lhes diversifica a espécie. Pois a imagem de Hércules no ouro é da mesma espécie que a imagem de Hércules na prata. Assim, a imagem de Deus está tanto na alma quanto no anjo. Logo, o anjo e a alma não diferem em espécie.

13. Ademais, as coisas que se definem igualmente pertencem à mesma espécie. Ora, a definição de anjo convém à alma. Pois diz Damasceno[164] que o anjo "é uma substância incorpórea, sempre móvel, com livre-arbítrio, a serviço de Deus, e que recebeu a imortalidade por graça e não por natureza". Mas todas estas notas convêm à alma. Logo, o anjo e a alma são da mesma espécie.

14. Ademais, os que compartilham a última diferença são da mesma espécie, porque a última diferença é a constitutiva da espécie. Ora, o anjo e a alma compartilham a última diferença nisto, a saber: o ser intelectual, que é necessariamente a última diferença, dado que nada há de mais nobre na natureza da alma ou do anjo; a última diferença é sempre a mais completa. Logo, o anjo e a alma não diferem em espécie.

15. Ademais, as coisas que não se inserem numa espécie não podem diferir em espécie. Mas a alma não se insere numa espécie, sendo mais precisamente parte da espécie. Logo, não pode diferir do anjo em espécie.

16. Ademais, à espécie compete propriamente a definição. Logo, as coisas que não são definíveis não parecem estar numa espécie. Mas o anjo e a alma não são definíveis, pois não são compostos de matéria e forma, como se mostrou antes; pois em toda definição há algo como matéria e algo como forma, como é patente segundo o Filósofo no livro VIII da *Metafísica*,[165] onde diz que, se as espécies das coisas carecessem de matéria, como supôs Platão, não seriam definíveis. Logo, não se pode dizer propriamente que o anjo e a alma difiram em espécie.[166]

17. Ademais, toda espécie se constitui de gênero e diferença. Ora, o gênero e a diferença se fundam em princípios diversos, assim como o gênero do homem, que é "animal", se funda na natureza sensitiva, e sua diferença, que é "racional", se funda na natureza intelectiva. Mas no anjo e na alma não existem diversas coisas sobre as quais se possam fundar seu gênero e diferença; pois sua essência é uma forma simples. E tampouco seu ser pode ser gênero ou diferença; pois o Filósofo demonstra no livro III da *Metafísica*[167] que "ente" não é gênero nem diferença. Logo, o anjo e a alma não têm gênero nem diferença, e portanto não podem diferir em espécie.

18 Praeterea, quaecumque differunt specie, differunt per differentias contrarias. Sed in substantiis immaterialibus non est aliqua contrarietas: quia contrarietas est principium corruptionis. Ergo Angelus et anima non differunt specie.

19 Praeterea, Angelus et anima praecipue differre videntur per hoc quod Angelus non unitur corpori, anima vero unitur. Sed hoc non potest facere animam differre specie ab Angelo: corpus enim comparatur ad animam ut materia; materia vero non dat speciem formae, sed magis e converso. Nullo igitur modo Angelus et anima differunt specie.

Sed contra.

Ea quae non differunt specie, sed numero, non differunt nisi per materiam. Sed Angelus et anima non habent materiam, ut ex superiori quaestione manifestatur. Ergo si Angelus et anima non differunt specie, etiam numero non differunt; quod patet esse falsum. Relinquitur ergo quod differunt specie.

Respondeo. Dicendum quod quidam dicunt animam humanam et Angelos eiusdem esse speciei. Et hoc videtur primo posuisse Origenes: volens enim vitare antiquorum haereticorum errores, qui diversitatem rerum diversis attribuebant principiis, diversitate boni et mali introducentes, posuit omnium rerum diversitatem ex libero arbitrio processisse. Dixit enim, quod Deus fecit omnes creaturas rationales a principio aequales; quarum quaedam Deo adhaerentes, in melius profecerunt secundum modum adhaesionis ad Deum; quaedam vero a Deo per liberum arbitrium recedentes, in deterius ceciderunt secundum quantitatem recessus a Deo. Et sic quaedam earum sunt incorporatae corporibus caelestibus, quaedam vero corporibus humanis, quaedam vero usque ad malignitatem Daemonum perversae sunt: cum tamen ex suae creationis principio essent omnes uniformes.

Sed quantum ex eius positione videri potest, Origenes attendit ad singularum creaturarum bonum, praetermissa consideratione totius. Sapiens tamen artifex in dispositione partium non considerat solum bonum huius partis aut illius, sed multo magis bonum totius; unde

18. Ademais, as coisas que diferem em espécie o fazem por diferenças contrárias. Mas nas substâncias imateriais não existe contrariedade alguma, pois a contrariedade é princípio de corrupção. Logo, o anjo e a alma não diferem em espécie.

19. Ademais, o anjo e a alma parecem diferir principalmente porque o anjo não se une a um corpo, enquanto a alma, sim. Mas isto não pode fazer que a alma difira do anjo em espécie; pois o corpo está para a alma como sua matéria, e a matéria não confere espécie à forma, mas antes o contrário. Por conseguinte, o anjo e a alma não diferem em espécie.

MAS EM SENTIDO CONTRÁRIO:

As coisas que não diferem em espécie, mas só em número, não diferem senão pela matéria. Ora, o anjo e a alma não têm matéria, como já se demonstrou anteriormente.[168] Logo, se o anjo e a alma não diferem em espécie, tampouco diferem em número; o que é patentemente falso. Resta, por conseguinte, que difiram em espécie.

RESPONDO. Deve-se dizer que alguns pensam que a alma humana e os anjos são da mesma espécie. E o primeiro que parece havê-lo proposto foi Orígenes:[169] pois, querendo evitar os erros dos antigos hereges – que atribuíam a diversidade das coisas a princípios diversos, introduzindo a diversidade do bem e do mal –, defendeu ele que a diversidade de todas as coisas provinha do livre-arbítrio. Pois disse que Deus no princípio fez iguais todas as criaturas racionais, das quais algumas, aderindo a Deus, ascenderam ao bem conforme seu grau de adesão a Deus; mas outras, afastando-se de Deus por seu livre-arbítrio, caíram no mal segundo o grau em que se afastaram de Deus. E por isso algumas delas se incorporaram aos corpos celestes, outras a corpos humanos, e outras se perverteram até à maldade dos demônios: ainda que, no princípio de sua criação, tivessem sido todas da mesma forma.

Mas, pelo que se pode depreender desta opinião, vê-se que Orígenes[170] considerou o bem das criaturas singulares, tendo omitido a consideração do todo. Ora, um artista sábio, ao dispor as partes, não considera somente o bem desta ou daquela parte, mas dá mais importância ao bem do todo; razão por que o construtor

aedificator non facit omnes partes domus aeque pretiosas, sed magis et minus secundum quod congruit ad bonam dispositionem domus. Et similiter in corpore animalis non omnes partes habent oculi claritatem, quia esset animal imperfectum; sed est diversitas in partibus animalis, ut animal possit esse perfectum. Ita etiam Deus secundum suam sapientiam non omnia produxit aequalia, sic enim imperfectum esset universum, cui multi gradus entium deessent. Simile igitur est quaerere, in operatione Dei, quare unam creaturam fecerit alia meliorem, sicut quaerere, quare artifex in suo artificio partium diversitatem instituerit.

Hac igitur Origenis ratione remota, sunt aliqui eius positionem imitantes, dicentes omnes intellectuales substantias esse unius speciei, propter aliquas rationes quae in obiiciendo sunt tactae. Sed ipsa positio videtur esse impossibilis. Si enim Angelus et anima ex materia et forma non componuntur, sed sunt formae tantum, ut in praecedenti quaestione dictum est; oportet quod omnis differentia qua Angeli ab invicem distinguuntur, vel etiam ab anima, sit differentia formalis. Nisi forte poneretur quod Angeli etiam essent uniti corporibus, sicut et animae; ut ex habitudine ad corpora differentia materialis in eis esse posset, sicut et de animabus dictum est supra. Sed hoc non ponitur communiter; et si hoc poneretur, non proficeret ad hanc positionem; quia manifestum est quod illa corpora specie differrent ab humanis corporibus quibus animae uniuntur; et diversorum corporum secundum speciem, diversas perfectiones secundum speciem oportet esse.

Hoc igitur dempto, quod Angeli [ ] sint formae corporum, si non sint compositi ex materia et forma, non remanet Angelorum ab invicem vel ab anima differentia, nisi formalis. Formalis autem differentia speciem variat, nam forma est quae dat [speciem] rei. Et sic relinquitur quod non solum Angeli ab anima, sed ipsi etiam ab invicem, specie differant.

Si quis autem ponat quod Angeli et anima sint ex materia et forma compositi, adhuc haec opinio stare non potest. Si enim tam in Angelis quam in anima sit materia de se una, sicut omnium corporum inferiorum est materia una, diversificata tantum secundum formam; oportebit etiam quod divisio illius materiae unius et communis sit principium distinctionis Angelorum ab invicem et ab anima. Cum autem de ratione materiae sit quod de se careat omni forma, non poterit intelligi divisio materiae ante

não faz que todas as partes da casa sejam igualmente preciosas, mas umas mais e outras menos, como convém à boa disposição da casa. E, de maneira semelhante, no corpo de um animal nem todas as partes possuem a claridade do olho, porque seria um animal imperfeito, mas há uma diversidade nas partes do animal para que ele possa ser perfeito. Assim, também Deus, segundo Sua sabedoria, não criou todas as coisas iguais, pois desse modo haveria um universo imperfeito, uma vez que faltariam muitos graus de entes. Por isso, buscar na operação de Deus por que razão fez Ele uma criatura mais perfeita que outra é semelhante a buscar por que razão um artífice em seu ofício estabeleceu uma diversidade nas partes.

Posta de lado a posição de Orígenes, há alguns que em parte a imitam, dizendo que todas as substâncias intelectuais pertencem à mesma espécie, mas devido a outras razões, as quais foram aduzidas entre as objeções. Mas sua posição também parece impossível. Pois se o anjo e a alma não se compõem de matéria e forma, mas são somente formas, como se afirmou anteriormente,[171] é necessário que a diferença pela qual os anjos se distinguem uns dos outros e também da alma seja uma diferença formal. A não ser que se suponha, talvez, que os anjos também seriam unidos a corpos, como as almas, de modo que por sua relação com os corpos pudesse existir neles diferença material, tal como dissemos ocorrer com as almas. Mas isto geralmente não se admite; e, caso fosse pensado, nada se alcançaria com isso, pois é patente que tais corpos se distinguiriam em espécie dos corpos humanos a que se unem as almas; e, para corpos distintos em espécie, é necessário que existam diferentes perfeições segundo a espécie.

Abandonando esta posição de que os anjos são formas de corpos, temos que: por não serem compostos de matéria e forma, permanece apenas uma diferença formal entre os anjos, e entre eles e a alma. Mas a diferença formal faz variar a espécie, pois é a forma o que dá a espécie à coisa. E, assim, cabe dizer que não só os anjos diferem da alma em espécie, mas que também diferem em espécie entre si.

E se alguém propuser que os anjos e a alma são compostos de matéria e forma, tampouco esta opinião pode sustentar-se. Pois, se tanto nos anjos como na alma há uma só matéria, uma por si (assim como para todos os corpos inferiores a matéria é uma só, diversificada somente pelas formas), será também necessário que a divisão de tal matéria única e comum seja o princípio de distinção dos anjos entre si e com respeito à alma. Mas, pertencendo à razão da matéria que ela careça de toda forma, não se poderia compreender a divisão da matéria antes da

receptionem formae, quae secundum materiae divisionem multiplicatur, nisi per dimensiones quantitativas; unde philosophus dicit in I Physic., subtracta quantitate, substantia remanet indivisibilis. Quae autem componuntur ex materia dimensioni subiecta, sunt corpora, et non solum corpori unita. Sic igitur Angelus et anima sunt corpora, quod nullus sanae mentis dixit; praesertim cum probatum sit quod intelligere non potest esse actus corporis ullius. Si vero materia Angelorum et animae non sit una et communis, sed diversorum ordinum; hoc non potest esse nisi secundum ordinem ad formas diversas; sicut ponitur quod corporum caelestium et inferiorum non est una materia communis: et sic talis materiae differentia speciem faciet diversam. Unde impossibile videtur quod Angeli et anima sint eiusdem speciei.

Secundum autem quid specie differant, considerandum restat. Oportet autem nos in cognitionem substantiarum intellectualium per considerationem substantiarum materialium pervenire. In substantiis autem materialibus diversi gradus perfectionis naturae diversitatem speciei constituunt; et hoc quidem facile patet, si quis ipsa genera materialium substantiarum consideret. Manifestum est enim quod corpora mixta supergrediuntur ordine perfectionis elementa, plantae autem corpora mineralia, et animalia plantas; et in singulis generibus secundum gradum perfectionis naturalis diversitas specierum invenitur. Nam in elementis terra est infimum, ignis vero nobilissimum. Similiter autem in mineralibus gradatim natura invenitur per diversas species proficere usque ad speciem auri. In plantis etiam usque ad speciem arborum perfectarum, et in animalibus usque ad speciem hominis; cum tamen quaedam animalia sint plantis propinquissima, ut immobilia, quae habent solum tactum. Et similiter plantarum quaedam sunt inanimatis propinquae, ut patet per philosophum in Lib. de vegetabilibus; et propter hoc philosophus dicit in VIII Metaphys., quod species rerum naturalium sunt sicut species numerorum, in quibus unitas addita vel subtracta variat speciem.

Ita igitur et in substantiis immaterialibus diversus gradus perfectionis naturae facit differentiam speciei; sed quantum ad aliquid differenter se habet in substantiis immaterialibus et materialibus. Ubicumque enim est diversitas graduum, oportet quod gradus considerentur per ordinem ad aliquod unum principium. In substantiis igitur materialibus attenduntur

recepção da forma (a qual se multiplica segundo a divisão da matéria) senão por dimensões quantitativas; razão por que diz o Filósofo no livro I da *Física*[172] que, desaparecendo a quantidade, permanece indivisível a substância. Ora, as coisas que se compõem da matéria sujeita à dimensão são [propriamente] corpos, e não apenas coisas unidas a corpos. Sendo assim, o anjo e a alma seriam corpos, o que ninguém em sã consciência diria, principalmente quando se demonstrou que a intelecção não pode ser ato de nenhum corpo. Se, porém, a matéria dos anjos e da alma não é única e comum, mas de diversa ordem, isto não poderia ocorrer senão por sua relação com as distintas formas – assim como se afirma que não é comum aos corpos celestes e aos inferiores a matéria de ambos. Assim, tal diferença de matéria diversificará a espécie. Donde se vê impossível que os anjos e a alma pertençam à mesma espécie.

Resta considerar agora com respeito a que diferem em espécie. Para tanto, convém que alcancemos o conhecimento de tais substâncias intelectuais a partir da consideração sobre as substâncias materiais. Nas substâncias materiais, os diversos graus de perfeição natural constituem a diversidade de espécies, o que facilmente se percebe ao se considerarem os próprios gêneros de substâncias materiais; pois é evidente que os corpos mistos ultrapassam em ordem de perfeição aos elementos, as plantas ultrapassam os corpos minerais, e os animais, as plantas; e em cada um dos gêneros há diversas espécies segundo os diversos graus de perfeição natural. No caso dos corpos simples, a terra ocupa o grau ínfimo, e o fogo o mais nobre. No caso dos minerais, a natureza avança gradualmente através de suas diversas espécies, até culminar no ouro. Também nas plantas, até culminar na espécie das árvores perfeitas, e, nos animais, até culminar no homem – embora alguns animais sejam muito próximos das plantas, como os imóveis, que só possuem tato. De modo semelhante, certas plantas são muito próximas dos entes inanimados, como afirmava o Filósofo em *Sobre os Vegetais*,[173] e por isso diz o Filósofo no livro VIII da *Metafísica*[174] que as espécies das coisas naturais são como as espécies dos números, em que, adicionando-se ou subtraindo-se a unidade, muda a espécie.

Portanto, também no caso das substâncias imateriais, o diverso grau de perfeição natural produz diferença de espécie. Mas há algo em que as substâncias imateriais se distinguem das materiais. Onde quer que haja diversidade de graus, é necessário que os diversos graus sejam ordenados por um único princípio. Por conseguinte, no caso das substâncias materiais, os diversos graus que variam as

diversi gradus speciem diversificantes in ordine ad primum principium, quod est materia. Et inde est quod primae species sunt imperfectiores, posteriores vero perfectiores et per additionem se habentes ad primas; sicut mixta corpora habent speciem perfectiorem quam sint species elementorum, utpote habentes in se quidquid habent elementa, et adhuc amplius; unde similis est comparatio plantarum ad corpora mineralia, et animalium ad plantas.

In substantiis vero immaterialibus ordo graduum diversarum specierum attenditur, non quidem secundum comparationem ad materiam, quam non habent, sed secundum comparationem ad primum agens, quod oportet esse perfectissimum. Et ideo prima species in eis est perfectior secunda, utpote similior primo agenti; et secunda diminuitur a perfectione primae et sic deinceps usque ad ultimam earum. Summa autem perfectio primi agentis in hoc consistit, quod in uno simplici habet omnimodam bonitatem et perfectionem. Unde quanto aliqua substantia immaterialis fuerit primo agenti propinquior, tanto in sua natura simplici perfectiorem habet bonitatem suam et minus indiget inhaerentibus formis ad sui completionem. Et hoc quidem gradatim producitur usque ad animam humanam, quae in eis tenet ultimum gradum, sicut materia prima in genere rerum sensibilium; unde in sui natura non habet perfectiones intelligibiles, sed est in potentia ad intelligibilia, sicut materia prima ad formas sensibiles. Unde ad propriam operationem indiget ut fiat in actu formarum intelligibilium, acquirendo eas per sensitivas potentias a rebus exterioribus; et cum operatio sensus sit per organum corporale, ex ipsa conditione suae naturae competit ei quod corpori uniatur, et quod sit pars speciei humanae, non habens in se speciem completam.

1 AD PRIMUM ergo dicendum quod intelligere Angeli et animae non est eiusdem speciei. Manifestum est enim, quod si formae quae sunt principia operationum, differunt specie, necesse est et operationes ipsas specie differre; sicut calefacere et infrigidare differunt secundum differentiam caloris et frigoris. Species autem intelligibiles quibus animae intelligunt sunt a phantasmatibus abstractae; et ita non sunt eiusdem

espécies atendem a um primeiro princípio que é a matéria. Decorre daí que as primeiras espécies sejam mais imperfeitas; mas as espécies posteriores são mais perfeitas e se acrescentam às primeiras, assim como as espécies dos mistos são mais perfeitas que a dos elementos, dado que contêm o que há nos corpos simples e algo mais; e algo semelhante se vê ao compararmos as plantas com os corpos minerais e os animais com as plantas.

Mas, no caso das substâncias imateriais, a ordem dos graus das diversas espécies não se refere à matéria, da qual carecem, mas a seu primeiro agente, que é necessário seja perfeitíssimo. Daí que nelas as primeiras espécies sejam mais perfeitas que as segundas, porque se assemelham mais ao primeiro agente; a segunda diminui de perfeição com relação à primeira, e assim sucessivamente até chegar à última. Mas a suma perfeição do primeiro agente consiste em que ele possui todos os modos de bondade e perfeição numa simplicidade única. Por isso, quanto mais próxima se encontrar uma substância imaterial de seu primeiro agente, tanto mais perfeita possuirá a bondade em sua natureza simples, e de tanto menos formas necessitará para seu acabamento. E isto se produz gradualmente até chegar à alma humana, que entre as substâncias imateriais possui o último grau, como ocorre com a matéria prima no gênero das coisas sensíveis. Daí que ela em sua própria natureza não possua perfeições inteligíveis, mas esteja em potência com respeito aos inteligíveis, assim como a matéria prima está em potência com respeito às formas sensíveis. Por isso a alma, para exercer sua própria operação, tem necessidade de pôr-se em ato com respeito às formas inteligíveis, adquirindo-as das coisas exteriores através de potências sensitivas. E, como as operações sensitivas se realizam mediante um órgão corporal, pela própria condição de sua natureza lhe corresponde unir-se a um corpo, e que este seja parte da espécie humana, não tendo ela em si uma espécie completa.

1. Quanto ao primeiro argumento, portanto, deve-se dizer que a intelecção do anjo e a da alma não são da mesma espécie. Pois é patente que, se as formas – que são princípio das operações – diferem em espécie, é necessário também que suas operações mesmas difiram em espécie; assim como o aquecer e o esfriar diferem segundo a diferença entre o calor e o frio. Pois bem, as espécies inteligíveis por que as almas inteligem são abstraídas dos fantasmas. Desse modo, não são da

rationis cum speciebus intelligibilibus quibus Angeli intelligunt, quae sunt eis innatae, secundum quod dicitur in libro de causis quod omnis intelligentia est plena formis. Unde et intelligere hominis et Angeli non est eiusdem speciei. Ex hac differentia provenit quod Angelus intelligit sine discursu, anima autem cum discursu; quae necesse habet ex sensibilibus effectibus in virtutes causarum pervenire, et ab accidentibus sensibilibus in essentias rerum, quae non subiacent sensui.

2 AD SECUNDUM dicendum quod anima intellectualis principia et conclusiones intelligit per species a phantasmatibus abstractas; et ideo non est diversum intelligere secundum speciem.

3 AD TERTIUM dicendum quod motus reducitur ad genus et speciem eius ad quod terminatur motus; in quantum eadem forma est quae ante motum est tantum in potentia, in ipso motu medio modo inter actum et potentiam, et in termino motus in actu completo. Sed intelligere Angeli sine discursu, et intelligere animae cum discursu, non est secundum formam eamdem specie; unde non oportet quod sit unitas speciei.

4 AD QUARTUM dicendum quod species rei iudicatur secundum operationem competentem ei secundum propriam naturam, non autem secundum operationem quae competit ei secundum participationem alterius naturae. Sicut non iudicatur species ferri secundum adustionem, quae competit ei prout est ignitum; sic enim eadem iudicaretur species ferri et ligni, quod etiam ignitum adurit. Dico autem quod videre in verbo est operatio supra naturam animae et Angeli, utrique conveniens secundum participationem superioris naturae, scilicet divinae, per illustrationem gloriae. Unde non potest concludi quod Angeli et anima sint eiusdem speciei.

5 AD QUINTUM dicendum quod etiam in diversis Angelis non sunt species intelligibiles eiusdem rationis. Nam quanto substantia intellectualis est superior et Deo propinquior, qui omnia per unum, quod est sua essentia, intelligit; tanto formae intelligibiles in ipsa sunt magis elevatae, et virtuosiores ad plura cognoscenda. Unde dicitur in Lib. de causis, quod superiores intelligentiae intelligunt per formas magis universales; et Dionysius dicit, quod superiores Angeli habent scientiam magis universalem. Et ideo intelligere diversorum Angelorum non est

mesma razão das espécies inteligíveis com que os anjos inteligem, as quais lhes são inatas, conforme se diz no *Livro sobre as Causas*,[175] a saber, que "toda inteligência está cheia de formas". Por isso, o inteligir do homem e o do anjo diferem em espécie. E desta mesma diferença procede que o anjo inteligia sem discurso, e a alma com discurso, porque tem necessidade de alcançar as causas das coisas a partir dos efeitos sensíveis; e, a partir dos acidentes sensíveis, as essências das coisas, que não estão sujeitas aos sentidos.

2. QUANTO AO SEGUNDO, deve-se dizer que a alma intelectual intelige tanto os princípios quanto as conclusões mediante espécies abstraídas dos fantasmas, e é por isso que seu inteligir não difere em espécie.

3. QUANTO AO TERCEIRO, deve-se dizer que um movimento se reduz ao mesmo gênero e espécie daquilo em que termina, na medida em que é uma mesma forma a que antes do movimento está somente em potência, no meio do movimento está entre ato e potência, e no término do movimento está em ato completo. Mas o inteligir do anjo sem discurso e o inteligir da alma com discurso não se dão segundo uma forma de mesma espécie, razão por que não é necessário que seja a mesma espécie para ambos.

4. QUANTO AO QUARTO, deve-se dizer que a espécie a que pertence uma coisa é tomada da operação que lhe compete segundo sua própria natureza, e não segundo a operação que lhe compete por participação de outra natureza. Assim como não se considera a espécie do ferro a partir do abrasamento que lhe compete por estar junto ao fogo, pois desse modo se julgaria que a espécie do ferro é a mesma da lenha, que também se abrasa no fogo. Digo, pois, que ver no Verbo é uma operação superior à natureza da alma e à do anjo, e que convém a ela e a ele segundo sua participação numa natureza superior, a saber, a natureza divina, mediante a iluminação da glória. Portanto, não se pode concluir que o anjo e a alma sejam da mesma espécie.

5. QUANTO AO QUINTO, deve-se dizer que, entre os diversos anjos, tampouco as espécies inteligíveis têm a mesma razão; pois, quanto mais uma substância intelectual é mais excelente e mais próxima de Deus – que conhece tudo por uma coisa só, que é sua essência –, mais elevadas são suas formas inteligíveis, e mais aptas para conhecer mais coisas. Razão por que se diz no *Livro sobre as Causas*[176] que as inteligências superiores inteligem mediante formas mais universais; e diz Dionísio[177] que os anjos superiores possuem uma ciência mais universal. E por isso o inteligir dos diversos

eiusdem speciei, licet utrumque sit sine discursu; quia intelligunt per species innatas, non aliunde acceptas.

6 AD SEXTUM dicendum quod magis et minus est dupliciter. Uno modo secundum quod materia eamdem formam diversimode participat, ut lignum albedinem; et secundum hoc magis et minus non diversificant speciem. Alio modo secundum diversum gradum perfectionis formarum; et hoc diversificat speciem. Diversi enim colores specie sunt secundum quod magis et minus propinque se habent ad lucem; et sic magis et minus in diversis Angelis invenitur.

7 AD SEPTIMUM dicendum quod licet omnes animae non aequaliter intelligant, tamen omnes intelligunt per species eiusdem rationis, scilicet a phantasmatibus acceptas. Unde et hoc quod inaequaliter intelligunt, convenit ex diversitate virtutum sensitivarum, a quibus species abstrahuntur: quod etiam provenit secundum diversam dispositionem corporum. Et sic patet quod secundum hoc magis et minus non diversificant speciem, cum sequantur materialem diversitatem.

8 AD OCTAVUM dicendum quod cognoscere aliquid per alterum contingit dupliciter. Uno modo sicut cognoscere unum cognitum per aliud cognitum, ita quod sit distincta cognitio utriusque; sicut homo per principia cognoscit conclusionem, seorsum considerando utrumque. Alio modo sicut cognoscitur aliquid cognitum per speciem qua cognoscitur; ut videmus lapidem per speciem lapidis quae est in oculo. Primo igitur modo cognoscere unum per alterum facit discursum, non autem secundo modo. Sed hoc modo Angeli cognoscunt causam per effectum, et effectum per causam, in quantum ipsa essentia Angeli est similitudo quaedam suae causae, et assimilat sibi suum effectum.

9 AD NONUM dicendum quod perfectiones gratuitae conveniunt animae et Angelo per participationem divinae naturae; unde dicitur II Petri, I,: *per quem maxima et pretiosa nobis dona donavit, ut divinae naturae consortes*, et cetera. Unde per convenientiam in istis perfectionibus non potest concludi unitas speciei.

10 AD DECIMUM dicendum quod ea quorum unus est finis proximus et naturalis, sunt unum secundum speciem. Beatitudo autem aeterna est finis ultimus et supernaturalis. Unde ratio non sequitur.

anjos não é da mesma espécie, ainda que o inteligir de cada um deles seja sem discurso (já que inteligem mediante espécies inatas, não tomadas de outra parte).

6. Quanto ao sexto, deve-se dizer que o mais e o menos podem ser de dois modos. De um modo, enquanto uma matéria participa da mesma forma de diversas maneiras, como a madeira participa da brancura; e assim o mais e o menos não diversificam a espécie. De outro modo, segundo os diversos graus de perfeição das formas; e assim o mais e o menos diversificam a espécie. De fato, as cores são diversas em espécie conforme sejam mais ou menos próximas com relação à luz, e é assim que se encontra o mais e o menos nos diversos anjos.

7. Quanto ao sétimo, deve-se dizer que, embora nem todas as almas intelijam igualmente, todas porém inteligem por espécies de mesma razão, ou seja, espécies tomadas dos fantasmas. Por isso, também o fato de não inteligirem igualmente depende da diversidade nas virtudes sensitivas de que são abstraídas as espécies; o que provém, por sua vez, da disposição variada dos diversos corpos. E assim vê-se que este tipo de "mais e menos" não diversifica a espécie, uma vez que obedece a uma diversidade material.

8. Quanto ao oitavo, deve-se dizer que o conhecer algo a partir de outro sucede de dois modos. De um modo, conhecendo-se uma coisa conhecida a partir de outra coisa conhecida, de maneira que seja distinto o conhecimento de ambas, como quando o homem conhece as conclusões a partir dos princípios considerando a ambos separadamente. De outro modo, conhecendo-se uma coisa conhecida a partir da espécie pela qual é conhecida, como quando vemos uma pedra pela própria espécie da pedra, que está em nosso olho. Por conseguinte, o primeiro modo de conhecer um por outro é o que cria o discurso, e não o segundo modo. Mas justamente pelo segundo modo os anjos conhecem a causa por seu efeito e o efeito por sua causa, dado que a própria essência do anjo é certa semelhança de sua causa, e assemelha a si o seu efeito.

9. Quanto ao nono, deve-se dizer que tais perfeições gratuitas convêm à alma e ao anjo por participação da natureza divina; por isso se diz em 2 Pedro 1,4: "Por elas nos foram dadas as preciosas e grandíssimas promessas, a fim de que assim vos tornásseis participantes da natureza divina". Por isto, não se pode concluir a unidade de espécie a partir da conveniência de ambos nestas perfeições.

10. Quanto ao décimo, deve-se dizer que os que compartilham um fim próximo e natural têm a mesma espécie. Mas a bem-aventurança eterna é o fim último e sobrenatural. Daí que tal objeção não proceda.

11 Ad undecimum dicendum quod Augustinus non intelligit nihil esse medium inter mentem nostram et Deum secundum gradum dignitatis et naturae, quia una natura non sit alia nobilior; sed quia mens nostra immediate a Deo iustificatur, et in eo beatificatur. Sicut si diceretur quod aliquis miles simplex immediate est sub rege; non quia alii superiores eo sint sub rege, sed quia nullus habet dominium super eum nisi rex.

12 Ad duodecimum dicendum quod neque anima neque Angelus est perfecta imago Dei, sed solus filius; et ideo non oportet quod sint eiusdem speciei.

13 Ad decimumtertium dicendum quod praedicta definitio non convenit animae eodem modo sicut Angelo. Angelus enim est substantia incorporea, quia non est corpus, et quia non est corpori unita; quod de anima dici non potest.

14 Ad decimumquartum dicendum quod ponentes animam et Angelum unius speciei esse, in hac ratione maximam vim constituunt sed non necessario concludit. Quia ultima differentia debet esse nobilior non solum quantum ad naturae nobilitatem, sed etiam quantum ad determinationem; quia ultima differentia est quasi actus respectu omnium praecedentium. Sic igitur intellectuale non est nobilissimum in Angelo vel anima, sed intellectuale sic vel illo modo; sicut de sensibili patet. Alias enim omnia bruta animalia essent eiusdem speciei.

15 Ad decimumquintum dicendum quod anima est pars speciei et tamen est principium dans speciem; et secundum hoc quaeritur de specie animae.

16 Ad decimumsextum dicendum quod licet sola species definiatur proprie, non tamen oportet quod omnis species sit definibilis. Species enim immaterialium rerum non cognoscuntur per definitionem vel demonstrationem, sicut cognoscitur aliquid in scientiis speculativis; sed quaedam cognoscuntur per simplicem intuitum ipsarum. Unde nec Angelus proprie potest definiri: non enim scimus de eo quid est; sed potest notificari per quasdam negationes vel notificationes. Anima etiam definitur ut est corporis forma.

17 Ad decimumseptimum dicendum quod genus et differentia possunt accipi dupliciter. Uno modo secundum considerationem realem,

11. QUANTO AO DÉCIMO PRIMEIRO, deve-se dizer que Agostinho, afirmando não haver nada intermediário entre Deus e a alma, não se refere com isso ao grau de dignidade e de natureza (pois até uma alma pode ser mais nobre que outra), mas ao fato de que nossa alma é justificada imediatamente por Deus e d'Ele recebe a felicidade. Como quando se diz que um simples soldado está sob as ordens do rei, não porque não haja outros soldados superiores a ele que também recebam ordens do rei, mas porque nenhum tem domínio dele além do rei.

12. QUANTO AO DÉCIMO SEGUNDO, deve-se dizer que nem a alma nem o anjo são imagem perfeita de Deus, mas exclusivamente o Filho. E por isso não é necessário que a alma e o anjo sejam da mesma espécie.

13. QUANTO AO DÉCIMO TERCEIRO, deve-se dizer que tal definição não corresponde à alma do mesmo modo que ao anjo. Pois o anjo é uma substância incorpórea não só porque não é corpo, mas porque não está unido a um corpo, o que não se pode dizer da alma.

14. QUANTO AO DÉCIMO QUARTO, deve-se dizer que aqueles que propõem que o anjo e a alma sejam da mesma espécie têm neste o seu argumento o mais forte, mas ele não conclui necessariamente; porque a última diferença deve ser a mais nobre não só quanto à dignidade de natureza, mas também quanto à determinação, pois a última diferença é como o ato com respeito a todas as precedentes. Assim, não é "intelectual" o mais perfeito no anjo ou na alma, mas "intelectual deste ou daquele modo", tal como sucede com "sensível"; do contrário, todos os animais irracionais seriam da mesma espécie.

15. QUANTO AO DÉCIMO QUINTO, deve-se dizer que a alma é parte da espécie, e não obstante é o princípio que dá a espécie, e é com base nisto que se investiga acerca da espécie da alma.

16. QUANTO AO DÉCIMO SEXTO, deve-se dizer que, embora apenas a espécie seja propriamente definível, isto não significa que toda espécie seja definível. Pois as espécies das coisas imateriais não são conhecidas por definição ou por demonstração, tal como se conhece algo nas ciências especulativas, mas por simples intuição delas. Por isso, tampouco o anjo pode ser definido propriamente – pois dele não sabemos [positivamente] o que ele é –, mas pode ser conhecido [por nós] a partir de algumas negações ou indícios. Também a alma é definida na medida em que é forma do corpo.

17. QUANTO AO DÉCIMO SÉTIMO, deve-se dizer que o gênero e a diferença podem ser tomados de dois modos: de um modo, quanto à sua consideração *real*,

prout considerantur a metaphysico et naturali et sic oportet quod genus et differentia super diversis naturis fundentur; et hoc modo nihil prohibet dicere quod in substantiis spiritualibus non sit genus et differentia, sed sint formae tantum et species simplices. Alio modo secundum considerationem logicam; et sic genus et differentia non oportet quod fundentur super diversas naturas, sed supra unam naturam in qua consideratur aliquid proprium, et aliquid commune. Et sic nihil prohibet genus et differentias ponere in substantiis spiritualibus.

18 AD DECIMUMOCTAVUM dicendum quod naturaliter loquendo de genere et differentia, oportet differentias esse contrarias: nam materia, super quam fundatur natura generis, est susceptiva contrariarum formarum. Secundum autem considerationem logicam sufficit qualiscumque oppositio in differentiis; sicut patet in differentiis numerorum, in quibus non est contrarietas; et similiter est in spiritualibus substantiis.

19 AD DECIMUMNONUM dicendum quod licet materia non det speciem, tamen ex habitudine materiae ad formam attenditur natura formae.

tal como são considerados pelo metafísico e pelo físico, e assim é necessário que o gênero e a diferença se fundem sobre diversas naturezas. Quanto a este modo, nada impede de dizer que nas substâncias espirituais não há gênero nem diferença, mas que são somente formas e espécies simples. De outro modo, quanto a uma consideração *lógica*, e assim não é necessário que o gênero e a diferença se fundem sobre diversas naturezas, mas sobre uma só natureza em que se considera algo que é próprio e algo que é comum. Quanto a este modo, nada impede de afirmar que haja gênero e diferença nas substâncias espirituais.

18. QUANTO AO DÉCIMO OITAVO, deve-se dizer que, falando de gênero e diferença na ordem *natural*, é necessário que as diferenças sejam contrárias. Pois a matéria sobre a qual se funda a natureza do gênero é receptiva de formas contrárias. Mas, atendendo à consideração lógica, basta para as diferenças qualquer oposição, como ocorre nas diferenças dos números, nas quais não há contrariedade. E de modo semelhante sucede com as substâncias espirituais.

19. QUANTO AO DÉCIMO NONO, deve-se dizer que, embora a matéria não dê a espécie, não obstante nos advertimos da natureza de uma forma a partir da relação que há entre ela e a matéria.

QUAESTIO VIII

Octavo quaeritur utrum anima rationalis tali corpori debuerit uniri, quale est corpus humanum

Et videtur quod non.

1 Anima enim rationalis est subtilissima formarum corpori unitarum. Terra autem est infima corporum. Non ergo fuit conveniens quod corpori terreno uniretur.

2 Sed dicebat, hoc corpus terrenum ex hoc quod reductum est ad aequalitatem complexionis, similitudinem habere cum caelo, quod omnino caret contrariis; et sic nobilitatur, ut ei anima rationalis convenienter possit uniri. Sed contra, si nobilitas corporis humani in hoc consistit quod corpori caelesti assimiletur, sequitur quod corpus caeleste nobilius sit. Sed anima rationalis nobilior est omni forma, cum capacitate sui intellectus omnia corpora transcendat. Ergo anima rationalis magis deberet corpori caelesti uniri.

3 Sed dicebat quod corpus caeleste nobiliori perfectione perficitur quam sit anima rationalis. Sed contra, si perfectio corporis caelestis nobilior est anima rationali, oportet quod sit intelligens: quia quodcumque intelligens quolibet non intelligente nobilius est. Si igitur corpus caeleste aliqua substantia intellectuali perficitur, aut erit motor eius tantum, aut erit forma.

Si tantum motor, adhuc remanet quod corpus humanum sit nobiliori modo perfectum quam corpus caeleste: forma enim dat speciem ei cuius est forma, non autem motor. Unde etiam nihil prohibet aliqua quae secundum sui naturam ignobilia sunt, esse instrumenta nobilissimi agentis.

QUESTÃO VIII

Se a alma racional tinha de unir-se a um corpo como o humano[178]

E PARECE QUE NÃO.

1. Pois a alma racional é a mais sutil das formas unidas a um corpo. E a terra é o mais ínfimo dos corpos. Não é conveniente, pois, que ela se una a um corpo terreno.[179]

2. Poder-se-ia dizer, porém, que este corpo terreno, por ter sido reduzido a uma igualdade de mistura, possui certa semelhança com o céu, pois carece completamente de contrários. E assim enobrece-se, de modo que a alma racional possa convenientemente unir-se a ele. Mas em sentido contrário: se a nobreza de um corpo humano consiste em que se assemelhe ao corpo celeste, segue-se que o corpo celeste lhe seria mais nobre. Ora, a alma racional é mais nobre que todas as formas, visto que a capacidade de seu intelecto transcende todos os corpos. Portanto, com mais razão a alma racional deveria unir-se a um corpo celeste.

3. Poder-se-ia dizer, porém, que o corpo celeste perfaz-se mediante perfeição mais nobre do que a alma racional. – Mas em sentido contrário: se a perfeição do corpo celeste é mais nobre que alma racional, é necessário que ele seja inteligente: pois qualquer ente inteligente é mais nobre que algum que não o seja. Se, portanto, o corpo celeste perfaz-se mediante alguma substância intelectual, ou ela seria apenas seu motor, ou seria forma dele.

Se motor apenas, resta que o corpo humano receba perfeição de modo mais nobre que o corpo celeste: pois a forma dá a espécie àquele de quem é forma, não o motor. Deste modo, nada tampouco proíbe que certos entes que são inferiores em natureza sejam instrumentos do mais nobre agente.

Si autem substantia intellectualis est forma corporis caelestis, aut huiusmodi substantia habet intellectum tantum, aut cum intellectu sensum et alias potentias. Si habet sensum et alias potentias, cum huiusmodi potentias necesse sit esse actus organorum quibus indigent ad operandum, sequetur quod corpus caeleste sit corpus organicum; quod ipsius simplicitati et uniformitati [ ] repugnat. Si vero habet intellectum tantum a sensu nihil accipientem, huiusmodi substantia in nullo indigebit unione corporis; quia operatio intellectus non fit per organum corporale. Cum igitur unio corporis et animae non sit propter corpus, sed propter animam, quia materiae sunt propter formam, et non e converso; sequetur quod intellectualis substantia non uniatur corpori caelesti ut forma.

4 Praeterea, omnis substantia intellectualis creata habet ex sui natura possibilitatem ad peccatum, quia potest averti a summo bono quod est Deus. Si igitur aliae substantiae intellectuales uniantur corporibus caelestibus ut formae, sequitur quod peccare poterunt. Poena autem peccati mors est, id est separatio animae a corpore, et cruciatio peccantium in Inferno. Potuit ergo fieri quod corpora caelestia morerentur per separationem animarum et quod animae in Inferno retruderentur.

5 Praeterea, omnis intellectualis substantia capax est beatitudinis. Si ergo corpora caelestia sunt animata animabus intellectualibus, huiusmodi animae sunt capaces beatitudinis. Et sic in aeterna beatitudine non solum sunt Angeli et homines, sed etiam quaedam naturae mediae; cum tamen sancti doctores tradant, societatem sanctorum ex hominibus constare et Angelis.

6 Praeterea, corpus Adae proportionatum fuit animae rationali. Sed corpus nostrum dissimile est illi corpori; illud enim corpus ante peccatum fuit immortale et impassibile, quod nostra corpora non habent. Ergo huiusmodi corpora, qualia nos habemus, non sunt proportionata animae rationali.

7 Praeterea, nobilissimo motori debentur instrumenta optime disposita et obedientia ad operationem. Anima autem rationalis est nobilior inter motores inferiores. Ergo debetur sibi corpus maxime obediens ad suas operationes. Huiusmodi autem non est corpus quale nos habemus; quia caro resistit spiritui, et anima propter pugnam concupiscentiarum distrahitur hac atque illac. Non igitur anima rationalis tali corpori debuit uniri.

Se, no entanto, a substância intelectual fosse forma do corpo celeste, ou a dita substância possui apenas intelecto, ou, com o intelecto, os sentidos e outras potências. Se possui sentidos e outras potências, então, visto que tais potências são necessariamente atos de órgãos dos quais necessitam para operar, seguir-se-ia que o corpo celeste seria um corpo organizado, o que se opõe às suas simplicidade e uniformidade. Se, por outro lado, ela possui apenas um intelecto que nada recebe dos sentidos, tal substância em nada careceria de uma união a um corpo, pois a operação do intelecto não se faz por um órgão corporal. Visto, portanto, que a união de corpo e alma não se dá tendo em vista o corpo, mas a alma – pois as matérias existem para suas formas, e não o contrário –, segue-se que a substância intelectual não se uniria ao corpo celeste como forma.

4. Ademais, toda substância intelectual criada possui, por sua própria natureza, a possibilidade para o pecado, pois pode averter-se do sumo bem, que é Deus. Se, portanto, outras substâncias intelectuais se unissem aos corpos celestes como formas, seguir-se-ia que poderiam pecar. E a pena para o pecado é a morte, isto é, a separação da alma e do corpo, assim como o sofrimento, no inferno, dos que pecam. Poderia haver ocorrido, portanto, que os corpos celestes morressem por separação de suas almas, e que estas fossem lançadas ao inferno.

5. Ademais, toda substância intelectual é capaz de alcançar a beatitude. Portanto, se os corpos celestes são animados por almas intelectuais, então estas almas são capazes de alcançar a beatitude. E assim não há na eterna beatitude apenas os anjos e os homens, mas também certas naturezas intermediárias. No entanto, afirmam os santos doutores que na sociedade dos santos constam somente os anjos e os homens.

6. Ademais, o corpo de Adão era proporcionado à alma racional. Mas nosso corpo não é semelhante àquele, pois aquele corpo, antes do pecado, foi imortal e impassível, [características] que nossos corpos não possuem. Logo, nossos corpos não são proporcionados à alma racional.

7. Ademais, ao mais nobre motor devem-se instrumentos otimamente dispostos e obedientes à operação. Mas a alma racional é o mais nobre dos motores inferiores. Logo, a ela se deve um corpo maximamente obediente às suas operações. Entretanto, não é assim o corpo que possuímos, pois a carne resiste ao espírito, e a alma, em sua luta com as concupiscências, distrai-se aqui e ali. Logo, não se deveria unir a tal corpo a alma racional.

8 Praeterea, animae rationali contingit abundantia spirituum in corpore perfectibili; unde cor hominis est calidissimum inter caetera animalia quantum ad virtutem generandi spiritus; quod significat ipsa corporis humani rectitudo, ex virtute caloris et spirituum proveniens. Convenientissimum igitur fuisset quod anima rationalis totaliter spirituali corpori fuisset unita.

9 Praeterea, anima est substantia incorruptibilis. Corpora autem nostra sunt corruptibilia. Non ergo convenienter talibus corporibus anima rationalis unitur.

10 Praeterea, anima rationalis unitur corpori ad speciem humanam constituendam. Sed melius conservaretur humana species, si corpus cui anima unitur, esset incorruptibile. Non enim esset necessarium quod per generationem species conservaretur, sed in eisdem secundum numerum conservari posset. Ergo anima humana incorruptibilibus corporibus uniri debuit.

11 Praeterea, corpus humanum, ut sit nobilissimum inter inferiora corpora, debet esse simillimum corpori caelesti, quod est nobilissimum corporum. Sed corpus caeleste omnino caret contrarietate. Ergo corpus humanum minimum debet habere de contrarietate. Corpora autem nostra non habent minimum de contrarietate; alia enim corpora, ut lapidum et arborum, sunt durabiliora, cum tamen contrarietas sit principium dissolutionis. Non ergo anima rationalis debuit talibus corporibus uniri qualia nos habemus.

12 Praeterea, anima est forma simplex. Formae autem simplici competit materia simplex. Debuit igitur anima rationalis alicui simplici corpori uniri utpote igni vel aeri, vel alicui huiusmodi.

13 Praeterea anima humana videtur cum principiis communionem habere; unde antiqui philosophi posuerunt animam esse de natura principiorum, ut patet in I de anima. Principia autem corporum sunt elementa. Ergo si anima non sit elementum, neque ex elementis, saltem alicui corpori elementari debuit uniri, ut igni vel aeri, vel alicui aliorum.

14 Praeterea, corpora similium partium minus recedunt a simplicitate quam corpora dissimilium partium. Cum igitur anima sit forma simplex, magis debuit uniri corpori similium partium quam corpori dissimilium.

15 Praeterea, anima unitur corpori ut forma et ut motor. Debuit igitur anima rationalis, quae est nobilissima formarum, uniri corpori

8. Ademais, cabe à alma racional a abundância de espíritos em um corpo perfectível; donde ser o coração humano, entre todos, o mais quente quanto à virtude de gerar espíritos.[180] Isto indica a própria retidão do corpo humano, a qual provém da virtude do calor e dos espíritos. Ora, seria então muito mais conveniente se a alma racional tivesse sido unida a um corpo totalmente espiritual.

9. Ademais, a alma é substância incorruptível. Já nossos corpos são corruptíveis. Logo, a alma racional não se une a tais corpos de modo conveniente.

10. Ademais, a alma racional une-se ao corpo para constituir a espécie humana. Mas melhor se conservaria a espécie humana se o corpo ao qual a alma se unisse fosse incorruptível. De fato, não seria necessário que se conservasse a espécie mediante geração; antes se poderia conservá-la em entes que fossem numericamente os mesmos. Logo, a alma humana deveria unir-se a corpos incorruptíveis.

11. Ademais, o corpo humano, visto que é o mais nobre entre os corpos inferiores, deve ser o mais semelhante ao corpo celeste, que é o mais nobre dos corpos. Mas o corpo celeste carece absolutamente de contrariedade. Logo o corpo humano deveria possuir o mínimo de contrariedade. Nosso corpo, no entanto, não o possui: mesmo outros corpos, como os das pedras e das árvores, são mais duráveis que o nosso. Logo, visto que a contrariedade é princípio de dissolução, não deveria a alma racional se unir a corpos tais como os que possuímos.

12. Ademais, a alma é uma forma simples. A uma forma simples, pois, compete uma matéria simples. Assim, deveria a alma racional unir-se a algum corpo simples, tal como o fogo ou o ar, ou algum similar.

13. Ademais, a alma humana parece ter algo em comum com os princípios. Por isso afirmaram os antigos filósofos que a alma é da natureza dos princípios, como consta do livro I *Sobre a Alma*. Mas os princípios dos corpos são os elementos. Logo, embora a alma não seja um elemento, nem feita de elementos, deveria ao menos estar unida a algum corpo elementar, como o fogo, ou o ar, ou outro dos demais.

14. Ademais, corpos com partes similares afastam-se menos da simplicidade do que corpos com partes dissimilares. Portanto, visto que a alma é forma simples, deveria antes unir-se a um corpo com partes similares do que a um com partes dissimilares.

15. Ademais, a alma une-se ao corpo como forma e como motor. Logo, deveria a alma racional, que é a mais nobre das formas, unir-se ao corpo mais

agillimo ad motum, cuius contrarium videmus; nam corpora avium sunt agiliora ad motum, et similiter corpora multorum animalium quam corpora hominum.

16 Praeterea, Plato dicit quod formae dantur a datore secundum merita materiae, quae dicuntur materiae dispositiones. Sed corpus humanum non habet dispositionem respectu tam nobilis formae, ut videtur, cum sit grossum et corruptibile. Non ergo anima debuit tali corpori uniri.

17 Praeterea, in anima humana sunt formae intelligibiles maxime particulatae secundum comparationem ad substantias intelligibiles superiores. Sed tales formae competerent operationi corporis caelestis, quod est causa generationis et corruptionis horum particularium. Ergo anima humana debuit uniri corporibus caelestibus.

18 Praeterea, nihil movetur naturaliter dum est in suo ubi, sed solum quando est extra proprium ubi. Caelum autem movetur in suo ubi existens. Ergo non movetur naturaliter. Movetur ergo ad ubi ab anima, et ita habet animam sibi unitam.

19 Praeterea, enarrare est actus substantiae intelligentis. *Sed caeli enarrant gloriam Dei*, ut in Psal. XVIII, dicitur. Ergo caeli sunt intelligentes; et ita habent animam intellectivam.

20 Praeterea, anima est perfectissima formarum. Debuit ergo uniri perfectiori corpori. Corpus autem humanum videtur esse imperfectissimum; non enim habet arma ad defendendum vel impugnandum, neque operimenta, neque aliquid huiusmodi, quae natura corporibus aliorum animalium tribuit. Non igitur talis anima tali corpori debuit uniri.

Sed contra.

Est quod dicitur Eccli. XVII: *Deus de terra creavit hominem, et secundum imaginem suam fecit illum.* Sed opera Dei sunt convenientia; dicitur enim Genes. I,: *vidit Deus cuncta quae fecerat, et erant valde bona.* Ergo conveniens fuit ut anima rationalis, in qua est Dei imago, corpori terreno uniretur.

ágil para o movimento. Mas o que vemos é o contrário disso: os corpos das aves são mais ágeis que o nosso para o movimento, assim como o são os de vários outros animais.

16. Ademais, diz Platão[181] que as formas são dadas pelo doador segundo os méritos da matéria, que chamamos de disposições da matéria. Mas o corpo humano não possui disposição para com tão nobre forma, como parece, por ser espesso e corruptível. Logo, não deveria a alma unir-se a tal corpo.

17. Ademais, na alma humana há formas inteligíveis maximamente particulares, se comparadas às das substâncias inteligíveis superiores. Mas tais formas competiriam à operação do corpo celeste, que é causa de geração e corrupção dos particulares. Portanto, a alma humana deveria unir-se aos corpos celestes.

18. Ademais, nada é movido naturalmente enquanto está no seu lugar próprio, mas apenas quando está fora dele. Mas o céu é movido existindo em seu lugar próprio. Logo, não se move naturalmente. Portanto, é movido por uma alma, e tem por isso uma alma a ele unida.

19. Ademais, relatar é ato de uma substância inteligente. Mas "os céus narram a glória de Deus, e o firmamento proclama a obra de suas mãos", conforme se diz no Salmo 19,1. Logo, os céus são inteligentes, e assim possuem alma intelectiva.

20. Ademais, a alma é a mais perfeita das formas. Deveria, pois, unir-se ao mais perfeito dos corpos. Mas o corpo humano parece ser o menos perfeito: decerto, não possui armas para defender-se ou para atacar, nem proteções, nem recursos deste tipo, como os que a natureza atribui aos corpos dos outros animais. Logo, não deveria tal alma unir-se a tal corpo.

Mas em sentido contrário:

Tem-se o que consta no Eclesiástico 17,1: "Deus criou o homem de terra, e formou-o à sua imagem". Ora, as obras de Deus são convenientes; consta em Gênesis 1,31: "Deus viu tudo o que tinha feito, e era muito bom". Logo, foi conveniente que a alma racional, na qual reside a imagem de Deus, se unisse a um corpo terreno.

RESPONDEO. Dicendum quod cum materia sit propter formam, et non e converso, ex parte animae oportet accipere rationem, quale debeat esse corpus cui unitur. Unde in II de anima dicitur quod anima non solum est corporis forma et motor, sed etiam finis. Est autem ex superius disputatis quaestionibus manifestum, quod ideo naturale est animae humanae corpori uniri, quia cum sit infima in ordine intellectualium substantiarum, sicut materia prima est infima in ordine rerum sensibilium; non habet anima humana intelligibiles species sibi naturaliter inditas, quibus in operationem propriam exire possit quae est intelligere, sicut habent superiores substantiae intellectuales, sed est in potentia ad eas, cum sit sicut tabula rasa, in qua nihil est scriptum, ut dicitur in III de anima.

Unde oportet quod species intelligibiles a rebus exterioribus accipiat mediantibus potentiis sensitivis, quae sine corporeis organis operationes proprias habere non possunt. Unde et animam humanam necesse est corpori uniri. Si ergo propter hoc anima humana unibilis est corpori, quia indiget accipere species intelligibiles a rebus mediante sensu; necessarium est quod corpus, cui anima rationalis unitur, tale sit ut possit esse aptissimum ad repraesentandum intellectui species sensibiles, ex quibus in intellectu intelligibiles species resultent. Sic ergo oportet corpus cui anima rationalis unitur, esse optime dispositum ad sentiendum.

Sed cum plures sint sensus, unus tamen est qui est fundamentum aliorum, scilicet tactus, in quo principaliter tota natura sensitiva consistit. Unde et in II de anima dicitur, quod propter hunc sensum primo animal dicitur. Et inde est quod immobilitato hoc sensu, ut in somno accidit, omnes alii sensus immobilitantur. Et iterum omnes alii sensus non solum solvuntur ab excellentia propriorum sensibilium, sicut visus a rebus multum fulgidis et auditus a maximis sonis; sed etiam ab excellentia sensibilium secundum tactum, ut a forti calore vel frigore.

Cum igitur corpus cui anima rationalis unitur debeat esse optime dispositum ad naturam sensitivam, necessarium est ut habeat convenientissimum organum sensus tactus. Propter quod dicitur in II de anima quod hunc sensum habemus certiorem inter omnia animalia; et quod propter bonitatem huius sensus etiam unus homo alio est habilior ad intellectuales operationes. Molles enim carne (qui sunt boni tactus) aptos

RESPONDO. Deve-se dizer que, como a matéria existe para a forma e não o contrário, é necessário tomar da alma a medida do corpo ao qual ela se une. Por isso afirma-se, no livro II *Sobre a Alma*,[182] que esta é não apenas forma e motor do corpo, mas também sua finalidade. É evidente, portanto, pelas questões já acima disputadas,[183] que é natural à alma humana o unir-se a um corpo, uma vez que, sendo ínfima na ordem das substâncias intelectuais – assim como a matéria prima é ínfima na ordem das coisas sensíveis –, a alma não possui espécies inteligíveis naturalmente impressas (tal como se dá nas substâncias intelectuais superiores), pelas quais possa levar-se à sua operação própria, que é o inteligir. A alma humana antes está em potência para as espécies inteligíveis, pois é como uma *tabula rasa* na qual nada foi escrito, conforme está dito no livro III *Sobre a Alma*.[184]

Logo, é necessário que ela receba as espécies inteligíveis a partir de coisas exteriores, mediante potências sensitivas, as quais não podem ter suas operações próprias sem órgãos corpóreos. Por isso, também a alma humana necessita unir-se a um corpo. Assim, se cabe à alma humana unir-se a um corpo, devido a que carece de receber espécies inteligíveis a partir das coisas mediante os sentidos, é então necessário que o corpo ao qual se une a alma racional seja de modo tal, que mais aptamente possa representar para o intelecto as espécies sensíveis, das quais resultem, no intelecto, as espécies inteligíveis. Assim, o corpo a que se une a alma racional deve ser otimamente disposto para a operação sensitiva.

No entanto, embora sejam vários os sentidos, é apenas um o fundamento dos demais, a saber: o tato, no qual consiste de modo principal toda a natureza sensitiva. Consta, pois, do livro II *Sobre a Alma*[185] que é primeiramente por causa deste sentido que um ente é denominado "animal". E disto tem-se que, imobilizado este sentido, como ocorre no sono, imobilizam-se todos os outros. E ainda: é fato que todos os outros sentidos cessam, não apenas pelo excesso dos seus sensíveis próprios – como a visão exposta a coisas muito brilhantes, e a audição exposta a sons muito fortes – mas também pelo excesso dos sensíveis próprios ao tato, como por um forte calor ou frio.

Visto então que o corpo a que se une a alma racional deve ser otimamente disposto à natureza sensitiva, é necessário que possua o mais conveniente órgão do tato. E por esta razão se diz, no livro II *Sobre a Alma*,[186] que possuímos este sentido com maior precisão que os outros animais, e que, graças à excelência deste sentido, também um homem é mais hábil que outro nas operações intelectuais: de

mente videmus. Cum autem organum cuiuslibet sensus non debeat habere in actu contraria, quorum sensus est perceptivus, sed esse in potentia ad illa, ut possit ea recipere, quia recipiens debet esse denudatum a recepto; aliter necesse est hoc esse in organo tactus, et in organis aliorum sensuum. Organum enim visus, scilicet pupilla, caret omnino albo et nigro, et universaliter omni genere coloris; et similiter est in auditu et in olfactu. Hoc autem in tactu accidere non potest. Nam tactus est cognoscitivus eorum ex quibus necesse est componi corpus animalis, scilicet caloris et frigoris, humidi et sicci; unde impossibile est quod organum tactus omnino sit denudatum a genere sui sensibilis, sed oportet quod sit reductum ad medium, sic enim est in potentia ad contraria. Corpus ergo cui anima rationalis unitur, cum debeat esse convenientissimum ad sensum tactus, oportet quod sit maxime reductum ad medium per aequalitatem complexionis.

In quo apparet quod tota operatio inferioris naturae terminatur ad homines sicut ad perfectissimum. Videmus enim operationem naturae procedere gradatim a simplicibus elementis commiscendo ea, quousque perveniatur ad perfectissimum commixtionis modum, qui est in corpore humano. Hanc igitur oportet esse dispositionem corporis cui anima rationalis unitur, ut scilicet sit temperatissimae complexionis.

Si quis autem considerare velit etiam particulares humani corporis dispositiones, ad hoc inveniet ordinatas, ut homo sit optimi sensus. Unde, quia ad bonam habitudinem potentiarum sensitivarum interiorum, puta imaginationis et memoriae, et cogitativae virtutis, necessaria est bona dispositio cerebri. Ideo factus est homo habens maius cerebrum inter omnia animalia, secundum proportionem suae quantitatis; et ut liberior sit eius operatio habet caput sursum positum; quia solus homo est animal rectum, alia vero animalia curva incedunt. Et ad hanc rectitudinem habendam et conservandam necessaria fuit abundantia caloris in corde, per quam multi spiritus generentur; ut per caloris abundantiam et spirituum, corpus possit in directum sustineri. Cuius signum est quod in senio incurvatur homo, cum calor naturalis debilitatur.

Et per istum modum ratio dispositionis humani corporis est assignanda quantum ad singula quae sunt homini propria. Sed tamen considerandum est quod in his quae sunt ex materia, sunt quaedam dispositiones in ipsa

fato, vemos ser mais aptos de mente aqueles de carne mais branda, que têm bom tato.[187] Como, no entanto, o órgão de um sentido qualquer não deve possuir em ato os contrários que lhe cabe perceber, mas estar em potência para eles – para que possa recebê-los, visto que o recipiente deve estar despojado do recebido –, é não obstante forçoso que, no órgão do tato, isto se dê diferentemente dos demais. De fato, o órgão da visão, isto é, a pupila, carece completamente do branco e do preto, e universalmente de todo gênero de cor; e isto se dá igualmente na audição e no olfato. Entretanto, não pode isto ocorrer com o tato. Pois o tato é cognoscitivo daquilo mesmo de que se devem compor os corpos animais, isto é, do calor e do frio, do úmido e do seco. Donde é impossível que o órgão do tato esteja despojado do gênero do seu sensível, e é necessário que esteja reduzido a certo ponto médio – pois assim encontra-se [também] em potência a contrários. Portanto, o corpo a que se une a alma racional, uma vez que deve ser o mais conveniente ao sentido do tato, tem de estar maximamente reduzido a um meio por igualdade de mistura.

Nisso transparece que a operação inteira da natureza inferior tem o homem como seu término mais perfeito: pois a vemos proceder gradualmente desde os elementos simples, misturando-os, até que se alcance o mais perfeito modo de mistura, que existe no corpo humano. E esta deve ser a disposição do corpo a que se une a alma racional, de maneira que tenha a mais temperada mescla.

Se nos pusermos também a considerar as disposições particulares do corpo humano, encontrá-las-emos de tal modo ordenadas, que na verdade é o homem aquele com os melhores sentidos. Porque, para a boa relação entre as potências sensitivas interiores, como a imaginação, a memória e a virtude cogitativa, é necessária uma boa disposição do cérebro; por isto foi o homem dotado do maior cérebro entre os animais, segundo a proporção de sua quantidade. Para que sua operação seja mais livre, possui a cabeça posta no alto; pois somente o homem é animal ereto – os demais caminham curvados. E, para possuir e conservar esta retidão foi necessária no coração a abundância de calor, pela qual se produzissem muitos espíritos,[188] de modo que, pela abundância de calor e de espíritos, pudesse o corpo se sustentar ereto. Sinal disto é que na velhice se curva o homem, pois se debilita o calor natural.

E é deste modo que se deve designar a medida da relação do corpo humano [com a alma racional], quanto a cada uma das coisas que são próprias do homem. Não obstante, deve-se também considerar que, nas coisas que são feitas a partir

materia, propter quas talis materia eligitur ad hanc formam; et sunt aliquae quae consequuntur ex necessitate materiae, et non ex electione agentis. Sicut ad faciendam serram artifex eligit duritiem in ferro, ut sit serra utilis ad secandum; sed quod acies ferri hebetari possit et fieri rubiginosa, hoc accidit ex necessitate materiae. Magis enim artifex eligeret materiam ad quam hoc non consequeretur, si posset inveniri; sed quia inveniri non potest, propter huiusmodi defectus consequentes, non praetermittit ex huiusmodi materia convenienti facere opus. Sic igitur et in corpore humano contingit: quod enim taliter sit commixtum et secundum partes dispositum ut sit convenientissimum ad operationes sensitivas, est electum in hac materia a factore hominis; sed quod hoc corpus sit corruptibile, fatigabile et huiusmodi defectus habeat, consequitur ex necessitate materiae. Necesse est enim corpus sic mixtum ex contrariis subiacere talibus defectibus. Nec potest obviari per hoc quod Deus potuit aliter facere: quia in institutione naturae non quaeritur quid Deus facere potuit, sed quid rerum natura patitur ut fiat, secundum Augustinum super Genes. ad Litter.

Sciendum tamen est, quod in remedium horum defectuum Deus homini in sua institutione contulit auxilium iustitiae originalis, per quam corpus esset omnino subditum animae, quamdiu anima Deo subderetur; ita quod nec mors nec aliqua passio vel defectus homini accideret, nisi prius anima separaretur a Deo. Sed per peccatum anima recedente a Deo, homo privatus est hoc beneficio; et subiacet defectibus secundum quod natura materiae requirit.

1 AD PRIMUM ergo dicendum quod, licet anima sit subtilissima formarum in quantum est intelligens – quia tamen, cum sit infima in genere formarum intelligibilium, indiget corpori uniri, quod [sit mediae complexionis], ad hoc quod per sensus species intelligibiles possit acquirere – necessarium fuit quod corpus cui unitur haberet plus in quantitate de gravibus elementis, scilicet terra et aqua. Cum enim ignis sit efficacissimae virtutis in agendo, nisi secundum quantitatem inferiora elementa excederent, non posset fieri commixtio et maxime reducta ad medium; ignis enim alia elementa consumeret. Unde in II de Generat.,

da matéria, há certas disposições da matéria em virtude das quais ela é escolhida para tal forma; e há algumas consequentes da necessidade da matéria, não da escolha do agente. Ao fazer uma serra, por exemplo, o artífice escolhe a dureza que há no ferro, para que a serra seja útil a cortar; porém, que o gume do ferro possa enfraquecer-se e tornar-se enferrujado, isto se dá por necessidade da matéria. Antes escolheria o artífice uma matéria à qual isto não acontecesse, se a pudesse encontrar; mas, porque não o pode, não deixa de fazer sua obra – apesar dos defeitos que ocorrerão – a partir da matéria conveniente. E o mesmo ocorre com o corpo humano: foi escolhido na matéria, por aquele que fez o homem, que este fosse composto e disposto em partes do modo mais conveniente às operações sensitivas; porém, que este corpo seja corruptível, fatigável e portador de semelhantes defeitos, isto se segue à necessidade da matéria. Pois é necessário que um corpo assim composto de contrários seja sujeito de tais defeitos. Tampouco cabe a objeção de que Deus poderia fazê-lo diferentemente: na instituição da natureza, não se inquire o que Deus poderia fazer, mas o que a natureza das coisas suporta que se faça, conforme diz Agostinho no *Comentário Literal ao Gênesis*.[189]

Deve-se ter em mente, porém, que para remédio destes defeitos Deus conferiu ao homem, ao instituí-lo, o auxílio da justiça original, pela qual o corpo estaria absolutamente submetido à alma, por tanto tempo quanto a alma estivesse submetida a Deus; de modo que, nem a morte, nem qualquer paixão ou defeito recaíssem sobre o homem, exceto se antes sua alma se separasse de Deus. Mas, pelo pecado, que afasta de Deus, o homem foi privado deste benefício – e é agora sujeito a defeitos, segundo requer a natureza da matéria.

1. Quanto ao primeiro argumento, portanto, deve-se dizer que, embora seja a alma a mais sutil das formas, na medida em que é inteligente, ela necessita unir-se a um corpo, visto que é ínfima no gênero das formas inteligíveis. E tal corpo deve conter uma mescla equilibrada, para que pelos sentidos possa adquirir espécies inteligíveis; por isso foi necessário que o corpo ao qual a alma se une possuísse maior quantidade de elementos pesados, como terra e água. Pois, como o fogo é o de virtude mais eficaz no agir, a não ser que os elementos inferiores o excedam em quantidade, não se pode produzir nenhuma mistura, e menos ainda reduzida a um meio:[190] pois o fogo consumiria os outros elementos. Por isso, no

philosophus dicit, quod in corporibus mixtis materialiter abundat plus terra et aqua.

2 AD SECUNDUM dicendum quod anima rationalis unitur corpori tali, non quia est simile caelo, sed quia est aequalis commixtionis; sed ad hoc sequitur aliqua similitudo ad caelum per elongationem a contrariis. Sed tamen, secundum opinionem Avicennae, unitur tali corpori proprie propter similitudinem caeli: ipse enim voluit inferiora a superioribus causari, ut scilicet corpora inferiora causarentur a corporibus caelestibus; et cum pervenirent ad similitudinem corporum caelestium per aequalitatem complexionis, sortirentur formam similem corpori caelesti, quod ponitur esse animatum.

3 AD TERTIUM dicendum quod de animatione corporum caelestium est diversa opinio et apud philosophos et apud fidei doctores. Nam apud philosophos Anaxagoras posuit intellectum agentem esse omnino immixtum et separatum, et corpora caelestia esse inanimata; unde etiam damnatus ad mortem dicitur esse propter hoc quod dixit solem esse quasi lapidem ignitum, ut Augustinus narrat in libro de Civit. Dei. Alii vero philosophi posuerunt corpora caelestia esse animata. Quorum quidam dixerunt Deum esse animam caeli, quod fuit ratio idololatriae, ut scilicet caelo et corporibus caelestibus cultus divinus attribueretur. Alii vero, ut Plato et Aristoteles, licet ponerent corpora caelestia esse animata, ponebant tamen Deum esse aliquid superius ab anima caeli omnino separatum.

Apud doctores etiam fidei Origenes et sequaces ipsius posuerunt corpora caelestia esse animata. Quidam vero posuerunt ea inanimata, ut Damascenus ponit: quae etiam positio apud modernos theologos est communior: quod Augustinus relinquit sub dubio, II super Genes. ad litteram, et in libro Enchir. Hoc igitur pro firmo tenentes quod corpora caelestia ab aliquo intellectu moventur, saltem separato, propter argumenta utramque partem sustinentes, dicamus aliquam substantiam intellectualem esse perfectionem corporis caelestis ut formam, quae quidem habet solam potentiam intellectivam, non autem sensitivam ut ex verbis Aristotelis accipi potest in II de anima, et in XI Metaph. Quamvis Avicenna ponat quod anima caeli cum intellectu etiam habeat imaginationem. Si autem habet intellectum tantum, unitur tamen corpori ut forma, non propter operationem intellectualem, sed propter

livro II *Sobre a Geração e a Corrupção*,[191] diz o Filósofo que nos corpos mistos mais abunda materialmente a terra e a água.

2. QUANTO AO SEGUNDO, deve-se dizer que a alma racional se une a tal corpo, não porque é similar ao céu, mas porque é de igual mistura; daí se segue certa semelhança com o céu, segundo seu afastamento dos contrários. Segundo a opinião de Avicena,[192] seria propriamente pela semelhança com o céu que a alma, por sua vez, se uniria a tal corpo: pois quis ele que os inferiores fossem causados pelos superiores, de modo que os corpos inferiores seriam causados pelos corpos celestes; assim, uma vez alcançando a semelhança com os corpos celestes mediante igualdade de mistura, adquiririam forma similar à do corpo celeste, que ele afirma ser animado.

3. QUANTO AO TERCEIRO, deve-se dizer que, sobre a animação dos corpos celestes há diversas opiniões, tanto entre os filósofos quanto entre os doutores da fé. Entre os filósofos, Anaxágoras[193] afirmou que o intelecto agente é absolutamente separado e sem mescla, e que os corpos celestes são inanimados, razão pela qual também se diz que foi condenado à morte, ao haver afirmado que o sol é como uma rocha em chamas, conforme narra Agostinho em *Sobre a Cidade de Deus*.[194] Já outros filósofos[195] defenderam que os corpos celestes são animados. Destes, alguns disseram que Deus é a alma do céu – o que foi razão de idolatria, na qual se atribuía culto divino ao céu e aos corpos celestes. Outros, como Platão e Aristóteles,[196] embora afirmassem que os corpos celestes são animados, defendiam no entanto que Deus é algo superior, absolutamente separado da alma do céu.

Também entre os doutores da fé, propunham Orígenes[197] e seus sequazes que os corpos celestes são animados; já outros, que são eles inanimados, conforme afirma Damasceno[198] – e é esta também a posição mais comum dos teólogos modernos. Agostinho, por sua vez, deixa-o dúbio tanto no livro II do *Comentário Literal ao Gênesis*,[199] quanto no *Enquirídio*.[200] Logo, tendo nós por certo que os corpos celestes são movidos por algum intelecto,[201] ao menos separado, e sustentando-nos nos argumentos de ambas as partes, dizemos que alguma substância intelectual é a perfeição do corpo celeste como forma, a qual possui somente potência intelectiva, e não sensitiva, conforme se pode entender das palavras de Aristóteles no livro II *Sobre a Alma*,[202] e no livro XI da *Metafísica*.[203] (Embora afirme Avicena[204] que a alma do céu tenha também, com o intelecto, imaginação.) Mas, se possui apenas intelecto, une-se no entanto ao corpo como forma, não tendo em vista a operação

executionem virtutis activae, secundum quam potest adipisci divinam similitudinem in causando per motum caeli.

4 AD QUARTUM dicendum quod licet secundum naturam suam omnes substantiae intellectuales creatae possint peccare, tamen ex electione divina et praedestinatione per auxilium gratiae plures conservatae sunt ne peccarent: inter quas posset aliquis ponere animas corporum caelestium; et praecipue si Daemones qui peccaverunt fuerunt inferioris ordinis, secundum Damascenum.

5 AD QUINTUM dicendum quod si corpora caelestia sunt animata, animae eorum pertinent ad societatem Angelorum. Dicit enim Augustinus in Enchir.: *nec illud quidem certum habeo, utrum ad eamdem societatem*, scilicet Angelorum, *pertineat sol et luna, et cuncta sidera; quamvis nonnullis lucida esse corpora, non tamen sensitiva vel intellectiva, videantur.*

6 AD SEXTUM dicendum quod corpus Adae fuit proportionatum humanae animae, ut dictum est, non solum secundum quod requirit natura, sed secundum quod contulit gratia; qua quidem gratia privamur, natura manente eadem.

7 AD SEPTIMUM dicendum quod pugna quae est in homine ex contrariis concupiscentiis, etiam ex necessitate materiae provenit; necesse enim fuit, si homo haberet sensum, quod sentiret delectabilia, et quod eum sequeretur concupiscentia delectabilium, quae plerumque repugnat rationi. Sed contra hoc etiam homini fuit datum remedium per gratiam in statu innocentiae, ut scilicet inferiores vires in nullo contra rationem moverentur; sed hoc homo perdidit per peccatum.

8 AD OCTAVUM dicendum quod spiritus, licet sint vehicula virtutum, non tamen possunt esse organa sensuum; et ideo non potuit corpus hominis ex solis spiritibus constare.

9 AD NONUM dicendum quod corruptibilitas est ex defectibus qui consequuntur corpus humanum ex necessitate materiae; et maxime post peccatum, quod subtraxit auxilium gratiae.

10 AD DECIMUM dicendum quod quid melius sit, requirendum est in his quae sunt propter finem, non autem in his quae ex necessitate materiae proveniunt. Melius enim esset quod corpus animalis esset incorruptibile, si hoc secundum naturam pateretur talis materia qualem forma animalis requirit.

intelectual, mas a execução da virtude ativa, de modo que pode alcançar certa semelhança divina ao exercer uma causalidade mediante o movimento do céu.

4. QUANTO AO QUARTO, deve-se dizer que, embora segundo sua natureza todas as substâncias intelectuais criadas possam pecar, várias delas são preservadas mediante auxílio da graça (por escolha divina e predestinação) para que não pequem; e entre estas poderiam estar as almas dos corpos celestes – principalmente se os demônios que pecaram foram de ordem inferior, como diz Damasceno.[205]

5. QUANTO AO QUINTO, deve-se dizer que, se são animados os corpos celestes, suas almas pertencem à sociedade dos anjos. Pois diz Agostinho no *Enquirídio*:[206] "Tampouco tenho como certo se à mesma sociedade", isto é, a dos anjos, "pertencem o sol e a lua, e todos os astros; embora a alguns pareçam ser corpos luminosos, mas não sensitivos ou intelectivos".

6. QUANTO AO SEXTO, deve-se dizer que o corpo de Adão foi proporcionado à alma humana, como foi dito, não somente segundo o requereu a natureza, mas segundo o que lhe conferiu a graça – graça esta de que somos privados, ainda que a natureza nos permaneça a mesma.

7. QUANTO AO SÉTIMO, deve-se dizer que a luta que existe no homem entre as concupiscências contrárias também provém da necessidade da matéria; pois foi necessário que, se o homem possuísse sentidos, sentisse coisas deleitáveis, e que a isto se seguisse a concupiscência por estas coisas, a qual muitas vezes repugna à razão. Mas contra isso também foi dado, no estado de inocência, remédio ao homem mediante a graça, para que as forças inferiores em nada se movessem contra a razão; isto, entretanto, ele perdeu pelo pecado.

8. QUANTO AO OITAVO, deve-se dizer que os espíritos, embora sejam veículos da virtude, não podem contudo ser órgãos dos sentidos; e por isto não pode o corpo humano constar apenas de espíritos.

9. QUANTO AO NONO, deve-se dizer que a corruptibilidade provém dos defeitos que se seguem ao corpo humano, a partir da necessidade da matéria; e principalmente após o pecado, que subtraiu o auxílio da graça.

10. QUANTO AO DÉCIMO, deve-se dizer que o que seja o melhor deve ser procurado naquilo que existe em vista do fim. Assim, o melhor seria que o corpo animal fosse incorruptível, se tal matéria requerida pela forma animal suportasse sê-lo segundo sua natureza.

11 Ad undecimum dicendum quod ea quae sunt maxime propinqua elementis et plus habent de contrarietate, ut lapides et metalla, magis durabilia sunt, quia minor est in eis harmonia, unde non ita de facili solvuntur; eorum enim quae subtiliter proportionantur facile solvitur harmonia. Nihilominus tamen in animalibus causa longitudinis vitae est ut humidum non sit facile desiccabile vel congelabile et calidum non sit facile extinguibile: quia vita in calido et humido consistit. Hoc autem in homine invenitur secundum aliquam mensuram, quam requirit complexio reducta ad medium. Unde quaedam sunt homine durabiliora, et quaedam minus durabilia; et secundum hoc quidam homines durabiliores sunt aliis.

12 Ad duodecimum dicendum quod corpus hominis non potuit esse corpus simplex, nec corpus caeleste potuit esse propter passibilitatem organi sensus, et praecipue tactus; neque corpus simplex elementare: quia in elemento sunt contraria in actu. Corpus autem humanum oportet esse reductum ad medium.

13 Ad decimumtertium dicendum quod antiqui naturales existimaverunt quod oporteret animam, quae cognoscit omnia, similem esse actu omnibus. Et ideo ponebant eam esse de natura elementi, quod ponebant principium ex quo omnia constare dicebant, ut sic anima esset similis omnibus, ut omnia cognosceret. Aristoteles autem postmodum ostendit quod anima cognoscit omnia in quantum est similis omnibus in potentia, non in actu. Unde oportet corpus cui unitur, non esse in extremo, sed in medio, ut sic sit in potentia ad contraria.

14 Ad decimumquartum dicendum quod quamvis anima sit simplex in essentia, est tamen in virtute multiplex, et tanto magis quanto fuerit perfectior. Et ideo requirit corpus organicum quod sit dissimilium partium.

15 Ad decimumquintum dicendum quod anima non unitur corpori propter motum localem; sed magis motus localis hominis, sicut et aliorum animalium, ordinatur ad conservationem corporis uniti animae. Sed anima unitur corpori propter intelligere, quod est propria et principalis eius operatio; et ideo requirit quod corpus unitum animae rationali sit optime dispositum ad serviendum animae in his quae sunt necessaria ad intelligendum, et quod de agilitate et de aliis huiusmodi habeat quantum talis dispositio patitur.

11. Quanto ao décimo primeiro, deve-se dizer que as coisas que são mais próximas aos elementos e possuem mais de contrariedade, como as pedras e os metais, são mais duráveis porque nelas há menor harmonia, e por isso não se dissolvem tão facilmente. Já a harmonia daquelas que estão mais sutilmente proporcionadas dissolve-se facilmente. Contudo, nos animais a causa da longevidade está em que o úmido não seja facilmente ressecável ou congelável, e que o quente não seja facilmente extinguível: pois a vida consiste no quente e no úmido. Isto, no homem, encontra-se segundo certa medida, a qual requer uma mescla reduzida a um meio. Por isso, alguns animais são mais duráveis que o homem, outros menos; e assim também alguns homens são mais duráveis que outros.

12. Quanto ao décimo segundo, deve-se dizer que o corpo humano não poderia ser um corpo simples. Pois não poderia ser nem um corpo celeste (em razão da passibilidade dos órgãos dos sentidos, e principalmente do tato), nem tampouco um corpo simples elementar (pois no elemento há contrários em ato). É necessário, portanto, que o corpo humano seja algo reduzido a um meio.

13. Quanto ao décimo terceiro, deve-se dizer que os antigos filósofos naturalistas julgaram necessário que a alma, que conhece todas as coisas, fosse semelhante a elas em ato. E por isto afirmavam que seria da mesma natureza do elemento que propunham como princípio de todas as coisas, de modo que a alma assim seria semelhante a tudo, para que tudo conhecesse. Mas posteriormente demonstrou Aristóteles[207] que a alma tudo conhece na medida em que é semelhante a tudo em potência, não em ato. Logo, é necessário que o corpo a que ela se une não esteja num extremo, mas num meio.

14. Quanto ao décimo quarto, deve-se dizer que, embora a alma seja simples em essência, é múltipla em virtudes, e tanto mais quanto mais for perfeita. E por isto requer um corpo organizado, de partes dessemelhantes.

15. Quanto ao décimo quinto, deve-se dizer que a alma não está unida ao corpo tendo em vista o movimento local; antes o movimento local do homem, assim como o dos outros animais, ordena-se à conservação do corpo unido à alma. Nossa alma está unida ao corpo em vista da intelecção, sua operação própria e principal; por isto se requer que o corpo unido à alma racional seja otimamente disposto a servir à alma nas coisas necessárias para o inteligir, e que possua tanto de agilidade e coisas do tipo, quanto tal disposição o suporte.

16 Ad decimumsextum dicendum quod Plato ponebat formas rerum per se subsistentes, et quod participatio formarum a materiis est propter materias ut perficiantur, non autem propter formas, quae per se subsistunt; et ideo sequebatur quod formae darentur materiis secundum merita earum. Sed secundum sententiam Aristotelis, formae naturales non per se subsistunt; unde unio formae ad materiam non est propter materiam, sed propter formam. Non igitur quia materia est sic disposita talis forma sibi datur; sed ut forma sit talis oportuit materiam sic disponi. Et sic supra dictum est quod corpus hominis dispositum est secundum quod competit tali formae.

17 Ad decimumseptimum dicendum quod corpus caeleste, licet sit causa particularium quae generantur et corrumpuntur, est tamen eorum causa ut agens commune; propter quod sub eo requirunt determinata agentia ad determinatas species. Unde motor corporis caelestis non oportet quod habeat formas particulares sed universales, sive sit anima sive motor separatus.

Avicenna tamen posuit, quod oportebat animam caeli habere imaginationem, per quam particularia comprehenderet. Cum enim sit causa motus caeli, secundum quem revolvitur caelum in hoc ubi et in illo, oportet animam caeli, quae est causa motus, cognoscere hic et nunc; et ita oportet quod habeat aliquam potentiam sensitivam. Sed hoc non est necessarium. Primo quidem, quia motus caelestis est semper uniformis et non recipit impedimentum; et ideo universalis conceptio sufficit ad causandum talem motum. Particularis enim conceptio requiritur in motibus animalium propter irregularitatem motus, et impedimenta quae possunt provenire. Deinde, quia etiam substantiae intellectuales superiores possunt particularia cognoscere sine potentia sensitiva, sicut alibi ostensum est.

18 Ad decimumoctavum dicendum quod motus caeli est naturalis propter principium passivum sive receptivum motus, quia tali corpori competit naturaliter talis motus; sed principium activum huius motus est aliqua substantia intellectualis. Quod autem dicitur quod nullum corpus in suo ubi existens movetur naturaliter, intelligitur de corpore mobili motu recto, quod mutat locum secundum totum non solum ratione sed etiam subiecto. Corpus autem quod circulariter movetur totum quidem non mutat locum subiecto, sed ratione tantum; unde nunquam est extra suum ubi.

16. Quanto ao décimo sexto, deve-se dizer que Platão[208] propunha que as formas das coisas são subsistentes por si, e que a participação das formas nas matérias é em vista da perfeição destas, e não das formas, que subsistem por si; e assim seguia-se que as formas seriam dadas às matérias segundo o mérito de cada uma. Porém, como diz Aristóteles,[209] não subsistem por si as formas naturais; donde a união da forma com a matéria não tem em vista a matéria, mas a forma. Logo, não é porque a matéria está de tal modo disposta que tal forma lhe é dada; ao contrário, é para que haja tal forma que a matéria está disposta de tal modo. E assim mencionou-se acima: o corpo humano é disposto segundo o que compete a tal forma.

17. Quanto ao décimo sétimo, deve-se dizer que o corpo celeste, embora seja causa dos particulares gerados e corrompidos, não o é senão como agente comum; porque, abaixo dele, requerem-se determinados agentes para determinadas espécies. Assim, não é necessário que o motor do corpo celeste possua formas particulares, mas sim universais, quer seja uma alma, quer um motor separado.

Já Avicena[210] afirmou que a alma do céu forçosamente possuiria imaginação, mediante a qual ela compreenderia particulares. Pois, visto que ela é causa do movimento celeste segundo o qual o céu revolve neste lugar e naquele, deveria então a alma do céu, que é causa do movimento, conhecer o aqui e agora;[211] e assim deveria possuir certa potência sensitiva. Mas isto não é necessário. Primeiro, porque o movimento celeste é sempre uniforme e não recebe impedimento; por isto basta uma concepção universal para causar tal movimento. Uma concepção particular é requerida nos movimentos dos animais, devido à sua irregularidade, e aos impedimentos que podem advir. Segundo, porque também as substâncias intelectuais superiores podem, sem potência sensitiva, conhecer particulares, conforme expusemos em outro lugar.[212]

18. Quanto ao décimo oitavo, deve-se dizer que o movimento do céu é "natural" devido ao princípio passivo ou receptivo deste movimento, pois a tal corpo compete naturalmente tal movimento; mas seu princípio ativo é certa substância intelectual. Já o que se afirmou, a saber: que nenhum corpo que existe em seu lugar se move naturalmente, isto vale para o corpo móvel de movimento retilíneo, pois muda de lugar segundo o todo não apenas quanto à razão, mas também quanto ao sujeito. Já o corpo que é movido circularmente segundo o todo não muda de lugar quanto ao sujeito, apenas quanto à razão; portanto, nunca se encontra fora do seu lugar.

19 AD DECIMUMNONUM dicendum quod probatio illa frivola est, licet Rabbi Moyses eam ponat. Quod si enarrare proprie accipitur cum dicitur: *caeli enarrant gloriam Dei*; oportet quod caelum non solum habeat intellectum, sed etiam linguam. Dicuntur ergo caeli enarrare gloriam Dei, si ad litteram exponatur, in quantum ex eis manifestatur hominibus gloria Dei; per quem modum etiam creaturae insensibiles Deum laudare dicuntur.

20 AD VICESIMUM dicendum quod alia animalia habent aestimativam naturalem determinatam ad aliqua certa, et ideo sufficienter potuit eis provideri a natura aliquibus certis auxiliis; non autem homini, qui propter rationem est infinitarum conceptionum. Et ideo loco omnium auxiliorum quae alia animalia naturaliter habent, habet homo intellectum, qui est species specierum, et manus quae sunt organum organorum, per quas potest sibi praeparare omnia necessaria.

19. QUANTO AO DÉCIMO NONO, deve-se dizer que tal argumentação é frívola, ainda que a proponha o Rabi Moisés.²¹³ Pois, se "narrar" é entendido propriamente quando se diz: "Os céus narram a glória de Deus", tem-se que o céu não possui somente intelecto, mas também língua. Diz-se, portanto, que os céus "narram a glória de Deus" – se o expomos à letra –, na medida em que por eles se manifesta aos homens a glória de Deus; modo pelo qual também se diz que as criaturas insensíveis O louvam.

20. QUANTO AO VIGÉSIMO, deve-se dizer que os outros animais possuem a faculdade estimativa natural, determinada a certas coisas precisas, pela qual a natureza lhes pode prover auxílios determinados – mas não o pode ao homem, ao qual, devido à razão, cabem infinitas concepções. E, por isto, em lugar dos auxílios que naturalmente possuem os outros animais, o homem possui o intelecto – que é a espécie das espécies – e as mãos – que são o órgão dos órgãos –, pelas quais pode preparar para si todo o necessário.

QUAESTIO IX

Nono quaeritur utrum anima uniatur materiale corporali per medium

Et videtur quod sic.

1 Quia in libro de spiritu et anima dicitur quod anima habet vires quibus miscetur corpori. Sed vires animae sunt aliud quam eius essentia. Ergo anima unitur corpori per aliquod medium.

2 Sed dicebat quod anima unitur corpori mediantibus potentiis, in quantum est motor, sed non in quantum est forma. Sed contra, anima est forma corporis in quantum est actus; motor autem est in quantum est principium operationis. Principium vero operationis est in quantum est actus, quia unumquodque agit secundum quod actu est. Ergo secundum idem anima est forma corporis et motor. Non ergo est distinguendum de anima secundum quod est motor corporis vel forma.

3 Praeterea, anima ut est motor corporis non unitur corpori per accidens, quia sic ex anima et corpore non fieret unum per se. Ergo unitur ei per se. Sed quod unitur alicui per seipsum, unitur ei sine medio. Non ergo anima, in quantum est motor, unitur corpori per medium.

4 Praeterea, anima unitur corpori ut motor, in quantum est principium operationis. Sed operationes animae non sunt animae tantum, sed compositi, ut dicitur in I de anima; et sic inter animam et corpus non cadit aliquod medium quantum ad operationes. Non ergo anima unitur corpori per medium in quantum est motor.

5 Praeterea, videtur quod etiam uniatur ei per medium, in quantum est forma. Forma enim non unitur cuilibet materiae, sed propriae. Fit autem materia propria huius formae vel illius per dispositiones proprias, quae sunt propria accidentia

QUESTÃO IX

Se a alma se une à matéria corporal por algum meio[214]

E PARECE QUE SIM.

1. Pois no livro *Sobre o Espírito e a Alma*[215] se diz que a alma possui virtudes pelas quais se mescla com o corpo. Mas tais virtudes da alma não se identificam com a essência da alma. Logo, a alma se une ao corpo através de um meio.

2. Poder-se-ia dizer, porém, que a alma se une ao corpo através de potências na medida em que é motor, não forma. Mas em sentido contrário: a alma é forma do corpo enquanto é ato, e é motor enquanto é princípio de operação. Mas ela é princípio de operação enquanto é ato, pois tudo age na medida em que está em ato. Logo, a alma é, segundo a mesma razão, forma e motor do corpo. Logo, não há por que distinguir a alma como motor do corpo e a alma como forma dele.

3. Ademais, a alma, enquanto motor do corpo, não se une ao corpo *per accidens*, pois, se assim fosse, alma e corpo não formariam algo uno *per se*. Logo, une-se a ele *per se*. Mas o que se une *por si mesmo* a algo une-se a ele sem nenhum mediador. Logo, a alma enquanto motor não se une ao corpo através de um meio.

4. Ademais, a alma une-se ao corpo como motor na medida em que é princípio de operação. As operações da alma, porém, não são somente da alma, mas do composto, como se diz no livro I *Sobre a Alma*.[216] Assim, entre a alma e o corpo não medeia nada quanto a suas operações. Logo, a alma enquanto motor não se une ao corpo através de um meio.

5. Ademais, parece que a alma, enquanto forma, também se une ao corpo através de um meio. De fato, a forma não se une a qualquer matéria, mas à própria. Mas a matéria se faz própria desta ou daquela forma por disposições próprias que são acidentes próprios da coisa, assim como quente e seco são

rei; sicut calidum et siccum sunt propria accidentia ignis. Ergo forma unitur materiae mediantibus propriis accidentibus. Sed propria accidentia animatorum sunt potentiae animae. Ergo anima unitur corpori ut forma mediantibus potentiis.

6 Praeterea, animal est movens seipsum. Movens autem seipsum dividitur in duas partes, quarum una est movens et alia est mota, ut probatur in VIII Physic. Pars autem movens est anima. Sed pars mota non potest esse materia sola: quia quod est in potentia tantum non movetur, ut dicitur in V Physic. Et ideo corpora gravia et levia, licet habeant in seipsis motum, non tamen movent seipsa; quia dividuntur solum in materiam et formam, quae non potest esse mota. Relinquitur ergo quod animal dividatur in animam, et aliquam partem quae sit composita ex materia et forma; et sic sequitur quod anima uniatur materiae corporali mediante aliqua forma.

7 Praeterea, in definitione cuiuslibet formae ponitur propria materia eius. Sed in definitione animae, in quantum est forma, ponitur corpus physicum organicum potentia vitam habens, ut patet in II de anima. Ergo anima unitur huiusmodi corpori ut propriae materiae. Sed hoc non potest esse nisi per aliquam formam; scilicet quod sit aliquod corpus physicum organicum potentia vitam habens. Ergo anima unitur materiae mediante aliqua forma primo materiam perficiente.

8 Praeterea, Genes. II, dicitur: *formavit Deus hominem de limo terrae, et inspiravit in faciem eius spiraculum vitae.* Spiraculum autem vitae est anima. Ergo aliqua forma praecedit in materia unionem animae; et sic anima mediante alia forma unitur materiae corporali.

9 Praeterea, secundum hoc formae uniuntur materiae quod materia est in potentia ad eas. Sed materia per prius est in potentia ad formas elementorum quam ad alias formas. Ergo anima et aliae formae non uniuntur materiae nisi mediantibus formis elementorum.

10 Praeterea, corpus humanum et cuiuslibet animalis est corpus mixtum. Sed in mixto oportet quod remaneant formae elementorum per essentiam; alias esset corruptio elementorum et non mixtio. Ergo anima unitur materiae mediantibus aliis formis.

11 Praeterea, anima intellectualis est forma in quantum est intellectualis. Sed intelligere est mediantibus aliis potentiis. Ergo anima unitur corpori ut forma mediantibus aliis potentiis.

acidentes próprios do fogo. Logo, a forma se une à matéria mediante acidentes próprios. Mas os acidentes próprios dos seres animados são potências da alma. Logo, a alma, como forma, une-se ao corpo mediante potências.

6. Ademais, o animal move-se a si mesmo. Mas o que se move a si mesmo se divide em duas partes: uma que move e outra que é movida, como se demonstra no livro VIII da *Física*.²¹⁷ Pois bem, a parte que move é a alma. E a parte movida não pode ser a pura matéria, porque *o que só está em potência não pode ser movido*, como se diz no livro V da *Física*.²¹⁸ Por isso, os corpos leves e pesados, embora possuam movimento, não se movem a si mesmos; porque se dividem somente em matéria e forma, e a matéria não pode ser movida. Resta, portanto, que o animal se divida em alma e alguma outra parte composta de matéria e forma; disso se segue que a alma se une à matéria corporal mediante alguma outra forma.

7. Ademais, na definição de qualquer forma inclui-se sua matéria própria. Mas, na definição da alma enquanto forma, inclui-se como matéria própria "um corpo natural organizado que tem vida em potência", como se vê no livro II *Sobre a Alma*.²¹⁹ Logo, a alma se une a tal corpo como à sua matéria própria. Mas isto não pode suceder senão mediante outra forma, a saber, a do corpo natural organizado que tem vida em potência. Logo, a alma se une à sua matéria com mediação de uma forma que primeiro aperfeiçoa sua matéria.

8. Ademais, em Gênesis 2,7 diz-se: "Então o Senhor Deus modelou o homem com o barro da terra [e] insuflou em suas narinas um hálito de vida". Ora, esse hálito de vida era a alma. Logo, há certa forma na matéria que precedeu sua união com a alma, e, assim, a alma se une à matéria corporal mediante alguma outra forma.

9. Ademais, as formas se unem à matéria na medida em que a matéria está em potência com respeito a elas. Mas a matéria está em potência com respeito às formas dos elementos antes que a outras formas. Logo, a alma e as outras formas não se unem à matéria senão mediante as formas dos elementos.

10. Ademais, o corpo humano e o de qualquer animal é um corpo misto. Mas no misto é necessário que permaneçam segundo sua essência as formas dos elementos, pois de outro modo haveria corrupção dos elementos, e não mistura propriamente dita. Logo, a alma se une à matéria mediante outras formas.

11. Ademais, a alma intelectual é forma enquanto é intelectual. Mas o inteligir se dá mediante outras potências. Logo, a alma, como forma, une-se ao corpo mediante outras potências.

12 Praeterea, anima non unitur cuilibet corpori, sed corpori sibi proportionato. Oportet ergo proportionem esse inter animam et corpus, et sic mediante proportione anima unitur corpori.

13 Praeterea, unumquodque operatur in remotiora per id quod est maxime proximum. Sed vires animae diffunduntur in totum corpus per cor. Ergo cor est vicinius quam ceterae partes corporis; et ita mediante corde unietur corpori.

14 Praeterea, in partibus corporis est invenire diversitatem, et ordinem ad invicem. Sed anima est simplex secundum suam essentiam. Cum ergo forma [sibi proportionato] materiae perfectibili [uniatur], videtur quod anima uniatur primo uni parti corporis, et, ea mediante, aliis.

15 Praeterea, anima est superior corpore. Sed inferiores vires animae ligant superiores corporis; non enim intellectus indiget corpore nisi propter imaginationem et sensum, a quibus accipit. Ergo e contrario corpus unitur animae per ea quae sunt suprema et simpliciora, sicut per spiritum et humorem.

16 Praeterea, illud quo subtracto solvitur unio aliquorum unitorum, videtur esse medium inter ea. Sed subtracto spiritu, et calido naturali extincto, et humido radicali exsiccato, solvitur unio animae et corporis. Ergo praedicta sunt medium inter animam et corpus.

17 Praeterea, sicut anima naturaliter unitur corpori, ita haec anima unitur huic corpori. Sed hoc corpus est per hoc quod est sub aliquibus dimensionibus terminatis. Ergo anima unitur corpori mediantibus dimensionibus terminatis.

18 Praeterea, distantia non coniunguntur nisi per medium. Sed anima et corpus humanum videntur esse maxime distantia, cum unum eorum sit incorporeum et simplex, aliud corporeum et maxime compositum. Ergo anima non unitur corpori nisi per medium.

19 Praeterea, anima humana est similis in natura intellectuali substantiis separatis, quae movent caelestia corpora. Sed eadem videtur esse habitudo motorum et mobilium. Ergo videtur quod corpus humanum, quod est motum ab anima, habeat aliquid in se de natura caelestis corporis, quo mediante anima sibi uniatur.

12. Ademais, a alma não se une a qualquer corpo, mas a um corpo proporcionado a ela. Por conseguinte, é necessário que haja uma proporção entre a alma e o corpo; e assim, mediante a proporção, a alma se une ao corpo.

13. Ademais, tudo o que opera à distância o faz mediante aquilo que lhe está mais próximo. Mas as virtudes da alma se difundem a todo o corpo por meio do coração. Logo, o coração está mais próximo da alma que outras partes do corpo, e assim a alma se une ao corpo mediante o coração.

14. Ademais, entre as partes do corpo, é possível encontrar diversidade e ordem. Mas a alma, segundo sua essência, é simples. Por conseguinte, dado que a forma se une a algo perfectível que lhe é proporcionado, parece que a alma se une primeiro a uma parte do corpo e mediante ela às demais.

15. Ademais, a alma é superior ao corpo. Ora, as virtudes inferiores da alma estão unidas às virtudes superiores do corpo; pois o intelecto não tem necessidade do corpo senão por aquilo que toma da imaginação e do sentido. Logo, pelo contrário, o corpo se une à alma mediante aquilo que é superior e mais simples, como os espíritos e os humores.

16. Ademais, aquilo que ao desaparecer dissolve a união das coisas que estavam unidas parece ser o meio entre elas. Uma vez, porém, que desaparecem os espíritos e, ademais, se extinguem o calor e a umidade naturais, desaparece a união da alma com o corpo. Logo, estas coisas mencionadas são o meio de união entre a alma e o corpo.

17. Ademais, assim como a alma se une ao corpo naturalmente, assim também se une esta alma a este corpo. Mas este corpo é "este" porque tem determinadas dimensões. Logo, a alma se une ao corpo mediante determinadas dimensões.

18. Ademais, as coisas que são distantes não se unem senão através de um meio. Ora, a alma e o corpo humano parecem ser maximamente distantes, já que ela é incorpórea e simples, e ele é corpóreo e sumamente composto. Logo, a alma não se une ao corpo senão através de um meio.

19. Ademais, a alma humana é semelhante, por sua natureza intelectual, às substâncias separadas que movem os corpos celestes. Mas diz-se que é a mesma a relação entre motores e movidos. Logo, parece que o corpo humano, que é movido pela alma, tem em si algo da natureza do corpo celeste, e é mediante este algo que a alma se une a ele.

SED CONTRA.

Est quod dicit philosophus in VIII Metaph., quod forma unitur materiae immediate. Anima autem unitur corpori ut forma. Ergo unitur sibi immediate.

RESPONDEO. Dicendum quod inter omnia, esse est illud quod immediatius et intimius convenit rebus, ut dicitur in Lib. de causis; unde oportet, cum materia habeat esse actu per formam, quod forma dans esse materiae, ante omnia intelligatur advenire materiae, et immediatius ceteris sibi inesse. Est autem hoc proprium formae substantialis quod det materiae esse simpliciter; ipsa enim est per quam res est hoc ipsum quod est. Non autem per formas accidentales habet esse simpliciter, sed esse secundum quid: puta esse magnum, vel coloratum, vel aliquid tale. Si qua ergo forma est quae non det materiae esse simpliciter, sed adveniat materiae iam existenti in actu per aliquam formam, non erit forma substantialis.

Ex quo patet quod inter formam substantialem et materiam non potest cadere aliqua forma substantialis media, sicut quidam voluerunt, ponentes quod secundum ordinem generum, quorum unum sub altero ordinatur, est ordo diversarum formarum in materia; utpote si dicamus, quod materia secundum unam formam habet quod sit substantia in actu, et secundum aliam quod sit corpus, et iterum secundum aliam quod sit animatum corpus, et sic deinceps. Sed hac positione facta, sola prima forma, quae faceret esse substantiam actu, esset substantialis, aliae vero omnes accidentales; quia forma substantialis est quae facit hoc aliquid, ut iam dictum est. Oportet igitur dicere, quod eadem numero forma sit per quam res habet quod sit substantia, et quod sit in ultima specie specialissima, et in omnibus intermediis generibus.

Relinquitur ergo dicendum quod cum formae rerum naturalium sint sicut numeri, in quibus est diversitas speciei addita vel subtracta unitate, ut dicitur in VIII Metaphys.; oportet intelligere diversitatem formarum naturalium, secundum quas constituitur materia in diversis speciebus, ex hoc quod una addit perfectionem super aliam, ut puta quod una forma constituit

Questão IX

Mas em sentido contrário:

Tem-se o que diz o Filósofo no livro VIII da *Metafísica*,[220] a saber, que a forma se une à matéria sem mediação alguma. Mas a alma se une ao corpo como forma. Logo, une-se a ele sem mediação alguma.

Respondo. Deve-se dizer que, entre todas as coisas, o que mais imediatamente e mais intimamente lhes convém é o ser, como se diz no *Livro sobre as Causas*.[221] Portanto, ao ter a matéria seu ser em ato mediante a forma, é necessário que a forma que dá o ser à matéria lhe advenha antes de qualquer outra coisa e nela esteja mais imediatamente que qualquer outra coisa. Mas é próprio da forma substancial dar *simpliciter* o ser à matéria, pois é por ela que a coisa é aquilo mesmo que ela é. E [a matéria] não recebe das formas acidentais o ser *simpliciter*, mas apenas *secundum quid*:[222] como o ser grande, colorido ou algo assim. Logo, se há alguma forma que não dê à matéria o ser *simpliciter*, mas que advenha à matéria já existente em ato por alguma outra forma, não será forma substancial.

Disso resulta que entre a forma substancial e a matéria não pode haver uma forma substancial intermediária, como pretenderam alguns ao defender que, segundo a ordem dos gêneros – nos quais um se subordina ao outro – há também uma ordem entre as diversas formas na matéria, como se disséssemos que a matéria é substância em ato mediante uma forma, e corpo segundo outra, e corpo animado segundo outra, e assim por diante. Mas, ainda que se admitisse tal posição, só seria substancial a primeira forma, que a tornaria substância em ato, enquanto todas as demais seriam formas acidentais, porque a forma substancial é a que faz algo concreto, como já se disse.[223] Por conseguinte, é preciso dizer que é numericamente a mesma a forma que faz a coisa ser substância e que a põe em sua última espécie especialíssima, assim como em todos os seus gêneros intermediários.

Resta portanto dizer que, sendo as formas das coisas naturais como as dos números – em que se diversificam as espécies pela adição ou subtração da unidade, como se diz no livro VIII da *Metafísica*[224] –, convém entender a diversidade das formas naturais (segundo as quais a matéria se constitui em suas diversas espécies) na medida em que uma forma acrescenta perfeição sobre outra. Por exemplo, uma forma constitui [a matéria] no ser meramente corporal (e este seria o ínfimo entre

in esse corporali tantum (hunc enim oportet esse infimum gradum formarum animalium, eo quod materia non est in potentia nisi ad formas corporales. Quae enim incorporea sunt, immaterialia sunt, ut in praecedentibus ostensum est). Alia autem perfectior forma constituit materiam in esse corporali, et ulterius dat ei esse vitale. Et ulterius alia forma dat ei et esse corporale et esse vitale, et super hoc addit ei esse sensitivum; et sic est in aliis.

Oportet ergo intelligere quod forma perfectior, secundum quod [constituit materiam in perfectione inferioris gradus, simul cum materia composita] intelligatur ut materiale respectu ulterioris perfectionis, et sic ulterius procedendo. Utpote materia prima, secundum quod iam constituta est in esse corporeo, est materia respectu ulterioris perfectionis, quae est vita; et exinde est quod corpus est genus corporis viventis; et animatum, sive vivens, est differentia. Nam genus sumitur a materia et differentia a forma; et sic quodammodo una et eadem forma, secundum quod constituit materiam in actu inferioris gradus, est media inter materiam et seipsam, secundum quod constituit eam in actu superioris gradus.

Materia autem prout intelligitur constituta in esse substantiali secundum perfectionem inferioris gradus, per consequens intelligi potest ut accidentibus subiecta. Nam substantia secundum illum inferiorem gradum perfectionis necesse est quod habeat quaedam accidentia propria quae necesse est ei inesse. Sicut ex hoc quod materia constituitur in esse corporeo per formas, statim consequitur ut sint in ea dimensiones, per quas intelligitur materia divisibilis per diversas partes, ut sic secundum diversas sui partes possit esse susceptiva diversarum formarum. Et ulterius ex quo materia intelligitur constituta in esse quodam substantiali, intelligi potest ut susceptiva accidentium quibus disponitur ad ulteriorem perfectionem, secundum quam materia fit propria ad ulteriorem perfectionem suscipiendam. Huiusmodi autem dispositiones praeintelliguntur formae ut inductae ab agente in materiam, licet sint quaedam accidentia [ita propria] formae, quae non nisi ex ipsa forma causentur in materia. Unde non praeintelliguntur in materia formae quasi dispositiones, sed magis forma praeintelligitur eis, sicut causa effectibus.

Sic igitur cum anima sit forma substantialis, quia constituit hominem in determinata specie substantiae, non est aliqua alia forma substantialis media inter animam et materiam primam; sed homo ab ipsa anima rationali perficitur

os graus das formas materiais, dado a matéria estar somente em potência com respeito às formas corporais; pois as coisas incorpóreas são imateriais, como se disse em questões precedentes); já outra forma, mais perfeita, constitui a matéria no ser corporal e, ademais, lhe dá o ser vital; e outra lhe dá conjuntamente o ser corporal, o ser vital e, sobre eles, o ser sensitivo; e assim sucessivamente.

Logo, devemos entender que uma forma mais perfeita, conforme constitui com a matéria uma perfeição de grau inferior, por sua vez comporta-se (junto com dita matéria) como algo material com respeito a uma perfeição posterior, e assim sucessivamente: a matéria prima, na medida em que se constitui no ser corpóreo, é matéria com respeito à perfeição posterior que é a vida. Por isso se dá que o corpo seja o gênero do vivente corporal, e que animado ou vivente sejam sua diferença, pois o gênero se toma da matéria, e a diferença da forma. E assim, de certo modo, a mesma forma que leva a matéria a um ato de grau inferior é intermediária entre a matéria e ela própria – considerada na razão em que leva sua matéria a um ato de grau superior.

Mas a matéria, enquanto constituída no ser substancial segundo uma perfeição de grau inferior, deve entender-se como consequentemente sujeita a acidentes. Pois a substância, segundo aquele grau inferior de perfeição, tem necessariamente certos acidentes próprios que inerem nela – assim como, pelo fato de que a matéria tem o ser corpóreo mediante a forma, segue-se imediatamente que nela haja dimensões, pelas quais se a concebe como divisível em diversas partes, de modo que, segundo suas diversas partes, possa ser receptiva de diversas formas. E, em seguida: pelo fato de conceber-se a matéria como constituída em certo ser substancial, pode-se entendê-la como receptiva daqueles acidentes mediante os quais ela se dispõe a uma perfeição ulterior, segundo a qual essa mesma matéria se faz própria para receber outra perfeição ainda superior. Ora, mas tais disposições implicam conceber as formas como infundidas por um agente na matéria, ainda que [estas disposições] sejam acidentes tão próprios da forma, que não são causados na matéria senão pela própria forma. Portanto, não se devem preconceber na matéria as formas como disposições suas; ao contrário, anteriormente a elas concebe-se a forma, como a causa aos efeitos.

Assim, sendo a alma forma substancial, porque constitui o homem em determinada espécie de substância, não há nenhuma outra forma substancial que medeie entre a alma e a matéria prima, senão que pela mesma alma racional o

secundum diversos gradus perfectionum, ut sit scilicet corpus, et animatum corpus, et animal rationale. Sed oportet quod materia secundum quod intelligitur ut recipiens ab ipsa anima rationali perfectiones inferioris gradus, puta quod sit corpus et animatum corpus et animal, intelligatur, simul cum dispositionibus convenientibus, quod sit materia propria ad animam rationalem, secundum quod dat ultimam perfectionem. Sic igitur anima, secundum quod est forma dans esse, non habet aliquid aliud medium inter se et materiam primam.

Sed quia eadem forma quae dat esse materiae est etiam operationis principium, eo quod unumquodque agit secundum quod est actu; necesse est quod anima, sicut et quaelibet alia forma, sit etiam operationis principium. Sed considerandum est quod secundum gradum formarum in perfectione essendi est etiam gradus earum in virtute operandi, cum operatio sit existentis in actu. Et ideo quanto aliqua forma est maioris perfectionis in dando esse, tanto etiam est maioris virtutis in operando. Unde formae perfectiores habent plures operationes et magis diversas quam formae minus perfectae. Et inde est quod ad diversitatem operationum in rebus minus perfectis sufficit diversitas accidentium. In rebus autem magis perfectis requiritur ulterius diversitas partium; et tanto magis, quanto forma fuerit perfectior. Videmus enim quod igni conveniunt diversae operationes secundum diversa accidentia; sicut ferri sursum secundum levitatem, calefacere secundum calorem, et sic de aliis. Sed tamen quaelibet harum operationum competit igni secundum quamlibet partem eius. In corporibus vero animatis quae habent nobiliores formas, diversis operationibus deputantur diversae partes; sicut in plantis alia est operatio radicis, alia rami et stipitis. Et quanto corpora animata fuerint perfectiora, tanto propter maiorem perfectionem necesse est inveniri maiorem diversitatem in partibus. Unde cum anima rationalis sit perfectissima formarum naturalium, in homine invenitur maxima distinctio partium propter diversas operationes; et anima singulis earum dat esse substantiale, secundum illum modum qui competit operationi ipsorum. Cuius signum est, quod remota anima, non remanet neque caro neque oculus nisi aequivoce.

Sed cum oporteat ordinem instrumentorum esse secundum ordinem operationum, diversarum autem operationum quae sunt ab anima, una naturaliter praecedit alteram, necessarium est quod una pars corporis moveatur per aliam ad suam operationem. Sic ergo inter animam

homem se perfaz segundo os diversos graus de perfeição, de modo que seja, por exemplo, corpo, e corpo animado, e [finalmente] animal racional. Mas é necessário que a matéria, pelo fato mesmo de que recebe da alma racional as perfeições de grau inferior, como o ser corpo, corpo animado e animal, seja também considerada (mediante as disposições que para isso lhe convêm) matéria própria para a alma racional, na medida em que esta lhe dá sua última perfeição. Assim, a alma, que é a forma que dá o ser, não tem nenhum outro meio entre si mesma e a matéria prima.

Devido porém ao fato de que a mesma forma que dá seu ser à matéria é também princípio de operação – pois cada coisa age segundo está em ato –, é necessário que a alma, assim como qualquer outra forma, seja também princípio de operação. Mas deve-se considerar que, segundo o grau das formas na perfeição do ser, será também seu grau na virtude do operar, pois a operação é do existente em ato. Por isso, quanto mais perfeita for uma forma para dar o ser, tanto maior será sua virtude de operar. Donde as formas mais perfeitas terem mais operações, e mais diversas, do que as formas menos perfeitas. Daí resulta que, para a diversidade de operações nas coisas menos perfeitas, seja suficiente a diversidade de acidentes; já nas coisas mais perfeitas, requer-se ulteriormente a diversidade de partes, e tanto maior diversidade quanto mais perfeita a forma. Por exemplo, observamos que no fogo estão presentes diversas operações (como mover-se para cima, aquecer, etc.) segundo diversos acidentes (como leveza, calor, etc.); no entanto, qualquer uma destas operações convém ao fogo em qualquer uma de suas partes. Em contrapartida, nos corpos animados, que têm formas mais perfeitas, a diversas operações correspondem também diversas partes, assim como, nas plantas, uma é a operação de sua raiz e outra a do caule e dos galhos. E, quanto mais perfeitos são os corpos animados, tanto maior é a diversidade das partes, devido à sua maior perfeição. Portanto, sendo a alma racional a mais perfeita entre as formas naturais, é no homem que se encontra a maior distinção de partes em função de suas diversas operações, e a cada uma delas a alma dá o ser substancial segundo o modo que compete a cada uma. Sinal disso é que, uma vez removida a alma, não permanece a carne nem o olho a não ser equivocamente.

Sendo porém necessário que a ordem dos instrumentos se dê segundo a ordem das operações, e dado que entre as diversas operações provenientes da alma umas são naturalmente anteriores a outras, é necessário que uma parte do corpo seja movida por outra para que opere. Assim, entre a alma – tomada como motor

secundum quod est motor et principium operationum et totum corpus, cadit aliquid medium; quia mediante aliqua prima parte primo mota movet alias partes ad suas operationes, sicut mediante corde movet alia membra ad vitales operationes: sed secundum quod dat esse corpori, immediate dat esse substantiale et specificum omnibus partibus corporis. Et hoc est quod a multis dicitur quod anima unitur corpori ut forma sine medio, ut motor autem per medium. Et haec opinio procedit secundum sententiam Aristotelis qui ponit animam esse formam substantialem corporis. Sed quidam ponentes secundum opinionem Platonis animam uniri corpori sicut unam substantiam, alii, necesse habuerunt ponere media quibus anima uniretur corpori; quia diversae substantiae et distantes non colligantur, nisi sit aliquid quod uniat eas. Et sic posuerunt quidam spiritum et humorem esse medium inter animam et corpus, et quidam lucem, et quidam potentias animae, vel aliquid aliud huiusmodi. Sed nullum istorum est necessarium, si anima est forma corporis; quia unumquodque secundum quod est ens, est unum. Unde cum forma secundum seipsam det esse materiae, secundum seipsam unitur materiae [propriae], et non per aliud aliquod ligamentum.

1 AD PRIMUM ergo dicendum quod vires animae sunt qualitates eius quibus operatur; et ideo cadunt media inter animam et corpus, secundum quod anima movet corpus, non autem secundum quod dat ei esse. Tamen sciendum, quod liber qui inscribitur de spiritu et anima non est Augustini, et quod auctor illius opinatus est quod anima sit suae potentiae. Unde totaliter cessat obiectio.

2 AD SECUNDUM dicendum quod, licet anima sit forma in quantum est actus, et similiter in quantum est motor, et ita secundum idem sit forma et motor; tamen alius est effectus eius secundum quod est forma, et alius secundum quod est motor; et propter hoc locum habet distinctio.

3 AD TERTIUM dicendum quod ex motore et mobili non fit unum per se in quantum huiusmodi; sed ex hoc motore qui est anima et ex hoc mobili quod est corpus, fit unum per se, in quantum anima est forma corporis.

4 AD QUARTUM dicendum quod, quantum ad illam operationem animae quae est compositi, non cadit aliquod medium inter animam et quamlibet

e princípio de operações – e o corpo todo há certa mediação, porque a alma, mediante alguma primeira parte do corpo movida por ela, move as demais partes a suas operações, assim como a alma move mediante o coração os outros membros às suas operações vitais. Mas, considerada na medida em que dá o ser ao corpo, a alma confere imediatamente o ser substancial e específico a todas as partes do corpo. E é por isso que muitos dizem que a alma, como forma, se une ao corpo sem meio algum, mas, como motor, o faz por um meio. E esta opinião é coerente com a doutrina de Aristóteles,[225] que sustenta que a alma é forma substancial do corpo.

Mas alguns, ao defender, segundo a opinião de Platão, que a alma se une ao corpo como uma substância a outra substância, tiveram necessidade de propor meios através dos quais a alma se unisse ao corpo; porque substâncias diferentes e distantes não se unem sem que haja algo que as una. Por isso, alguns supuseram que os espíritos ou os humores são o meio entre a alma e o corpo; outros, que é a luz, e outros, que são as potências da alma ou qualquer outra coisa deste tipo. Mas nada disto é necessário se a alma é forma do corpo, porque cada coisa, na medida em que é ente, é una. Portanto, dado que a forma por si mesma confere o ser à matéria, por si mesma se une à sua matéria própria, e não mediante algum outro ligamento.

1. QUANTO AO PRIMEIRO ARGUMENTO, portanto, deve-se dizer que as virtudes da alma são qualidades suas pelas quais opera; e por isso cabe que sejam mediadores entre a alma e o corpo, na medida em que a alma move o corpo, mas não na medida em que lhe dá o ser. No entanto, deve-se saber que o mencionado livro *Sobre o Espírito e a Alma* não é de Agostinho, e que o autor de tal livro opinou que a alma se identifica com suas potências; com isto, desaparece a objeção.

2. QUANTO AO SEGUNDO, deve-se dizer que, embora a alma seja forma enquanto é ato, e igualmente [seja ato] enquanto é motor, e por isso seja ela forma e motor segundo a mesma razão, um porém é seu efeito enquanto forma e outro enquanto motor, e por isso cabe distingui-los.

3. QUANTO AO TERCEIRO, deve-se dizer que motor e móvel não formam algo uno *per se* enquanto tais, senão que deste motor que é a alma e deste móvel que é o corpo se faz algo uno *per se*, na medida em que a alma é forma do corpo.

4. QUANTO AO QUARTO, deve-se dizer que, em se tratando daquela operação da alma que é do composto, não há meio algum entre a alma e qualquer outra parte do

partem corporis; sed est una pars corporis per quam primo exercet anima illam operationem quae cadit media inter animam secundum quod est principium illius operationis, et omnes alias partes corporis, quae participant illam operationem.

5 AD QUINTUM dicendum quod dispositiones accidentales quae faciunt materiam propriam ad aliquam formam, non sunt mediae totaliter inter formam et materiam; sed inter formam secundum quod dat ultimam perfectionem, et materiam secundum quod iam est perfecta perfectione inferioris gradus. Materia enim secundum seipsam est [propria] respectu infimi gradus perfectionis, quia secundum seipsam est in potentia ad esse substantiale corporeum. Nec ad hoc requirit aliquam dispositionem; sed hac perfectione praesupposita in materia requiruntur dispositiones ad ulteriorem perfectionem. Tamen sciendum est quod potentiae animae sunt accidentia propria animae, quae non sunt sine ea. Unde non habent rationem dispositionis ad animam secundum quod sunt eius potentiae, nisi secundum quod potentiae inferioris partis animae dicuntur dispositiones ad superiorem partem; sicut potentia animae vegetabilis ad animam sensibilem, secundum quod ex praemissis intelligi potest.

6 AD SEXTUM dicendum quod ratio illa concludit quod [ ] animal dividatur in duas partes, quarum una est sicut corpus mobile, et alia sicut motor. Quod quidem verum est. Sed oportet intelligere quod anima movet corpus per apprehensionem et appetitum. Apprehensio autem et appetitus in homine duplex est. Una quidem quae est animae tantum, non per organum corporale, quae est partis intellectivae. Alia quae est coniuncti, et est partis sensitivae. Illa autem quae est partis intellectivae non movet corpus nisi mediante ea quae est partis sensitivae; quia, cum motus sit circa aliquod singulare, apprehensio universalis quae est intellectus, non movet nisi mediante particulari, quae est sensus. Sic igitur homo vel animal cum dividitur in partem moventem et partem motam, non est haec divisio in solam animam et solum corpus; sed in unam partem corporis animati, et [aliam]. Nam illa pars animati corporis cuius operatio est apprehendere et appetere, movet totum corpus.

Sed si supponatur quod pars intellectiva immediate moveat, ita quod pars movens in homine sit anima tantum; adhuc remanebit responsio, secundum praehabita. Nam anima humana erit movens secundum id quod

corpo; mas há uma parte do corpo pela qual a alma executa primeiro aquela operação, [parte esta] a qual se situa como intermédia entre a alma enquanto princípio de tal operação e todas as demais partes do corpo que participam da operação.

5. QUANTO AO QUINTO, deve-se dizer que as disposições acidentais que tornam a matéria própria para alguma forma não são totalmente intermediárias entre a forma e a matéria, mas entre a forma enquanto confere a última perfeição e a matéria enquanto já se encontra perfeita por uma perfeição de grau inferior. Pois a matéria é, por si mesma, própria com respeito ao grau ínfimo de perfeição, porque por si mesma está em potência com respeito ao ser substancial corpóreo, e para isso não requer disposição alguma. Porém, pressuposta essa perfeição na matéria, são necessárias disposições em ordem a uma ulterior perfeição. Mas é preciso levar em conta que as potências da alma são acidentes próprios da alma, que não existem sem ela. Logo, não figuram como disposições da alma enquanto potências suas; a não ser que as potências da parte inferior da alma sejam consideradas disposições para a parte superior, tal como as potências da alma vegetativa [o são] para a alma sensitiva, conforme se pode compreender pelo que já foi dito.

6. QUANTO AO SEXTO, deve-se dizer que este argumento conclui que o animal se dividiria em duas partes: uma que seria um corpo móvel e outra que seria um motor – o que é verdade. No entanto, é preciso compreender que a alma move o corpo através da apreensão e do apetite. Pois bem, no homem a apreensão e o apetite se dão de duas maneiras. Uma, que pertence somente à alma, e não sucede por nenhum órgão corporal, e que é própria da parte intelectiva. Outra, que pertence ao composto, e que é própria da parte sensitiva. Mas a que pertence à parte intelectiva não move o corpo senão mediante aquilo que pertence à parte sensitiva, porque, como o movimento é do singular, a apreensão universal, que pertence ao intelecto, não move senão mediante o particular, que pertence ao sentido. Assim, quando dividimos o homem, ou o animal, em uma parte que move e outra que é movida, esta divisão não se refere só à alma e só ao corpo, mas a uma parte do corpo animado e à outra. Pois aquela parte do corpo animado cuja operação consiste em apreender e apetecer é a que move todo o corpo.

No entanto, se se supusesse que a parte intelectiva movesse o corpo sem mediação alguma, de tal modo que a parte motora no homem fosse somente a alma, ainda assim permaneceria firme nossa resposta, segundo o que já explicamos. Pois a alma humana será motora segundo o que há de mais excelente nela, ou seja, a

est supremum in ipsa, scilicet per partem intellectivam; motum autem erit non materia prima tantum, sed materia prima secundum quod est constituta in esse corporali et vitali, non per aliam formam nisi per eamdem animam. Unde non erit necessarium ponere formam substantialem mediam inter animam et materiam primam.

Sed quia in animali est quidam motus qui non est per apprehensionem et appetitum, sicut motus cordis, et etiam motus augmenti et decrementi, et motus alimenti diffusi per totum corpus, quod etiam est commune plantis; quantum ad huiusmodi motus dicendum est quod (cum anima animali non solum det id quod est proprium sibi, sed etiam id quod est inferiorum formarum, ut ex dictis patet), sicut inferiores formae sunt principia naturalis motus in corporibus naturalibus, ita etiam anima in corpore animalis. Unde philosophus dicit in II de anima, quod anima est [natura talis] corporis; et propter hoc operationes animae distinguuntur in animales et naturales. Ut illae dicantur animales quae sunt ab anima secundum id quod est proprium sibi; naturales autem quae sunt ab anima secundum quod facit effectum inferiorum formarum naturalium. Secundum hoc ergo dicendum, quod sicut ignis per formam suam naturalem habet naturalem motum quo tendit sursum; ita aliqua pars corporis animati in qua primo invenitur motus qui non est per apprehensionem, habet hunc motum naturaliter per animam. Sicut enim ignis naturaliter movetur sursum ita sanguis naturaliter movetur ad loca propria et determinata. Et similiter cor naturaliter movetur motu sibi proprio: licet ad hoc etiam cooperetur resolutio spirituum facta ex sanguine, quibus cor dilatatur et constringitur, ut Aristoteles dicit ubi agit de respiratione et inspiratione. Sic ergo prima pars in qua talis motus invenitur, non est movens seipsam, sed movetur naturaliter, sicut ignis; sed ista pars movet aliam. Et sic totum animal est movens seipsum, cum una pars eius sit movens, et alia sit mota.

7 AD SEPTIMUM dicendum quod corpus physicum organicum comparatur ad animam sicut materia ad formam. Non quod sit tale per aliquam aliam formam, sed quia hoc ipsum habet per animam, ut supra ostensum est.

8 Et similiter dicendum AD OCTAVUM. Nam quod in Genesi dicitur, *formavit Deus hominem de limo terrae*, non praecedit tempore hoc

parte intelectiva; e o movido será não só a matéria prima, mas a matéria prima tal como se encontra constituída no ser corporal e vital, não por outra forma, mas pela mesma alma. Donde não ser necessário defender que alguma forma substancial medeie entre a alma e a matéria prima.

Mas, por haver no animal certo movimento que não obedece à apreensão ou ao apetite, como o movimento do coração, os movimentos de aumento e diminuição, e o movimento de distribuição do alimento pelo corpo (que também é comum entre as plantas), com respeito a esta classe de movimentos deve dizer-se que: visto que a alma dá ao animal não só o que é próprio dele, mas também o que pertence às formas inferiores (conforme já explicamos), então, por consequência, assim como as formas inferiores são princípios de movimento natural nos corpos naturais, assim é a alma no corpo do animal. Por isso diz o Filósofo, no livro II *Sobre a Alma*,[226] que a alma é a natureza de tal corpo. Por esta razão as operações da alma se dividem em animais e naturais, de modo que se chamam operações animais àquelas que procedem da alma segundo o que lhes é próprio; e operações naturais àquelas que procedem da alma na medida em que ela produz o efeito das formas naturais inferiores. De acordo com isso, portanto, deve-se dizer que, assim como o fogo tem por sua forma natural um movimento natural para cima, assim também certa parte do corpo animado, na qual primeiramente encontra-se o movimento que não se dá por apreensão, tem este movimento naturalmente pela alma. Pois, assim como o fogo se move naturalmente para cima, assim também o sangue se move naturalmente para lugares próprios e determinados. E de modo semelhante o coração se move naturalmente por um movimento que lhe é próprio, embora para isso também intervenha a liberação dos espíritos feita pelo sangue, graças à qual o coração se dilata e se contrai, como diz Aristóteles[227] ao falar da inspiração e da expiração. Assim, a parte mais importante na qual se encontra tal movimento não se move a si mesma, mas é movida naturalmente, como o fogo. Mas essa parte move outra, e assim todo o animal se move a si mesmo, embora uma parte dele seja motora e outra seja movida.

7. QUANTO AO SÉTIMO, deve-se dizer que o corpo natural organizado está para a alma como a matéria está para a forma; não que isto se dê mediante alguma outra forma, mas a partir da própria alma, como já se mostrou antes.

8. E o mesmo se deve dizer QUANTO AO OITAVO. Pois o que se diz em Gênesis 2,7, a saber: "Então o Senhor Deus modelou o homem com o barro da terra",

quod sequitur: *et inspiravit in faciem eius spiraculum vitae*; sed ordine naturae tantum.

9 AD NONUM dicendum quod materia secundum ordinem est in potentia ad formas; non quod recipiat diversas formas substantiales ordinatim, sed quia id quod est proprium superioris formae non recipitur nisi mediante eo quod est proprium inferioris formae, sicut expositum est. Et per hunc modum intelligitur quod mediantibus formis elementaribus recipiat alias formas.

10 AD DECIMUM dicendum quod formae elementares non actu sunt in mixto secundum essentiam, licet hoc Avicenna posuerit: non enim possent esse in una parte materiae; si autem essent in diversis partibus, non esset mixtio secundum totum, quae est vera mixtio, sed esset mixtio minima, quae est mixtio ad sensum. Dicere etiam quod formae elementorum recipiant magis et minus, ut Averroes dicit, ridiculum est; cum sint formae substantiales, quae magis et minus recipere non possunt. Nec aliquid est medium inter substantiam et accidens, ut ipse fingit. Nec dicendum est quod totaliter corrumpantur; sed quod maneant virtute, ut Aristoteles dicit. Et hoc est in quantum manent accidentia propria elementorum secundum aliquem modum, in quibus manet virtus elementorum.

11 AD UNDECIMUM dicendum quod licet anima sit forma corporis secundum essentiam animae intellectualis, non tamen secundum operationem intellectualem.

12 AD DUODECIMUM dicendum quod proportio quae est inter animam et corpus est in ipsis proportionatis; unde non oportet quod sit aliqua res media inter animam et corpus.

13 AD DECIMUMTERTIUM dicendum quod cor est primum instrumentum per quod anima movet ceteras partes corporis; et ideo eo mediante anima unitur reliquis partibus corporis ut motor, licet ut forma uniatur unicuique parti corporis per se et immediate.

14 AD DECIMUMQUARTUM dicendum quod licet anima sit forma simplex secundum essentiam, est tamen multiplex virtute secundum quod est principium diversarum operationum. Et quia forma perficit materiam, non solum quantum ad esse sed etiam ad operandum, ideo oportet

não foi temporalmente anterior ao que se segue: "[e] insuflou em suas narinas um hálito de vida", mas anterior somente na ordem natural.[228]

9. QUANTO AO NONO, deve-se dizer que a matéria está em potência com respeito às formas segundo certa ordem, não porque receba diversas formas substanciais ordenadamente, mas porque o próprio de uma forma superior só se recebe mediante o próprio de uma forma inferior, como se explicou. E é por este modo que se deve conceber que mediante as formas dos elementos a matéria receba as outras formas.

10. QUANTO AO DÉCIMO, deve-se dizer que as formas elementares não estão em ato no misto segundo sua essência, embora Avicena o tenha afirmado;[229] pois não poderiam existir numa só parte da matéria. Por outro lado, se existissem em diversas partes da matéria, não haveria uma mistura segundo o todo, que é a verdadeira mistura, mas sim uma mistura mínima, que só é mistura para os sentidos. Dizer também que as formas dos elementos são suscetíveis de mais e de menos, como o faz Averróis,[230] é ridículo, já que são formas substanciais, as quais não são suscetíveis de mais e menos. Tampouco há algo intermediário entre a substância e o acidente, como ele imagina. Igualmente, tampouco se deve dizer que [as formas elementares] se corrompem totalmente, mas sim que permanecem virtualmente, como diz Aristóteles.[231] E isto se dá na medida em que os acidentes próprios dos elementos permanecem sob certo modo, [acidentes estes] nos quais permanece a virtude destes elementos.

11. QUANTO AO DÉCIMO PRIMEIRO, deve-se dizer que, embora a alma seja forma do corpo segundo a essência da alma intelectual, não o é segundo a operação intelectual.

12. QUANTO AO DÉCIMO SEGUNDO, deve-se dizer que a proporção que há entre a alma e o corpo está nas próprias coisas proporcionadas, razão por que não é necessário que haja uma coisa intermediária entre a alma e o corpo.

13. QUANTO AO DÉCIMO TERCEIRO, deve-se dizer que o coração é o instrumento primeiro por que a alma move as demais partes do corpo; por isso, mediante ele a alma se une às demais partes do corpo como motor delas, embora como forma a alma se una a cada parte do corpo por si e imediatamente.

14. QUANTO AO DÉCIMO QUARTO, deve-se dizer que, embora a alma seja uma forma simples segundo sua essência, é porém múltipla segundo sua virtude, na medida em que é princípio de operações diversas. E, visto que a forma perfaz a matéria

quod licet anima sit una forma, partes corporis diversimode perficiantur ab ipsa, et unaquaeque secundum quod competit eius operationi. Et secundum hoc etiam oportet esse ordinem in partibus secundum ordinem operationum, ut dictum est; sed iste ordo est secundum operationem corporis ad animam, ut est motor.

15 Ad decimumquintum dicendum quod inferiores vires animae possunt intelligi ligare superiores vires corporis quantum ad operationem; prout scilicet superiores vires indigent operationibus inferiorum, quae exercentur per corpus. Et eodem modo corpus per superiores sui partes coniungitur animae secundum operationem et motum.

16 Ad decimumsextum dicendum quod forma sicut non advenit materiae nisi sit facta propria per debitas dispositiones, ita cessantibus propriis dispositionibus forma in materia remanere non potest; et hoc modo unio animae ad corpus solvitur remoto calore et humiditate naturali, et aliis huiusmodi, in quantum his disponitur corpus ad susceptionem animae. Unde huiusmodi cadunt media inter animam et corpus ut dispositiones. Quod quomodo sit, dictum est supra.

17 Ad decimumseptimum dicendum quod dimensiones non possunt intelligi in materia nisi secundum quod materia intelligitur constituta per formam substantialem in esse substantiali corporeo: quod quidem non fit per aliam formam in homine quam per animam, ut dictum est. Unde huiusmodi dimensiones non praeintelliguntur ante animam in materia totaliter, sed quantum ad ultimos gradus perfectionis, ut supra expositum est.

18 Ad decimumoctavum dicendum quod anima et corpus non sunt distantia sicut res diversorum generum vel specierum, cum neuter eorum sit in genere vel specie, ut in superioribus quaestionibus habitum est, sed solum compositum ex eis. Sed anima est forma corporis per seipsam dans ei esse; unde per se et immediate ei unitur.

19 Ad decimumnonum dicendum quod corpus humanum habet aliquam communicationem cum corpore caelesti; non quod aliquid corporis caelestis, ut lux, interveniat medium inter animam et corpus; sed secundum quod est constitutum in quadam aequalitate complexionis remotae a contrarietate, ut in superioribus expositum est.

não só quanto ao ser, mas também quanto ao operar, é por isso necessário que, embora a alma seja uma só forma, as partes do corpo sejam por ela aperfeiçoadas de modos diversos, e cada uma segundo o que compete à sua operação. E assim é também necessário que a ordem entre as partes se dê segundo a ordem das operações, como se disse na resposta; mas esta ordem provém da relação do corpo com a alma na medida em que a alma é motor.

15. Quanto ao décimo quinto, deve-se dizer que as virtudes inferiores da alma podem conceber-se como unidas às virtudes superiores do corpo no tocante à operação, ou seja, enquanto as virtudes superiores necessitam das operações das virtudes inferiores, que são executadas mediante o corpo. E da mesma maneira o corpo une-se à alma por suas partes superiores: segundo a operação e o movimento.

16. Quanto ao décimo sexto, deve-se dizer que, assim como a forma não advém à matéria sem que esta esteja preparada mediante as devidas disposições, assim também, quando estas desaparecem, a forma não pode permanecer em tal matéria. Deste modo desaparece a união da alma com o corpo, se removido o calor, a umidade natural e outras coisas do tipo, mediante as quais o corpo estava predisposto para receber a alma. Por isso essas propriedades são meios entre a alma e o corpo enquanto disposições. A maneira pela qual isto se dá já consta da resposta.

17. Quanto ao décimo sétimo, deve-se dizer que não se podem conceber dimensões na matéria senão enquanto concebemos a matéria como constituída no ser substancial corpóreo mediante uma forma substancial; o que não se dá no homem mediante outra forma além da alma, como se disse. Daí que tais dimensões não se concebam totalmente na matéria antes que seja infundida a alma, mas somente com respeito aos graus ulteriores de perfeição, como se expôs na resposta.

18. Quanto ao décimo oitavo, deve-se dizer que a alma e o corpo não são distantes como as coisas de diverso gênero ou espécie, já que nenhum dos dois possui gênero ou espécie – como se vê em questões anteriores desta obra[232] –, mas somente o composto de ambos. A alma é, sim, a forma do corpo que por si mesma lhe dá o ser. Logo, une-se a ele por si mesma e imediatamente.

19. Quanto ao décimo nono, deve-se dizer que o corpo humano possui algo em comum com o corpo celeste; não no sentido de que algo do corpo celeste, como a luz, sirva de intermediário entre a alma e o corpo, mas no sentido de que (tal como o corpo celeste) constitui-se com certo equilíbrio entre contrários, como se expôs em questões anteriores.[233]

QUAESTIO X

Decimo quaeritur utrum anima sit in toto corpore et qualibet parte eius

Et videtur quod non.

1 Anima enim est in corpore sicut perfectio in perfectibili. Sed perfectibile ab anima est corpus organicum: est enim anima actus corporis physici organici potentia vitam habentis, ut dicitur in II de anima. Ergo anima non est nisi in corpore organico. Sed non quaelibet pars corporis est organicum corpus. Ergo anima non est in qualibet parte corporis.

2 Praeterea, forma est proportionata materiae. Sed anima prout est forma corporis, est quaedam essentia simplex. Ergo non respondet ei materia multiplex. Sed diversae partes corporis vel hominis vel animalis sunt sicut materia multiplex, cum habeant magnam diversitatem ad invicem. Non ergo anima est forma cuiuslibet partis corporis; et ita non est anima in qualibet parte corporis.

3 Praeterea, extra totum nihil est sumere. Si igitur anima est tota in qualibet parte corporis, extra illam partem nihil est de anima. Ergo impossibile est quod sit tota in qualibet parte corporis.

4 Praeterea, philosophus dicit in Lib. de causa motus animalium: *aestimandum est constare animal quemadmodum civitatem bene legibus rectam. In civitate enim quando semel stabilitus fuerit ordo, nihil opus est separato monarcha; quoniam non oportet esse per singula eorum quae fiunt; sed per se quilibet facit quod auctoritate ipsius ordinatum est, et fit hoc post hoc propter consuetudinem. In animalibus autem idem hoc propter naturam fit, et quia natum est unumquodque sic constitutum facere proprium opus, ut non opus sit in unoquoque esse animam, sed in*

QUESTÃO X

Se a alma está em todo o corpo e em qualquer parte dele[234]

E PARECE QUE NÃO.

1. Pois a alma está no corpo assim como a perfeição está no perfectível. E o que é perfectível pela alma é o corpo orgânico; pois a alma é o ato do corpo físico organizado que tem a vida em potência, conforme consta no livro II *Sobre a Alma*.[235] Logo, a alma não existe senão no corpo orgânico. Mas nenhuma parte do corpo é um corpo organizado. Portanto a alma não está em qualquer parte do corpo.

2. Ademais, a forma é proporcionada à matéria. Mas a alma, enquanto forma do corpo, é certa essência simples. Logo, não lhe corresponde uma matéria múltipla. Mas as diversas partes do corpo, quer humano, quer animal, são como uma matéria múltipla, pois possuem grande diversidade entre si. Portanto a alma não é forma de qualquer parte do corpo; e assim não está a alma em qualquer parte do corpo.

3. Ademais, nada se pode tomar para além do todo. Se, portanto, a alma está toda em qualquer parte do corpo que seja, então fora daquela parte nada da alma existe. Logo, é impossível que ela esteja toda em qualquer parte do corpo.

4. Ademais, diz o Filósofo, no livro *Sobre o Movimento dos Animais*:[236] "Deve-se conceber o animal como uma cidade bem regida por leis. Pois em tal cidade, uma vez estabelecida a ordem, não há necessidade de um monarca em separado, pois não é necessário que ele esteja presente para cada uma das coisas que são feitas: cada um faz por si mesmo o que lhe foi designado pela autoridade, e uma coisa segue-se à outra por costume. No animal, o mesmo se dá por natureza, porque é inato a cada parte, conforme tenha sido constituída, que faça seu próprio trabalho; deste modo, não é necessário que a alma se encontre em cada parte, mas apenas que, residindo ela em certo princípio do

quodam principio corporis existente, alia quidem vivere eo quod apta nata sunt, facere autem proprium opus propter naturam. Non ergo anima est in qualibet parte corporis, sed in una tantum.

5 Praeterea, philosophus dicit in VIII Physic. quod motor caeli oportet quod sit in centro, vel in aliquo signo circumferentiae; quia haec duo sunt principia in motu circulari. Et ostendit quod non potest esse in centro, sed in circumferentia; quia quanto aliqua sunt propinquiora circumferentiae et remotiora a centro, tanto sunt velocioris motus. Ergo a simili, oportet quod motus animae sit in illa parte animalis in qua praecipue apparet motus. Haec autem est eorum cor. Ergo anima est tantum in corde.

6 Praeterea, philosophus dicit in Lib. de iuventute et Senect. quod plantae habent principium nutritivum in medio superioris et inferioris. Sed sicut superius et inferius est in plantis, ita in animalibus est superius et inferius, dexterum et sinistrum, ante et retro. Ergo oportet principium vitae, quod est anima, esse in animali in medio harum particularum. Hoc autem est cor. Ergo anima est tantum in corde.

7 Praeterea, omnis forma quae est in aliquo toto et qualibet parte eius, denominat totum et quamlibet partem, sicut patet de forma ignis; nam ignis quaelibet pars, ignis est. Non autem quaelibet pars animalis animal est. Non ergo anima est in qualibet parte corporis.

8 Praeterea, intelligere ad aliquam partem animae pertinet. Sed intelligere non est in aliqua parte corporis. Non ergo tota anima est in qualibet parte corporis.

9 Praeterea, philosophus dicit in II de anima quod sicut anima se habet ad corpus, ita pars animae ad partem corporis. Si ergo anima est in toto corpore non erit in qualibet parte corporis tota, sed pars eius.

10 Sed dicebat quod philosophus loquitur de anima et partibus eius in quantum est motor, non in quantum est forma. Sed contra, philosophus dicit ibidem, quod si oculus esset animal, visus esset anima eius. Sed anima est forma animalis. Ergo pars animae est in corpore ut forma, et non ut motor tantum.

11 Praeterea, anima est principium vitae in animali. Si ergo anima esset in qualibet parte corporis, pars corporis immediate acciperet vitam ab

corpo, as demais partes vivam conforme sua aptidão natural e exerçam por natureza seu trabalho próprio". Portanto, não está a alma em qualquer parte do corpo, mas apenas em uma.

5. Ademais, diz o Filósofo, no livro VIII da *Física*,[237] que o motor do céu está necessariamente, ou no centro, ou em algum outro marco da circunferência, pois são estes dois os princípios no movimento circular. E defende que não pode estar no centro, mas na circunferência; pois, quanto mais as coisas estão próximas à circunferência e afastadas do centro, tanto maior é seu movimento. Logo, de modo semelhante, é forçoso que o movimento da alma esteja naquela parte do animal, na qual principalmente aparece o movimento. Mas tal parte é seu coração. Assim, está a alma apenas no coração.

6. Ademais, diz o Filósofo, no livro *Sobre a Juventude e a Velhice*,[238] que as plantas possuem seu princípio nutritivo no ponto médio entre o superior e o inferior. Entretanto, assim como há o superior e o inferior nas plantas, também nos animais há o superior e o inferior, o direito e o esquerdo, a frente e as costas. Logo, deve o princípio da vida, que é a alma, existir no animal no ponto médio destes particulares. E este meio é o coração. Assim, está a alma apenas no coração.

7. Ademais, toda forma que está em algum todo e em qualquer de suas partes dá seu nome ao todo e a qualquer de suas partes – como se vê na forma do fogo: qualquer parte do fogo é "fogo". No entanto, nenhuma parte do animal, qualquer que seja, é "animal". Logo, não está a alma em qualquer parte do corpo.

8. Ademais, o inteligir pertence a certa parte da alma. Mas o inteligir não está em certa parte do corpo. Logo, não é toda a alma que está em qualquer parte do corpo.

9. Ademais, diz o Filósofo, no livro II *Sobre a Alma*,[239] que, assim como a alma se relaciona com o corpo, assim também se relaciona uma parte da alma com uma parte do corpo. Assim, se a alma está em todo o corpo, não estará inteira em qualquer das partes deste corpo; lá estará apenas uma parte sua.

10. Poder-se-ia dizer, porém, que o Filósofo fala da alma – e de suas partes – enquanto motor, não enquanto forma. Mas em sentido contrário: no mesmo ponto[240] diz o Filósofo que, se o olho fosse um animal, a visão seria sua alma. Mas a alma é a forma do animal. Logo, a parte da alma está no corpo como forma, não apenas como motor.

11. Ademais, a alma é princípio de vida no animal. Se, portanto, estivesse a alma em qualquer parte do corpo, a parte do corpo imediatamente receberia vida

anima; et ita una pars non dependeret ab alia in vivendo. Quod patet esse falsum; nam aliae partes in vivendo dependent a corde.

12 Praeterea, anima movetur per accidens ad motum corporis in quo est; et similiter quiescit per accidens quiescente corpore in quo est. Contingit autem, quiescente una parte corporis, aliam moveri. Si ergo anima est in qualibet parte corporis, oportet quod anima simul moveatur et quiescat; quod videtur impossibile.

13 Praeterea, omnes potentiae animae radicantur in essentia animae. Si igitur essentia animae sit in qualibet parte corporis, oportet quod quaelibet potentia animae sit in qualibet parte corporis. Quod patet esse falsum; nam auditus non est in oculo, sed in aure tantum, et sic de aliis.

14 Praeterea, omne quod est in altero, est in eo per modum eius in quo est. Si igitur anima est in corpore, oportet quod sit in eo per modum corporis. Sed modus corporis est ut ubi est una pars non sit alia. Ergo ubi est una pars animae non est alia; et ita non est tota in qualibet parte corporis.

15 Praeterea, quaedam animalia imperfecta, quae dicuntur anulosa, decisa vivunt, propter hoc quod anima remanet in qualibet parte corporis post decisionem. Sed homo et alia animalia perfecta non vivunt decisa. Non igitur in eis anima est in qualibet parte corporis.

16 Praeterea, sicut homo et animal est quoddam totum ex diversis partibus consistens, ita et domus. Sed forma domus non est in qualibet parte domus, sed in tota. Ergo et anima, quae est forma animalis, non est tota in qualibet parte corporis, sed in toto.

17 Praeterea, anima dat esse corpori in quantum est forma eius. Est autem forma eius secundum suam essentiam, quae simplex est. Ergo per suam essentiam simplicem dat esse corpori. Sed ab uno non est naturaliter nisi unum. Si igitur sit in qualibet parte corporis sicut forma, sequetur quod cuilibet parti corporis det esse uniforme.

18 Praeterea, magis intime unitur forma materiae quam locatum loco. Sed unum locatum non potest esse in diversis locis simul, etiam si sit substantia spiritualis; non enim conceditur a magistris quod Angelus sit in diversis locis simul. Ergo nec anima potest esse in diversis partibus corporis.

da alma; e assim uma parte não dependeria de outra para viver. E isto é claramente falso, pois as demais partes dependem do coração para viver.

12. Ademais, a alma é movida *per accidens* ao mover-se o corpo no qual ela está; e igualmente repousa *per accidens* ao manter-se em repouso o corpo no qual ela está. Porém ocorre que, estando em repouso uma parte, outra se move. Se, portanto, a alma está em qualquer parte do corpo, é necessário que a alma ao mesmo tempo seja movida e repouse; e isto parece impossível.

13. Ademais, todas as potências da alma radicam na essência da alma. Portanto, caso a essência da alma esteja em qualquer parte do corpo, faz-se então necessário que qualquer potência da alma esteja em qualquer parte do corpo. E isto é evidentemente falso; pois a audição não está no olho, mas apenas no ouvido, e o mesmo se dá com os demais sentidos.

14. Ademais, tudo o que está em outro, está nele ao modo do recipiente. Portanto, se a alma está no corpo, tem de estar nele segundo o modo do corpo. Mas o modo do corpo é: onde está uma parte, lá não pode estar outra. Logo, onde está uma parte da alma, não está outra; e assim não está inteira em qualquer parte do corpo.

15. Ademais, certos animais imperfeitos, chamados "anelados", sobrevivem se divididos, uma vez que a alma permanece em qualquer parte do corpo após a divisão. Mas o homem e outros animais perfeitos não sobrevivem se divididos. Assim, neles a alma não se encontra em qualquer parte do corpo.

16. Ademais, assim como o homem e o animal são totalidades que consistem em diversas partes, o mesmo se dá com uma casa. Mas a forma de uma casa não está em qualquer parte da casa, mas nela inteira. Logo também a alma, que é a forma do animal, não se encontra em qualquer parte do corpo, mas nele inteiro.

17. Ademais, a alma dá ser ao corpo enquanto é forma dele. Mas ela é forma ao modo de sua essência, que é simples. Logo, por sua essência simples dá ser ao corpo. Mas a partir do uno não procede naturalmente senão o uno. Assim, se ela estivesse em qualquer parte do corpo como forma, ocorre que ela daria o ser a qualquer parte do corpo uniformemente.

18. Ademais, a forma se une mais intimamente à matéria do que algo num lugar se une ao lugar [que ocupa]. Mas este algo num lugar, visto que é um só, não pode estar em diversos lugares simultaneamente, ainda que seja substância espiritual (pois, de fato, não é concedido pelos mestres que um anjo esteja em diversos lugares simultaneamente). Logo, tampouco pode a alma estar em diversas partes do corpo.

Sed contra.

1 Est quod Augustinus dicit in VI de Trin., quod anima est tota in toto corpore, et tota in qualibet parte eius.

2 Praeterea, anima non dat esse corpori nisi secundum quod unitur ei. Sed anima dat esse toti corpori et cuilibet parti eius. Ergo anima est in toto corpore et in qualibet parte eius.

3 Praeterea, anima non operatur nisi ubi est. Sed operationes animae apparent in qualibet parte corporis. Ergo anima est in qualibet parte corporis.

Respondeo. Dicendum quod veritas huius quaestionis ex praecedenti dependet. Ostensum est enim quod anima, secundum quod est forma corporis, non unitur toti corpori mediante aliqua parte eius, sed toti corpori immediate. Est enim forma et totius corporis, et cuiuslibet partis eius. Et hoc necesse est dicere. Cum enim corpus hominis, aut cuiuslibet alterius animalis, sit quoddam totum naturale, dicetur unum ex eo quod unam formam habeat qua perficitur non solum secundum aggregationem aut compositionem, ut accidit in domo, et in aliis huiusmodi. Unde oportet quod quaelibet pars hominis et animalis recipiat esse et speciem ab anima sicut a propria forma. Unde philosophus dicit quod recedente anima, neque oculus neque caro neque aliqua pars remanet nisi aequivoce.

Non est autem possibile quod aliquid recipiat esse et speciem ab aliquo separato sicut a forma; hoc enim simile esset Platonicorum positioni, qui posuerunt huiusmodi sensibilia recipere esse et speciem per participationem formarum separatarum. Sed oportet quod forma sit aliquid eius cui dat esse; nam forma et materia sunt principia intrinsecus constituentia essentiam rei. Unde oportet quod si anima dat esse et speciem, ut forma, cuilibet parti corporis, secundum sententiam Aristotelis, sit in qualibet parte corporis; nam et ea ratione dicitur anima esse in toto, quia est forma totius. Unde, si est forma cuiuslibet partis, oportet quod sit in qualibet parte; et non in toto tantum, nec in una parte tantum. Et haec definitio animae convenit; est enim anima actus corporis organici. Corpus autem organicum est constitutum ex diversis organis. Si ergo anima esset in una parte tantum ut forma, non

MAS EM SENTIDO CONTRÁRIO:

1. Tem-se que Agostinho diz, no livro VI *Sobre a Trindade*,[241] que a alma está inteira em todo o corpo, e inteira em qualquer parte dele.

2. Ademais, a alma somente não dá ser ao corpo senão na medida em que se une a ele. No entanto, ela dá ser a todo o corpo e a qualquer parte dele. Logo a alma está em todo o corpo e em qualquer parte dele.

3. Ademais, a alma não opera senão onde está. Mas as operações da alma surgem em qualquer parte do corpo. Portanto a alma está em qualquer parte do corpo.

RESPONDO. Deve-se dizer que a verdade desta questão depende da precedente. Foi exposto que a alma, na medida em que é forma do corpo, não se une ao corpo todo mediante certa parte, mas a ele inteiro imediatamente. Pois ela é forma tanto do corpo inteiro, quanto de qualquer parte dele. E é necessário afirmá-lo. Visto que o corpo do homem – ou o de qualquer outro animal – é certo todo natural, é uno na medida em que é una a sua forma, pela qual este corpo se perfaz não somente por agregação ou composição, como ocorre com a casa e similares. Assim, é necessário que qualquer parte do homem (e do animal) receba o ser e a espécie a partir da alma, como a partir de sua forma própria. E por isto diz o Filósofo[242] que, removida a alma, nem o corpo nem a carne nem qualquer outra parte permanece senão por equivocidade.

Ora, não é possível que de algo separado se receba o ser e a espécie ao modo de quem os recebe de uma forma: esta posição seria semelhante à dos platônicos, que propuseram que alguns entes sensíveis receberiam o ser e a espécie por participação nas formas separadas; ao contrário, é necessário que a forma seja algo daquele a quem ela dá o ser, pois forma e matéria são princípios intrinsecamente constituintes da essência de uma coisa. Logo, se é como forma que a alma dá o ser e a espécie a qualquer parte do corpo (como diz Aristóteles),[243] é então forçoso que ela esteja em qualquer parte do corpo; pois se diz que a alma está no todo por esta razão: porque ela é forma do todo. Logo, se é forma de qualquer parte, tem de estar em qualquer parte, e não somente no todo ou em uma só destas partes. E esta definição convém à alma: ela é o ato do corpo orgânico. Ora, o corpo orgânico é constituído de diversos órgãos. Logo, se a alma estivesse em uma só parte como forma, não seria o

esset actus corporis organici; sed actus unius organi tantum, puta cordis, aut alicuius alterius, et reliquae partes essent perfectae per alias formas. Et sic totum non esset unum quid naturaliter, sed compositione tantum. Relinquitur ergo quod anima sit in toto corpore et in qualibet parte eius.

Sed quia etiam quaeritur an sit tota in toto et in qualibet parte eius, considerandum est qualiter hoc dicitur. Potest autem attribui totalitas alicui formae tripliciter, secundum quod tribus modis convenit aliquid habere partes. Uno enim modo aliquid habet partes secundum divisionem quantitatis, prout scilicet dividitur numerus aut magnitudo. Uni autem formae non competit totalitas numeri nec magnitudinis, nisi forte per accidens, puta in formis quae per accidens dividuntur divisione continui, sicut albedo per divisionem superficiei.

Alio modo dicitur aliquid totum per comparationem ad partes essentiales speciei; sicut materia et forma dicuntur partes compositi; genus et differentia partes quodammodo speciei. Et hic modus totalitatis attribuitur etiam essentiis simplicibus ratione suae perfectionis; eo quod sicut composita habent perfectam speciem ex coniunctione principiorum essentialium, ita substantiae et formae simplices habent perfectam speciem per seipsas.

Tertio modo dicitur totum per comparationem ad partes virtutis, seu potestatis; quae quidem partes accipiuntur secundum divisionem operationum.

Si qua igitur forma accipiatur quae dividitur per continui divisionem, et quaeratur de ea utrum sit in qualibet parte corporis tota, utpote utrum albedo sit in parte superficiei tota: si accipiatur per comparationem ad partes quantitativas (quae quidem totalitas pertinet ad albedinem per accidens), non est tota in qualibet parte, sed tota in toto, et pars in parte. Si autem quaeratur de totalitate quae pertinet ad speciem, sic tota est in qualibet parte; nam aeque intensa est albedo in aliqua parte sicut in toto.

Sed verum est quod adhuc secundum virtutem non est tota in qualibet parte. Non enim potest tantum in disgregando albedo quae est in parte superficiei, sicut albedo quae est in tota superficie; sicut neque tantum potest calor qui est in parvo igne ad calefaciendum, sicut calor qui est in magno igne.

ato do corpo orgânico – antes seria ato de apenas um órgão, quer do coração, quer de algum outro, e as partes restantes se perfariam mediante outras formas. E assim o todo não seria algo naturalmente uno, mas apenas uno por composição. Resta, pois, concluir que a alma está em todo o corpo e em qualquer parte dele.

Porém, visto que se indaga se ela estaria "toda" no todo e em qualquer de suas partes, deve-se considerar de que maneira isto é dito. Pois se pode atribuir totalidade a uma forma de três modos, conforme os três modos em que convém a algo possuir partes. De um modo, algo possui partes segundo a divisão da quantidade, isto é, como se divide o número ou a magnitude. Mas a uma forma não convém totalidade de número nem de magnitude, senão *per accidens*, como nas formas que se dividem acidentalmente pela divisão do contínuo, tal como ocorre à brancura pela divisão da superfície branca.

De outro modo, algo é chamado "todo" por comparação com as partes essenciais da espécie: assim matéria e forma são chamadas partes de um composto, e gênero e diferença são chamados, de certa maneira, partes da espécie. E este modo de totalidade é também atribuído às essências simples em razão de sua perfeição, porque, tal como os entes compostos possuem espécie perfeita a partir da conjunção dos princípios essenciais, também as substâncias e formas simples possuem, por si mesmas, espécies perfeitas.

De um terceiro modo, algo é chamado "todo" por comparação com suas partes de virtude ou poder; tais partes são tomadas segundo a divisão das operações.

Assim, se tomássemos uma forma que se divide mediante a divisão do contínuo, e dela nos perguntássemos sobre se está toda em qualquer parte do corpo – por exemplo, sobre se a brancura está toda em uma parte da superfície –, [então temos que]: ao considerar o todo por comparação às partes quantitativas, caso em que a totalidade pertence à brancura *per accidens*, então ela não estaria toda em qualquer parte, mas toda no todo, e parte na parte. Entretanto, ao considerar a totalidade pertinente à espécie, esta se encontraria toda em qualquer parte; pois é igualmente intensa a brancura, tanto em qualquer parte, quanto no todo.

É porém verdadeiro que, segundo o modo da virtude, a brancura não está toda em qualquer parte. Pois uma brancura que está numa parte da superfície não tem tanto poder de expandir[244] quanto a brancura que está na superfície toda; assim como o calor que há numa chama pequena não tem tanto poder de aquecer quanto o calor que há numa chama grande.

Supposito autem ad praesens quod sit una tantum anima in corpore hominis (de hoc enim postea quaeretur), dicendum quod non dividitur divisione quantitatis quae est numerus. Planum est etiam quod non dividitur divisione continui; praecipue anima animalium perfectorum, quae decisa non vivunt. Secus enim esset forte de animabus animalium anulosorum, in quibus est una anima in actu, et plures in potentia, ut philosophus docet.

Relinquitur igitur quod in anima hominis et cuiuslibet animalis perfecti, non potest accipi totalitas nisi secundum perfectionem speciei, et secundum potentiam seu virtutem.

Dicimus ergo quod, cum perfectio speciei pertineat ad animam secundum suam essentiam, anima autem secundum suam essentiam est forma corporis et prout est forma corporis est in qualibet parte corporis, ut ostensum est, relinquitur quod anima tota sit in qualibet parte corporis secundum totalitatem perfectionis speciei.

Si autem accipiatur totalitas quantum ad virtutem et potestatem, sic non est tota in qualibet parte corporis, nec etiam tota in toto, si loquamur de anima hominis. Ostensum est enim ex superioribus quaestionibus quod anima humana, quia excedit corporis capacitatem, remanet ei virtus ad operandum operationes quasdam sine communicatione corporis, sicut intelligere et velle. Unde intellectus et voluntas non sunt actus alicuius organi corporalis. Sed quantum ad alias operationes quas exercet per organa corporalia, tota virtus et potestas eius est in toto corpore; non autem in qualibet parte corporis, quia diversae partes corporis sunt proportionatae ad diversas operationes animae. Unde, secundum illam potentiam, tantum est in aliqua parte quae respicit operationem quae per illam partem corporis exercetur.

1 Ad primum ergo dicendum quod cum materia sit propter formam, forma autem ordinetur ad propriam operationem, oportet quod talis sit materia uniuscuiusque formae ut competat operationi illius formae; sicuti materiam serrae oportet esse ferream, quod competit ad opus serrae propter suam duritiem. Cum ergo anima propter suae virtutis perfectionem possit

Suposto, porém, para o momento presente, que a alma no corpo do homem seja uma só (pois, quanto a isto, investigaremos mais tarde), deve-se então dizer que ela não se divide pela divisão de quantidade que é o número. É também evidente que não se divide pela divisão do contínuo – principalmente a alma dos animais perfeitos, que não sobrevivem se divididos. (Talvez o contrário se dê com as almas dos animais anelados, nos quais há uma em ato e várias em potência, conforme ensina o Filósofo.)[245]

Resta, pois, que na alma do homem e de quaisquer animais perfeitos só se pode admitir totalidade segundo o modo da perfeição da espécie e segundo o da virtude ou potência.

Portanto, como a perfeição da espécie pertence à alma segundo sua essência, e a alma segundo sua essência é a forma do corpo, e considerando que, como forma do corpo, a alma está em qualquer parte dele (conforme foi exposto), dizemos então que a alma toda está em qualquer parte do corpo segundo a totalidade referente à perfeição da espécie.

Se, por sua vez, consideramos a totalidade referente à virtude e ao poder, deste modo não está toda em qualquer parte do corpo – nem toda no corpo todo, se falamos da alma do homem. Pois foi exposto em questões superiores que, por exceder a capacidade do corpo, permanece na alma humana a virtude de realizar certas operações sem comunicação com o corpo, como o inteligir e o querer; por isso, o intelecto e a vontade não são ato de nenhum órgão corporal. Porém, quanto às outras operações que exerce mediante órgãos corporais, toda a sua virtude e todo o seu poder estão em todo o corpo – mas não em qualquer parte dele, pois diversas partes do corpo são proporcionadas a diversas operações da alma. Deste modo, ela está em tal parte do corpo apenas segundo aquela potência que diz respeito à operação exercida mediante aquela parte do corpo.

1. Quanto ao primeiro argumento, portanto, deve-se dizer que, como a matéria tem ser em função da forma, e a forma é ordenada à [sua] operação própria, é necessário que a matéria de cada forma seja tal, que compita à operação desta forma – assim como a matéria da serra tem de ser férrea, o que compete ao trabalho da serra devido à sua dureza. Portanto, uma vez que a alma pode (em

in diversas operationes, necessarium est quod materia eius sit corpus constitutum ex partibus congruentibus ad diversas operationes animae quae dicuntur organa.

Et propter hoc totum corpus, cui respondet principaliter anima ut forma, est organum; partes autem sunt propter totum. Unde animae non respondet pars corporis sicut proprium et principale perfectibile, sed secundum quod habet ordinem ad totum. Unde non oportet quod quaelibet pars animalis sit corpus organicum, licet anima sit forma eius.

2 Ad secundum dicendum quod cum materia sit propter formam, hoc modo forma dat esse et speciem materiae, secundum quod congruit suae operationi. Et quia corpus perfectibile ab anima, ad hoc quod congruat diversis operationibus animae, requirit diversitatem in partibus; ideo, licet sit una et simplex secundum suam essentiam, diversimode partes corporis perficit.

3 Ad tertium dicendum quod cum anima sit in una parte corporis eo modo quo dictum est, nihil animae est extra animam quae est in hac parte corporis. Non tamen sequitur quod animae nihil sit extra hanc partem corporis; sed quod nihil sit extra totum corpus, quod principaliter perficit.

4 Ad quartum dicendum quod philosophus ibi loquitur de anima quantum ad potentiam motivam, principium enim motus corporis est in aliqua parte corporis, scilicet in corde; et per illam partem movet totum corpus. Et hoc patet per exemplum quod ponit de rectore.

5 Ad quintum dicendum quod motor caeli non circumscribitur loco secundum suam substantiam; sed philosophus intendit ostendere ubi sit quantum ad principium movendi. Et hoc modo, quantum ad principium motus, anima est in corde.

6 Ad sextum dicendum quod etiam in plantis anima dicitur esse in medio eius quod est sursum et deorsum, in quantum est principium quarumdam operationum. Et similiter est in animalibus.

7 Ad septimum dicendum quod ideo non quaelibet pars animalis est animal, sicut quaelibet pars ignis est ignis, quia omnes operationes ignis salvantur in qualibet parte ignis; non autem omnes operationes animalis salvantur in qualibet parte eius maxime in animalibus perfectis.

razão da perfeição de sua virtude) efetuar diversas operações, é necessário que sua matéria seja um corpo constituído de partes congruentes às diversas operações da alma, chamadas órgãos.

E é por isso que o corpo todo, ao qual principalmente a alma corresponde como forma, é corpo organizado. Pois as partes existem em função do todo. Por isso, uma parte do corpo não corresponde à alma como um perfectível próprio e principal, mas apenas na medida em que é ordenada ao todo. Logo, não é necessário que qualquer parte do animal seja um corpo organizado, ainda que a alma seja sua forma.

2. QUANTO AO SEGUNDO, deve-se dizer que, como a matéria existe em função da forma, esta lhe dá ser e espécie conforme convém à sua própria operação. E, porque o corpo é o perfectível da alma, requer-se nele a diversidade de partes em vista de sua congruência com as diversas operações da alma. Portanto, embora seja una e simples segundo sua essência, [a alma] dá perfeição às partes do corpo de diversos modos.

3. QUANTO AO TERCEIRO, deve-se dizer que, como a alma está na parte do corpo pelo modo que já dissemos, não cabe afirmar que algo da alma se encontre fora da alma pelo fato de encontrar-se numa parte do corpo. Disso não se segue, porém, que nada da alma esteja fora desta parte do corpo, mas sim que nada da alma esteja fora do corpo inteiro que ela perfaz como princípio.

4. QUANTO AO QUARTO, deve-se dizer que ali o Filósofo fala da alma quanto à potência motriz, pois o princípio do movimento do corpo está em alguma parte do corpo, a saber, no coração; e por tal parte ela move todo o corpo. E isto se evidencia pelo exemplo que demos acerca do monarca.

5. QUANTO AO QUINTO, deve-se dizer que o motor celeste não está circunscrito pelo lugar segundo a sua substância. O Filósofo deseja expor *onde está* o referido motor, na medida em que este é princípio de movimento. E, deste modo, quanto ao princípio do movimento, a alma está no coração.

6. QUANTO AO SEXTO, deve-se dizer que também nas plantas considera-se que a alma se situa no meio do que está acima e abaixo, na medida em que é princípio de certas operações. E o mesmo se dá nos animais.

7. QUANTO AO SÉTIMO, deve-se dizer que, ao contrário do fogo (em que qualquer parte sua é fogo), não qualquer parte do animal é um animal, uma vez que todas as operações do fogo conservam-se em qualquer parte do fogo; mas não em qualquer parte do animal se conservam todas as suas operações, principalmente nos animais perfeitos.

8 AD OCTAVUM dicendum quod ratio illa concludit animam non esse totam in qualibet parte corporis secundum suam virtutem; quod dictum est esse verum.

9 AD NONUM dicendum quod partes animae accipiuntur a philosopho non quantum ad essentiam animae, sed quantum ad eius potestatem. Et ideo dicit quod, sicut anima est in toto corpore, ita pars animae in parte corporis; quia sicut totum corpus organicum se habet ut deserviat operationibus animae quae per corpus exercentur, ita se habet unum organum ad unam determinatam operationem.

10 AD DECIMUM dicendum quod potentia animae radicatur in essentia; et ideo ubicumque est aliqua potentia animae, ibi est essentia animae. Quod ergo dicit philosophus quod si oculus animalis esset animal visus esset anima eius, non intelligitur de potentia animae sine eius essentia; sicut et totius corporis dicitur anima sensibilis esse forma per essentiam suam, non per potentiam sensitivam.

11 AD UNDECIMUM dicendum quod cum anima operetur in alias partes corporis per aliquam unam [primam] – corpus autem disponatur ad hoc quod sit proportionatum [ ] animae per actionem animae quae est causa efficiens corporis, ut Aristoteles dicit in II de anima – necesse est quod dispositio aliarum partium, secundum quam sunt perfectibiles ab anima, dependeat ab una prima parte, videlicet a corde. Et pro tanto vita aliarum partium dependet a corde, quia postquam desinit esse in aliqua parte debita dispositio, anima non unitur ei ut forma. Non autem propter hoc removetur quin anima sit immediate forma cuiuslibet partis corporis.

12 AD DUODECIMUM dicendum quod anima non movetur neque quiescit, moto seu quiescente corpore, nisi per accidens. Non autem inconveniens est si aliquid movetur et quiescit simul per accidens; sicut non est inconveniens quod aliquid moveatur per accidens contrariis motibus, ut puta si quis in navi deferretur contra cursum navis.

13 AD DECIMUMTERTIUM dicendum quod, licet omnes potentiae radicentur in essentia animae, tamen quaelibet pars corporis recipit animam secundum suum modum; et ideo in diversis partibus est secundum diversas potentias. Neque oportet quod in unaquaque sit secundum omnes.

8. Quanto ao oitavo, deve-se dizer que o referido raciocínio conclui que a alma não está toda em qualquer parte do corpo segundo sua virtude – o que dissemos estar correto.

9. Quanto ao nono, deve-se dizer que as partes da alma são tomadas por Aristóteles não quanto à essência da alma, mas quanto ao seu poder [ou virtude]. Por isso afirma que, assim como a alma está em todo o corpo, assim também está a parte da alma na parte do corpo; pois da mesma maneira que o corpo organizado se dispõe para servir a todas as operações da alma que se exercem mediante o corpo, igualmente se dispõe um órgão a uma determinada operação.

10. Quanto ao décimo, deve-se dizer que a potência da alma radica na essência; assim, onde quer que haja certa potência da alma, lá está a essência desta alma. Portanto, o que diz ali o Filósofo, ou seja, que "se o olho do animal fosse um animal, a visão seria sua alma", não se entende acerca da potência da alma sem sua essência – assim como se diz também que a alma sensitiva é forma de todo o corpo por sua essência, não por sua potência sensitiva.

11. Quanto ao décimo primeiro, deve-se dizer que, visto que a alma opera em outras partes do corpo mediante uma só parte primeira – pois o corpo, para que esteja proporcionado à alma, é disposto por aquela ação da alma que é causa eficiente do corpo (como afirma Aristóteles)[246] –, faz-se necessário que a disposição das demais partes, pela qual se tornam perfectíveis pela alma, dependa de uma só parte primeira, isto é, do coração. E por isso a vida das outras partes depende do coração, porque, depois que deixa de existir em alguma parte a devida disposição, a alma não se une como forma. No entanto, não por esse motivo se descarta que a alma seja imediatamente a forma de qualquer parte do corpo.

12. Quanto ao décimo segundo, deve-se dizer que a alma não se move nem repousa, quer esteja o corpo movendo-se ou repousando, senão *per accidens*. Mas não há inconveniente em que algo se mova e repouse simultaneamente *per accidens*, assim como não há inconveniente em que algo seja movido *per accidens* por movimentos contrários – como, por exemplo, quando alguém dentro de um barco se desloca contra o curso deste barco.

13. Quanto ao décimo terceiro, deve-se dizer que, embora todas as potências radiquem na essência da alma, qualquer parte do corpo recebe a alma segundo seu modo; e por isso ela está em diversas partes segundo as diversas potências, e não se faz necessário que ela esteja em cada uma das partes segundo todos os modos.

14 Ad decimumquartum dicendum quod cum dicitur, unumquodque esse in alio secundum modum eius in quo est, intelligitur quantum ad capacitatis ipsius modum, non quantum ad naturam eius. Non enim oportet ut id quod est in aliquo habeat naturam et proprietatem eius in quo est; sed quod recipiatur in eo secundum capacitatem ipsius. Manifestum est enim quod aqua non habet naturam amphorae; unde nec oportet quod anima habeat istam naturam corporis, ut ubi est una pars eius, ibi [non] sit alia.

15 Ad decimumquintum dicendum quod animalia anulosa decisa vivunt, non solum quia anima est in qualibet parte corporis; sed quia anima eorum, cum sit imperfecta et paucarum actionum, requirit paucam diversitatem in partibus, quae etiam invenitur in parte decisa [ ] vivente. Unde, cum retineat dispositionem per quam totum corpus est perfectibile ab anima, remanet in eo anima. Secus autem est in animalibus perfectis.

16 Ad decimumsextum dicendum quod forma domus, sicut et aliae formae artificiales, est forma accidentalis: unde non dat esse et speciem toti et cuilibet parti; neque totum est unum simpliciter, sed unum aggregatione. Anima autem est forma substantialis corporis, dans esse et speciem toti et partibus; et totum ex partibus constitutum est unum simpliciter; unde non est simile.

17 Ad decimumseptimum dicendum quod anima, quamvis sit una et simplex in essentia, habet tamen virtutem ad diversas operationes. Et quia naturaliter dat esse et speciem suo perfectibili in quantum est forma corporis secundum essentiam; ea autem quae sunt naturaliter, sunt propter finem; oportet quod anima constituat in corpore diversitatem partium, prout congruit diversis operationibus. Et verum est quod propter huiusmodi diversitatem, cuius ratio est ex fine, et non ex forma tantum in constitutione viventium magis apparet quod natura operetur propter finem quam in aliis rebus naturalibus, in quibus una forma uniformiter perficit suum perfectibile.

18 Ad decimumoctavum dicendum quod simplicitas animae et Angeli non est existimanda ad modum simplicitatis puncti, quod habet determinatum situm in continuo; et ideo quod simplex est, non potest esse simul in diversis partibus continui. Sed Angelus et anima dicuntur

14. QUANTO AO DÉCIMO QUARTO, deve-se dizer que, ao se afirmar que "tudo o que está em outro, está nele ao modo do recipiente" deve-se entendê-lo no tocante ao modo da sua capacidade, não quanto à sua natureza. Logo, não é necessário que o que está em algo possua a natureza e a propriedade daquilo em que está, mas que seja recebido nele segundo a própria capacidade deste. Pois é evidente que a água não possui a mesma natureza da ânfora, que a recebe. Donde não se faz necessário que a alma possua a seguinte natureza do corpo, a saber: que onde esteja uma parte sua, ali não esteja a outra.

15. QUANTO AO DÉCIMO QUINTO, deve-se dizer que os animais anelados sobrevivem se divididos, não apenas porque a alma está em qualquer parte do corpo, mas porque sua alma – visto que imperfeita e de poucas ações – requer pouca diversidade nas partes, a qual também é encontrada na parte seccionada vivente. Assim, porque tal parte retém a disposição mediante a qual o corpo inteiro é perfectível pela alma, permanece nele a alma. Mas isto não ocorre nos animais perfeitos.[247]

16. QUANTO AO DÉCIMO SEXTO, deve-se dizer que a forma da casa, assim como as outras formas artificiais, é uma forma acidental. Assim, não dá ser e espécie ao todo e à parte; tampouco o todo artificial é uno *simpliciter*, mas uno por agregação. Já a alma é forma substancial do corpo, que dá ser e espécie ao todo e às partes. E um todo constituído de partes é uno *simpliciter*, de maneira que o caso referido não lhe é semelhante.

17. QUANTO AO DÉCIMO SÉTIMO, deve-se dizer que a alma, embora seja una e simples em essência, possui no entanto virtude para diversas operações. Como ela dá naturalmente o ser e a espécie ao seu perfectível na medida em que é forma do corpo segundo a essência – e as coisas que se dão naturalmente, dão-se em vista do fim –, é então necessário que a alma constitua no corpo uma diversidade de partes, conforme convém às diversas operações. E, em razão de tal diversidade – cuja razão procede do fim, e não apenas da forma –, o fato de que a natureza age em vista do fim é mais visível na constituição dos viventes do que nas coisas naturais (ou seja, aquelas em que uma só forma perfaz uniformemente o seu perfectível).

18. QUANTO AO DÉCIMO OITAVO, deve-se dizer que a simplicidade da alma e do anjo não deve ser concebida ao modo da simplicidade do ponto, que possui um determinado lugar no contínuo; deste modo, o que é simples não pode estar em diversas partes do contínuo. Mas o anjo e a alma são chamados "simples" pelo fato de absolutamente carecerem da quantidade, e assim não se aplicam ao contínuo

simplicia per hoc quod omnino carent quantitate; et ideo non applicantur ad continuum nisi per contactum virtutis. Unde totum illud quod virtute Angeli contingitur, respondet Angelo, qui non unitur ut forma, ut locus unus; et animae, quae unitur ut forma, ut perfectibile unum. Et sicut Angelus est in qualibet parte sui loci totus, ita et anima in qualibet parte sui perfectibilis, tota.

senão pelo contato da virtude. Logo, aquele todo que é tocado pela virtude do anjo (que não se une a ele como forma), corresponde ao anjo como um só lugar;[248] e [o todo que é tocado pela virtude da alma] (a qual se une a ele como forma) corresponde à alma como um só perfectível. Logo, assim como o anjo está inteiro em qualquer parte de seu lugar, assim também está inteira a alma em qualquer parte de seu perfectível.

QUAESTIO XI

Undecimo quaeritur utrum in homine anima rationalis, sensibilis et vegetabilis sit una substantia

Et videtur quod non.

1 Ubicumque enim est actus animae, ibi est et anima. Sed in embryone actus animae vegetabilis praecedit actum animae sensibilis, et actus animae sensibilis actum animae rationalis. Ergo in concepto primum est anima vegetabilis, quam sensibilis, et sensibilis quam rationalis; et ita non sunt idem secundum substantiam.

2 Sed dicebat quod actus animae vegetabilis et sensibilis non est in embryone ab anima quae sit in embryone, sed a virtute in eo existente ab anima parentis. Sed contra, nullum agens finitum agit sua virtute nisi secundum determinatam distantiam, ut patet in motu proiectionis. Proiiciens enim usque ad locum determinatum proiicit secundum modum suae virtutis. Sed in embryone apparent motus et operationes animae, quantumcumque parens distet, cuius tamen virtus finita est. Non igitur operationes animae sunt in embryone per virtutem animae parentis.

3 Praeterea, philosophus dicit in libro de Generat. animalium, quod embryo prius est animal quam homo. Sed animal non est nisi quod habet animam sensibilem, homo autem est per animam rationalem. Ergo ipsa anima sensibilis est prius in embryone quam anima rationalis; et non solum virtus eius.

4 Praeterea, vivere et sentire sunt operationes quae non possunt esse nisi a principio intrinseco: sunt enim actus animae. Ergo cum embryo vivat et sentiat antequam habeat animam rationalem, vivere et sentire non erunt ex anima exteriori parentis, sed ab anima intus existente.

QUESTÃO XI

Se as almas racional, sensível e vegetativa são no homem uma só substância[249]

E PARECE QUE NÃO.

1. Onde quer que esteja o ato da alma, aí está também a alma. Mas, num embrião, o ato da alma vegetativa precede o ato da alma sensitiva, e o ato da alma sensitiva precede o ato da alma racional. Logo, no [ente humano] concebido, a alma vegetativa é anterior à sensitiva, e a sensitiva é anterior à racional; e, assim, elas não são idênticas quanto à sua substância.[250]

2. Poder-se-ia dizer, porém, que o ato da alma vegetativa e sensitiva do embrião não se encontra nele pela própria alma do embrião, mas por uma virtude nele procedente da alma do pai.[251] Mas em sentido contrário: nenhum agente finito move por virtude própria senão até determinada distância, como no movimento de lançar coisas: aquele que lança algo até certo lugar o lança conforme ao modo de sua própria virtude. Mas na alma do embrião aparecem movimentos e operações da alma, seja qual for a distância que mantenham com respeito ao pai, embora a virtude deste seja finita. Por conseguinte, as operações da alma não existem no embrião por virtude da alma do pai.

3. Ademais, diz o Filósofo em *Sobre a Geração dos Animais*[252] que o embrião é antes animal que homem. Mas o animal é animal por ter alma sensitiva, e o homem é homem por ter alma racional. Logo, a alma sensitiva está no embrião antes da alma racional, e não somente uma virtude dela.

4. Ademais, viver e sentir são operações cujo princípio só pode ser intrínseco: de fato, são atos da alma. Logo, dado que o embrião vive e sente antes de ter alma racional, seu viver e seu sentir não procedem de fora, da alma do pai, mas da própria alma do embrião.

5 Praeterea, philosophus dicit in II de anima, quod anima est causa corporis viventis non solum sicut forma, sed sicut efficiens et finis. Sed non esset efficiens causa corporis nisi adesset corpori quando formatur. Formatur autem ante infusionem animae rationalis. Ergo ante infusionem animae rationalis est in embryone anima, et non solum animae virtus.

6 Sed dicebat quod formatio corporis fit ab anima, non quae est in embryone, sed ab anima parentis. Sed contra, corpora viventia secundum motus proprios movent seipsa. Sed generatio corporis viventis est quidam motus eius proprius, cum eius principium proprium sit potentia generativa. Ergo secundum istum modum res viva movet seipsam. Sed movens seipsum componitur ex movente et moto, ut probatur in VIII Phys. Ergo principium generationis, quod format corpus vivum, est anima quae est in embryone.

7 Praeterea, manifestum est quod embryo augetur. Augmentum autem est motus secundum locum, ut dicitur in IV Physic. Cum ergo animal secundum locum moveat seipsum, movebit etiam seipsum secundum augmentum; et ita oportet quod in embryone sit principium talis motus, et non habeat hunc motum ab anima extrinseca.

8 Praeterea, philosophus dicit in libro de Generat. animalium, quod non potest dici quod in embryone non sit anima; sed primo est ibi anima cibativa, postea sensitiva.

9 Sed dicebat quod hoc dicit philosophus non quod sit ibi anima in actu, sed in potentia. Sed contra, nihil agit nisi in quantum est actu. Sed in embryone sunt actiones animae. Ergo est ibi anima in actu; et ita relinquitur quod non sit tantum una substantia.

10 Praeterea, impossibile est quod idem sit ab extrinseco et intrinseco. Sed anima rationalis est in homine ab extrinseco, vegetabilis autem et sensibilis ab intrinseco, id est a principio quod est in semine, ut patet per philosophum in libro de Generat. animalium. Ergo non est idem in homine secundum substantiam anima vegetabilis, sensibilis et rationalis.

11 Praeterea, impossibile est ut quod est substantia in uno sit accidens in alio; unde dicit [Commentator] in VIII Metaph. quod calor non est forma substantialis ignis, cum sit accidens in aliis. Sed anima sensibilis est

5. Ademais, diz o Filósofo, no livro II *Sobre a Alma*,²⁵³ que esta é causa do corpo do vivente não só como forma, mas como causa eficiente e final. Mas não seria causa eficiente do corpo se não lhe estivesse presente quando ele se forma. Ora, o corpo se forma antes de ser infundida a alma racional. Logo, antes de ser infundida a alma racional, está no embrião a alma, e não só uma virtude dela.

6. Poder-se-ia dizer, porém, que a formação do corpo não depende da alma que há no embrião, e sim da alma do pai. Mas em sentido contrário: os corpos viventes se movem a si mesmos segundo seus próprios movimentos. Ora, a geração do corpo do vivente consiste em certo movimento próprio seu, visto que a potência gerativa é princípio próprio. Logo, a coisa viva se move a si mesma deste modo. Mas o que se move a si mesmo é composto de motor e movido, como se demonstra no livro VIII da *Física*.²⁵⁴ Logo, o princípio da geração do corpo é a alma que há no embrião.

7. Ademais, é patente que o embrião cresce. Ora, o crescimento é um movimento segundo o lugar, como se diz no livro IV da *Física*.²⁵⁵ Logo, se o animal se move a si mesmo segundo o lugar, mover-se-á também a si mesmo segundo cresce; e, assim, é necessário que no embrião exista o princípio de tal movimento, e não receba tal movimento de uma alma exterior.

8. Ademais, diz o Filósofo em *Sobre a Geração dos Animais*²⁵⁶ que não se pode dizer que no embrião não haja alma; assim, nele aparece primeiro a alma nutritiva, e depois a sensitiva.

9. Poder-se-ia dizer, porém, que o Filósofo diz isto não porque haja ali uma alma em ato, mas em potência. – Mas em sentido contrário: nada age a não ser que esteja em ato. Ora, no embrião existem operações de uma alma. Logo, há nele uma alma em ato, e disto se segue que não há uma só substância.

10. Ademais, é impossível que a mesma coisa proceda de dentro e de fora. Mas a alma racional do homem procede de fora, e a vegetativa e a sensitiva procedem de dentro, ou seja, do princípio que está no sêmen, como afirma o Filósofo no livro *Sobre a Geração dos Animais*.²⁵⁷ Logo, a alma vegetativa, a sensitiva e a racional do homem não são a mesma segundo sua substância.

11. Ademais, é impossível que aquilo que é substância numa coisa seja acidente noutra, e por isso diz o Comentador no livro VIII da *Metafísica*²⁵⁸ que o calor não é forma substancial do fogo, uma vez que é acidente em outros. Mas a

substantia in brutis animalibus. Non est ergo potentia tantum in homine, cum potentiae sint quaedam proprietates et accidentia animae.

12 Praeterea, homo est nobilius animal quam bruta animalia. Sed animal dicitur propter animam sensibilem. Ergo anima sensibilis est nobilior in homine quam in brutis animalibus. Sed in brutis animalibus est quaedam substantia, et non tantum potentia animae. Ergo multo magis in homine est quaedam substantia per se.

13 Praeterea, impossibile est quod idem secundum substantiam sit corruptibile et incorruptibile. Sed anima rationalis est incorruptibilis; animae vero sensibiles et vegetabiles sunt corruptibiles. Ergo impossibile est quod anima rationalis, sensibilis et vegetabilis sint idem secundum substantiam.

14 Sed dicebat quod anima sensibilis in homine est incorruptibilis. Sed contra, corruptibile et incorruptibile differunt secundum genus, ut dicit philosophus in X Metaphys. Sed anima sensibilis in brutis est corruptibilis. Si igitur in homine anima sensibilis est incorruptibilis, non erit eiusdem generis anima sensibilis in homine et in equo. Et ita, cum animal dicatur per animam sensibilem, homo et equus non essent in uno genere animalis; quod patet esse falsum.

15 Praeterea, impossibile est quod idem secundum substantiam sit rationale et irrationale, quia contradictio non verificatur de eodem. Sed anima sensibilis et vegetabilis sunt irrationales. Ergo non possunt idem esse in substantia cum anima rationali.

16 Praeterea, corpus est proportionatum animae. Sed in corpore sunt diversa principia operationum animae, quae vocantur membra principalia. Ergo non est tantum una anima, sed plures.

17 Praeterea, potentiae animae naturaliter ab essentia animae fluunt. Ab uno autem naturaliter non procedit nisi unum. Si ergo anima est una tantum in homine, non procederent ab ea vires quaedam affixae organis et quaedam non affixae.

18 Praeterea, genus sumitur a materia, differentia vero a forma. Sed genus hominis est animal, differentia vero rationalis. Cum ergo animal dicatur ab anima sensibili, videtur quod non solum corpus, sed etiam anima sensibilis comparetur ad animam rationalem per modum materiae. Ergo non sunt idem in substantia anima rationalis et anima sensibilis.

alma sensível é substância nos animais irracionais. Logo, não é apenas uma potência no homem, dado que as potências são certas propriedades e acidentes da alma.

12. Ademais, o homem é um animal mais nobre que os irracionais. Ora, o animal se chama assim por sua alma sensitiva. Logo, a alma sensitiva é mais nobre no homem que nos animais irracionais. Mas nos animais irracionais ela é uma substância, e não somente uma potência da alma. Logo, no homem, com muito maior razão, será substância *per se*.

13. Ademais, a mesma substância não pode ser corruptível e incorruptível. Mas a alma racional é incorruptível, enquanto as almas sensitiva e vegetativa são corruptíveis. Logo, não é possível que as almas racional, sensitiva e vegetativa sejam uma só segundo a substância.

14. Poder-se-ia dizer, porém, que a alma sensitiva do homem é incorruptível. Mas em sentido contrário: o corruptível e o incorruptível diferem em gênero, como diz o Filósofo no livro X da *Metafísica*.[259] Pois bem, a alma sensitiva dos animais irracionais é corruptível. Portanto, se a alma sensitiva do homem é incorruptível, não serão do mesmo gênero a alma sensitiva do homem e a do cavalo. E assim, porque o animal é dito animal por ter alma sensitiva, o gênero animal não seria idêntico no homem e nos outros animais; o que é patentemente falso.

15. Ademais, uma mesma substância não pode ser racional e irracional, porque a contradição não se verifica a respeito do mesmo. Ora, a alma sensitiva e a vegetativa são irracionais. Logo, não podem ser o mesmo em substância que a alma racional.

16. Ademais, o corpo é proporcional à alma. Mas no corpo há diversos princípios de operações, chamados membros principais. Logo, nele não há uma só alma, mas várias.

17. Ademais, as potências da alma fluem naturalmente da essência da alma. Mas do uno só procede naturalmente o uno. Logo, se houvesse uma só alma no homem, dela não procederiam certas faculdades ligadas a órgãos, nem outras não ligadas.

18. Ademais, o gênero é tomado da matéria, mas a diferença é tomada da forma. Ora, o gênero do homem é *animal*, e sua diferença é *racional*. Logo, como o animal é dito animal pela alma sensitiva, parece que não só o corpo, mas também a alma sensitiva está para a alma racional assim como a matéria para a forma. Logo, a alma racional e a alma sensitiva não são a mesma substância.

19 Praeterea, homo et equus conveniunt in animali. Animal autem dicitur per animam sensibilem. Ergo conveniunt in anima sensibili. Sed anima sensibilis in equo non est rationalis. Ergo nec in homine.

20 Praeterea, si anima rationalis, sensibilis et vegetabilis sint idem secundum substantiam in homine, oportet quod in quacumque parte est una earum, sit et alia. Hoc autem est falsum. Nam in ossibus est anima vegetabilis, quia nutriuntur et augentur; non autem anima sensibilis, quia sine sensu sunt. Ergo non sunt idem secundum substantiam.

Sed contra.

Est quod dicitur in Lib. de Eccles. dogmatibus: *neque duas animas in uno homine esse dicimus, sicut Iacobus et alii Syrorum scribunt; unam animalem qua animetur corpus, et aliam rationalem quae rationi ministret; sed dicimus unam eamdemque animam in homine, quae corpus sua societate vivificet, et semetipsam sua ratione disponat.*

Respondeo. Dicendum quod circa hanc quaestionem sunt diversae opiniones, non solum modernorum, sed etiam antiquorum. Plato enim posuit diversas animas esse in corpore. Et hoc quidem consequens erat suis principiis. Posuit enim Plato quod anima unitur corpori ut motor, et non ut forma; dicens animam esse in corpore sicut est nauta in navi: ubi autem apparent diversae actiones secundum genus, oportet ponere diversos motores; sicut in navi alius est qui gubernat, et alius qui remigat. Nec eorum diversitas repugnat unitati navis: quia sicut actiones ordinatae sunt, ita et motores qui sunt in navi, ordinati sunt, unus sub alio. Et similiter non videtur repugnare unitati hominis vel animalis, si sint plures animae in uno corpore, ut motores ordinati sub invicem secundum ordinem operationum animae.

Sed secundum hoc cum ex motore et mobili non fiat unum simpliciter et per se, homo non esset unum simpliciter et per se, neque animal; neque esset generatio aut corruptio simpliciter, cum corpus accipit animam vel amittit. Unde oportet dicere, quod anima unitur

19. Ademais, homem e cavalo coincidem em ser animais. Ora, algo é dito animal por ter alma sensitiva. Logo, coincidem em ter alma sensitiva. Mas a alma sensitiva no cavalo não é racional. Logo, tampouco a [que reside] no homem.

20. Ademais, se no homem a alma racional, a sensitiva e a vegetativa são a mesma segundo a substância, é necessário que em qualquer parte em que haja uma delas haja outra. Mas isto é falso. Pois nos ossos está a alma vegetativa, porque eles se nutrem e crescem; mas não a alma sensitiva, porque carecem de sensação. Logo, não são a mesma substância.

Mas em sentido contrário:

Tem-se o que se diz no livro *Sobre os Dogmas Eclesiásticos*:[260] "Não dizemos que no mesmo homem haja duas almas, como sustentaram Jacó e outros autores sírios: uma animal, pela qual é animado o corpo, e outra racional, que provê a razão. Mas afirmamos que há uma única e mesma alma no homem, aquela que por sua união com o corpo o vivifica e pela sua razão se governa a si mesma".

Respondo. Deve-se dizer que acerca desta questão há diversas posições, não só entre os modernos, mas também entre os antigos. Pois Platão[261] sustentou que há diversas almas no corpo. E isso era coerente com seus princípios. De fato, Platão defendeu que a alma se une ao corpo apenas como motor, e não como forma, argumentando que a alma está para o corpo assim como o piloto para o navio; ali onde se manifestam diversas operações segundo o gênero é necessário supor diversos motores; assim como no navio um é o que maneja o timão, e outro é o que rema. E a diversidade desses motores não é incompatível com a unidade do navio: pois, assim como as ações estão ordenadas, assim também os motores do navio estão ordenados um sob outro. E, de modo semelhante, não parece ser incompatível com a unidade do homem ou do animal que haja diversas almas num só corpo, como motores ordenados entre si segundo a ordem que vigora entre as operações da alma.

Mas, de acordo com isto, dado que motor e móvel não formam uma unidade *simpliciter* e *per se*, tampouco o homem seria uno *simpliciter* e *per se*, nem o animal. Nem haveria geração ou corrupção quando o corpo recebe a alma ou a perde.

corpori non solum ut motor, sed ut forma; ut etiam ex superioribus manifestum est.

Sed etiam hoc posito, adhuc secundum Platonis principia consequens est quod sint plures animae in homine et in animali. Posuerunt enim Platonici universalia esse formas separatas, quae de sensibilibus praedicantur in quantum participata sunt ab eis: utpote Socrates dicitur animal in quantum participat ideam animalis, et homo in quantum participat ideam hominis. Et secundum hoc relinquitur quod alia sit forma secundum essentiam, secundum quam Socrates dicitur esse animal, et alia secundum quam dicitur esse homo. Unde ad hoc sequitur quod anima sensibilis et rationalis secundum substantiam differant.

Sed hoc non potest stare: quia ex diversis actu existentibus non fit aliquid unum per se. Quia si de aliquo subiecto praedicentur aliqua secundum diversas formas per se, unum illorum praedicatur de altero per accidens. Sicut de Socrate dicitur album secundum albedinem, et musicum secundum musicam; unde musicum de albo secundum accidens praedicatur. Si igitur Socrates dicatur homo et animal secundum aliam et aliam formam, sequeretur quod haec praedicatio homo est animal, sit per accidens; et quod homo non sit vere id quod est animal. Contingit tamen secundum diversas formas fieri praedicationem per se, quando habent ordinem ad invicem; ut si dicatur quod habens superficiem est coloratum. Nam color est in substantia mediante superficie. Sed hic modus praedicandi per se non est quia praedicatum ponatur in definitione subiecti; sed magis e converso. Superficies enim ponitur in definitione coloris sicut numerus in definitione paris. Si ergo hoc modo esset praedicatio per se hominis et animalis, cum anima sensibilis quasi materialiter ordinetur ad rationalem, si diversae sint, sequetur quod animal non praedicabitur per se de homine, sed magis e contrario.

Sequitur etiam aliud inconveniens. Ex pluribus enim actu existentibus non fit unum simpliciter, nisi sit aliquid uniens et aliquo modo ligans ea ad invicem. Sic ergo, si secundum diversas formas Socrates esset animal et rationale, indigerent haec duo, ad hoc quod unirentur simpliciter, aliquo quod faceret ea unum. Unde, cum hoc non sit assignare, remanebit quod homo non erit unum nisi aggregatione; sicut acervus, qui est secundum

Questão XI

Razão por que é necessário dizer que a alma se une ao corpo não somente como motor, mas como forma, como se demonstrou anteriormente.

Ainda supondo que isto seja admitido, tal não impede que, segundo os princípios de Platão, haja várias almas no homem ou no animal. Pois os platônicos sustentaram que os universais seriam formas separadas que se predicam das coisas sensíveis na medida em que estas participam daqueles: como quando de Sócrates se diz que é animal enquanto participa da ideia de animal, e se diz que é homem enquanto participa da ideia de homem. E disto resulta que, segundo a essência, uma seja a forma pela qual se diz que Sócrates é animal, e outra pela qual se diz que é homem. Daí se seguiria que a alma sensível e a racional diferem em substância.

Mas não é possível sustentar isso, pois diversos existentes em ato não constituem algo que seja uno *per se*. Se de um sujeito se predicam vários atributos *per se*, cada um segundo uma forma, um deles se predicará do outro apenas *per accidens*. Por exemplo, se de Sócrates se predica branco segundo a brancura e músico segundo a música, então músico se predicará de branco apenas *per accidens*. Portanto, se se dissesse que Sócrates é homem em virtude de uma forma e animal em virtude de outra, seguir-se-ia que a predicação "o homem é animal" seria *per accidens*, e que o homem não seria verdadeiramente aquilo que é animal. No entanto, sucede que é possível predicar *per se* quando as diversas formas possuem ordenação entre si; como quando dizemos, por exemplo, que "o que possui superfície é colorido"; porque a cor está na substância mediante a superfície. Mas este modo de predicação *per se* não se dá porque o predicado entra na definição do sujeito, mas pelo contrário; pois a superfície entra na definição da cor assim como o número entra na definição de par. Portanto, supondo que deste modo houvesse uma predicação *per se* de homem e animal, visto que a alma sensível se ordena à racional quase como matéria desta (supondo que as duas sejam distintas), concluir-se-ia que "animal" não se predicaria *per se* de "homem", mas o contrário.

Segue-se, ademais, outro inconveniente. Pois de várias coisas existentes em ato não se constitui algo uno *simpliciter* sem que haja algo que as una e vincule de algum modo. Assim, se Sócrates fosse animal e racional em virtude de diferentes formas, as duas necessitariam, para que se unissem *simpliciter*, de alguma coisa que as tornasse algo uno. Não sendo porém possível designar este algo, sucederá que o homem não será uno senão por agregação, como um conglomerado, que é

quid unum et simpliciter multa. Et ita etiam non erit homo ens simpliciter, quia unumquodque in tantum est ens, in quantum est unum.

Iterum aliud inconveniens sequitur. Cum enim genus sit substantiale praedicatum, oportet quod forma secundum quam individuum substantiae recipit praedicationem generis, sit forma substantialis. Et ita oportet quod anima sensibilis, secundum quam Socrates dicitur animal, sit forma substantialis in eo; et sic necesse est quod det esse simpliciter corpori, et faciat ipsum hoc aliquid. Anima ergo rationalis, si est alia secundum substantiam, non facit hoc aliquid nec esse simpliciter, sed solum esse secundum quid; cum adveniat rei iam subsistenti. Unde non erit forma substantialis, sed accidentalis; et sic non dabit speciem Socrati, cum etiam species sit praedicatum substantiale.

Relinquitur ergo quod in homine sit tantum una anima secundum substantiam, quae est rationalis, sensibilis et vegetabilis. Et hoc consequens est ei, quod in praecedentibus ostendimus de ordine formarum substantialium: scilicet quod nulla forma substantialis unitur materiae mediante alia forma substantiali; sed forma perfectior dat materiae quidquid dabat forma inferior, et adhuc amplius. Unde anima rationalis dat corpori humano quidquid dat anima sensibilis brutis, vegetabilis plantis, et ulterius aliquid; et propter hoc ipsa est in homine et vegetabilis et sensibilis et rationalis. Huic etiam attestatur, quod, cum operatio unius potentiae fuerit intensa, impeditur alterius operatio, et e contra fit redundantia ab una potentia in aliam: quod non esset, nisi omnes potentiae in una essentia animae radicarentur.

1 AD PRIMUM ergo dicendum quod supposito quod sit tantum una substantia animae in corpore humano, diversimode ad hoc argumentum respondetur a diversis. Quidam enim dicunt quod in embryone ante animam rationalem non est anima, sed quaedam virtus procedens ab anima parentis, et ab huiusmodi virtute sunt operationes quae in embryone apparent: quae dicitur virtus formativa. Sed hoc non est omnino verum: quia in embryone apparet non solum formatio corporis, quae potest attribui praedictae virtuti; sed etiam aliae operationes, quae non possunt attribui

uno *secundum quid* e múltiplo *simpliciter*. E assim o homem não seria um ente *simpliciter*, porque toda e qualquer coisa é ente na mesma medida em que é uno.

Surge, ademais, outro inconveniente. Pois, sendo o gênero um predicado substancial, é necessário que a forma segundo a qual o indivíduo recebe a predicação do gênero seja uma forma substancial; e por isso é necessário que a alma sensível, segundo a qual se diz que Sócrates é animal, seja nele uma forma substancial. Assim, também é necessário que ela confira o ser *simpliciter* ao corpo, e faça com que este seja algo concreto. Logo, se a alma racional for distinta substancialmente da sensível, não produzirá algo concreto nem dará o ser *simpliciter*, mas somente um ser *secundum quid*, pois advirá à coisa já subsistente: por isso, a alma racional não será forma substancial, mas acidental, e assim não dará a Sócrates sua espécie, uma vez que a espécie também é um predicado substancial.

Portanto, resta que no homem há uma só alma segundo a substância, que é ao mesmo tempo racional, sensível e vegetativa. E isto se segue do que já mostramos antes[262] ao falar da ordem entre as diversas formas substanciais: ou seja, que nenhuma forma substancial se une à matéria mediante outra forma substancial, senão que a forma mais perfeita dá à matéria aquilo que lhe dava a forma inferior e ainda mais. Daí que a alma racional confira ao corpo humano o que a alma vegetativa dá às plantas e o que a alma sensível dá aos irracionais, e também algo mais; e por isso a alma vegetativa, a sensitiva e a racional são no homem numericamente a mesma. Sinal disso, ademais, é que, quando a operação de uma potência é intensa, impede a operação de outra; e é também possível que uma potência redunde em favor de outra. Isto não sucederia se todas as potências não se radicassem na mesma essência da alma.

1. Quanto ao primeiro argumento, portanto, deve-se dizer que, suposto que exista uma só substância da alma no corpo humano, este argumento é respondido de várias maneiras, por vários autores. Alguns dizem que no embrião, antes da alma racional, não há alma, mas certa virtude procedente da alma do pai, da qual procedem as operações que se apresentam no embrião, que denominam virtude formativa.[263] Mas isto não é completamente verdadeiro: porque no embrião se apresenta não só a formação do corpo – que se poderia atribuir, sim, à virtude mencionada –, mas também outras operações que não se podem atribuir senão à

nisi animae, ut augeri, sentire, et huiusmodi. Posset tamen hoc sustineri, si praedictum principium activum in embryone pro tanto diceretur virtus animae, non anima, quia nondum est anima perfecta, sicut nec embryo est animal perfectum. Sed tunc eadem remanebit difficultas. Dicunt enim aliqui quod, licet primo in embryone sit anima vegetabilis quam sensibilis et sensibilis quam rationalis, non tamen est alia et alia. Sed primo quidem reducitur semen in actum animae vegetabilis per principium activum, quod est in semine. Quae quidem anima in processu temporis magis ad ulteriorem producitur perfectionem per processum generationis, et ipsamet fit anima sensibilis; quae quidem ulterius producitur in maiorem perfectionem a principio extrinseco, et fit anima rationalis. Sed secundum hanc positionem sequetur quod ipsa substantia animae rationalis sit a principio activo quod est in semine, sed alia perfectio adveniat ibi ultimo a principio extrinseco. Et ita sequeretur quod anima rationalis secundum suam substantiam sit corruptibilis: non enim potest esse incorruptibile quod a virtute quae est in semine causatur.

Et ideo aliter dicendum est, quod generatio animalis non est tantum una generatio simplex; sed succedunt sibi invicem multae generationes et corruptiones. Sicut dicitur quod primo habet formam seminis, et secundo formam sanguinis, et sic deinceps quousque perficiatur generatio. Et ideo cum corruptio et generatio non sint sine abiectione et additione formae, oportet quod forma imperfecta quae prius inerat abiiciatur et perfectior inducatur; et hoc quousque conceptum habeat formam perfectam. Et ideo dicitur quod anima vegetabilis prius est in semine; sed illa abiicitur in processu generationis, et succedit alia, quae non solum est vegetabilis, sed etiam sensibilis, [qua abiecta] iterum additur alia quae simul est vegetabilis, sensibilis et rationalis.

2 AD SECUNDUM dicendum quod virtus quae est in semine a patre, est virtus permanens ab intrinseco, non influens ab extrinseco, sicut virtus moventis quae est in proiectis: et ideo quantumcumque pater distet secundum locum, virtus quae est in semine, operatur. Non enim virtus activa quae est in semine potest esse a matre, licet hoc quidam dicant, quod femina non est principium activum, sed passivum. Tamen quantum ad aliquid est simile: sicut enim virtus proiicientis, quae est finita, movet motu

existência da alma, como o crescimento, a sensação e outras deste tipo. Mas isso também se poderia sustentar se o mencionado princípio ativo que há no embrião fosse uma virtude da alma, e não a alma, uma vez que ainda não existe a alma perfeita, assim como tampouco o embrião é um animal perfeito. Mas então permaneceria a mesma dificuldade. Pois dizem alguns que, embora no embrião esteja primeiro a alma vegetativa e depois a sensitiva, e primeiro a sensitiva e depois a racional, não é que haja almas distintas, mas sim que o sêmen reduz-se ao ato da alma vegetativa por um princípio ativo que há no sêmen; esta mesma alma, no decurso do tempo, é levada a uma perfeição ulterior mediante geração, e faz-se alma sensitiva por si mesma; em seguida, é levada mediante um princípio extrínseco a uma perfeição maior, e faz-se alma racional. Mas dessa opinião se segue que a própria substância da alma racional proviria do princípio ativo que há no sêmen, ainda que sua perfeição final lhe advenha de um princípio extrínseco;[264] e deste modo se seguiria que a alma racional seria corruptível quanto à sua substância: não poderia ser incorpórea porque seria causada por uma virtude que há no sêmen.

E por isso se deve responder, de maneira distinta, que na geração do animal não há apenas uma geração simples, senão que sucedem entre si várias gerações e corrupções, assim como se diz que primeiro tem a forma do sêmen, depois a forma do sangue, e assim sucessivamente até que a geração seja finalizada. E, dado que a corrupção e a geração não são possíveis sem perder ou acrescentar uma forma, é necessário que a forma imperfeita que havia antes se perca e uma mais perfeita se introduza, e assim até que o concebido tenha uma forma perfeita. Por isso se diz que a alma vegetativa existe primeiro no sêmen, mas se remove no processo da geração, e a sucede outra, que não é só vegetativa, mas também sensitiva; novamente, removida esta, agrega-se outra, que é ao mesmo tempo vegetativa, sensitiva e racional.

2. QUANTO AO SEGUNDO, deve-se dizer que aquela virtude existente no sêmen do pai é uma virtude permanente de origem intrínseca, e não uma que flui por origem extrínseca, como a virtude do movente que se encontra no projétil. E por isso, por maior que seja a distância entre o pai e seu sêmen, a virtude que há no sêmen permanece operante. (Pois a virtude ativa que há no sêmen não pode proceder da mãe, ainda que alguns o sustentem, porque a fêmea não é princípio ativo, mas passivo.) No entanto, por certo aspecto a virtude do sêmen é semelhante [à virtude do lançador]: pois, assim como a virtude deste – que é finita – move

locali usque ad determinatam distantiam loci, ita virtus generantis movet motu generationis usque ad determinatam formam.

3 Ad tertium dicendum quod illa virtus habet rationem animae, ut dictum est; et ideo ab ea embryo potest dici animal.

4-8 Et similiter dicendum ad quartum, quintum, sextum, septimum et octavum.

9 Ad nonum dicendum quod sicut anima est in embryone in actu, sed [imperfecto], ita operatur secundum operationes imperfectas.

10 Ad decimum dicendum quod, licet anima sensibilis in brutis sit ab intrinseco, tamen in homine substantia animae, quae est simul vegetabilis, sensibilis et rationalis, est ab extrinseco, ut iam dictum est.

11 Ad undecimum dicendum quod anima sensibilis non est accidens in homine, sed substantia, cum sit idem in substantia cum anima rationali; sed potentia sensitiva est accidens in homine, sicut et in aliis animalibus.

12 Ad duodecimum dicendum quod anima sensibilis est nobilior in homine quam in aliis animalibus: quia in homine non tantum sensibilis est, sed etiam rationalis.

13 Ad decimumtertium dicendum quod anima sensibilis in homine secundum substantiam est incorruptibilis, cum eius substantia sit substantia animae rationalis; licet forte potentiae sensitivae, quae sunt actus corporis, non remaneant post corpus, ut quibusdam videtur.

14 Ad decimumquartum dicendum quod si anima sensibilis quae est in brutis, et anima sensibilis quae est in homine, collocarentur secundum se in genere vel specie, non essent unius generis; nisi forte logice loquendo secundum aliquam intentionem communem. Sed id quod est in genere et specie proprie, est compositum, quod utrobique est corruptibile.

15 Ad decimumquintum dicendum quod anima sensibilis in homine non est anima irrationalis, sed est anima sensibilis et rationalis simul. Sed verum est quod potentiae animae sensitivae, quaedam quidem sunt irrationales secundum se, sed participant rationem secundum quod obediunt rationi; potentiae autem animae vegetabilis sunt penitus irrationabiles, quia non obediunt rationi, ut patet per philosophum in I Ethic.

com um movimento local até determinada distância, também a virtude daquele que gera move com um movimento de geração até determinada forma.²⁶⁵

3. QUANTO AO TERCEIRO, deve-se dizer que tal virtude possui razão de alma, como se disse; e precisamente por ela o embrião pode ser chamado animal.²⁶⁶

4-8. E o mesmo deve dizer-se EM RESPOSTA AO QUARTO, AO QUINTO, AO SEXTO, AO SÉTIMO e AO OITAVO.

9. QUANTO AO NONO, deve-se dizer que, como a alma está no embrião em ato, mas [em ato] imperfeito, assim também realiza operações, mas imperfeitas.

10. QUANTO AO DÉCIMO, deve-se dizer que, embora a alma sensível dos animais tenha origem intrínseca, no homem a substância da alma que é ao mesmo tempo vegetativa, sensitiva e racional tem origem extrínseca, como já se disse.

11. QUANTO AO DÉCIMO PRIMEIRO, deve-se dizer que a alma sensível não é acidente no homem, mas substância, visto que é idêntica em substância à alma racional. Mas a potência sensitiva é acidente no homem, como também nos demais animais.

12. QUANTO AO DÉCIMO SEGUNDO, deve-se dizer que a alma sensitiva do homem é superior à dos outros animais porque no homem não é somente sensitiva, mas também racional.

13. QUANTO AO DÉCIMO TERCEIRO, deve-se dizer que a alma sensitiva do homem é incorruptível quanto à substância, porque sua substância é a substância da alma racional; ainda que talvez as potências sensitivas, que são atos do corpo, não subsistam depois do corpo, como parece a alguns.

14. QUANTO AO DÉCIMO QUARTO, deve-se dizer que, se a alma sensitiva dos animais irracionais e a alma sensitiva do homem se incluíssem, por si mesmas, em gênero ou em espécie, não seriam do mesmo gênero senão logicamente falando, segundo uma intenção comum. Mas o que se inclui propriamente em gênero e espécie é o composto, que em ambos os casos é corruptível.

15. QUANTO AO DÉCIMO QUINTO, deve-se dizer que a alma sensitiva do homem não é uma alma racional, mas uma alma sensitiva e racional ao mesmo tempo. Por sua vez, é verdade que certas potências da alma sensitiva são irracionais se consideradas em si mesmas, mas participam da razão na medida em que lhe obedeçam. Já as potências vegetativas da alma são completamente irracionais, pois não obedecem à razão, como é patente pelo que diz o Filósofo no livro I da *Ética*.²⁶⁷

16 Ad decimumsextum dicendum quod, licet sint plura principalia membra in corpore, in quibus manifestantur principia quarumdam operationum animae, tamen omnia dependent a corde sicut a primo principio corporali.

17 Ad decimumseptimum dicendum quod ab anima humana in quantum unitur corpori effluunt vires affixae organis; in quantum vero excedit sua virtute corporis capacitatem, effluunt ab ea vires non affixae organis.

18 Ad decimumoctavum dicendum quod sicut ex superioribus quaestionibus patet, ab una et eadem forma materia recipit diversos gradus perfectionis; et secundum quod materia perficitur inferiori gradu perfectionis, remanet adhuc materialis dispositio ad ulterioris perfectionis gradum. Et sic secundum quod corpus perficitur in esse sensibili ab anima humana, remanet adhuc ut materiale respectu ulterius perfectionis. Et secundum hoc, animal quod est genus, sumitur a materia; et rationale, quod est differentia, sumitur a forma.

19 Ad decimumnonum dicendum quod sicut animal, in quantum animal, neque est rationale neque irrationale: sed ipsum animal rationale est homo, animal vero irrationale est animal brutum; ita anima sensibilis, in quantum huiusmodi, neque rationalis neque irrationalis est; sed ipsa anima sensibilis in homine est rationalis, in brutis vero irrationalis.

20 Ad vicesimum dicendum quod, licet una sit anima sensibilis et vegetabilis, non tamen oportet quod in quocumque apparet operatio unius, appareat operatio alterius, propter diversam partium dispositionem. Ex quo etiam contingit quod nec omnes operationes animae sensibilis exercentur per unam partem; sed visus per oculum, auditus per aures, et sic de aliis.

16. QUANTO AO DÉCIMO SEXTO, deve-se dizer que, embora haja diversos membros principais no corpo, nos quais se manifestam os princípios de algumas operações da alma, não obstante todos eles dependem do coração como de seu primeiro princípio corporal.

17. QUANTO AO DÉCIMO SÉTIMO, deve-se dizer que da alma humana, na medida em que está unida ao corpo, procedem virtudes ligadas a órgãos. Mas, visto que a alma humana excede por sua própria virtude a capacidade do corpo, dela procedem virtudes não ligadas a órgãos.

18. QUANTO AO DÉCIMO OITAVO, deve-se dizer que, como é patente pelo exposto em questões anteriores, a matéria recebe diversos graus de perfeição de uma só e mesma forma. E é assim que, na medida em que a matéria se aperfeiçoa com um grau inferior de perfeição, permanece como material[268] com respeito a uma ulterior perfeição. Do mesmo modo, na medida em que o corpo é aperfeiçoado pela alma humana e alcança o ser sensível, permanece ainda como material com respeito a uma ulterior perfeição. E também do mesmo modo se toma "animal", que é gênero, a partir da matéria; e "racional", que é diferença, a partir da forma.

19. QUANTO AO DÉCIMO NONO, deve-se dizer que, assim como o animal enquanto animal não é racional nem irracional, senão que o animal racional é homem e o animal irracional é o bruto, assim também a alma sensitiva, por si mesma, não é racional nem irracional, senão que a alma sensitiva do homem é racional, e a dos brutos irracional.

20. QUANTO AO VIGÉSIMO, deve-se dizer que, embora a alma sensitiva e a vegetativa sejam uma só, não é necessário que onde se dá a operação de uma se dê a operação da outra, por ser diversa a disposição das partes do corpo. Por isso, tampouco todas as operações da alma sensitiva se realizam mediante uma só parte, senão que a visão se faz mediante o olho, a audição mediante os ouvidos, etc.

QUAESTIO XII

~ *Duodecimo quaeritur utrum anima sit suae potentiae* ~

Et videtur quod sic.

1 Dicitur enim in libro de spiritu et anima: *anima habet sua naturalia, et illa omnia est: potentiae namque atque vires eius idem sunt quod ipsa. Habet accidentia, et illa non [est]; suae vires [est]; suae virtutes non [est]; non est enim sua prudentia, sua temperantia, sua iustitia, sua fortitudo.* Ex hoc expresse videtur haberi quod anima sit suae potentiae.

2 Praeterea, in eodem libro, dicitur: *anima secundum sui operis officium variis nuncupatur nominibus: dicitur namque anima dum vegetat, sensus dum sentit, animus dum sapit, mens dum intelligit, ratio dum discernit, memoria dum recordatur, voluntas dum vult. Ista tamen non differunt in substantia, quemadmodum in nominibus: quoniam ista sunt anima.* Ex hoc etiam idem habetur quod prius.

3 Praeterea, Bernardus dicit: *tria quaedam intueor in anima: memoriam, intelligentiam et voluntatem; et haec tria esse ipsam animam.* Sed eadem ratio est etiam de aliis potentiis animae. Ergo anima est suae potentiae.

4 Praeterea, Augustinus dicit in [IX] de Trinit., quod memoria, intelligentia et voluntas sunt una vita, una essentia. Sed nonnisi essentia animae. Ergo potentiae animae sunt idem quod eius essentia.

5 Praeterea, nullum accidens excedit suum subiectum. Sed memoria intelligentia et voluntas, excedunt animam: non enim sui solum anima meminit, neque se solum intelligit et vult, sed etiam alia. Ergo haec tria non sunt accidentia animae: sunt igitur idem quod essentia animae, et eadem ratione aliae potentiae.

QUESTÃO XII

❧ *Se a alma é o mesmo que suas potências*[269] ❧

E PARECE QUE SIM.

1. Pois consta do livro *Sobre o Espírito e a Alma*:[270] "A alma possui suas [capacidades] naturais, e é todas elas; de fato, também suas potências e suas forças são o mesmo que ela. Possui acidentes, e ela não é seus acidentes. Ela é suas forças, não suas virtudes[271] – pois não é sua prudência, sua temperança, sua justiça, sua fortaleza". E disto claramente parece ter-se que a alma seria suas potências.

2. Ademais, consta do mesmo livro:[272] "A alma, segundo a execução de suas operações, recebe vários nomes: chama-se alma enquanto vegeta, sentido enquanto sente, espírito[273] enquanto sabe, mente enquanto intelige, razão enquanto discerne, memória enquanto recorda, vontade enquanto quer. Todos esses, no entanto, não diferem em substância como o fazem em nome; pois são todos a alma". E também por isto tem-se o que foi dito acima.

3. Ademais, diz Bernardo:[274] "Três coisas compreendo na alma: memória, inteligência e vontade. E compreendo serem estas três a própria alma". Mas este mesmo raciocínio concerne também às outras potências da alma. Logo a alma é suas potências.

4. Ademais, diz Agostinho, no livro IX *Sobre a Trindade*,[275] que a memória, a inteligência e a vontade são uma só vida, uma só essência. Mas esta essência não pode ser senão a da alma. Portanto, as potências da alma são o mesmo que sua essência.

5. Ademais, nenhum acidente excede seu sujeito. Mas memória, inteligência e vontade excedem a alma: pois a alma não se lembra apenas de si, e tampouco intelige ou quer apenas a si, mas também a outros entes. Logo, estes três não são acidentes da alma; são portanto o mesmo que sua essência, e o mesmo vale para as outras potências.

6 Praeterea, secundum haec tria attenditur imago Trinitatis in anima. Sed anima est ad imaginem Trinitatis secundum seipsam, et non solum secundum eius accidentia. Ergo praedictae potentiae non sunt accidentia animae: sunt igitur de essentia eius.

7 Praeterea, accidens est quod potest adesse et abesse praeter subiecti corruptionem. Sed potentiae animae non possunt abesse. Ergo non sunt accidentia animae; et sic idem quod prius.

8 Praeterea, nullum accidens est principium substantialis differentiae; quia differentia complet definitionem rei, quae significat quid est res. Sed potentiae animae sunt principia differentiarum substantialium; sensibile enim dicitur secundum sensum, rationale secundum rationem. Ergo potentiae non sunt accidentia animae, sed sunt ipsa anima, quae est forma corporis; nam forma est principium substantialis differentiae.

9 Praeterea, forma substantialis est virtuosior quam accidentalis. Sed accidentalis a seipsa agit, et non per aliam potentiam mediam. Ergo et substantialis. Cum igitur anima sit forma substantialis, potentiae quibus agit non sunt aliud quam ipsa.

10 Praeterea, idem est principium essendi et operandi. Sed anima secundum seipsam est principium essendi, quia secundum suam essentiam est forma. Ergo sua essentia est principium operandi. Sed potentia nihil est aliud quam principium operandi. Essentia igitur animae est eius potentia.

11 Praeterea, substantia animae, in quantum est in potentia ad intelligibilia, est intellectus possibilis; in quantum autem est actu, est agens. Sed esse actu et esse in potentia non significant aliud quam ipsam rem quae est in potentia et in actu. Ergo anima est intellectus agens et possibilis; et eadem ratione est suae potentiae.

12 Praeterea, sicut materia prima est in potentia ad formas sensibiles, ita anima intellectiva est in potentia ad formas intelligibiles. Sed materia prima est sua potentia. Ergo anima intellectiva est sua potentia.

13 Praeterea, philosophus in libro Ethic. dicit quod homo est intellectus. Sed hoc non est nisi ratione animae rationalis. Ergo anima est intellectus, et eadem ratione est etiam suae potentiae.

14 Praeterea, philosophus in II de anima dicit quod anima est actus primus, sicut scientia. Sed scientia est immediatum principium actus secundi,

6. Ademais, é segundo estes três que se toma a imagem da Trindade na alma. Mas a alma é imagem da Trindade segundo si mesma, e não apenas segundo seus acidentes. Logo, as referidas potências não são acidentes da alma. São, portanto, de sua essência.

7. Ademais, um acidente é aquilo que pode estar presente ou ausente sem a corrupção do sujeito. Mas as potências da alma não podem ausentar-se; logo não são acidentes da alma. Assim, tem-se o mesmo que o mencionado acima.

8. Ademais, nenhum acidente é princípio de diferença substancial; pois a diferença completa a definição da coisa, que significa o que ela é. Mas as potências da alma são os princípios das diferenças substanciais: pois "sensível" se diz segundo os sentidos, e "racional" segundo a razão. Logo, as potências não são acidentes da alma, mas são a própria alma, que é forma do corpo; pois a forma é o princípio da diferença substancial.

9. Ademais, a forma substancial tem mais virtude que a acidental. Ora, a forma acidental age por si mesma, não por outra potência média. Logo, também o faz a substancial. Portanto, visto que alma é forma substancial, as potências pelas quais ela age não são outra coisa senão ela mesma.

10. Ademais, são o mesmo o princípio de ser e o princípio da operação. Mas a alma, segundo si mesma, é princípio de ser, pois segundo sua essência ela é forma. Logo, sua essência é princípio de operação. Mas a potência nada mais é que princípio de operação. A essência da alma, portanto, é sua potência.

11. Ademais, a substância da alma, enquanto está em potência para os inteligíveis, é intelecto possível; já enquanto está em ato, é intelecto agente. Mas "ser em ato" e "ser em potência" nada significam senão a mesma coisa que está em potência e em ato. Logo a alma é o intelecto agente e possível; e pela mesma razão ela é suas potências.

12. Ademais, assim como a matéria prima existe em potência para as formas sensíveis, também a alma intelectiva existe em potência para as formas inteligíveis. Mas a matéria prima é sua potência; logo a alma intelectiva é sua potência.

13. Ademais, diz o Filósofo, no livro IX da *Ética*,[276] que o homem é o intelecto. Mas isto não se dá senão em razão da alma racional. Logo a alma é intelecto, e pela mesma razão é também suas [outras] potências.

14. Ademais, diz o Filósofo, no livro II *Sobre a Alma*,[277] que ela é ato primeiro ao modo como o é a ciência. Ora, a ciência é princípio imediato do ato segundo,

qui est considerare. Ergo anima est immediatum principium operationum suarum. Sed immediatum principium operationis dicitur potentia. Ergo anima est suae potentiae.

15 Praeterea, omnes partes sunt consubstantiales toti, quia totum consistit ex partibus. Sed potentiae animae sunt partes eius, ut patet in II de anima. Ergo sunt substantiales animae, et non sunt accidentia.

16 Praeterea, forma simplex non potest esse subiectum. Sed anima est forma simplex, ut supra ostensum est. Ergo non potest esse subiectum accidentium. Potentiae ergo quae sunt in anima, non sunt eius accidentia.

17 Praeterea, si potentiae sunt accidentia animae, oportet quod ab essentia eius fluant; accidentia enim propria causantur ex principiis subiecti. Sed essentia animae, cum sit simplex, non potest esse causa tantae diversitatis accidentium, quantum apparet in potentiis animae. Potentiae igitur animae non sunt eius accidentia. Relinquitur ergo quod ipsa anima sit suae potentiae.

Sed contra.

1 Sicut se habet essentia ad esse, ita posse ad agere. Ergo permutatim, sicut se habent esse et agere ad invicem, ita se habent potentia et essentia. Sed in solo Deo idem est esse et agere. Ergo in solo Deo idem est potentia et essentia. Anima ergo non est suae potentiae.

2 Praeterea, nulla qualitas est substantia. Sed potentia naturalis est quaedam species qualitatis, ut patet in praedicamentis. Ergo potentiae naturales animae non sunt ipsa essentia animae.

Respondeo. Dicendum quod circa hanc quaestionem sunt diversae opiniones. Quidam enim dicunt, quod anima est suae potentiae; alii vero hoc negant dicentes, potentias animae esse quasdam proprietates ipsius. Et ut harum opinionum diversitas cognoscatur, sciendum quod potentia nihil aliud est quam principium operationis alicuius, sive sit actio sive passio. Non quidem principium quod est subiectum agens aut patiens, sed id quo agens agit aut patiens patitur; sicut ars aedificativa est potentia in aedificatore qui per eam aedificat, et calor in igne qui

que é o considerar. Logo, a alma é princípio imediato das suas operações. Mas o princípio imediato da operação é o que se chama de potência. Portanto, a alma é suas potências.

15. Ademais, todas as partes são consubstanciais ao todo, pois este consiste das partes. Mas as potências da alma são suas partes, como está claro no livro II *Sobre a Alma*.[278] Logo, são substanciais à alma, e não acidentes.

16. Ademais, uma forma simples não pode ser sujeito. Ora, a alma é uma forma simples, conforme exposto acima.[279] Logo não pode ser sujeito de acidentes. As potências que estão na alma, portanto, não são seus acidentes.

17. Ademais, se as potências são acidentes da alma, é necessário que fluam de sua essência; de fato os acidentes próprios são causados a partir dos princípios do sujeito. Mas a essência da alma, visto que é simples, não pode ser causa de tanta diversidade de acidentes quanta aparece nas potências da alma. As potências da alma não são, portanto, seus acidentes. Resta, pois, que a própria alma seja suas potências.

MAS EM SENTIDO CONTRÁRIO:

1. Assim como a essência se relaciona com o ser, assim também a potência se relaciona com o agir. Logo, por permutação, assim como o ser e o agir se relacionam um com o outro, assim também se relacionam entre si a essência e a potência. Mas apenas em Deus são a mesma coisa o ser e o agir. Apenas em Deus, portanto, são a mesma coisa a potência e a essência. Logo, a alma não é suas potências.

2. Ademais, nenhuma qualidade é substância. Ora, a potência natural é uma das espécies da qualidade, como está claro nas *Categorias*.[280] Logo, as potências naturais da alma não são a própria essência desta.

RESPONDO. Deve-se dizer que acerca desta questão há diversas opiniões. Dizem alguns que a alma é suas potências; já outros o negam, dizendo que as potências da alma são certas propriedades suas. E para que a diferença entre estas opiniões seja compreendida, há de se saber que uma potência nada mais é que um princípio de alguma operação, quer seja ação, quer paixão. Não um princípio que é sujeito agente ou paciente, mas aquilo pelo qual o agente age e o paciente padece; assim como a arte de construir é uma potência no construtor que, mediante ela,

calore calefacit, et siccum est potentia in lignis, quia secundum hoc sunt combustibilia.

Ponentes igitur quod anima sit suae potentiae, hoc intelligunt quod ipsa essentia animae sit principium immediatum omnium operationum animae; dicentes quod homo per essentiam animae intelligit, sentit et alia huiusmodi operatur, et secundum diversitatem operationum diversis nominibus nominatur: sensus quidem in quantum est principium sentiendi, intellectus autem in quantum est intelligendi principium, et sic de aliis. Utpote si calorem ignis nominaremus potentiam liquefactivam, calefactivam et desiccativam, quia haec omnia operatur.

Sed haec opinio stare non potest. Primo quidem, quia unumquodque agit secundum quod actu est, illud scilicet quod agit; ignis enim calefacit non in quantum actu est lucidum, sed in quantum est actu calidum: et exinde est quod omne agens agit sibi simile. Unde oportet quod ex eo quod agitur, consideretur principium quo agitur; oportet enim utrumque esse conforme. Unde in II Physic. dicitur quod forma et generans sunt idem specie.

Cum ergo id quod agit non pertinet ad esse substantiale rei, impossibile est quod principium quo agit sit aliquid de essentia rei; et hoc manifeste apparet in agentibus naturalibus. Quia enim agens naturale in generatione agit transmutando materiam ad formam, quod quidem fit secundum quod materia primo disponitur ad formam, et tandem consequitur formam, secundum quod generatio est terminus alterationis; necesse est quod ex parte agentis id quod immediate agit sit forma accidentalis correspondens dispositioni materiae. Sed oportet ut forma accidentalis agat in virtute formae substantialis, quasi instrumentum eius; alias non induceret agendo formam substantialem.

Et propter hoc in elementis non apparent aliqua principia actionum, nisi qualitates activae et passivae, quae tamen agunt in virtute formarum substantialium. Et propter hoc earum actio non solum terminatur ad dispositiones accidentales, sed etiam ad formas substantiales. Nam et in artificialibus actio instrumenti terminatur ad formam intentam ab artifice.

Si vero est aliquod agens quod directe et immediate sua actione producat substantiam (sicut nos dicimus de Deo, qui creando producit rerum substantias, et sicut Avicenna dicit de intelligentia agente, a

constrói; assim como o calor no fogo que, pelo calor, aquece; e assim como também o seco é uma potência nas madeiras, pois segundo o seco elas são combustíveis.

Portanto, os que afirmam que a alma seria suas potências entendem que a própria essência da alma seria princípio imediato de todas as suas operações; e dizem que pela essência da alma o homem intelige, sente e opera outras funções similares, e que segundo a diversidade de suas operações ela recebe diversos nomes: *sentido* enquanto é princípio do sentir, *intelecto* enquanto é princípio do inteligir, a assim por diante. (Como se ao calor do fogo déssemos o nome de potência *derretedora*, *aquecedora* e *ressecadora*, pois opera todas estas.)

Mas tal opinião não se sustenta. Primeiro, porque cada coisa age conforme está em ato aquilo que age; de fato, o calor aquece não enquanto é luminoso em ato, mas enquanto é quente em ato, e é por isso que todo agente produz um efeito semelhante a si. Daí ser necessário que, a partir daquele que age, considere-se o princípio pelo qual ele age; decerto, é necessário que ambos sejam conformes. E por isto se diz no livro II da *Física*[281] que a forma e aquele que gera são de mesma espécie.[282]

Logo, quando aquilo que age não pertence ao ser substancial de uma coisa, é impossível que o princípio pelo qual ele age seja algo da essência da coisa; e isto é manifesto nos agentes naturais. Ora, visto que todo agente natural, quando gera, age transmutando a matéria para a forma – o que se dá na medida em que primeiro a matéria é disposta à forma, e no fim a recebe, de modo que a geração é o término da alteração – é necessário que, da parte do agente, aquilo que age de modo imediato seja uma forma acidental correspondente à disposição da matéria. Mas é forçoso que a forma acidental aja em virtude da forma substancial, quase como instrumento seu; pois de outro modo ele não induziria, agindo, uma forma substancial.

E por tal razão não se mostram, nos elementos, outros princípios de ação senão as qualidades ativas e passivas, que no entanto agem em virtude das formas substanciais. E por isso a ação destas não se orienta apenas às disposições acidentais, mas também às formas substanciais. Pois também nas coisas artificiais a ação do instrumento se orienta à forma tencionada pelo artífice.

Se, porém, trata-se de algum agente que direta e imediatamente produza por sua ação uma substância – assim como dizemos de Deus, que criando produz as substâncias das coisas, e assim como diz Avicena[283] acerca da inteligência agente,

qua secundum ipsum fluunt formae substantiales in istis inferioribus), huiusmodi agens agit per suam essentiam; et sic non erit in eo aliud potentia activa et eius essentia.

De potentia vero passiva manifestum est quod potentia passiva quae est ad actum substantialem, est in genere substantiae; et quae est ad actum accidentalem, est in genere accidentis per reductionem, sicut principium, et non sicut species completa. Quia unumquodque genus dividitur per potentiam et actum. Unde potentia homo est in genere substantiae, et potentia album est in genere qualitatis.

Manifestum est autem quod potentiae animae, sive sint activae sive passivae, non dicuntur directe per respectum ad aliquid substantiale, sed ad aliquid accidentale. Et similiter esse intelligens vel sentiens actu non est esse substantiale, sed accidentale, ad quod ordinatur intellectus et sensus; et similiter esse magnum vel parvum, ad quod ordinatur vis augmentativa. Generativa vero potentia et nutritiva ordinantur quidem ad substantiam producendam vel conservandam, sed per transmutationem materiae; unde talis actio, sicut et aliorum agentium naturalium, fit a substantia mediante principio accidentali. Manifestum est ergo quod ipsa essentia animae non est principium immediatum suarum operationum, sed operatur mediantibus principiis accidentalibus; unde potentiae animae non sunt ipsa essentia animae, sed proprietates eius.

Deinde hoc apparet ex ipsa diversitate actionum animae, quae sunt genere diversae, et non possunt reduci ad unum principium immediatum; cum quaedam earum sint actiones et quaedam passiones, et aliis huiusmodi differentiis differant, quae oportet attribui diversis principiis. Et ita, cum essentia animae sit unum principium, non potest esse immediatum principium omnium suarum actionum; sed oportet quod habeat plures et diversas potentias correspondentes diversitati suarum actionum. Potentia enim ad actum dicitur correlative, unde secundum diversitatem actionum oportet esse diversitatem potentiarum. Et inde est quod philosophus in VI Ethic. dicit quod scientificum animae, quod est necessariorum, et ratiocinativum quod est contingentium, sunt diversae potentiae; quia necessarium et contingens genere differunt.

da qual segundo ele fluem as formas substanciais nos entes inferiores –, então se trata de um agente que age por sua essência; e assim não serão nele distintas sua potência ativa e sua essência.

Quanto à potência passiva, no entanto, é evidente que aquela que corresponde ao ato substancial situa-se no gênero da substância, e que aquela que corresponde ao ato acidental está no gênero do acidente – por redução, como princípio, e não como espécie completa –, pois cada gênero se divide segundo a potência e o ato. Assim, o homem em potência está no gênero da substância, e o branco em potência está no gênero da qualidade.

É manifesto, portanto, que as potências da alma, quer sejam ativas, quer passivas, não são assim chamadas diretamente por respeito a algo substancial, mas sim acidental. E, de modo semelhante, ser inteligente ou sentinte em ato não correspondem ao ser substancial, mas acidental, ao qual estão ordenados o intelecto e os sentidos, respectivamente; e o mesmo vale com respeito a ser grande ou pequeno, aos quais se ordena a força aumentativa. Por sua vez, as potências gerativa e nutritiva estão ordenadas a produzir a substância ou conservá-la, mas pela transmutação da matéria; por isso tal ação, assim como a dos outros agentes naturais, é feita pela substância mediante um princípio acidental. Está claro, portanto, que a própria essência da alma não é o princípio imediato de suas operações, mas opera por princípios acidentais mediadores; e assim as potências da alma não são a própria essência da alma, mas sim propriedades suas.

Ademais, isto transparece da própria diversidade de ações da alma, as quais são diversas em gênero, e não se podem reduzir a um só princípio imediato, visto que algumas destas são ações e outras paixões, e que igualmente distinguem-se por outras diferenças, as quais se devem atribuir a princípios distintos. E assim, visto que a essência da alma é princípio uno, não pode ser princípio imediato de todas as suas ações; antes é necessário haver várias e distintas potências correspondentes à diversidade de suas ações. De fato, diz-se que a potência é relativa ao ato – donde, segundo a diversidade de ações, deve haver uma diversidade de potências. E disto tem-se que o Filósofo, no livro VI da *Ética*,[284] diga que o *científico* da alma, que o é das coisas necessárias, e o *raciocinativo*, que é o das contingentes, são potências distintas; porque o necessário e o contingente diferem em gênero.

1 AD PRIMUM ergo dicendum, quod liber iste de spiritu et anima non est Augustini, sed dicitur cuiusdam Cisterciensis fuisse; nec est multum curandum de his quae in eo dicuntur. Si tamen sustineatur, potest dici quod anima est suae potentiae, vel suae vires, quia sunt naturales proprietates eius. Unde in eodem libro dicitur quod omnes potentiae sunt una anima, [proprietates] quidem diversae, sed potentia una. Et est similis modus dicendi, sicut si diceretur quod calidum, lucidum et leve sunt unus ignis.

2-4 Et similiter dicendum AD SECUNDUM, TERTIUM et QUARTUM.

5 AD QUINTUM dicendum quod accidens non excedit subiectum in essendo, excedit tamen in agendo. Calor enim ignis exteriora calefacit; et secundum hoc potentiae animae excedunt ipsam, in quantum anima intelligit et diligit non solum se, sed etiam alia. Augustinus autem inducit hanc rationem comparans notitiam et amorem ad mentem, non ut ad cognoscentem et ad amantem, sed ut ad cognitum et amatum. Si enim secundum hanc habitudinem compararet ad ipsam ut accidentia ad subiectum, sequeretur quod anima non cognosceret et amaret nisi se. Unde fortassis secundum hunc intellectum dixit quod sunt una vita, una essentia; quia notitia in actu est quodammodo cognitum, et amor in actu est quodammodo ipsum amatum.

6 AD SEXTUM dicendum quod imago Trinitatis in anima attenditur non secundum potentiam tantum, sed etiam secundum essentiam. Sic enim repraesentatur una essentia in tribus personis, licet deficienter. Si autem anima esset suae potentiae, non esset distinctio potentiarum ab invicem nisi solis nominibus: et sic non repraesentaretur convenienter distinctio personarum quae est in divinis.

7 AD SEPTIMUM dicendum quod tria sunt genera accidentium: quaedam enim causantur ex principiis speciei, et dicuntur propria sicut risibile homini; quaedam vero causantur ex principiis individui. Et hoc dicitur quia, vel habent causam permanentem in subiecto, et haec sunt accidentia inseparabilia, sicut masculinum et femininum et alia huiusmodi; quaedam vero habent causam non permanentem in subiecto, et haec sunt accidentia separabilia, ut sedere et ambulare. Est autem commune omni accidenti quod non sit de essentia rei, et ita non cadit in definitione rei.

Questão XII

1. Quanto ao primeiro argumento, portanto, deve-se dizer que este livro *Sobre o Espírito e a Alma* não é de Agostinho; antes se diz que é de um autor cisterciense. Tampouco se deve atentar muito para as coisas que dele constam. De qualquer modo, se as sustentássemos, poderíamos dizer que a alma é suas potências (ou suas virtudes), pois estas são propriedades naturais suas. Por isso consta no mesmo livro que todas as potências são uma só alma, sendo diversas as propriedades, mas uma só a potência. E este modo de falar é semelhante a quando dizemos que o quente, o luminoso e o leve são um só fogo.

2-4. E o mesmo deve-se dizer quanto ao segundo, ao terceiro e ao quarto.

5. Quanto ao quinto, deve-se dizer que o acidente não excede o sujeito no ser, porém o excede no agir. Pois o calor do fogo aquece coisas que lhe são exteriores; e desta maneira as potências da alma excedem a ela própria, enquanto a alma intelige e ama não só a si, mas também a outras coisas. Agostinho, no entanto, apresenta este raciocínio comparando à mente a cognição e o amor, não como quem os compara ao cognoscente e ao amante, mas ao conhecido e ao amado. Assim, se, segundo esta relação, os comparássemos a ela como acidentes a um sujeito, ocorreria que a alma não conheceria nem amaria senão a si. E talvez segundo este entendimento tenha ele dito que são uma só vida, uma só essência: porque a cognição em ato é de certo modo o conhecido, e o amor em ato é de certo modo o próprio amado.[285]

6. Quanto ao sexto, deve-se dizer que a alma é imagem da Trindade não apenas segundo a potência, mas também segundo a essência. E assim está representada uma só essência em três pessoas, ainda que de modo deficiente. Se, no entanto, a alma fosse suas próprias potências, não haveria nelas distinção entre si exceto por seus nomes: e assim não estaria convenientemente representada a distinção de pessoas que há na essência divina.

7. Quanto ao sétimo, deve-se dizer que há três gêneros de acidentes: alguns são causados a partir dos princípios da espécie, e chamados de "próprios", como a capacidade de rir no homem; já outros são causados a partir dos princípios do indivíduo, e isto porque ou têm causa permanente no sujeito (e são estes os acidentes inseparáveis, como "masculino" e "feminino", e similares), ou têm causa não permanente no sujeito (e são estes os acidentes separáveis, como "sentar-se" ou "caminhar"). Todo e qualquer acidente, porém, tem em comum não ser da essência da coisa, e assim não cai em sua definição; por isso podemos conceber o

Unde de re intelligimus quod quid est, absque hoc quod intelligamus aliquid accidentium eius. Sed species non potest intelligi sine accidentibus quae consequuntur principium speciei. Potest tamen intelligi sine accidentibus individui etiam inseparabilibus; sine separabilibus vero esse potest non solum species, sed et individuum. Potentiae vero animae sunt accidentia sicut proprietates. Unde licet sine illis intelligatur quid est anima, non autem animam sine eis esse est possibile neque intelligibile.

8 Ad octavum dicendum quod sensibile et rationale secundum quod sunt differentiae essentiales, non sumuntur a sensu et intellectu, sed ab anima sensitiva et intellectiva.

9 Ad nonum dicendum quod quare forma substantialis non sit immediatum principium actionis in agentibus inferioribus, ostensum est.

10 Ad decimum dicendum quod anima est principium operandi, sed primum, non proximum. Operantur enim potentiae virtute animae, sicut et qualitates elementorum, in virtute formarum substantialium.

11 Ad undecimum dicendum quod ipsa anima est in potentia ad ipsas formas intelligibiles. Sed ista potentia non est essentia animae, sicut nec potentia ad statuam quae est in aere est essentia aeris; esse enim actu et potentia non sunt de essentia rei, quoniam actus non est essentialis.

12 Ad duodecimum dicendum quod materia prima est in potentia ad actum substantialem, qui est forma; et ideo ipsa potentia est ipsa essentia eius.

13 Ad decimumtertium dicendum quod homo dicitur intellectus esse, quia intellectus dicitur id quod est potius in homine, sicut civitas dicitur esse rector civitatis; non tamen hoc dictum est eo quod essentia animae sit ipsa potentia intellectus.

14 Ad decimumquartum dicendum quod similitudo inter animam et scientiam attenditur secundum quod utraque est actus primus, non autem quantum ad omnia. Unde non oportet quod anima sit immediatum principium operationum, sicut scientia.

15 Ad decimumquintum dicendum quod potentiae animae non sunt partes essentiales animae quasi constituentes essentiam eius; sed partes potentiales, quia virtus animae distinguitur per huiusmodi potentias.

que uma coisa é sem que concebamos algo de seus acidentes. Mas a espécie não pode ser concebida sem os acidentes consequentes ao seu princípio. Ela pode, sim, ser concebida sem os acidentes do indivíduo, mesmo aqueles inseparáveis; já sem os separáveis podem ser concebidos tanto a espécie quanto o indivíduo. Ora, as potências da alma são acidentes enquanto propriedades.[286] Assim, embora sem eles se conceba o que é a alma, não é possível nem inteligível que a alma exista sem eles.

8. QUANTO AO OITAVO, deve-se dizer que "sensível" e "racional", enquanto diferenças essenciais, não se tomam dos sentidos e do intelecto, mas da alma sensitiva e intelectiva.

9. QUANTO AO NONO, deve-se dizer que já foi exposto o motivo pelo qual a forma substancial não é princípio imediato de ação nos agentes inferiores.

10. QUANTO AO DÉCIMO, deve-se dizer que a alma é princípio de operação, mas princípio primeiro, e não próximo. De fato, as potências operam em virtude da alma, assim como também as qualidades dos elementos o fazem em virtude das formas substanciais.

11. QUANTO AO DÉCIMO PRIMEIRO, deve-se dizer que a própria alma está em potência para as formas inteligíveis. Mas esta potência não é a essência da alma, como tampouco a potência para a estátua, que reside no bronze, é a essência do bronze; pois o ser em ato ou em potência não é da essência da coisa, se o ato não é de tipo essencial.

12. QUANTO AO DÉCIMO SEGUNDO, deve-se dizer que a matéria prima está em potência para o ato substancial que é a forma; e por isto a essência da matéria prima é sua própria potência.

13. QUANTO AO DÉCIMO TERCEIRO, deve-se dizer que o homem recebe o nome de intelecto, porque o intelecto é o que há de supremo no homem, assim como se afirma que a cidade é o regente da cidade. Mas nada disto foi dito no sentido de que a essência da alma seria a própria potência do intelecto.

14. QUANTO AO DÉCIMO QUARTO, deve-se dizer que a semelhança entre a alma e a ciência deve ser considerada no sentido de que ambas são atos primeiros, não em todos os sentidos. Logo, não é necessário que a alma seja princípio imediato das operações, como a ciência.

15. QUANTO AO DÉCIMO QUINTO, deve-se dizer que as potências da alma não lhe são partes essenciais (como se fossem constituintes de sua essência); são antes partes potenciais, pois a virtude da alma se distingue mediante tais potências.

16 AD DECIMUMSEXTUM dicendum quod forma simplex quae non est subsistens, vel si subsistit, quae est actus purus, non potest esse subiectum accidentis. Anima autem est forma subsistens et non est actus purus, loquendo de anima humana; et ideo potest esse subiectum potentiarum quarumdam, scilicet intellectus et voluntatis. Potentiae autem sensitivae et nutritivae partis sunt in composito sicut in subiecto; quia cuius est actus eius est potentia, ut patet per philosophum in libro de Somn. et vigilia.

17 AD DECIMUMSEPTIMUM dicendum quod, licet anima sit una in essentia, tamen est in ea potentia et actus, et habet diversam habitudinem ad res. Diversimode etiam comparatur ad corpus; et propter hoc ab una essentia animae possunt procedere diversae potentiae.

16. Quanto ao décimo sexto, deve-se dizer que a forma simples que não é subsistente – ou que, se subsiste, é ato puro – não pode ser sujeito de acidentes. Mas a alma é uma forma subsistente (referimo-nos à alma humana) que não é ato puro; e por isso pode ser sujeito de certas potências: o intelecto e a vontade. Já as potências das partes sensitiva e nutritiva encontram-se antes no *composto* como em seu sujeito; porque a potência pertence àquilo ao qual pertence o ato, conforme esclarecido pelo Filósofo no livro *Sobre o sono e a vigília*.[287]

17. Quanto ao décimo sétimo, deve-se dizer que, embora a alma seja una em essência, há nela potência e ato; ademais, possui diversa relação com as coisas; e de diversas maneiras ela diz respeito ao corpo. E, por causa disso, de uma só essência da alma podem proceder diversas potências.

QUAESTIO XIII

Decimotertio quaeritur de distinctione potentiarum animae, utrum videlicet distinguantur per obiecta

Et videtur quod non.

1 Quia contraria sunt quae maxime distant. Sed contrarietas obiectorum non diversificat potentias; eadem enim potentia albi et nigri est visus. Ergo nulla differentia obiectorum diversificat potentias.

2 Praeterea, magis differunt quae differunt secundum substantiam, quam quae differunt secundum accidens. Sed homo et lapis differunt secundum substantiam, sonus autem et coloratum differunt secundum accidens. Cum igitur homo et lapis ad eamdem potentiam pertineant, multo magis sonus et coloratum; et ita nulla differentia obiectorum facit differre potentias.

3 Praeterea, si differentia obiectorum esset causa diversitatis potentiarum, oporteret quod unitas obiecti esset causa identitatis in potentiis. Videmus autem quod idem obiectum ad diversas potentias se habet: idem enim est quod intelligitur et desideratur; bonum enim intelligibile est obiectum voluntatis. Ergo differentia obiectorum non est causa diversitatis potentiarum.

4 Praeterea, ubi est eadem causa est idem effectus. Si ergo obiecta diversa diversificarent potentias aliquas, oporteret quod diversitatem facerent ubique in potentiis. Hoc autem non videmus: nam quaedam obiecta diversa comparantur quidem ad diversas potentias, sicut sonus et color ad auditum et visum; et iterum ad unam potentiam, scilicet ad imaginationem et intellectum. Relinquitur ergo quod differentia obiectorum non sit causa diversitatis potentiarum.

QUESTÃO XIII

*Se as diversas potências da alma se distinguem
por seus objetos*[288]

E PARECE QUE NÃO.

1. Pois os contrários são aqueles que mais distam entre si. Ora, a contrariedade dos objetos não diversifica as potências; pois a potência visiva é a mesma para o branco e para o preto. Logo, nenhuma diferença entre os objetos diversifica as potências.

2. Ademais, mais diferem entre si aqueles cujas diferenças são segundo a substância que segundo os acidentes. Mas homem e pedra diferem segundo a substância, enquanto o que é sonoro e o que é colorido diferem segundo o acidente. Portanto, se homem e pedra pertencem à mesma potência, com maior razão o sonoro e o colorido. Por isso, a diferença entre objetos não cria diferença entre as potências.

3. Ademais, se a diferença entre objetos criasse a diversidade de potências, seria necessário que a unidade do objeto causasse a identidade de potências. Mas vemos que um mesmo objeto se refere a diversas potências: pois uma mesma coisa é conhecida e desejada, porque o bem inteligível é objeto da vontade. Logo, a diferença entre objetos não cria a diversidade de potências.

4. Ademais, onde se dá a mesma causa, dão-se os mesmos efeitos. Logo, se diversos objetos diversificassem as potências, seria necessário que nelas criassem diversidade onde quer que fosse. Mas isto não se dá assim: pois é verdade que alguns objetos diversos se relacionam com potências diversas, como o som e a cor com a audição e a visão, mas também se relacionam com uma só potência, a saber, com a imaginação ou o intelecto. Resta, por conseguinte, que a diferença entre objetos não seja causa da diversidade de potências.

5 Praeterea, habitus sunt perfectiones potentiarum, perfectibilia enim distinguuntur per perfectiones proprias. Ergo potentiae distinguuntur secundum habitus et non secundum obiecta.

6 Praeterea, omne quod est in aliquo, est in eo per modum recipientis. Sed potentiae animae sunt in organis corporeis. Sunt enim actus organorum. Ergo distinguuntur secundum organa corporis, et non secundum obiecta.

7 Praeterea, potentiae animae non sunt ipsa essentia animae, sed proprietates eius. Proprietates autem rei sunt ab essentia eius. Ab uno autem non est nisi unum immediate. Ergo una sola potentia animae est prima fluens ab essentia animae, et mediante ea fluunt aliae secundum aliquem ordinem. Ergo potentiae animae differunt secundum originem, et non secundum obiecta.

8 Praeterea, si potentiae animae sunt diversae, oportet quod una earum oriatur ab alia; quia non possunt omnes oriri ab essentia animae immediate, cum sit una et simplex. Sed impossibile videtur quod una potentia animae oriatur ex alia; tum quia omnes potentiae animae sunt simul, tum etiam quia accidens oritur a subiecto. Unum autem accidens non potest esse subiectum alterius. Non ergo possunt esse diversae potentiae animae per diversitatem obiectorum.

9 Praeterea, quanto aliqua substantia est altior, tanto eius virtus est maior et per consequens minus multiplicata: quia omnis virtus unita plus est infinita quam multiplicata, ut dicitur in libro de causis. Anima autem inter omnia inferiora est sublimior. Ergo virtus eius est magis una, et tamen ad plura se habens. Non ergo multiplicatur secundum differentiam obiectorum.

10 Praeterea, si diversitas potentiarum animae est secundum differentiam obiectorum, oportet etiam quod ordo potentiarum sit secundum ordinem obiectorum. Hoc autem non videtur: nam intellectus, cuius obiectum est quod quid est et substantia, est posterior sensu, cuius obiecta sunt accidentia, ut color et sonus. Tactus autem est prior visu, cum tamen visibile sit prius et communius tangibili. Ergo nec diversitas potentiarum est solum secundum differentiam obiectorum.

11 Praeterea, omne appetibile est sensibile vel intelligibile. Intelligibile autem est perfectio intellectus, et sensibile perfectio sensus. Cum igitur unumquodque appetat naturaliter suam perfectionem, sequitur quod

5. Ademais, os hábitos são perfeições das potências. Ora, as coisas perfectíveis se distinguem por suas perfeições próprias. Logo, as potências se distinguem por seus hábitos e não por seus objetos.

6. Ademais, tudo o que está em outro está nele ao modo do recipiente. Ora, as potências da alma estão em órgãos corpóreos, pois são atos dos órgãos. Logo, distinguem-se por seus respectivos órgãos corporais e não por seus objetos.

7. Ademais, as potências da alma não são a própria essência da alma, mas propriedades dela. As propriedades de uma coisa, por sua vez, fluem de sua essência. Mas de algo que é uno não procede imediatamente senão algo uno. Logo, uma só potência da alma é a primeira a fluir da essência da alma, e mediante tal potência fluem as demais, seguindo certa ordem. Logo, as potências da alma diferem por sua origem e não por seus objetos.

8. Ademais, se as potências da alma são diversas, é necessário que uma delas se origine de outra, porque não podem todas originar-se da essência da alma imediatamente, sendo esta una e simples. Mas parece impossível que uma potência da alma se origine de outra, tanto porque todas as potências da alma são simultâneas, quanto porque o acidente tem origem num sujeito (e um acidente não pode ser sujeito de outro). Logo, não pode haver diversas potências na alma segundo a diversidade de seus objetos.

9. Ademais, quanto mais elevada é uma substância, maior é sua virtude e, portanto, menos afetada pela multiplicidade, porque toda virtude unificada é mais infinita que múltipla, como se diz no *Livro sobre as Causas*.[289] Pois bem, a alma é a mais elevada de todas as coisas inferiores. Logo, sua virtude é mais una, e todavia se estende a muitos. Logo, não se multiplica pela diferença entre seus objetos.

10. Ademais, se a diversidade de potências da alma provém da diferença entre objetos, é também necessário que a ordem das potências siga a ordem dos objetos. Mas não parece que seja assim: pois o intelecto, cujo objeto é a essência e a substância, é posterior aos sentidos, cujo objeto são os acidentes, como a cor e o som. Da mesma forma, o tato é anterior à visão,[290] embora o visível seja anterior e mais comum que o tangível. Logo, tampouco a diversidade de potências se dá pela diferença de objetos.

11. Ademais, todo apetecível é, ou sensível, ou inteligível. Ora, o inteligível é a perfeição do intelecto, e o sensível é a perfeição dos sentidos. Portanto, se cada coisa apetece naturalmente sua perfeição, então o intelecto e o sentido apetecem

intellectus et sensus appetant naturaliter omne appetibile. Non igitur oportet ponere potentiam appetitivam praeter sensitivam [et intellectivam].

12 Praeterea, appetitus non est nisi voluntas irascibilis et concupiscibilis. Sed voluntas est in intellectu, irascibilis et concupiscibilis in sensu, ut dicitur in III de anima. Ergo potentia appetitiva non est ponenda praeter sensitivam et intellectivam.

13 Praeterea, philosophus probat in III de anima, quod principia motus localis in animalibus sunt sensus sive imaginatio, et intellectus et appetitus. Sed potentia in animalibus nihil aliud est quam principium motus. Ergo potentia motiva non est praeter cognoscitivam et appetitivam.

14 Praeterea, potentiae animae ordinantur ad aliquid altius quam est natura; alias in omnibus corporibus naturalibus essent vires animae. Sed potentiae quae attribuuntur animae vegetabili non videntur ordinari ad aliquid altius quam natura. Ordinantur enim ad conservationem speciei per generationem, et conservationem individui per nutrimentum, et perfectam quantitatem per augmentum; quae omnia operatur natura etiam in rebus naturalibus. Non igitur ad huiusmodi ordinandae sunt potentiae animae.

15 Praeterea, quanto aliqua virtus est altior, tanto, una existens, ad plura se extendit. Sed virtus animae est supra virtutem naturae. Cum igitur natura eadem virtute producat in esse corpus naturale, et det ei debitam quantitatem, et conservet ipsum in esse; videtur hoc fortius quod anima una virtute operetur. Non igitur sunt diversae potentiae generativa, nutritiva et augmentativa.

16 Praeterea, sensus est cognoscitivus accidentium. Sed aliqua alia accidentia magis ad invicem differunt quam sonus et color et huiusmodi; quae sunt non solum in eodem genere qualitatis, sed etiam in eadem specie, quae est tertia. Si igitur potentiae distinguuntur secundum differentiam obiectorum non deberent potentiae animae distingui penes huiusmodi accidentia, sed magis penes alia quae magis distant.

17 Praeterea, cuiuslibet generis est una contrarietas prima. Si igitur penes diversa genera qualitatum [passibilium] diversificantur potentiae sensitivae, videtur quod ubicumque sunt diversae contrarietates sint diversae potentiae sensitivae. Sed hoc alicubi invenitur: visus enim est albi

naturalmente todo apetecível. Portanto, não é necessário estabelecer uma potência apetitiva além da sensitiva e da intelectiva.

12. Ademais, o apetite não é senão uma vontade irascível e concupiscível. Ora, a vontade está no intelecto, e o irascível e o concupiscível no sentido, como se diz no livro III *Sobre a Alma*.[291] Logo, não há que estabelecer uma potência apetitiva além da potência sensitiva e da potência intelectiva.

13. Ademais, o Filósofo demonstra no livro III *Sobre a Alma*[292] que os princípios do movimento local dos animais são o sentido ou a imaginação, o intelecto e o apetite. Mas nos animais a potência [motriz] nada é senão o princípio de movimento. Logo, não existe uma potência motriz realmente distinta da potência cognoscitiva e da apetitiva.

14. Ademais, as potências da alma se ordenam a algo mais elevado que a natureza; do contrário, em todo corpo natural existiriam as virtudes da alma. Ora, as potências que se atribuem à alma vegetativa não parecem ordenar-se a algo mais elevado que a natureza. Pois se ordenam à conservação da espécie mediante a geração, à do indivíduo mediante a nutrição, e à quantidade perfeita mediante o crescimento; e tudo isto a natureza realiza também nas coisas naturais. Portanto, as potências da alma não se ordenam a esta classe de operações.

15. Ademais, quanto mais elevada é uma virtude, a mais coisas se estende existindo como uma só. Mas a virtude da alma é mais elevada que a virtude da natureza. Portanto, se a natureza por sua própria virtude não só dá o ser ao corpo natural, mas lhe dá a devida quantidade e o conserva no ser, parece que com maior razão a alma opera tudo isso mediante uma só e mesma virtude. Por conseguinte, não são diversas as potências gerativa, nutritiva e aumentativa.

16. Ademais, o sentido conhece os acidentes. Mas alguns acidentes diferem entre si muito mais que o som, a cor e similares, que não só pertencem ao mesmo gênero da qualidade, mas também à mesma espécie, que é a terceira.[293] Por conseguinte, se as potências se distinguissem segundo a diferença de seus objetos, as potências da alma não deveriam distinguir-se pelos referidos acidentes, e sim por outros que difiram mais.

17. Ademais, em todo gênero há sempre uma contrariedade primeira. Portanto, se as potências sensitivas se diversificassem pelos diversos gêneros de qualidades passíveis, parece que, onde houvesse diversas contrariedades, haveria diversas potências sensitivas. Ora, isto se dá algumas vezes (pois o branco e o preto pertencem

et nigri, auditus gravis et acuti; alicubi vero non: tactus enim est calidi et frigidi, humidi et sicci, mollis et duri, et huiusmodi. Ergo potentiae non distinguuntur penes obiecta.

18 Praeterea, memoria non videtur esse alia potentia a sensu; est enim passio primi sensitivi, secundum philosophum. Obiecta tamen eorum differunt, quia obiectum sensus est praesens, obiectum vero memoriae praeteritum. Ergo potentiae non distinguuntur penes obiecta.

19 Praeterea, omnia quae cognoscuntur per sensum, cognoscuntur etiam per intellectum, et alia plura. Si igitur potentiae sensitivae distinguuntur secundum pluralitatem obiectorum, oportet etiam quod intellectus distinguatur secundum diversas potentias, sicut et sensus; quod patet esse falsum.

20 Praeterea, intellectus possibilis et agens sunt diversae potentiae, ut supra ostensum est. Sed idem est obiectum utriusque. Non igitur potentiae distinguuntur secundum differentiam obiectorum.

Sed contra.

1 Est quod dicitur in II de anima, quod potentiae distinguuntur per actus, et actus per obiecta.

2 Praeterea, perfectibilia distinguuntur penes perfectiones. Sed obiecta sunt perfectiones potentiarum. Ergo potentiae distinguuntur penes obiecta.

Respondeo. Dicendum quod potentia secundum id quod est, dicitur ad actum; unde oportet quod per actum definiatur potentia, et secundum diversitatem actuum diversificentur potentiae. Actus autem ex obiectis speciem habent: nam si sint actus passivarum potentiarum, obiecta sunt activa; si autem sunt activarum potentiarum, obiecta sunt ut fines. Secundum autem utrumque horum considerantur species operationis; nam calefacere et infrigidare distinguuntur quidem secundum quod huius principium est calor, illius autem frigus; et iterum in similes fines terminantur. Nam agens ad hoc agit ut similitudinem suam in aliis inducat.

à visão, enquanto o agudo e o grave pertencem à audição), mas outras vezes não (pois ao tato pertencem o quente e o frio, o úmido e o seco, o suave e o duro). Logo, as potências não se distinguem por seus objetos.

18. Ademais, a memória não parece ser uma potência distinta do sentido, pois é a paixão de um primeiro sensitivo, segundo o Filósofo.[294] No entanto, o objeto deles é distinto, pois o objeto do sentido é o presente, enquanto o da memória é o passado. Logo, as potências não se distinguem por seus objetos.

19. Ademais, o intelecto conhece tudo o que os sentidos conhecem e outras coisas mais. Portanto, se as potências sensitivas se distinguem segundo a pluralidade de seus objetos, é necessário também que a inteligência se distinga em diversas potências, como ocorre com os sentidos; o que evidentemente é falso.

20. Ademais, o intelecto possível e o intelecto agente são potências diferentes, como já se mostrou.[295] Mas seu objeto é idêntico. Portanto, as potências não se distinguem por seus diferentes objetos.

Mas em sentido contrário:

1. Tem-se o que se diz em *Sobre a Alma*,[296] a saber, que as potências se distinguem por seus atos, e os atos por seus objetos.

2. Ademais, as coisas perfectíveis se distinguem por suas perfeições. Ora, os objetos são as perfeições das potências. Logo, as potências se distinguem por seus objetos.

Respondo. Deve-se dizer que a potência, segundo o que ela é, diz-se com relação ao ato. Portanto, é necessário que a potência seja definida pelo ato, e que as potências se diversifiquem segundo a diversidade de atos. Mas o ato toma sua espécie dos objetos; se os atos são de potências passivas, seus objetos são ativos, e, se os atos são de potências ativas, seus objetos são como fins. Mas é segundo ambos que se considera a espécie da operação: pois aquecer e esfriar se distinguem porque o princípio do primeiro é o calor e o do segundo é o frio; e também ambos estão determinados a fins semelhantes, pois o agente age de modo a induzir em outro sua própria semelhança. Daí que a distinção entre as potências da alma se faça por seus distintos objetos.

Relinquitur ergo quod secundum distinctionem obiectorum attenditur distinctio potentiarum animae. Oportet tamen attendere distinctionem obiectorum secundum quod obiecta sunt [ ] actionum animae, et non secundum aliud; quia in nullo genere species diversificatur nisi differentiis quae per se dividunt genus. Non enim albo et nigro distinguuntur species animalis, sed rationali et irrationali.

Oportet autem in actionibus animae tres gradus considerare. Actio enim animae transcendit actionem naturae in rebus inanimatis operantis; sed hoc contingit quantum ad duo: scilicet quantum ad modum agendi, et quantum ad id quod agitur.

Oportet autem quod quantum ad modum agendi omnis actio animae transcendat operationem vel actionem naturae inanimati; quia, cum actio animae sit actio vitae, vivum autem est quod seipsum movet ad operandum, oportet quod omnis operatio animae sit secundum aliquod intrinsecum agens.

Sed quantum ad id quod agitur, non omnis actio transcendit actionem naturae inanimati. Oportet enim quod fit esse naturale, et quae ad ipsum requiruntur: sic in corporibus inanimatis, sicut in corporibus animatis. Sed in corporibus inanimatis fit ab agente extrinseco, in corporibus vero animatis ab agente intrinseco; et huiusmodi sunt actiones ad quas ordinantur potentiae animae vegetabilis. Nam ad hoc quod individuum producatur in esse, ordinatur potentia generativa; ad hoc autem quod quantitatem debitam consequatur, ordinatur vis augmentativa; ad hoc autem quod conservetur in esse, ordinatur vis nutritiva. Haec autem consequuntur corpora inanimata ab agente naturali extrinseco tantum; et propter hoc praedictae vires animae dicuntur naturales.

Sunt autem aliae altiores actiones animae, quae transcendunt actiones [corporum] naturalium, etiam quantum ad id quod agitur, in quantum scilicet in anima sunt nata esse omnia secundum esse immateriale. Est enim anima quodammodo omnia secundum quod est sentiens et intelligens. Oportet autem esse diversum gradum huiusmodi esse immaterialis.

Unus enim gradus est secundum quod in anima sunt res sine propriis materiis, sed tamen secundum singularitatem et conditiones individuales, quae consequuntur materiam. Et iste est gradus sensus, qui est susceptivus specierum individualium sine materia, sed tamen in organo corporali. Altior autem et perfectissimus immaterialitatis gradus est intellectus, qui

No entanto, é necessário atender à distinção dos objetos na medida em que são objetos das ações da alma, e não quanto a outra coisa; porque em todo gênero as espécies se diversificam pelas diferenças que de si dividem o gênero. Pois as espécies de animal não se distinguem pelo branco e pelo preto, mas pelo racional e pelo irracional.

Ademais, nas operações da alma é necessário considerar três graus. Pois a ação da alma transcende a ação da natureza que opera nas coisas inanimadas. E isto ocorre quanto a dois aspectos, a saber, quanto ao modo de agir e ao que é agido.

É necessário, quanto ao modo de agir, que toda ação da alma transcenda a operação ou a ação de uma natureza inanimada, porque, sendo a ação da alma uma ação de vida, e sendo vivo o que se move a si mesmo para operar, é necessário que toda operação da alma se realize segundo um agente intrínseco.

Quanto ao agido, porém, nem toda ação transcende a operação de uma natureza inanimada. Assim como há nos corpos inanimados o ser natural e o que para ele é requerido, é também necessário que haja ambos nos [corpos] animados. Mas, nos corpos inanimados, isto se dá mediante um agente extrínseco, e, nos animados, mediante um agente intrínseco. E assim são as operações a que se ordenam as potências da alma vegetativa: pois a potência gerativa se ordena a que o indivíduo seja posto no ser, a virtude aumentativa se ordena a que consiga ter a quantidade devida, e a virtude nutritiva se ordena à conservação de seu ser; já os corpos inanimados não conseguem tais coisas senão mediante um agente natural extrínseco. Assim, as mencionadas virtudes da alma se chamam naturais.

Existem, ademais, outras operações mais elevadas da alma, que transcendem as operações dos corpos naturais também quanto ao agido, na medida em que é inato à alma que nela se encontre, segundo o ser imaterial, tudo o que existe; pois a alma é em certa medida todas as coisas, na medida em que é sensitiva e intelectiva. Logo, é necessário que existam diversos graus deste mencionado ser imaterial.

E um destes graus é aquele segundo o qual as coisas se encontram na alma sem sua matéria própria, mas segundo sua singularidade e as condições individuais derivadas da matéria. E este é o nível do sentido, que é receptivo das espécies individuais sem matéria, mas receptivo em um órgão corporal. O outro grau de imaterialidade, mais alto e mais perfeito, é o do intelecto, que recebe as

recipit species omnino a materia et conditionibus materiae abstractas, et absque organo corporali.

Sicut autem per formam naturalem res habet inclinationem ad aliquid, et habet motum aut actionem ad consequendum id ad quod inclinatur; ita ad formam etiam sensibilem vel intelligibilem sequitur inclinatio ad rem sive per sensum sive per intellectum comprehensam; quae quidem pertinet ad potentiam appetitivam. Et iterum oportet consequenter esse motum aliquem per quem perveniatur ad rem desideratam; et hoc pertinet ad potentiam motivam.

Ad perfectam autem sensus cognitionem, quae sufficiat animali, quinque requiruntur.

Primo, quod sensus recipiat speciem a sensibilibus: et hoc pertinet ad sensum proprium.

Secundo, quod de sensibilibus perceptis diiudicet, et ea ad invicem discernat: quod oportet fieri per potentiam ad quam omnia sensibilia perveniunt, quae dicitur sensus communis.

Tertium est quod species sensibilium receptae conserventur. Indiget autem animal apprehensione sensibilium non solum ad eorum praesentiam, sed etiam postquam abierint: et hoc necessarium est reduci in aliquam potentiam. Nam et in rebus corporalibus aliud principium est recipiendi, et aliud conservandi, nam quae sunt bene receptibilia sunt interdum male conservativa. Huiusmodi autem potentia dicitur imaginatio sive phantasia.

Quarto autem, requiruntur intentiones aliquae quas sensus non apprehendit, sicut nocivum et utile et alia huiusmodi. Et ad haec quidem cognoscenda pervenit homo inquirendo et conferendo; alia vero animalia quodam naturali instinctu, sicut ovis naturaliter fugit lupum tamquam nocivum. Unde ad hoc in aliis animalibus ordinatur aestimativa naturalis; in homine autem vis cogitativa, quae est collativa intentionum particularium: unde et ratio particularis dicitur, et intellectus passivus.

Quinto autem, requiritur quod ea quae prius fuerunt apprehensa per sensus et interius conservata, iterum ad actualem considerationem revocentur. Et hoc quidem pertinet ad rememorativam virtutem: quae in aliis quidem animalibus absque inquisitione suam operationem habet, in hominibus autem cum inquisitione et studio; unde in hominibus non solum est memoria, sed reminiscentia. Necesse autem fuit ad hoc potentiam ab aliis distinctam

espécies completamente abstraídas da matéria e das condições materiais, e sem um órgão corporal.

E, assim como por sua forma natural a coisa possui uma inclinação para algo e se move ou age para conseguir aquilo para o qual se inclina, assim também se deve a uma forma sensível ou inteligível a inclinação para a coisa apreendida pelo sentido ou pelo intelecto, inclinação essa que pertence à potência apetitiva. Ademais, é necessário que consequentemente exista um movimento pelo qual se alcance a coisa desejada, e este pertence à potência motriz.

Para a perfeição do conhecimento sensível – que é suficiente para o animal – são necessárias cinco condições.

Primeira, que o sentido receba a espécie das coisas sensíveis: o que é o ato do *sentido próprio*.

Segunda, que discrimine os sensíveis percebidos e distinga uns dos outros: o que se há de efetuar por uma potência em que desemboquem todos os sensíveis, e que se chama *sentido comum*.[297]

Terceira, que as espécies das coisas sensíveis recebidas sejam conservadas, pois o animal tem necessidade de apreender as coisas sensíveis não somente quando estão presentes, mas também quando desapareceram. E isto necessariamente deve reduzir-se a uma potência distinta, porque, mesmo nas coisas corporais, um é o princípio receptor e outro o conservador (pois sucede que aquele que é muito apto para receber é pouco apto para conservar). Tal potência se denomina *imaginação* ou *fantasia*.

Quarta, que haja certas intenções que o sentido não apreende, como o nocivo e o útil, e outras semelhantes. O homem chega a conhecê-las investigando e discorrendo; já os outros animais o fazem mediante certo instinto natural: assim, a ovelha foge naturalmente do lobo por este ser-lhe nocivo. Por isso, a este fim se ordena nos outros animais a *estimativa* natural, e no homem a virtude *cogitativa*, que reúne as intenções particulares, o que lhe vale a denominação de *razão particular* e de *intelecto passivo*.

Quinta, que aquilo que primeiramente foi apreendido pelos sentidos e interiormente conservado seja chamado de novo à consideração atual. Isto depende da virtude da *memória*, que nos animais opera sem investigação, mas no homem mediante investigação e estudo: razão por que no homem não há só memória, mas [também] *reminiscência*.[298] Pois bem, era muito necessário que fosse ordenada

ordinari, quia actus aliarum potentiarum sensitivarum est secundum motus a rebus ad animam, actus autem memorativae potentiae est e contrario secundum motum ab anima ad res. Diversi autem motus diversa principia motiva requirunt: principia autem motiva potentiae dicuntur.

Quia vero sensus proprius, qui est primus in ordine sensitivarum potentiarum, immediate a sensibilibus immutatur, necesse fuit quod secundum diversitatem immutationum sensibilium in diversas potentias distingueretur. Cum enim sensus sit susceptivus specierum sensibilium sine materia, necesse est gradum et ordinem immutationum quibus immutantur sensus a sensibilibus, accipere per comparationem ad immateriales immutationes. Sunt igitur quaedam sensibilia quorum species, licet immaterialiter in sensu recipiantur, tamen etiam materialem immutationem faciunt in animalibus sentientibus. Huiusmodi autem sunt qualitates quae sunt principia transmutationum etiam in rebus materialibus: sicut calidum, frigidum, humidum et siccum et alia huiusmodi. Quia igitur huiusmodi sensibilia immutant nos etiam materialiter agendo, materialis autem immutatio fit per contactum, necesse est quod huiusmodi sensibilia contingendo sentiantur. Propter quod potentia sensitiva comprehendens ea vocatur tactus.

Sunt autem quaedam sensibilia quae quidem non materialiter immutant, sed tamen eorum immutatio habet materialem immutationem annexam; quod contingit dupliciter. Uno modo sic quod materialis immutatio annexa sit tam ex parte sensibilis quam ex parte sentientis; et hoc pertinet ad gustum. Licet enim sapor non immutet organum sensus faciendo ipsum saporosum, tamen haec immutatio non est sine aliquali transmutatione tam saporosi quam etiam organi gustus, et praecipue secundum humectationem. Alio modo sic quod transmutatio materialis annexa sit solum ex parte sensibilis. Huiusmodi autem transmutatio vel est secundum resolutionem et alterationem quamdam sensibilis, sicut accidit in sensu odoratus; vel solum secundum loci mutationem, sicut accidit in auditu. Unde auditus et odoratus, quia sunt sine mutatione materiali sentientis, licet adsit materialis mutatio ex parte sensibilis, non tangendo, sed per medium extrinsecum sentiunt. Gustus autem solum in tangendo sentit, quia requiritur immutatio materialis ex parte sentientis.

Sunt autem alia sensibilia quae immutant sensum absque materiali immutatione annexa, sicut lux et color, quorum est visus. Unde visus est

a esta função uma potência distinta das outras, uma vez que os atos das outras potências sensitivas se produzem segundo um movimento que vai das coisas para a alma, enquanto o da memória se efetua, ao contrário, segundo um movimento que vai da alma para as coisas. Mas movimentos diversos necessitam de princípios motores igualmente diversos, e os princípios motores se chamam *potências*.

Mas, pelo fato de ser imediatamente afetado pelas coisas sensíveis, o *sentido próprio*, que é o primeiro na ordem das potências sensíveis, deve ser distinguido conforme a diversidade de alterações[299] das coisas sensíveis, em diversas potências. Como o sentido é receptivo das espécies sensíveis sem matéria, será preciso que o grau e a ordem das alterações causadas no sentido pelos sensíveis sejam tomados a partir das alterações materiais. Pois há certos sensíveis cujas espécies, ainda que recebidas imaterialmente no sentido, provocam também uma alteração material nos animais que têm sensação. Tal é o caso das qualidades que, mesmo nas coisas materiais, são princípios de transmutações: como o calor, o frio, a umidade, a secura e outras semelhantes. Como esses sensíveis nos afetam também por uma atividade de ordem material, e como tal alteração material se produz por contato, é necessário que sejam percebidos mediante contato: donde a potência sensível que os apreende ser chamada tato.

Existem, ademais, certos sensíveis que não causam alteração material, mas cuja alteração própria tem uma alteração material anexa. Isto se produz de duas maneiras. *Primeira*, de modo que a alteração material anexa seja tanto por parte da coisa sensível quanto por parte do sujeito que sente: e este é o caso do paladar. Pois, ainda que de fato o sabor não afete o órgão do sentido tornando-o saboroso, esta alteração não se produz sem certa transmutação, tanto do objeto saboroso como do órgão do paladar, sobretudo sob a forma de umectação. *Segunda*, de modo que a alteração material anexa seja somente por parte da coisa sensível. Tal alteração se dá, ou segundo certa dissolução e alteração do sensível (como ocorre com o olfato), ou somente por meio de alteração local (como ocorre com a audição). Daí que a audição e o olfato, que se dão sem alteração material do sujeito que sente – embora haja tal alteração por parte do objeto sensível –, não percebam por contato, mas por um meio extrínseco. Mas o paladar não percebe senão por contato, por exigir uma alteração material por parte do sujeito que sente.

Há, enfim, outros sensíveis que afetam o sentido sem que haja uma alteração material, como a luz e a cor, que pertencem à visão. Este sentido, por conseguinte,

altior inter omnes sensus et universalior; quia sensibilia ab eo percepta sunt communia corporibus corruptibilibus et incorruptibilibus.

Similiter autem vis appetitiva, quae consequitur apprehensionem sensus, necesse est quod in duo dividatur. Quia aliquid est appetibile vel ea ratione quod est delectabile sensui et conveniens, et ad hoc est vis concupiscibilis; vel ea ratione quod per hoc habetur potestas fruendi delectabilibus secundum sensum. Quod quandoque contingit cum aliquo tristabili secundum sensum, sicut cum animal pugnando adipiscitur quamdam potestatem fruendi proprio delectabili, repellendo impedientia; et ad hoc ordinatur vis irascibilis.

Vis autem motiva, cum ad motum ordinetur, non diversificatur nisi secundum diversitatem motuum; qui vel competunt diversis animalibus, quorum quaedam sunt reptibilia, quaedam volatilia, quaedam gressibilia, quaedam alio modo mobilia; vel etiam secundum diversas partes eiusdem animalis, nam singulae partes habent quosdam proprios motus.

Gradus autem intellectualium potentiarum similiter distinguuntur in cognoscitivas et appetitivas. Motiva autem communis est et sensui et intellectui; nam idem corpus eodem motu movetur ab utroque. Cognitio autem intellectus requirit duas potentias: scilicet intellectum agentem et possibilem, ut ex superioribus patet.

Sic igitur manifestum est quod sunt tres gradus potentiarum animae: scilicet secundum animam vegetabilem, sensitivam et rationalem. Sunt autem quinque genera potentiarum: scilicet nutritivum, sensitivum, intellectivum, appetitivum et motivum secundum locum; et horum quodlibet continet sub se potentias plures, ut dictum est.

1 AD PRIMUM ergo dicendum quod contraria maxime differunt, sed in eodem genere. Diversitas autem obiectorum secundum genus convenit diversitati potentiarum, quia et genus quodammodo in potentia est. Et ideo contraria referuntur ad eamdem potentiam.

2 AD SECUNDUM dicendum quod licet sonus et color sint diversa accidentia, tamen per se differunt quantum ad immutationem sensus, ut dictum est; non autem homo et lapis, quia eis eodem modo immutatur sensus. Et ideo homo et lapis differunt per accidens in quantum sentiuntur;

é o mais elevado de todos e o mais universal,[300] porque os sensíveis por ele percebidos são comuns aos corpos corruptíveis e aos incorruptíveis.

E, do mesmo modo, é preciso dividir em duas a virtude *apetitiva*, que se segue à apreensão feita pelo sentido. Sim, porque algo é apetecível ou por ser deleitável e conveniente ao sentido, e para isto existe a virtude *concupiscível*, ou porque por ele advém o poder de desfrutar do deleitável ao sentido – o que às vezes sucede com aquilo que causa tristeza ao sentido, como quando o animal consegue, mediante a luta, desfrutar do propriamente deleitável, rechaçando o que lho impede: e a isto se ordena a virtude *irascível*.

E a virtude *motriz*, por ordenar-se ao movimento, não se diversifica senão segundo a diversidade de movimentos, os quais, ou competem a diversos animais (como os répteis, os voadores, os que caminham e os que se movem de alguma outra forma), ou segundo as diversas partes de um mesmo animal (pois cada uma delas possui certos movimentos próprios).

E, de modo semelhante, os graus das potências intelectivas se distinguem em cognoscitivas e apetitivas. Já a potência motriz é comum ao sentido e ao intelecto, pois um mesmo corpo pode ser movido por ambos com o mesmo movimento. A cognição intelectual, por sua vez, requer duas potências: a saber, o intelecto agente e o intelecto possível, como se expôs anteriormente.

Assim, é manifesto que são três os graus das potências na alma: ou seja, segundo a alma vegetativa, sensitiva e racional. E são cinco os gêneros de potências: ou seja, nutritiva, sensitiva, intelectiva, apetitiva e locomotora, e destas cada uma compreende, por sua vez, outras potências, como se disse.

---

1. QUANTO AO PRIMEIRO ARGUMENTO, portanto, deve-se dizer que os contrários são aqueles que mais distam entre si, mas dentro do mesmo gênero. Mas a diversidade de objetos segundo o gênero convém à diversidade de potências, porque também o gênero está de certo modo em potência. Por isso os contrários se referem a uma mesma potência.

2. QUANTO AO SEGUNDO, deve-se dizer que, embora som e cor sejam acidentes distintos, diferem *per se* quanto à alteração produzida no sentido, como se disse. Não como homem e pedra, porque por eles o sentido é alterado do mesmo modo; pois homem e pedra diferem *per accidens* na medida em que são percebidos,

licet differant per se in quantum sunt substantiae. Nihil enim prohibet differentiam aliquam esse per se comparatam ad unum genus, comparatam vero ad aliud esse per accidens; sicut album et nigrum per se differunt in genere coloris, non autem in genere substantiae.

3 A{\sc d} {\sc tertium} dicendum quod eadem res comparatur ad diversas potentias animae non secundum eamdem rationem obiecti, sed secundum aliam et aliam.

4 A{\sc d} {\sc quartum} dicendum quod quanto aliqua potentia est altior, tanto ad plura se extendit; unde habet communiorem rationem obiecti. Et inde est quod quaedam conveniunt in ratione obiecti superioris potentiae, quae distinguuntur in ratione obiecti quantum ad potentias inferiores.

5 A{\sc d} {\sc quintum} dicendum quod habitus non sunt perfectiones potentiarum, propter quas sunt potentiae; sed sicut quibus aliqualiter se habent ad ea propter quae sunt, id est ad obiecta. Unde potentiae non distinguuntur penes habitus, sed penes obiecta; sicut nec artificialia penes [accidentia], sed penes fines.

6 A{\sc d} {\sc sextum} dicendum quod potentiae non sunt propter organa, sed magis e converso; unde magis distinguuntur organa penes obiecta quam e converso.

7 A{\sc d} {\sc septimum} dicendum quod anima habet aliquem praecipuum finem, sicut anima humana bonum intelligibile. Habet autem et alios fines ordinatos ad hunc ultimum finem, sicut quod sensibile ordinatur ad intelligibile. Et quia anima ordinatur ad sua obiecta per potentias, sequitur quod etiam potentia sensitiva sit in homine propter intellectivam, et sic de aliis. Sic igitur secundum rationem finis oritur una potentia animae ex alia per comparationem ad obiecta. Unde potentias animae distingui per potentias et obiecta non est contrarium.

8 A{\sc d} {\sc octavum} dicendum quod licet accidens non possit esse per se subiectum accidentis, tamen subiectum subiicitur uni accidenti mediante alio; sicut corpus colori mediante superficie. Et sic unum accidens oritur ex subiecto mediante alio, et una potentia ab essentia animae mediante alia.

9 A{\sc d} {\sc nonum} dicendum quod anima una virtute in plura potest quam res naturalis; sicut visus apprehendit omnia visibilia. Sed anima propter

embora difiram *per se* na medida em que são substâncias. De fato, nada impede que aquilo que difere *per se* com relação a um gênero, difira *per accidens* com relação a outro (assim como [o que é] branco e [o que é] preto diferem *per se* no gênero da cor, mas não no gênero da substância).

3. QUANTO AO TERCEIRO, deve-se dizer que uma mesma coisa pertence a diversas potências da alma não quanto à mesma razão de objeto, mas quanto a diversas.

4. QUANTO AO QUARTO, deve-se dizer que, quanto mais elevada é uma potência, a mais coisas se estende, daí que tenha uma razão mais universal de objeto. E por isso se dá que algumas coisas convêm na razão de objeto de uma potência superior, e se distinguem na razão de objeto quanto a potências inferiores.

5. QUANTO AO QUINTO, deve-se dizer que os hábitos não são aquelas perfeições das potências pelas quais elas são potências, mas são perfeições pelas quais as potências se encontram de certa maneira com respeito às coisas em virtude das quais elas existem, isto é, com respeito a seus objetos. Portanto, as potências não se distinguem por seus hábitos, mas por seus objetos; assim como as coisas artificiais tampouco se distinguem por seus acidentes, mas por seus fins.

6. QUANTO AO SEXTO, deve-se dizer que as potências não existem pelos órgãos, mas o contrário; e por isso mais se distinguem os órgãos por seus objetos do que o contrário.

7. QUANTO AO SÉTIMO, deve-se dizer que a alma possui um fim principal; por exemplo, o da alma humana é o bem inteligível. Mas ela tem também outros fins, ordenados a este fim último, assim como o sensível se ordena ao inteligível. E, dado que a alma se ordena a seus objetos mediante potências, segue-se que também a potência sensitiva no homem existe em função da potência intelectiva, e o mesmo vale para as demais. Assim, segundo a razão de fim uma potência da alma é origem de outra, em relação a seus respectivos objetos. Daí que não se contrariem mutuamente que as potências da alma se distingam por sua origem e também por seus objetos.

8. QUANTO AO OITAVO, deve-se dizer que, embora um acidente não possa, *per se*, ser sujeito de outro acidente, o sujeito, contudo, recebe um acidente através de outro, assim como o corpo recebe a cor mediante a superfície. E assim é que um acidente tem origem no sujeito mediante outro acidente, e uma potência tem origem na essência da alma mediante outra potência.

9. QUANTO AO NONO, deve-se dizer que mediante uma só virtude a alma se estende a mais coisas que aquelas às quais pode estender-se o ente [meramente]

sui nobilitatem habet multo plures operationes quam res inanimata; unde oportet quod habeat plures potentias.

10 Ad decimum dicendum quod ordo potentiarum animae est secundum ordinem obiectorum. Sed utrobique potest attendi ordo vel secundum perfectionem, et sic intellectus est prior sensu; vel secundum generationis viam, et sic est sensus prior intellectu: quia in generationis via prius inducitur accidentalis dispositio quam forma [accidentalis].

11 Ad undecimum dicendum quod intellectus quidem naturaliter appetit intelligibile ut est intelligibile; appetit enim naturaliter intellectus intelligere, et sensus sentire. Sed quia res sensibilis vel intelligibilis non solum appetitur ad sentiendum et ad intelligendum sed etiam ad aliquid aliud, ideo praeter sensum et intellectum necesse est esse appetitivam potentiam.

12 Ad duodecimum dicendum quod voluntas est in ratione in quantum sequitur apprehensionem rationis; operatio vero voluntatis pertinet ad eumdem gradum operationis potentiarum animae, sed non ad idem genus. Et similiter est dicendum de irascibili et concupiscibili respectu sensus.

13 Ad decimumtertium dicendum quod intellectus et appetitus movent sicut imperantes motum; sed oportet esse potentiam motivam quae motum exequatur, secundum quam scilicet membra sequuntur imperium appetitus, et intellectus vel sensus.

14 Ad decimumquartum dicendum quod potentiae animae vegetabilis dicuntur vires naturales, quia non operantur nisi quod natura facit in corporibus; sed dicuntur vires animae, quia altiori modo hoc faciunt, ut supra dictum est.

15 Ad decimumquintum dicendum quod res naturalis inanimata simul recipit speciem et debitam quantitatem; quod non est possibile in rebus viventibus, quas oportet in principio generationis esse modicae quantitatis, quia generantur ex semine. Et ideo oportet quod praeter vim generativam in eis sit vis augmentativa, quae perducat ad debitam quantitatem. Hoc autem fieri oportet per hoc quod aliquid convertatur in substantiam augmentandi, et sic additur ei. Haec autem conversio fit per calorem, quia etiam convertit id quod extrinsecum apponitur, et resolvit etiam quod inest. Unde ad conservationem individui, ut continuo restauretur deperditum, et addatur quod deest ad perfectionem

natural; assim como a visão apreende todas as coisas visíveis. Mas, em razão de sua excelência, a alma tem muito mais operações que a coisa inanimada; razão por que é necessário que tenha muitas potências.

10. QUANTO AO DÉCIMO, deve-se dizer que a ordem entre as potências da alma segue a ordem de seus objetos. E pode-se atender a essa ordem sob dois aspectos: segundo a perfeição, e assim o intelecto é anterior ao sentido; ou segundo a via da geração, e assim o sentido é anterior ao intelecto: porque no caso da geração a disposição acidental se apresenta antes da forma acidental.

11. QUANTO AO DÉCIMO PRIMEIRO, deve-se dizer que o intelecto apetece naturalmente o inteligível enquanto é inteligível: pois o intelecto apetece naturalmente inteligir, e o sentido apetece naturalmente sentir. No entanto, a coisa sensível ou inteligível não só é apetecida para sentir e inteligir, mas também para outros fins. Por isso, além do sentido e do intelecto, é necessário que exista uma potência apetitiva.

12. QUANTO AO DÉCIMO SEGUNDO, deve-se dizer que a vontade está na razão, na medida em que se segue à apreensão da razão; ora, a operação da vontade pertence ao mesmo grau de operação das potências da alma, mas não ao mesmo gênero. E deve-se dizer o mesmo do irascível e do concupiscível com respeito ao sentido.

13. QUANTO AO DÉCIMO TERCEIRO, deve-se dizer que o intelecto e o apetite movem como os mandantes do movimento; mas é necessário que haja uma potência motriz que o execute, segundo a qual, por exemplo, os membros seguem o império do apetite, do intelecto ou do sentido.

14. QUANTO AO DÉCIMO QUARTO, deve-se dizer que as potências da alma vegetativa são chamadas virtudes naturais porque não fazem senão o que a natureza faz nos corpos; mas são ditas virtudes da alma porque o fazem de modo mais elevado, como se explicou anteriormente.

15. QUANTO AO DÉCIMO QUINTO, deve-se dizer que uma coisa natural inanimada recebe ao mesmo tempo sua espécie e sua devida quantidade, o que não é possível em se tratando dos seres vivos, cuja quantidade tem de ser módica no princípio da geração, porque são gerados de uma semente. E por isso é necessário que, além da virtude gerativa, exista neles a virtude aumentativa, que conduz à devida quantidade. Mas isto tem de dar-se pelo fato de que algo se transforma na substância do crescimento, e se acrescenta a ela. E tal transformação se produz pelo calor, que tanto converte o que procede de fora, quanto desenvolve o que se

quantitatis et quod necessarium est ad generationem seminis, necessaria fuit vis nutritiva, quae deservit et augmentativae et generativae; et propter hoc individuum conservat.

16 Ad decimumsextum dicendum quod sonus et calor et huiusmodi differunt secundum diversum modum immutationis sensus, non autem sensibilia diversorum generum. Et ideo penes ea non diversificantur potentiae sensitivae.

17 Ad decimumseptimum dicendum quod quia contrarietates quarum est tactus cognoscitivus non reducuntur in aliquod unum genus, sicut diversae contrarietates quae possunt considerari circa visibilia reducuntur in unum genus coloris, ideo philosophus determinat in II de anima, quod tactus non est unus sensus, sed plures. Sed tamen omnes conveniunt in hoc quod non per medium extrinsecum sentiunt; et omnes dicuntur tactus, ut sit unus sensus genere divisum in plures species. Posset tamen dici quod esset simpliciter unus sensus, quia omnes contrarietates, quarum tactus est cognoscitivus, cognoscuntur per se. Cognoscunt enim se invicem, et reducuntur in unum genus, sed est innominatum; nam et genus proximum calidi et frigidi innominatum est.

18 Ad decimumoctavum dicendum quod, cum potentiae animae sint proprietates quaedam, per hoc quod dicitur memoria esse passio primi sensitivi, non excluditur quin memoria sit alia potentia a sensu; sed ostenditur ordo eius ad sensum.

19 Ad decimumnonum dicendum quod sensus recipit species sensibilium in organis corporalibus, et est cognoscitivus particularium; intellectus autem recipit species rerum absque organo corporali, et est cognoscitivus universalium. Et ideo aliqua diversitas obiectorum requirit diversitatem potentiarum in parte sensitiva, quae non requirit diversitatem potentiarum in parte intellectiva. Recipere enim et retinere in rebus materialibus non est secundum idem; sed in immaterialibus secundum idem est. Et similiter secundum diversos modos immutationis oportet diversificari sensum, non autem intellectum.

20 Ad vicesimum dicendum quod idem obiectum, scilicet intelligibile in actu, comparatur ad intellectum agentem ut factum ab eo; ad intellectum vero possibilem ut movens ipsum. Et sic patet quod non secundum eamdem rationem idem comparatur ad intellectum agentem et possibilem.

encontra dentro. Daí que, para conservar o indivíduo, para restaurar continuamente o perdido e acrescentar o que falta para a devida quantidade e o necessário para a geração de semente, era necessária a virtude nutritiva, que é distinta da aumentativa e da gerativa, e que assim conserva o indivíduo.

16. QUANTO AO DÉCIMO SEXTO, deve-se dizer que o som, a cor e outros acidentes deste tipo se distinguem segundo os diversos modos em que alteram o sentido, e não segundo os diversos gêneros dos sensíveis. Portanto, as potências sensitivas não se diversificam em razão deles.

17. QUANTO AO DÉCIMO SÉTIMO, deve-se dizer que as contrariedades pertinentes ao tato não se reduzem a um só gênero (tal como, em contrapartida, diversas contrariedades que se podem considerar com relação ao visível se reduzem ao gênero da cor); por isso diz o Filósofo no livro II *Sobre a Alma*[301] que o tato não é um só sentido, mas vários. Mas todos estes têm em comum o não conhecer a partir de um meio extrínseco, e por isso todos se chamam tato, de modo que seria um só sentido em gênero, dividido em várias espécies. No entanto, poder-se-ia dizer que é *simpliciter* um só sentido; porque todas as contrariedades que o tato conhece são conhecidas *per se* mutuamente e reduzem-se a um gênero, mas este não tem nome; de fato, também o gênero próximo do quente e do frio carece de nome.

18. QUANTO AO DÉCIMO OITAVO, deve-se dizer que, embora as potências da alma sejam certas propriedades, razão por que se diz que a memória é a paixão de um primeiro sensitivo, não se exclui que a memória seja uma potência distinta do sentido, senão que se manifesta sua ordenação ao sentido.

19. QUANTO AO DÉCIMO NONO, deve-se dizer que o sentido recebe as espécies sensíveis em órgãos corporais e conhece o particular; mas o intelecto recebe as espécies das coisas sem órgão corporal e conhece o universal. Portanto, uma diversidade de objetos requer uma diversidade de potências na parte sensitiva, mas não uma diversidade de potências na parte intelectiva. Pois receber e conservar, nas coisas materiais, não se dão segundo o mesmo; mas nas coisas imateriais dão-se segundo o mesmo. E, de modo semelhante, o sentido deve diversificar-se segundo os diversos modos de alteração, mas não o intelecto.

20. QUANTO AO VIGÉSIMO, deve-se dizer que o mesmo objeto, ou seja, o inteligível em ato, está para o intelecto agente como produzido por este, e está para o intelecto possível como aquilo que o move. E assim é evidente que ele não está para ambos sob a mesma razão.

QUAESTIO XIV

Decimoquarto quaeritur de immortalitate animae humanae

Et videtur quod sit corruptibilis.

1 Dicitur enim Eccl. III: *unus est interitus hominis et iumentorum, et aequa utriusque conditio*. Sed iumenta cum intereunt, interit eorum anima. Ergo cum homo interierit anima eius corrumpitur.

2 Praeterea, corruptibile et incorruptibile differunt secundum genus, ut dicitur X Metaphys. Sed anima humana et anima iumentorum non differunt secundum genus; quia nec homo a iumentis genere differt. Ergo anima hominis et anima iumentorum non differunt secundum corruptibile et incorruptibile. Sed anima iumentorum est corruptibilis. Ergo anima humana non est incorruptibilis.

3 Praeterea, Damascenus dicit quod Angelus est gratia, non natura, immortalitatem suscipiens. Sed Angelus non est inferior anima. Ergo anima non est naturaliter immortalis.

4 Praeterea, philosophus probat in VIII Phys., quod primum movens est infinitae virtutis, quia movet tempore infinito. Si igitur anima habet virtutem Durandi tempore infinito, sequitur quod virtus eius sit infinita. Sed virtus infinita non est in essentia finita. Ergo sequitur quod essentia animae sit infinita, si sit incorruptibilis. Hoc autem est impossibile, quia sola essentia divina est infinita. Ergo anima humana non est incorruptibilis.

5 Sed dicebat, quod anima est incorruptibilis non per essentiam propriam, sed per virtutem divinam. Sed contra, illud quod non competit alicui per essentiam propriam, non est ei essentiale. Sed corruptibile et incorruptibile essentialiter praedicatur de quibuscumque dicuntur, ut dicit

QUESTÃO XIV

❦ *Se a alma humana é imortal*[302] ❦

E PARECE QUE SERIA CORRUPTÍVEL.

1. Pois é dito em Eclesiastes 3,19: "Os homens e os brutos morrem; é igual a condição de uns e outros". Mas ao morrer os animais, morre sua alma. Logo, quando morre o homem, corrompe-se sua alma.

2. Ademais, o corruptível e o incorruptível diferem em gênero, conforme dito no livro X da *Metafísica*.[303] Mas a alma humana e a alma do animal não diferem em gênero, pois tampouco o homem difere do animal em gênero. Portanto, a alma do homem e a do animal não diferem segundo corruptível e incorruptível. A alma do animal, por sua vez, é corruptível; e assim a humana não é incorruptível.

3. Ademais, diz Damasceno[304] que o anjo recebe imortalidade por graça, não por natureza. Ora, o anjo não é inferior à alma. Logo a alma não é naturalmente imortal.

4. Ademais, prova o Filósofo, no livro VIII da *Física*,[305] que o primeiro motor é de virtude infinita, pois move por tempo infinito. Se, portanto, a alma possui a virtude de durar por tempo infinito, segue-se que sua virtude seria infinita. A virtude infinita, no entanto, não está numa essência finita; e assim tem-se que, se a essência da alma fosse incorruptível, seria infinita. Isto, porém, é impossível, pois só a essência divina é infinita. Logo a alma humana não é incorruptível.

5. Poder-se-ia dizer, porém, que a alma é incorruptível não por essência própria, mas pela virtude divina. Mas em sentido contrário: aquilo que não compete a algo por essência própria, não lhe é essencial. Ora, "corruptível" e "incorruptível" predicam-se essencialmente de tudo aquilo que por estes termos se designe, como

philosophus in X Metaph. Ergo si anima est incorruptibilis, oportet quod sit incorruptibilis per essentiam suam.

6 Praeterea, omne quod est, aut est corruptibile aut incorruptibile. Si igitur anima humana secundum suam naturam non est incorruptibilis, sequitur quod secundum suam naturam sit corruptibilis.

7 Praeterea, omne incorruptibile habet virtutem quod sit semper. Si igitur anima humana sit incorruptibilis, sequitur quod habet virtutem quod sit semper. Ergo non habet esse post non esse; quod est contra fidem.

8 Praeterea, Augustinus dicit quod sicut Deus est vita animae, ita anima est vita corporis. Sed mors est privatio vitae. Ergo per mortem anima privatur et tollitur.

9 Praeterea, forma non habet esse nisi in eo in quo est. Si igitur anima est forma corporis, non potest esse nisi in corpore; ergo perit perempto corpore.

10 Sed dicebat quod hoc est verum de anima secundum quod est forma, non secundum suam essentiam. Sed contra anima non est forma corporis per accidens; alioquin, cum anima constituat hominem secundum quod est forma corporis, sequeretur quod homo esset ens per accidens. Quidquid autem competit alicui non per accidens, convenit ei secundum suam essentiam. Ergo est forma secundum suam essentiam. Si ergo secundum quod est forma est corruptibilis, et secundum suam essentiam erit corruptibilis.

11 Praeterea, quaecumque conveniunt ad unum esse, ita se habent quod corrupto uno corrumpitur aliud. Sed anima et corpus conveniunt ad unum esse, scilicet ad esse hominis. Ergo corrupto corpore corrumpitur anima.

12 Praeterea, anima sensibilis et anima rationalis sunt unum secundum substantiam in homine. Sed anima sensibilis est corruptibilis. Ergo et rationalis.

13 Praeterea, forma debet esse materiae proportionata. Sed anima humana est in corpore ut forma in materia. Cum igitur corpus sit corruptibile, et anima erit corruptibilis.

14 Praeterea, si anima potest a corpore separari, oportet quod sit aliqua operatio eius sine corpore, eo quod nulla substantia est otiosa. Sed nulla operatio potest esse animae sine corpore, neque etiam intelligere, de quo magis videtur; quia non est intelligere sine phantasmate, ut philosophus

diz o Filósofo no livro X da *Metafísica*.[306] Portanto, se a alma é incorruptível, é necessário que o seja por sua própria essência.

6. Ademais, tudo o que existe, ou é corruptível, ou incorruptível. Logo, se a alma humana, segundo sua natureza, não é incorruptível, tem-se que, segundo sua natureza, seria corruptível.

7. Ademais, todo incorruptível possui a virtude de que exista sempre. Se, portanto, a alma humana fosse incorruptível, seguir-se-ia que possuiria a virtude de existir sempre. Logo, não possuiria o ser após o não ser, o que é contrário à fé.

8. Ademais, diz Agostinho[307] que, assim como Deus é a vida da alma, também a alma é a vida do corpo. Mas a morte é a privação da vida. Logo, pela morte a alma se priva e se tolhe.

9. Ademais, a forma não possui ser senão naquilo em que existe. Se, portanto, a alma é forma do corpo, ela não pode existir senão no corpo; logo, perece quando perecido o corpo.

10. Poder-se-ia dizer, porém, que o que se afirmou acima acerca da alma é verdadeiro na medida em que ela é *forma*, mas não segundo sua essência. Mas em sentido contrário: a alma não é forma do corpo *per accidens*; se o fosse, o homem seria ente *per accidens*, visto que a alma constitui o homem na medida em que é forma do corpo. Ora, o que quer que compita a algo, mas não *per accidens*, lhe convém segundo sua essência. Logo, ela é forma segundo sua essência. Assim, segundo ela é forma, é corruptível, e segundo sua essência, será corruptível.

11. Ademais, as coisas que convêm num só ser encontram-se de tal modo que, corrompida uma delas, corrompe-se a outra. Ora, a alma e o corpo convêm num só ser, isto é, no ser do homem. Logo, uma vez corrompido o corpo, corrompe-se a alma.

12. Ademais, a alma sensível e a racional são, no homem, uma só segundo a substância. Mas a alma sensível é corruptível. Logo, também o é a racional.

13. Ademais, a forma deve ser proporcional à matéria. Ora, a alma humana está no corpo como uma forma na matéria. Logo, como o corpo é corruptível, também a alma o será.

14. Ademais, se a alma pode separar-se do corpo, é necessário que haja alguma operação sua sem o corpo, uma vez que nenhuma substância é ociosa. Mas nenhuma operação pode dar-se na alma sem o corpo – nem mesmo o inteligir (que mais pareceria convir ao caso), porque não há inteligir sem os fantasmas, como diz

dicit: phantasma autem non est sine corpore. Ergo anima non potest separari a corpore, sed corrumpitur corrupto corpore.

15 Praeterea, si anima humana sit incorruptibilis, hoc non erit nisi quia est intelligens. Sed videtur quod intelligere non sibi conveniat; quia id quod est supremum inferioris naturae imitatur aliqualiter actionem naturae superioris, sed ad eam non pervenit. Sicut simia imitatur aliqualiter operationem hominis, non tamen ad eam pertingit. Et similiter videtur quod cum homo sit supremum in ordine materialium rerum, imitetur aliqualiter actionem substantiarum separatarum intellectualium quae est intelligere, sed ad eam non perveniat. Nulla igitur necessitas videtur ponendi animam hominis esse immortalem.

16 Praeterea, ad operationem propriam speciei pertingunt vel omnia vel plurima eorum quae sunt in specie. Sed paucissimi homines perveniunt ad hoc quod sint intelligentes. Ergo intelligere non est propria operatio animae humanae; et ita non oportet animam humanam esse incorruptibilem eo quod sit intellectualis.

17 Praeterea, philosophus dicit in I Phys., quod omne finitum consumitur, semper ablato quodam. Sed bonum naturale animae est finitum bonum. Cum ergo per aliquod peccatum minuatur bonum naturale animae humanae, videtur quod tandem totaliter tollatur; et sic anima humana quandoque corrumpitur.

18 Praeterea, ad debilitatem corporis anima debilitatur, ut patet in eius operationibus. Ergo et ad corruptionem corporis anima corrumpitur.

19 Praeterea, omne quod est ex nihilo est vertibile in nihil. Sed anima humana ex nihilo creata est. Ergo vertibilis est in nihil. Et sic sequitur quod anima sit corruptibilis.

20 Praeterea, manente causa manet effectus. Sed anima est causa vitae corporis. Si ergo anima semper manet, videtur quod corpus semper vivat; quod patet esse falsum.

21 Praeterea, omne quod est per se subsistens est hoc aliquid in genere vel specie collocatum. Sed anima humana, ut videtur, non est hoc aliquid nec collocatur in specie vel genere tanquam individuum vel species, cum sit forma; esse enim in genere vel specie convenit composito, non materiae neque formae, nisi per reductionem. Ergo anima humana non est per se subsistens; et ita, corrupto corpore, remanere non potest.

o Filósofo.[308] Ora, não há fantasmas sem o corpo. Logo, a alma não pode separar-se do corpo, senão que se corrompe, estando ele corrompido.

15. Ademais, se a alma humana fosse incorruptível, só o seria porque é intelectiva. Mas parece que o inteligir não lhe convém; pois aquilo que é o mais elevado de uma natureza inferior imita de certo modo a operação de uma natureza superior, mas não a alcança. (Assim como o símio imita de certo modo a operação do homem, mas não a alcança.) E, de modo semelhante, parece que, como o homem é o mais elevado na ordem das coisas materiais, imitaria de certo modo a ação das substâncias separadas intelectuais (que é o inteligir), mas não a alcançaria. Assim, nenhuma necessidade parece haver de afirmar que a alma do homem é imortal.

16. Ademais, ou todos os entes de uma espécie alcançam a operação que é própria desta, ou ao menos a maior parte deles. Mas pouquíssimos homens alcançam ser inteligentes. O inteligir, portanto, não é a operação própria da alma; e assim não é necessário que a alma humana seja incorruptível pela razão de que seria intelectual.

17. Ademais, diz o Filósofo, no livro I da *Física*,[309] que todo finito se consome, se algo lhe é retirado sempre. Mas o bem natural da alma é um bem finito. Como, portanto, por qualquer pecado diminui-se o bem natural da alma humana, parece que ela por fim se tolheria totalmente. E assim pode ocorrer que a alma humana se corrompa.

18. Ademais, a alma se enfraquece com o enfraquecimento do corpo, como é evidente por suas operações. Logo, ela também se corrompe com sua corrupção.

19. Ademais, tudo o que provém do nada é reversível ao nada. Ora, a alma humana é criada do nada; logo é reversível ao nada. E assim tem-se que a alma seria corruptível.

20. Ademais, permanecendo a causa, permanece o efeito. Mas a alma é causa de vida do corpo. Se, portanto, a alma sempre permanecesse, parece que o corpo sempre viveria; e isto é claramente falso.

21. Ademais, tudo o que é *per se* subsistente é algo concreto situado num gênero ou espécie. Mas a alma humana, como parece, não é algo concreto, e tampouco se situa numa espécie ou gênero, como se dá com o indivíduo ou a espécie, porque ela é apenas forma, e estar num gênero ou espécie convém antes ao composto, não à matéria nem à forma, exceto por redução.[310] Logo, a alma humana não é subsistente *per se*; e assim, corrompido o corpo, ela não pode permanecer.

SED CONTRA.

1 Est quod dicitur Sapient. cap. II: *Deus fecit hominem inexterminabilem, et ad imaginem suae similitudinis fecit illum.* Ex quo potest accipi quod homo est inexterminabilis, id est incorruptibilis, secundum quod est ad imaginem Dei. Est autem ad imaginem Dei secundum animam, ut Augustinus dicit in Lib. de Trinit. Ergo anima humana est incorruptibilis.

2 Praeterea, omne quod corrumpitur habet contraria, vel est ex contrariis compositum. Sed anima humana est omnino absque contrarietate; quia illa etiam quae sunt contraria in se, in anima non sunt contraria. Rationes enim contrariorum in anima contrariae non sunt. Ergo anima humana est incorruptibilis.

3 Praeterea, corpora caelestia dicuntur esse incorruptibilia, quia non habent materiam qualem generabilia et corruptibilia. Sed anima humana omnino est immaterialis; quod patet ex hoc quod rerum species immaterialiter recipit. Ergo anima est incorruptibilis.

4 Praeterea, philosophus dicit quod intellectus separatur sicut perpetuum a corruptibili. Intellectus autem est pars animae, ut ipse dicit. Ergo anima humana est incorruptibilis.

RESPONDEO. Dicendum quod necesse est omnino animam humanam incorruptibilem esse. Ad cuius evidentiam considerandum est, quod id quod per se consequitur ad aliquid, non potest removeri ab eo. Sicut ab homine non removetur quod sit animal, neque a numero quod sit par vel impar. Manifestum est autem quod esse per se consequitur formam: unumquodque enim habet esse secundum propriam formam; unde esse a forma nullo modo separari potest. Corrumpuntur igitur composita ex materia et forma per hoc quod amittunt formam ad quam consequitur esse. Ipsa autem forma per se corrumpi non potest, sed per accidens corrupto composito corrumpitur, in quantum deficit esse compositi quod est per formam; si forma sit talis quae non sit habens esse, sed sit solum quo compositum est. Si ergo sit aliqua forma quae sit habens esse, necesse est illam formam incorruptibilem esse. Non

Mas em sentido contrário:

1. Há o que se diz em Sabedoria 2,23: "Deus criou o homem inexterminável, e o fez à sua imagem e semelhança". Donde se pode compreender que o homem é inexterminável, isto é, incorruptível, por ter sido feito à imagem de Deus. E ele é imagem de Deus segundo sua alma, como afirma Agostinho no livro *Sobre a Trindade*.[311] Logo, a alma é incorruptível.

2. Ademais, tudo o que se corrompe possui contrários, ou é composto de contrários. Mas a alma humana carece absolutamente de contrariedade – pois também aquelas coisas que são contrárias em si não são contrárias na alma: pois as razões dos contrários não são contrárias na alma.[312] Logo a alma humana é incorruptível.

3. Ademais, os corpos celestes são denominados incorruptíveis, pois não possuem aquela matéria dos geráveis e corruptíveis. Mas a alma humana é absolutamente imaterial (o que é evidente pelo fato de que ela recebe imaterialmente as espécies das coisas). Logo, a alma é incorruptível.

4. Ademais, diz o Filósofo[313] que o intelecto é separado da maneira como o perpétuo o é do corruptível. O intelecto, por sua vez, é parte da alma, como ele mesmo o afirma. Logo a alma humana é incorruptível.

Respondo. Deve-se dizer que é necessário que a alma humana seja absolutamente incorruptível. Para torná-lo evidente, devemos primeiro considerar que o que é *per se* consequente a algo, não pode ser removido deste algo; assim como, do homem, não se pode remover que seja animal, e tampouco se remove do número que ele seja par ou ímpar. Mas é evidente que o ser é consequente *per se* da forma:[314] de fato, cada um tem o ser segundo sua forma própria, e por isso de nenhum modo se pode separar da forma o ser. Assim, os compostos de matéria e forma corrompem-se pela perda da forma, da qual o ser é consequente. Ora, a forma mesma não pode corromper-se *per se*, mas corrompe-se *per accidens*, na medida em que, estando corrompido o composto, a forma carece do ser que mediante ela o composto possuía; e isto se dá quando a forma é de tal tipo que não seja possuidora do ser, mas seja apenas aquilo pelo qual o composto tem ser. Mas se a forma for de tal tipo que seja possuidora do ser, é necessário que ela

enim separatur esse ab aliquo habente esse, nisi per hoc quod separatur forma ab eo; unde si id quod habet esse, sit ipsa forma, impossibile est quod esse separetur ab eo.

Manifestum est autem quod principium quo homo intelligit est forma habens esse in se, et non solum sicut quo aliquid est. Intelligere enim, ut philosophus probat in III de anima, non est actus expletus per organum corporale. Non enim posset inveniri aliquod organum corporale quod esset receptivum omnium naturarum sensibilium; praesertim quia recipiens debet esse denudatum a natura recepti, sicut pupilla caret colore. Omne autem organum corporale habet naturam aliquam sensibilem. Intellectus vero quo intelligimus est cognoscitivus omnium sensibilium naturarum; unde impossibile est quod eius operatio, quae est intelligere, exerceatur per aliquod organum corporale. Unde apparet quod intellectus habet operationem per se, in qua non communicat corpus.

Unumquodque autem operatur secundum quod est: quae enim per se habent esse, per se operantur. Quae vero per se non habent esse, non habent per se operationem; non enim calor per se calefacit, sed calidum. Sic igitur patet quod principium intellectivum quo homo intelligit, habet esse elevatum supra corpus, non dependens a corpore. Manifestum est etiam quod huiusmodi intellectivum principium non est aliquid ex materia et forma compositum, quia species omnino recipiuntur in ipso immaterialiter. Quod declaratur ex hoc quod intellectus est universalium, quae considerantur in abstractione a materia et a materialibus conditionibus. Relinquitur ergo quod principium intellectivum quo homo intelligit, sit forma habens esse; unde necesse est quod sit incorruptibilis. Et hoc est quod etiam philosophus dicit quod intellectus est quoddam divinum et perpetuum. Ostensum est autem in praecedentibus quaestionibus quod principium intellectivum quo homo intelligit, non est aliqua substantia separata; sed est aliquid formaliter inhaerens homini, quod est anima, vel pars animae. Unde relinquitur ex praedictis quod anima humana sit incorruptibilis.

Omnes enim qui posuerunt animam humanam corrumpi, interemerunt aliquid praemissorum. Quidam enim animam ponentes esse corpus, posuerunt eam non esse formam, sed aliquid ex materia et forma compositum. Alii vero ponentes intellectum non differre a sensu,

seja incorruptível: pois o ser não pode ser separado de algo que o possui, senão enquanto deste algo lhe seja separada a forma. Ora, se aquilo que possui o ser é a própria forma, é impossível que este lhe seja separado.

Ora, evidentemente é este o caso, a saber: que o princípio pelo qual o homem intelige é uma forma que possui em si o ser, e não somente aquilo pelo qual algo existe. Pois o inteligir, como o prova o Filósofo no livro III *Sobre a Alma*,[315] não é um ato realizado por órgão corporal. Não se poderia encontrar nenhum órgão corporal que fosse receptivo a todas as naturezas sensíveis; principalmente porque o recipiente deve estar despojado do recebido, assim como a pupila carece de cor. Ora, todo órgão corporal possui alguma natureza sensível; no entanto o intelecto, pelo qual nós inteligimos, é cognoscitivo de todas as naturezas sensíveis. Logo, é impossível que sua operação, que é o inteligir, seja exercida por algum órgão corporal. Donde transparece que o intelecto possui operação *per se*, na qual não se comunica com o corpo.

Mas cada coisa opera segundo ela é: as que possuem *per se* o ser operam *per se*; já as que não o possuem *per se* não operam *per se* – por exemplo, não é o calor que esquenta *per se*, mas aquilo que é quente. Portanto, fica claro que o princípio intelectivo pelo qual o homem intelige possui um ser que se eleva para além do corpo, e não depende dele.

Torna-se também evidente que tal princípio intelectivo não é algo composto de matéria e forma, pois as espécies são nele recebidas de modo totalmente imaterial. Isto se afirma pelo fato de que o intelecto é [receptivo] dos universais, que são considerados em abstração da matéria e das condições materiais. Resta, portanto, que o princípio intelectivo pelo qual o homem intelige seria uma forma possuidora de ser; donde é necessário que seja incorruptível. E é isto que também diz o Filósofo:[316] que o intelecto é algo divino e perpétuo. Mas já foi demonstrado, nas precedentes questões, que o princípio intelectivo pelo qual o homem intelige não é nenhuma substância separada; é antes algo formalmente inerente ao homem, que é a alma, ou mesmo parte da alma. Assim, do que foi mencionado, resta que a alma humana seja incorruptível.

Portanto, todos os que propuseram que a alma humana se corrompe suprimiram algo das demonstrações prévias. De fato, alguns, que afirmam que a alma é um corpo, propuseram que ela não é uma forma, antes algo composto de matéria e forma. Já outros, que afirmam que o intelecto não difere dos sentidos, propuseram,

posuerunt per consequens quod non habet operationem nisi per organum corporale, et sic non habet esse elevatum supra corpus; unde non est forma habens esse. Alii vero posuerunt intellectum, quo homo intelligit, esse substantiam separatam.

Quae omnia in superioribus ostensa sunt esse falsa. Unde relinquitur animam humanam esse incorruptibilem. Signum autem huius ex duobus accipi potest.

Primo quidem, ex parte intellectus: quia ea etiam quae sunt in seipsis corruptibilia, secundum quod intellectu percipiuntur, incorruptibilia sunt. Est enim intellectus apprehensivus rerum in universali, secundum quem modum non accidit eis corruptio.

Secundo, ex naturali appetitu qui in nulla re frustrari potest. Videmus enim hominibus appetitum esse perpetuitatis. Et hoc rationabiliter: quia cum ipsum esse secundum se sit appetibile, oportet quod ab intelligente qui apprehendit esse simpliciter, et non hic et nunc, appetatur esse simpliciter, et secundum omne tempus. Unde videtur quod iste appetitus non sit inanis; sed quod homo secundum animam intellectivam sit incorruptibilis.

1 AD PRIMUM ergo dicendum quod Salomon in libro [Ecclesiastes] loquitur, quasi concionator, nunc ex persona sapientum, nunc ex persona stultorum; verbum autem inductum loquitur ex persona stultorum. Vel potest dici quod unus dicitur interitus hominis et iumentorum, quantum ad corruptionem compositi, quae utrobique est per separationem animae a corpore; licet post separationem anima humana remaneat, non autem anima iumentorum.

2 AD SECUNDUM dicendum quod si anima humana et anima iumentorum per se collocarentur in genere, sequeretur quod diversorum generum essent secundum naturalem generis considerationem. Sic enim corruptibile et incorruptibile necesse est genere differre, licet in aliqua ratione communi possent convenire. Ex quo et in uno genere possunt esse secundum logicam considerationem. Nunc autem anima non est in genere sicut species, sed sicut pars speciei. Utrumque autem compositum corruptibile est: tam illud cuius pars est anima humana, quam illud cuius pars est anima iumentorum; et propter hoc nihil prohibet ea esse unius generis.

por consequência, que ele não possui operação senão por um órgão corporal; deste modo, não possui um ser que se eleve para além do corpo, e por isso não seria uma forma possuidora de ser. Já outros propuseram que o intelecto pelo qual o homem intelige é uma substância separada.

Todas as propostas acima apresentadas já se mostraram falsas. Assim, resta que a alma humana é incorruptível. E disto podem-se colher indícios em dois fatos:

Primeiro, da parte do intelecto: pois também as coisas que são corruptíveis em si mesmas são incorruptíveis na medida em que são percebidas no intelecto. Porque o intelecto é receptivo das coisas no universal, modo segundo o qual não lhes recai corrupção.

Segundo, do apetite natural, que em nenhuma coisa pode ser vão. Ora, vemos que no homem há um apetite pela perpetuidade. E isto por um motivo razoável: visto que o ser é apetecível segundo si mesmo, é então necessário que, num ente provido de intelecção – e que por isso apreende o ser *simpliciter*, e não só aqui e agora – surja o apetite pelo ser *simpliciter*, e por possuí-lo todo o tempo. Donde se vê que este apetite não é vão, mas sim que o homem, segundo sua alma incorruptível, é incorruptível.

1. QUANTO AO PRIMEIRO ARGUMENTO, portanto, deve-se dizer que Salomão fala, no livro do Eclesiastes, quase como um pregador: às vezes na pessoa dos sábios, às vezes na pessoa dos tolos; e as palavras apresentadas são proferidas na pessoa dos tolos. Ou pode-se mesmo dizer que "a sorte do homem e a do animal é idêntica" no que concerne à corrupção do composto, a qual em ambos se dá por separação da alma e do corpo – embora a alma humana permaneça após a separação, não a do animal.

2. QUANTO AO SEGUNDO, deve-se dizer que, se a alma humana e a do animal se situassem *per se* em gênero, ocorre que seriam de gêneros diversos segundo a consideração natural de gênero. Sob consideração natural, pois, é necessário que difiram em gênero o corruptível e o incorruptível, embora possam encontrar-se sob outra razão comum; pelo fato de que também podem situar-se num só gênero segundo a consideração lógica. Pois bem: a alma, no entanto, não se situa no gênero como uma espécie, mas como parte da espécie. Ora, ambos os compostos são corruptíveis: tanto aquele do qual é parte a alma humana, quanto aquele do qual é parte a alma do animal; e por causa disto nada impede que sejam ambos do mesmo gênero.

3 Ad tertium dicendum quod, sicut dicit Augustinus, vera immortalitas est vera immutabilitas. Immutabilitatem autem quae est secundum electionem, ne scilicet de bono in malum mutari possint, tam anima quam Angelus habent per gratiam.

4 Ad quartum dicendum quod esse comparatur ad formam sicut per se consequens ipsam, non autem sicut effectus ad virtutem agentis, ut puta motus ad virtutem moventis. Licet ergo quod aliquid possit movere infinito tempore, demonstraret infinitatem virtutis moventis; tamen quod aliquid possit esse tempore infinito, non demonstrat infinitatem formae per quam aliquid est. Sicut nec hoc quod dualitas semper est par, ostendit infinitatem ipsius. Magis autem hoc quod aliquid est tempore infinito, demonstrat virtutem infinitam eius quod est causa essendi.

5 Ad quintum dicendum quod corruptibile et incorruptibile sunt essentialia praedicata, quia consequuntur essentiam sicut principium formale vel materiale, non autem sicut principium activum; sed principium activum perpetuitatis aliquorum est extrinsecus.

6 Et per hoc patet solutio ad sextum.

7 Ad septimum dicendum quod anima habet virtutem ut sit semper, sed illam virtutem non semper habuit; et ideo non oportet quod semper fuerit, sed quod in futurum nunquam deficiat.

8 Ad octavum dicendum quod anima dicitur forma corporis in quantum est causa vitae, sicut forma est principium essendi: vivere enim viventibus est esse, ut dicit philosophus in II de anima.

9 Ad nonum dicendum quod anima est talis forma, quae habet esse non dependens ab eo cuius est forma; quod operatio ipsius ostendit, ut dictum est.

10 Ad decimum dicendum, quod, licet anima per suam essentiam sit forma, tamen aliquid potest ei competere in quantum est talis forma, scilicet forma subsistens, quod non competit ei in quantum est forma. Sicut intelligere non convenit homini in quantum est animal, licet homo sit animal secundum suam essentiam.

11 Ad undecimum dicendum quod, licet anima et corpus conveniant ad unum esse hominis, tamen illud esse est corpori ab anima; ita quod anima humana esse suum in quo subsistit corpori communicat, ut ex

3. QUANTO AO TERCEIRO, deve-se dizer que, como afirma Agostinho,[317] a verdadeira imortalidade é a verdadeira imutabilidade. Ora, aquela imutabilidade que se dá segundo a eleição [divina] – a saber, para que não possam mudar do bem para o mal – tanto a alma quanto o anjo a possuem pela graça.

4. QUANTO AO QUARTO, deve-se dizer que o ser é comparado à forma como algo a ela consequente *per se*, e não como um efeito o é à virtude do agente (tal qual o movimento, com relação à virtude do movente). Ora: que algo possa mover por tempo infinito indica que há infinitude na virtude do movente; porém, que algo possa existir por tempo infinito não demonstra a infinitude da forma pela qual este algo existe. Pois, igualmente, tampouco o fato de que a dualidade é sempre par indica a sua infinitude. Em verdade, o fato de que algo existe por tempo infinito mais demonstra a virtude infinita daquele que é causa de seu existir.

5. QUANTO AO QUINTO, deve-se dizer que "corruptível" e "incorruptível" são predicados essenciais, porque são consequentes à essência enquanto princípio formal ou material, não como princípio ativo; mas, em alguns, o princípio ativo da perpetuidade é extrínseco.

6. E com isto evidencia-se a solução para o SEXTO.

7. QUANTO AO SÉTIMO, deve-se dizer que a alma possui virtude para que exista sempre, mas não possuiu sempre tal virtude; e por isto não é necessário que sempre tenha existido, mas que no futuro nunca deixe de existir.

8. QUANTO AO OITAVO, deve-se dizer que a alma é chamada forma do corpo enquanto é causa de vida, do mesmo modo que a forma é princípio de ser: *pois viver, para os viventes, é ser*, como diz o Filósofo no livro II *Sobre a Alma*.[318]

9. QUANTO AO NONO, deve-se dizer que a alma é uma forma tal, que possui ser independente daquele do qual é forma. E isto se mostra por sua operação, como já foi dito.[319]

10. QUANTO AO DÉCIMO, deve-se dizer que, embora a alma, por sua essência, seja forma, não obstante algo pode competir-lhe enquanto ela é *tal forma* (isto é, forma subsistente), que não lhe compete enquanto é [apenas] forma; assim como o inteligir não convém ao homem na medida em que ele é animal, ainda que o homem seja animal segundo sua essência.

11. QUANTO AO DÉCIMO PRIMEIRO, deve-se dizer que, embora a alma e o corpo convenham no ser do homem, que é uno, tal ser pertence ao corpo a partir da alma: a alma humana comunica ao corpo seu próprio ser, no qual ela subsiste

praemissis quaestionibus ostensum est; et ideo remoto corpore adhuc remanet anima.

12 A<small>D</small> <small>DUODECIMUM</small> dicendum quod anima sensibilis in brutis corruptibilis est; sed in homine, cum sit eadem in substantia cum anima rationali, incorruptibilis est.

13 A<small>D</small> <small>DECIMUMTERTIUM</small> dicendum quod corpus humanum est materia animae humanae proportionata quantum ad operationes eius; sed corruptio et alii defectus accidunt ex necessitate materiae, ut supra ostensum est. Vel potest dici quod corruptio advenit corpori ex peccato, non ex prima institutione naturae.

14 A<small>D</small> <small>DECIMUMQUARTUM</small> dicendum quod hoc quod dicit philosophus, quod non est intelligere sine phantasmate, intelligitur quantum ad statum praesentis vitae, in quo homo intelligit per animam; alius autem modus erit intelligendi animae separatae.

15 A<small>D</small> <small>DECIMUMQUINTUM</small> dicendum quod licet anima humana non pertingat ad illum modum intelligendi quo substantiae superiores intelligunt, pervenit tamen ad intelligendum aliquo modo, qui sufficit ad incorruptibilitatem eius ostendendam.

16 A<small>D</small> <small>DECIMUMSEXTUM</small> dicendum quod, licet pauci perveniant ad perfecte intelligendum, tamen ad aliqualiter intelligendum omnes perveniunt. Manifestum est enim quod prima demonstrationis principia sunt communes [omnium] conceptiones, [et] intellectu percipiuntur.

17 A<small>D</small> <small>DECIMUMSEPTIMUM</small> dicendum quod peccatum gratiam totaliter tollit, nihil autem removet de rei essentia. Removet tamen aliquid de inclinatione sive habilitate ad gratiam; et in quantum quodlibet peccatum de contraria dispositione inducit, dicitur aliquid de bono naturae adimere, quod est habilitas ad gratiam. Nunquam tamen totum bonum naturae tollitur; quia semper remanet potentia sub contrariis dispositionibus, licet magis ac magis elongata ab actu.

18 A<small>D</small> <small>DECIMUMOCTAVUM</small> dicendum quod anima non debilitatur debilitato corpore, nec etiam sensitiva; ut patet per id quod philosophus dicit in I de anima, quod si senex accipiat oculum iuvenis, videbit utique sicut et iuvenis. Ex quo manifestum est quod debilitas actionis non accidit propter debilitatem animae, sed organi.

(conforme demonstrado nas questões prévias). E, assim, eliminado o corpo, permanece ainda a alma.

12. QUANTO AO DÉCIMO SEGUNDO, deve-se dizer que a alma sensível, nos animais brutos, é corruptível; mas no homem é incorruptível, visto que ela e a alma racional são idênticas em substância.

13. QUANTO AO DÉCIMO TERCEIRO, deve-se dizer que o corpo humano é matéria proporcionada à alma humana quanto a suas operações; mas a corrupção e outros defeitos sobrevêm da necessidade da matéria, como demonstrado acima.[320] Ou pode-se ainda dizer que a corrupção adveio ao corpo mediante o pecado, não mediante a instituição original da natureza.

14. QUANTO AO DÉCIMO QUARTO, deve-se dizer que o que afirma o Filósofo, isto é, que não há inteligir sem os fantasmas, entende-se no tocante ao estado da vida presente, no qual é o homem que intelige mediante a alma; já o modo de inteligir da própria alma separada será outro.[321]

15. QUANTO AO DÉCIMO QUINTO, deve-se dizer que, embora a alma humana não alcance aquele modo de inteligir pelo qual as substâncias superiores o fazem, alcança no entanto o inteligir de outro modo – o que basta para a demonstração de sua incorruptibilidade.

16. QUANTO AO DÉCIMO SEXTO, deve-se dizer que, embora poucos alcancem o inteligir de modo perfeito, todos no entanto o alcançam de algum modo. Pois é evidente que os primeiros princípios da demonstração são concepções comuns a todos, e são percebidas pelo intelecto.

17. QUANTO AO DÉCIMO SÉTIMO, deve-se dizer que de fato o pecado tolhe a graça totalmente, mas nada remove da coisa a sua essência. Remove, porém, algo da inclinação ou da aptidão para a graça. E, ao passo que qualquer pecado agrega mais da disposição contrária [à da graça], diz-se que com ele algo é subtraído ao bem da natureza, que é a referida aptidão para a graça. Todavia, nunca é tolhido todo o bem de uma natureza, pois nela sempre resta a potência sob as disposições contrárias, ainda que mais e mais afastada do ato.

18. QUANTO AO DÉCIMO OITAVO, deve-se dizer que a alma não se debilita ao debilitar-se o corpo, nem mesmo a sensitiva – como está claro pelo que afirma o Filósofo no livro I *Sobre a Alma*:[322] que, se um velho receber o olho de um jovem, verá de todos os modos como um jovem. Donde se evidencia que a debilidade da ação não ocorre por causa da debilidade da alma, mas do órgão.

19 AD DECIMUMNONUM dicendum quod id quod est ex nihilo vertibile est in nihil, nisi manu gubernantis conservetur. Sed ex hoc non dicitur aliquid corruptibile, sed ex eo quod habet in se aliquod principium corruptionis. Et sic corruptibile et incorruptibile sunt praedicata essentialia.

20 AD VICESIMUM dicendum quod, licet anima quae est causa vitae sit incorruptibilis, tamen corpus, quod recipit vitam ab anima, est subiectum transmutationis. Et per hoc recedit a dispositione per quam est aptum ad recipiendum vitam; et sic incidit corruptio hominis.

21 AD VICESIMUMPRIMUM dicendum quod anima, licet per se possit esse, non tamen per se habet speciem, cum sit pars speciei.

19. Quanto ao décimo nono, deve-se dizer que aquilo que provém do nada é reversível ao nada, exceto se conservado pela mão do governante. Mas não por isto se chama algo de "corruptível", e sim porque possui em si algum princípio de corrupção, pois "corruptível" e "incorruptível" são predicados essenciais.

20. Quanto ao vigésimo, deve-se dizer que, embora a alma (que é causa da vida) seja incorruptível, todavia o corpo (que recebe da alma a vida) é sujeito de transmutação – e por isso afasta-se da disposição pela qual está apto a receber a vida; e é assim que sobrevém a corrupção do homem.

21. Quanto ao vigésimo primeiro, deve-se dizer que a alma, embora possa ser *per se*, não possui *per se* a espécie, visto que é parte da espécie.

QUAESTIO XV

Decimoquinto quaeritur utrum anima separata a corpore possit intelligere

Et videtur quod non.

1 Nulla enim operatio coniuncti manet in anima separata. Sed intelligere est operatio coniuncti: dicit enim philosophus in I de anima, quod dicere animam intelligere simile est ac si dicat eam quis texere vel aedificare. Ergo intelligere non manet in anima a corpore separata.

2 Praeterea, philosophus dicit in III de anima, quod nequaquam est intelligere sine phantasmate. Sed phantasmata, cum sint in organis sentiendi, non possunt esse in anima separata. Ergo anima separata non intelligit.

3 Sed dicebat quod philosophus loquitur de anima secundum quod est unita corpori, non de anima separata. Sed contra, anima separata non potest intelligere nisi per potentiam intellectivam. Sed, sicut dicit philosophus in I de anima, intelligere vel est phantasia, vel non est sine phantasia. Phantasia autem non est sine corpore. Ergo nec intelligere. Anima ergo separata non intelligit.

4 Praeterea, philosophus dicit in III de anima, quod ita se habet intellectus ad phantasmata, sicut visus ad colores. Sed visus non potest videre sine coloribus. Ergo nec intellectus intelligit sine phantasmatibus; ergo neque sine corpore.

5 Praeterea, philosophus dicit in I de anima quod intelligere corrumpitur interius quodam corrupto, scilicet vel corde, vel calore naturali; quod quidem corrumpitur, anima a corpore separata. Ergo anima a corpore separata intelligere non potest.

QUESTÃO XV[323]

≈ *Se a alma separada do corpo pode inteligir*[324] ≈

E PARECE QUE NÃO.

1. Pois nenhuma operação do composto permanece na alma separada. Mas inteligir é operação do composto: pois afirma o Filósofo no livro I *Sobre a Alma*[325] que dizer que a alma intelige é semelhante a dizer que é ela quem tece ou edifica. Logo, o inteligir não permanece na alma separada do corpo.

2. Ademais, diz o Filósofo no livro III *Sobre a Alma*[326] que ela de nenhum modo intelige sem os fantasmas. Ora, os fantasmas, visto que residem nos órgãos dos sentidos, não podem estar na alma separada. Logo, a alma separada não intelige.

3. Poder-se-ia dizer, porém, que o Filósofo se refere à alma enquanto unida ao corpo, e não à alma separada. Mas em sentido contrário: a alma separada não pode inteligir a não ser mediante a potência intelectiva. Pois, como diz o Filósofo no livro I *Sobre a Alma*,[327] o inteligir, ou é certa fantasia, ou não existe sem a fantasia. Ora, a fantasia não existe sem o corpo. Logo, tampouco o inteligir. Por conseguinte, a alma separada não intelige.

4. Ademais, diz o Filósofo no livro III *Sobre a Alma*[328] que o intelecto está para os fantasmas assim como a visão está para as cores. Mas a visão não pode ver sem as cores. Logo, tampouco o intelecto intelige sem os fantasmas, nem, por conseguinte, sem o corpo.

5. Ademais, diz o Filósofo no livro I *Sobre a Alma*[329] que o inteligir cessa ao corromper-se algo internamente, como o coração ou o calor natural; ora, isso sucede quando a alma se separa do corpo. Por conseguinte, a alma nesse estado não pode inteligir.

6 Sed dicebat quod anima a corpore separata intelligit quidem, non autem isto modo quo nunc intelligit a phantasmatibus abstrahendo. Sed contra, forma unitur materiae non propter materiam, sed propter formam; nam forma est finis et perfectio materiae. Unitur autem forma materiae propter complementum suae operationis; unde talem materiam forma requirit per quam operatio formae compleri possit, sicut forma serrae requirit materiam ferream ad perficiendum opus secandi. Anima autem est forma corporis. Unitur ergo tali corpori ad complementum suae operationis. Propria autem eius operatio est intelligere. Ergo si potest sine corpore intelligere, frustra corpori unitur.

7 Praeterea, si anima separata intelligere potest, nobilius intelligit sine corpore quam corpori unita. Nobiliori enim modo intelligunt quae phantasmatibus non indigent ad intelligendum, scilicet substantiae separatae, quam nos qui per phantasmata intelligimus. Bonum autem animae est in intelligendo; nam perfectio cuiuslibet substantiae est propria operatio eius. Ergo si anima sine corpore intelligere potest praeter phantasmata, nocivum esset ei corpori uniri; et sic non esset ei naturale.

8 Praeterea, potentiae diversificantur penes obiecta. Sed animae intellectivae obiecta sunt phantasmata, ut dicitur in III de anima. Si igitur sine phantasmatibus intelligit separata a corpore, oportet quod habeat alias potentias; quod est impossibile, cum potentiae sint naturales animae, et inseparabiliter ei inhaereant.

9 Praeterea, si anima separata intelligit, oportet quod per aliquam potentiam intelligat. Potentiae autem intellectivae in anima non sunt nisi duae, scilicet intellectus agens et possibilis. Per neutrum autem horum potest anima separata intelligere, ut videtur; nam operatio utriusque intellectus respicit phantasmata. Intellectus enim agens facit phantasmata esse intelligibilia actu, intellectus autem possibilis recipit species intelligibiles a phantasmatibus abstractas. Videtur ergo quod nullo modo anima separata intelligere possit.

10 Praeterea, unius rei una est propria operatio, sicut et unius perfectibilis una est perfectio. Si ergo operatio animae sit intelligere accipiendo a phantasmatibus, videtur quod non possit esse eius operatio, scilicet intelligere, praeter phantasmata; et ita, separata a corpore, non intelliget.

6. Poder-se-ia dizer, porém, que de fato a alma separada do corpo intelige, mas não deste modo como agora inteligimos, ou seja, abstraindo dos fantasmas. Mas em sentido contrário: a forma se une à matéria não em virtude da matéria, mas em virtude da forma, porque a forma é fim e perfeição da matéria. Mas a forma se une à matéria para o complemento de sua operação. Por isso a forma exige uma matéria tal, que por ela possa cumprir-se a operação da forma; assim como a forma da serra requer uma matéria férrea para a perfeição do trabalho de cortar. Pois bem, a alma é forma do corpo. Logo, a alma se une a tal corpo para o complemento de sua operação. Mas sua operação própria é inteligir. Logo, se a alma pudesse inteligir sem o corpo, em vão se uniria a ele.

7. Ademais, se a alma pode inteligir separada, então intelige de modo mais nobre neste estado do que unida ao corpo. Pois inteligem por um modo mais nobre os que para isso não necessitam de fantasmas (ou seja, as substâncias separadas), do que nós, que inteligimos por meio de fantasmas. Mas no inteligir reside o bem da alma; pois a perfeição de qualquer substância é sua operação própria. Logo, se a alma sem seu corpo pode inteligir sem necessidade de fantasmas, ser-lhe-ia nocivo unir-se ao corpo; e assim isto não lhe seria natural.

8. Ademais, as potências se diversificam por seus objetos. Ora, os objetos da alma intelectiva são os fantasmas, como se diz no livro III *Sobre a Alma*.[330] Por conseguinte, se a alma separada do corpo intelige sem fantasmas, é necessário que possua outras potências; o que é impossível, dado que as potências são naturais à alma, e inerem nela inseparavelmente.

9. Ademais, se a alma separada intelige, é necessário que o faça mediante alguma potência. Mas, na alma, as potências intelectivas não são senão duas, a saber, o intelecto agente e o intelecto possível. Ora, a alma separada não pode inteligir mediante nenhum destes, como parece, pois a operação de ambos os intelectos necessita dos fantasmas: pois o intelecto agente faz com que eles sejam inteligíveis em ato, e o intelecto possível recebe deles as espécies inteligíveis abstraídas. Logo, parece que de nenhum modo a alma separada poderia inteligir.

10. Ademais, a uma só coisa corresponde uma só operação própria, e a um só perfectível corresponde uma só perfeição. Logo, se a operação [própria] da alma é inteligir abstraindo dos fantasmas, parece que não poderia ser sua operação [própria] o inteligir sem fantasmas. Portanto, separada do corpo, ela não inteligirá.

11 Praeterea, si anima separata intelligit, oportet quod aliquo intelligat; quia intelligere est per similitudinem rei intellectae in intelligente. Non potest autem dici quod anima separata intelligat per suam essentiam, hoc enim solius Dei est. Unius enim essentia, quia infinita est, omnem in se perfectionem praehabens, similitudo est omnium rerum. Similiter etiam neque per essentiam rei intellectae; quia sic intelligeret solum illa quae per essentiam suam sunt in anima. Neque etiam per aliquas species, ut videtur, intelligere potest. Non per species innatas, sive concreatas: hoc enim videtur redire in opinionem Platonis, qui posuit omnes scientias esse nobis naturaliter inditas.

12 Praeterea, huiusmodi species frustra viderentur esse animae innatae, cum per eas intelligere non possit dum est in corpore. Species autem intelligibiles ad nihil aliud ordinari videntur nisi ut per eas intelligatur.

13 Sed dicebat quod anima, quantum est de se, potest intelligere per species innatas; sed impeditur a corpore, ne per eas intelligere possit. Sed contra, quanto aliquid est perfectius in sua natura, tanto perfectius est in operando. Sed anima unita corpori est perfectior in sua natura quam cum est a corpore separata; sicut quaelibet pars in suo toto existens perfectior est. Si igitur anima separata a corpore per species innatas intelligere potest, multo magis corpori unita potest intelligere per easdem.

14 Praeterea, nihil naturalium alicuius rei totaliter impeditur per id quod ad naturam pertinet. Ad naturam autem animae pertinet ut corpori uniatur, cum sit corporis forma. Ergo si species intelligibiles sunt naturaliter inditae animae, non impedietur per unionem corporis quin per eas intelligere possit; cuius contrarium experimur.

15 Praeterea, neque etiam potest dici, ut videtur, quod anima separata intelligat per species prius acquisitas in corpore. Multae enim animae humanae remanebunt a corporibus separatae quae nullas species intelligibiles acquisierunt; sicut patet de animabus puerorum, et maxime eorum qui in maternis uteris defuncti sunt. Si igitur animae separatae non possent intelligere nisi per species prius acquisitas, sequeretur quod non omnes animae separatae intelligerent.

11. Ademais, se a alma separada intelige, é necessário que intelija mediante algo; porque o inteligir se dá mediante a semelhança da coisa inteligida no sujeito que intelige. Ora, mas não se pode dizer que a alma separada intelija por sua própria essência, pois isto só é próprio de Deus, pois Sua essência, que é infinita e contém em si toda perfeição, é a semelhança de todas as coisas. Do mesmo modo, tampouco intelige pela essência da coisa inteligida, pois assim só inteligiria aquelas coisas que mediante sua própria essência estão na alma. Tampouco parece poder inteligir por certas espécies: de fato, não o faria mediante espécies inatas ou concriadas,[331] pois isto pareceria um retorno à opinião de Platão,[332] que propôs que toda a ciência nos fosse naturalmente inata.

12. Ademais, pareceria inútil que na alma existissem espécies inatas: porque a alma não pode inteligir mediante elas enquanto está no corpo, e a nenhuma outra coisa parecem ordenar-se as espécies inteligíveis senão a que mediante elas se intelija.

13. Poder-se-ia dizer, porém, que a alma, no que tange à sua própria capacidade, pode inteligir mediante espécies inatas, mas que o corpo impede a intelecção por meio delas. Mas em sentido contrário: quanto mais algo é perfeito em sua natureza, tanto mais perfeito é ao operar. Ora, mas a alma unida ao corpo é mais perfeita em sua natureza do que quando está dele separada, assim como qualquer parte é mais perfeita existindo em seu todo. Portanto, se a alma separada do corpo pode inteligir mediante espécies inatas, com muito mais razão pode ela inteligir mediante tais espécies estando unida ao corpo.

14. Ademais, nada que seja natural a alguma coisa pode ser totalmente impedido por algo que pertence à sua natureza. Mas pertence à natureza da alma que ela esteja unida a este corpo, por ser ele sua forma. Portanto, se as espécies inteligíveis são naturalmente inatas à alma, esta não se veria impedida, por sua união com o corpo, de inteligir por meio daquelas; antes temos experiência do contrário.

15. Ademais, tampouco se pode dizer, como parece, que a alma separada intelija pelas espécies adquiridas previamente, no corpo. Pois muitas são as almas humanas que subsistirão separadas do corpo sem antes ter adquirido espécie alguma, como sucede com as almas das crianças, e principalmente as das que morreram no ventre de suas mães. Logo, se as almas separadas não pudessem inteligir senão mediante as espécies adquiridas em vida, seguir-se-ia que nem todas as almas separadas inteligiriam.

16 Praeterea, si anima separata non intelligeret nisi per species prius acquisitas, sequi videtur quod non intelligat nisi ea quae prius intellexit dum fuit corpori unita. Hoc autem non videtur verum; intelligit enim multa de poenis et de praemiis, quae nunc non intelligit. Non ergo anima separata intelliget tantum per species prius acquisitas.

17 Praeterea, intellectus efficitur in actu per speciem intelligibilem in eo existentem. Sed intellectus actu existens actu intelligit. Ergo intellectus in actu intelligit omnia illa quorum species intelligibiles sunt actu in ipso. Videtur igitur quod species intelligibiles non conserventur in intellectu postquam desinit actu intelligere, et ita non remanent in anima post separationem, ut per eas intelligere possit.

18 Praeterea, habitus acquisiti actus similes reddunt illis actibus ex quibus acquiruntur, ut patet per philosophum in II Ethic.; aedificando enim fit homo aedificator, et iterum aedificator factus potest aedificare. Sed species intelligibiles acquiruntur intellectui per hoc quod convertitur ad phantasmata. Ergo nunquam per eas potest intelligere nisi convertendo se ad phantasmata. Separata igitur a corpore, per species acquisitas intelligere non potest, ut videtur.

19 Praeterea, neque etiam dici posset, quod intelligat per species influxas ab aliqua superiori substantia. Quia unumquodque receptivum habet proprium agens a quo natum est recipere. Intellectus autem humanus natus est recipere a sensibus. Non igitur recipit a substantiis superioribus.

20 Praeterea, ad ea quae nata sunt causari per agentia inferiora, non sufficit sola actio superioris agentis. Sicut animalia quae sunt nata generari ex semine, non inveniuntur generata ex actione solis tantum. Sed anima humana nata est recipere species a sensibilibus. Non ergo sufficit, ad hoc quod acquirat species intelligibiles, solum influxus substantiarum superiorum.

21 Praeterea, agens debet esse proportionatum patienti, et influens recipienti. Sed intelligentia substantiarum superiorum non est proportionata intellectui humano, cum habeat scientiam magis universalem, et incomprehensibilem nobis. Non igitur anima separata per species influxas a substantiis superioribus intelligere potest, ut videtur; et sic non relinquitur aliquis modus quo intelligere possit.

16. Ademais, se a alma separada não intelige senão mediante as espécies adquiridas em vida, parece seguir-se que não inteligirá senão aquilo que inteligiu em vida, enquanto esteve unida ao corpo. Mas isto não parece ser verdadeiro: pois ela intelige, sobre os prêmios e os castigos, muitas coisas que não intelige nesta vida. Logo, a alma separada não intelige apenas mediante as espécies adquiridas em vida.

17. Ademais, o intelecto passa a ato mediante a espécie inteligível nele existente. Mas o intelecto que existe em ato intelige em ato. Logo, o intelecto em ato intelige tudo aquilo cujas espécies inteligíveis estão nele em ato. Portanto, parece que as espécies inteligíveis não se conservarão no intelecto depois que ele deixar de inteligir em ato, e assim não permanecem na alma após a separação, para que possa inteligir mediante elas.

18. Ademais, os hábitos adquiridos geram atos semelhantes àqueles mediante os quais foram adquiridos, como se depreende do que diz o Filósofo no livro II da *Ética*:[333] o homem se faz construtor construindo, e o que se fez construtor pode, por sua vez, construir. Mas as espécies inteligíveis são adquiridas [em vida] pelo intelecto mediante a conversão aos fantasmas.[334] Logo, nunca poderá inteligir mediante elas a não ser convertendo-se aos fantasmas. Por conseguinte, separada do corpo a alma não poderá inteligir mediante as espécies adquiridas [em vida].

19. Ademais, tampouco se poderia dizer que a alma intelija mediante espécies infusas[335] por alguma substância superior; porque tudo o que é receptivo possui um agente próprio, do qual ele recebe por natureza. E é natural ao intelecto humano receber dos sentidos. Por conseguinte, não recebe das substâncias superiores.

20. Ademais, àquelas coisas que por natureza são causadas por agentes inferiores não basta a ação isolada de um agente superior; assim como os animais que por natureza são gerados de sêmen não se encontram gerados apenas pela ação do sol. Mas a alma humana recebe por natureza as espécies a partir dos sentidos. Logo, para que adquira as espécies inteligíveis, não lhe basta o mero influxo das substâncias superiores.

21. Ademais, o agente deve ser proporcional ao paciente, e aquele que influi [deve ser proporcional] àquele que recebe. Ora, a inteligência das substâncias superiores não é proporcional ao intelecto humano, dado que possuem um conhecimento mais universal e incompreensível para nós. Por conseguinte, a alma separada não poderia inteligir por meio de espécies infundidas por substâncias superiores; e assim não resta outro modo pelo qual possa inteligir.

Quaestio XV

Sed contra.

1 Intelligere est maxima et propria operatio animae. Si igitur intelligere non convenit animae sine corpore, nulla alia operatio ipsius conveniet ei. Sed si non conveniet ei aliqua operatio sine corpore, impossibile est animam separatam esse. Ponimus autem animam separatam. Ergo necesse est ponere eam intelligere.

2 Praeterea, illi qui resuscitati leguntur in Scripturis, eamdem notitiam postea habuerunt quam prius. Ergo notitia eorum quae homo in hoc mundo scit, non tollitur post mortem. Potest ergo anima per species prius acquisitas intelligere.

3 Praeterea, similitudo inferiorum invenitur in superioribus; unde et mathematici futura praenuntiant, considerantes similitudines eorum quae hic aguntur, in caelestibus corporibus. Sed anima est superior in natura omnibus corporalibus rebus. Ergo omnium corporalium similitudo est in anima, et per modum intelligibilem, cum ipsa sit substantia intellectiva. Videtur ergo quod per suam naturam omnia corporalia intelligere possit, etiam cum fuerit separata.

Respondeo. Dicendum quod huic quaestioni dubitationem affert hoc quod anima nostra secundum praesentem statum ad intelligendum sensibilibus indigere invenitur; unde secundum huiusmodi diversam indigentiae rationem diversimode oportet de veritate huius quaestionis existimare.

Posuerunt enim quidam, scilicet Platonici, quod sensus sunt animae necessarii ad intelligendum, non per se, quasi ex sensibus in nobis causetur scientia, sed per accidens; in quantum scilicet per sensus quodammodo excitatur anima nostra ad rememorandum quae prius novit, et quorum scientiam naturaliter inditam habet. Et sciendum est, ad huiusmodi intelligentiam, quod Plato posuit species rerum separatas subsistentes et actu intelligibiles, et nominavit eas ideas; per quarum participationem, et quodammodo influxum, posuit animam nostram scientem et intelligentem esse. Et antequam anima corpori uniretur, ista scientia libere poterat uti; sed ex unione ad corpus in tantum erat praegravata, et quodammodo absorpta, quod eorum quae prius

Questão XV

MAS EM SENTIDO CONTRÁRIO:

1. Inteligir é a operação máxima da alma. Portanto, se o inteligir não convém à alma sem o corpo, nenhuma outra operação sua lhe convém. Mas se não lhe conviesse nenhuma operação própria, seria impossível que a alma existisse separada. Mas afirmamos que a alma existe separada. Logo, é necessário afirmar que ela intelige.

2. Ademais, os ressuscitados sobre os quais se lê nas Escrituras tiveram, depois, os mesmos conhecimentos que tinham antes. Logo, os conhecimentos que o homem adquire neste mundo não desaparecem depois da morte. Logo, a alma pode inteligir mediante as espécies adquiridas em vida.

3. Ademais, a semelhança das coisas inferiores se encontra nas superiores; daí que os matemáticos pressagiem o futuro considerando nos corpos celestes as semelhanças com o que aqui ocorre. Ora, mas a alma é superior em natureza a todas as coisas corporais. Logo, na alma está a semelhança de todas as coisas corporais – e de modo inteligível, dado que ela é uma substância intelectiva. Logo, parece que por sua própria natureza ela poderia inteligir todas as coisas corporais, ainda que estivesse separada.

RESPONDO. Deve-se dizer que para esta questão traz dúvidas o fato de que nossa alma, em seu estado presente, necessita do sensível para inteligir. Assim, é preciso considerar a verdade desta questão de diversas maneiras, segundo as diversas razões sob as quais se dá na alma essa necessidade.

Afirmaram alguns filósofos (ou seja, os platônicos) que os sentidos são necessários à nossa alma para inteligir, não *per se* (isto é, como se a ciência fosse causada em nós pelos sentidos), mas sim *per accidens*: isto é, na medida em que pelos sentidos nossa alma é de algum modo estimulada a rememorar aquilo que sabia anteriormente, cujo conhecimento ela possui naturalmente impresso. Para compreender isto, é preciso saber que Platão[336] defendia que as espécies das coisas subsistem separadamente e são inteligíveis em ato; e dava-lhes o nome de "ideias", por cuja participação (e de certa maneira por cujo influxo), nossa alma é sábia e inteligente. Antes de ter sido unida ao corpo, a alma podia livremente usar desse conhecimento; mas, pela união com o corpo, a alma se encontrava a tal ponto estorvada, e de certo modo absorta, que parecia haver-se esquecido das coisas que

sciverat, et quorum scientiam connaturalem habebat, oblita videbatur. Sed excitabatur quodammodo per sensus, ut in seipsam rediret, et reminisceretur eorum quae prius intellexit, et quorum scientiam innatam habuit. Sicut etiam nobis interdum accidit quod ex inspectione aliquorum sensibilium, manifeste reminiscimur aliquorum, quorum obliti videbamur.

Haec autem eius positio de scientia et sensibilibus, conformis est positioni eius circa generationem rerum naturalium. Nam formas rerum naturalium per quas unumquodque individuum in specie collocatur, ponebat provenire ex participatione idearum praedictarum; ita quod agentia inferiora non sunt nisi disponentia materiam ad participationem specierum separatarum.

Et si quidem haec opinio teneatur, haec quaestio facilis et absoluta est. Nam secundum hoc, anima non indiget sensibilibus ad intelligendum secundum suam naturam, sed per accidens; quod quidem tollitur cum anima fuerit a corpore separata. Tunc enim cessante aggravatione corporis, excitante non indigebit; sed ipsa per seipsam erit quasi vigil et expedita ad omnia intelligenda.

Sed secundum hanc opinionem non videtur quod possit assignari rationabilis causa propter quam anima corpori uniatur. Non enim est hoc propter animam: cum anima, corpori non unita, perfecte propriam operationem habere possit, et ex unione ad corpus eius operatio propria impeditur. Similiter etiam non potest dari quod propter corpus: non enim anima est propter corpus, sed corpus magis propter animam, cum anima sit nobilior corpore. Unde et inconveniens videtur quod anima ad nobilitandum corpus sustineat in sua operatione detrimentum.

Videtur etiam sequi ex hac opinione quod unio animae ad corpus non sit naturalis: nam quod est naturale alicui non impedit eius propriam operationem. Si igitur unio corporis impedit intelligentiam animae, non erit naturale animae corpori uniri, sed contra naturam. Et ita homo qui constituitur ex unione animae ad corpus, non erit aliquod naturale; quod videtur absurdum.

Similiter in experimento patet quod scientia in nobis non provenit ex participatione specierum separatarum, sed a sensibilibus accipitur; quia quibus deest unus sensus, deest scientia sensibilium quae illo sensu apprehenduntur; sicut caecus natus non potest habere scientiam de coloribus.

antes sabia, e das quais tinha conhecimento conatural. Entretanto, ela era de certo modo estimulada pelos sentidos a voltar-se sobre si mesma e a rememorar o que conheceu anteriormente, e cuja ciência lhe era inata – assim como algumas vezes também nos sucede que, ao nos determos sobre certos objetos sensíveis, claramente nos recordamos de certas coisas das quais aparentemente nos havíamos esquecido.

Esta opinião sobre o conhecimento e os sensíveis é coerente com sua posição acerca da geração das coisas naturais. Pois afirmava Platão que as formas das coisas naturais, mediante as quais cada indivíduo está situado numa espécie, provêm por participação das referidas ideias, de modo que os agentes de grau inferior nada fazem senão dispor a matéria a participar dessas espécies separadas.

Se adotássemos tal opinião, esta questão seria fácil e se encontraria resolvida. Pois nesse caso a alma não carece dos sensíveis para inteligir segundo sua natureza, a não ser *per accidens* – o que, por sua vez, cessa quando ela é separada do corpo. Então a alma, cessando-lhe o estorvo do corpo, não terá necessidade de estímulo, senão que ela mesma estará por si só como em vigília, e expedita para compreender todas as coisas.

Porém, segundo esta opinião, não parece poder-se designar uma causa razoável para que a alma se una ao corpo. Ora, isto não se daria por causa da alma, já que esta poderia exercer perfeitamente sua operação própria separada do corpo, e da união do corpo lhe provêm impedimentos a essa operação. Igualmente, não se pode dizer que isto se dá por causa do corpo, já que a alma não existe em função do corpo, mas antes o corpo em função da alma (pois esta é mais nobre que o corpo). Assim, parece inconveniente que, para enobrecer o corpo, a alma sofra detrimento em sua operação.

Ademais, desta opinião parece também resultar que a união da alma ao corpo não seria natural: pois o que é natural a algo não impede sua operação própria. Portanto, se a união com o corpo impede a intelecção da alma, não será natural à alma estar unida a um corpo, mas contrário à sua natureza. E assim o homem, que é constituído pela união da alma com o corpo, não seria algo natural, o que parece absurdo.

Da mesma forma, a experiência manifesta que a ciência não resulta em nós da participação de ideias separadas, mas que provém das coisas sensíveis, pois aquele a quem falta um dos sentidos carece igualmente da ciência dos sensíveis que se apreendem com esse sentido – tal como ocorre com o cego de nascimento, que não pode ter conhecimento das cores.

Alia autem positio est quod sensus prosunt animae humanae ad intelligendum, non per accidens, sicut praedicta opinio ponit, sed per se: non quidem ut a sensibilibus accipiamus scientiam, sed quia sensus disponit animam ad acquirendum scientiam aliunde. Et haec est opinio Avicennae. Ponit enim quod est quaedam substantia separata, quam vocat intellectum vel intelligentiam agentem, et quod ab ea effluunt species intelligibiles in intellectu nostro, per quas intelligimus. Et quod per operationem sensitivae partis, scilicet imaginationem et alia huiusmodi, praeparatur intellectus noster ut convertat se ad intelligentiam agentem, et recipiat influentiam specierum intelligibilium ab ipsa.

Et hoc etiam consonat ei quod ipse opinatur circa generationes rerum naturalium. Ponit enim quod omnes formae substantiales effluunt ab intelligentia agente, et quod agentia naturalia disponunt solum materiam ad recipiendum formas ab intelligentia agente.

Secundum hanc etiam opinionem videtur quaestio haec parum difficultatis habere. Si enim sensus non sunt necessarii ad intelligendum nisi secundum quod disponunt ad recipiendum species ab intelligentia agente, per hoc quod anima nostra convertatur ad ipsam; quando iam erit a corpore separata, per seipsam convertetur ad intelligentiam agentem, et recipiet species intelligibiles ab ea. Nec sensus erunt ei necessarii ad intelligendum: sicut navis, quae est necessaria ad transfretandum, cum aliquis iam transfretaverit, ei necessaria non est.

Sed ex hac opinione videtur sequi quod homo statim acquirat omnem scientiam, tam eorum quae sensu percepit, quam aliorum. Si enim intelligimus per species effluentes in nos ab intelligentia agente, et ad huiusmodi influentiae receptionem non requiritur nisi conversio animae nostrae ad intelligentiam praedictam; quandocumque fuerit ad eam conversa, poterit recipere quarumcumque specierum intelligibilium influxum. Non enim potest dici quod convertatur quantum ad unum, et non quantum ad aliud. Et ita caecus natus imaginando sonos poterit accipere scientiam colorum, vel quorumcumque aliorum sensibilium. Quod patet esse falsum.

Manifestum est etiam quod potentiae sensitivae sunt nobis necessariae ad intelligendum non solum in acquisitione scientiae, sed etiam in utendo scientia iam acquisita. Non enim possumus considerare etiam ea

Questão XV

Outra opinião, por sua vez, é a de que os sentidos servem à alma humana para que ela intelija, não *per accidens* (como defende a doutrina precedente), mas *per se*: não de modo que se receba dos sensíveis o conhecimento, mas na medida em que o sentido dispõe a alma a adquirir a ciência a partir de outra fonte. E é esta a opinião de Avicena.[337] Sustenta ele que existe certa substância separada, que ele denomina "intelecto" ou "inteligência agente", e que dela fluem para nosso intelecto as espécies inteligíveis pelas quais inteligimos. Pela operação da parte sensitiva da alma (a saber, a imaginação e potências desta ordem), preparar-se-ia nosso intelecto para converter-se à inteligência agente e dela receber o influxo das espécies inteligíveis.

E isto também é coerente com sua posição acerca da geração das coisas naturais. Pois afirmava Avicena que todas as formas substanciais fluem da inteligência agente, e que os agentes naturais nada fazem senão dispor a matéria para receber as formas dessa inteligência.

Segundo esta opinião, também parece que a presente questão é de pouca dificuldade. Pois, se os sentidos não são necessários para inteligir senão na medida em que dispõem [a alma] a receber da inteligência agente as espécies (mediante a conversão da alma à inteligência agente), então, quando estiver separada do corpo, a alma se voltará por si própria para a inteligência agente e receberá dela as espécies inteligíveis. E então não lhe serão necessários os sentidos para inteligir: assim como o navio, que é necessário para se cruzar o mar, deixa de ser necessário quando a travessia já está feita.

Mas a esta opinião parece seguir-se que o homem adquiriria imediatamente a ciência de tudo: tanto do que percebe pelo sentido, quanto das demais coisas. Ora, se inteligimos pelas espécies que fluem para nós da inteligência agente, e se para receber esse influxo não se requer nada além da conversão de nossa alma a tal inteligência, então, a qualquer momento em que a alma se voltasse em sua direção, poderia receber dela o influxo de quaisquer espécies inteligíveis. (E não se pode sustentar que ela se converteria a uma coisa, mas não a outra.) E assim o cego de nascimento, imaginando os sons, poderia adquirir o conhecimento das cores, ou de quaisquer outros objetos sensíveis. O que é evidentemente falso.

Ademais, é também patente que as potências sensitivas nos são necessárias para inteligir, e não somente na aquisição do conhecimento, mas também para o uso do conhecimento já adquirido; pois não podemos considerar nem aquilo de

quorum scientiam habemus, nisi convertendo nos ad phantasmata; licet ipse contrarium dicat. Inde enim est quod, laesis organis potentiarum sensitivarum per quas conservantur et apprehenduntur phantasmata, impeditur usus animae in considerando etiam ea quorum scientiam habet.

Manifestum est etiam quod in revelationibus quae nobis divinitus fiunt per influxum substantiarum superiorum, indigemus aliquibus phantasmatibus; unde dicit Dionysius I cap. Cael. Hierar. quod *impossibile est nobis aliter lucere divinum radium, nisi varietate sacrorum velaminum velatum*. Quod quidem non esset, si phantasmata non essent nobis necessaria nisi ad convertendum nos ad substantias superiores.

Et ideo aliter dicendum est quod potentiae sensitivae sunt necessariae animae ad intelligendum, non per accidens tamquam excitantes, ut Plato posuit; neque disponentes tantum, sicut posuit Avicenna; sed ut repraesentantes animae intellectivae proprium obiectum, ut dicit philosophus in III de anima: *intellectivae animae phantasmata sunt sicut sensibilia sensui*. Sed sicut colores non sunt visibiles actu nisi per lumen, ita phantasmata non sunt intelligibilia actu nisi per intellectum agentem.

Et hoc consonat ei quod ponimus circa generationem rerum naturalium. Sicut enim ponimus quod agentia superiora mediantibus agentibus naturalibus causant formas naturales; ita ponimus quod intellectus agens per phantasmata ab eo facta intelligibilia actu, causat scientiam in intellectu possibili nostro. Nec refert ad propositum, utrum intellectus agens sit substantia separata, ut quidam ponunt; vel sit lumen, quod anima nostra participat ad similitudinem substantiarum superiorum.

Sed secundum hoc iam difficilius est videre quomodo anima separata intelligere possit. Non enim erunt phantasmata, quae indigent ad sui apprehensionem et conservationem organis corporeis; quibus sublatis, ut videtur, non potest intelligere anima. Sicut nec coloribus sublatis, potest visus videre.

Ad hanc igitur difficultatem tollendam considerandum est, quod anima, cum sit infima in ordine intellectivarum substantiarum, infimo et debilissimo modo participat intellectuale lumen, sive intellectualem naturam. Nam in primo intelligente, scilicet Deo, natura intellectualis est adeo potens quod per unam formam intelligibilem, scilicet essentiam suam,

que já temos ciência senão convertendo-nos aos fantasmas, por mais que Avicena diga o contrário. E é por isso que, lesionados os órgãos das potências sensitivas pelas quais se conservam e apreendem os fantasmas, fica impedida a alma de considerar até mesmo aquelas coisas de que já possui conhecimento.

É claro também que, nas revelações que nos são feitas divinamente pelo influxo das substâncias superiores, temos necessidade de alguns fantasmas. Por isso afirma Dionísio em sua *Hierarquia Celeste*[338] que "é impossível que brilhe para nós o raio da luz divina, senão estando ele circundado pela variedade dos véus sagrados". O que não ocorreria se os fantasmas só nos fossem necessários para converter-nos às substâncias superiores.

Por estas razões, é necessário sustentar outra tese e afirmar que as potências sensitivas são necessárias à nossa alma para a intelecção: não *per accidens* – como estimulantes, como pretendia Platão –, nem simplesmente como dispositivas – como defendia Avicena –, mas na medida em que apresentam para a alma intelectiva seu objeto próprio, como diz Aristóteles no livro III *Sobre a Alma*:[339] "Os fantasmas são para a alma intelectiva o que os objetos sensíveis são para os sentidos". Mas, assim como as cores não são visíveis em ato senão pela luz, os fantasmas não são inteligíveis em ato senão pelo intelecto agente.

E isto está de acordo com o que afirmamos no tocante à geração das coisas naturais. Pois, assim como sustentamos que os agentes superiores causam as formas naturais mediante agentes naturais, assim também defendemos que o intelecto agente causa a ciência em nosso intelecto possível mediante fantasmas que ele torna inteligíveis em ato. E não importa agora para nosso propósito se o intelecto agente seria uma substância separada, como alguns dizem, ou certa luz da qual nossa alma participa à maneira das substâncias superiores.

Mas segundo a presente posição é mais difícil vislumbrar como a alma separada poderia inteligir. Porque então já não haverá fantasmas, visto que necessitam de órgãos corporais para ser apreendidos e conservados: suprimidos eles, parece que a alma não poderá inteligir – tal como ocorre quando, suprimidas as cores, a vista não pode ver.

Para resolver esta dificuldade, é preciso considerar que nossa alma, por ser ínfima na ordem das substâncias intelectivas, participa da luz (ou natureza intelectual) ao modo mais inferior e débil. No primeiro dos inteligentes (ou seja, Deus), a natureza intelectual é tão poderosa que, por uma só forma inteligível – a saber, por sua essência – intelige tudo. Já as substâncias intelectuais inferiores inteligem

omnia intelligit; inferiores vero substantiae intellectuales per species multas. Et quanto unaquaeque earum est altior, tanto habet pauciores formas, et virtutem magis potentem ad intelligendum omnia per formas paucas. Si autem substantia intellectualis inferior haberet formas ita universales sicut superior, cum non adsit ei tanta virtus in intelligendo, remaneret eius scientia incompleta; quia tantum in universali res cognosceret, et non posset deducere cognitionem suam ex illis paucis ad singula.

Anima ergo humana, quae est infima, si acciperet formas in abstractione et universalitate conformes substantiis separatis, cum habeat minimam virtutem in intelligendo, imperfectissimam cognitionem haberet, utpote cognoscens res in quadam universalitate et confusione. Et ideo ad hoc quod eius cognitio perficiatur, et distinguatur per singula, oportet quod a singulis rebus scientiam colligat veritatis; lumine tamen intellectus agentis ad hoc necessario existente, ut altiori modo recipiantur in anima quam sint in materia. Ad perfectionem igitur intellectualis operationis necessarium fuit animam corpori uniri.

Nec tamen dubium est quin per motus corporeos et occupationem sensuum anima impediatur a receptione influxus substantiarum separatarum; unde dormientibus et alienatis a sensibus quaedam revelationes fiunt quae non accidunt sensu utentibus. Quando ergo anima erit a corpore totaliter separata, plenius percipere poterit influentiam a superioribus substantiis, quantum ad hoc quod per huiusmodi influxum intelligere poterit absque phantasmate, quod modo non potest. Sed tamen huiusmodi influxus non causabit scientiam ita perfectam et ita determinatam ad singula, sicut est scientia quam hic accipimus per sensus; nisi in illis animabus, quae supra dictum naturalem influxum habebunt alium supernaturalem ad omnia plenissime cognoscenda, et ad ipsum Deum videndum. Habebunt etiam animae separatae determinatam cognitionem eorum quae prius hic sciverunt, quorum species intelligibiles conservantur in eis.

1 AD PRIMUM ergo dicendum quod illa verba Aristoteles dicit non secundum propriam sententiam, sed secundum opinionem illorum qui dicebant quod intelligere est moveri; ut patet ex his quae praemisit ibi.

mediante muitas espécies. E, quanto mais elevada é uma delas, menos formas inteligíveis tem, e mais potente é sua capacidade de apreender todas as coisas mediante essas poucas formas. Se uma substância intelectual inferior tivesse formas tão universais quanto as de uma superior, seu conhecimento permaneceria incompleto – por ela não possuir tão grande potência intelectiva –, visto que só conheceria as coisas no universal e seria incapaz de deduzir seu conhecimento desde essas poucas formas até os [muitos] singulares.

Desse modo, se a alma humana, que é a mais baixa, recebesse formas na abstração e universalidade que convêm às substâncias separadas, obteria então – por ter virtude intelectual mínima – o conhecimento mais imperfeito, dado que conheceria as coisas de maneira geral e confusa. Portanto, a fim de que seu conhecimento seja perfeito e distinto segundo cada singular, convém que ela colija o conhecimento da verdade a partir das coisas singulares (mas necessariamente fazendo uso da luz do intelecto agente, para que essas coisas sejam recebidas na alma de modo superior ao que têm na matéria). Portanto, para a perfeição da operação intelectual [humana], foi necessário que a alma se unisse ao corpo.

Entretanto, tampouco há dúvida de que, pelos movimentos corporais e pelo emprego dos sentidos, a alma pode ver-se impedida de receber o influxo das substâncias separadas; daí que aos que dormem e aos que estão alienados de seus sentidos produzam-se revelações que não ocorrem aos que estão fazendo uso dos sentidos. Assim, quando a alma estiver totalmente separada do corpo, mais plenamente poderá perceber o influxo das substâncias superiores, de modo que mediante esse influxo lhe será possível inteligir sem fantasmas, o que é atualmente incapaz de fazer. No entanto, esse influxo não causará um conhecimento tão perfeito e tão determinado aos singulares como aquele que aqui adquirimos pelos sentidos – a não ser naquelas almas que, além desse influxo natural, receberão outro, [da graça] sobrenatural, para que tudo conheçam plenamente e vejam ao próprio Deus.[340] Por fim: as almas separadas terão, ademais, cognição determinada daquilo que conhecerem em vida, cujas espécies inteligíveis se conservarão nelas.

※

1. QUANTO AO PRIMEIRO ARGUMENTO, portanto, deve-se dizer que com tais palavras Aristóteles não expressava sua própria opinião, senão a dos que diziam que inteligir é mover-se, como está claro pelo contexto que na obra as antecede.

2 AD SECUNDUM dicendum quod philosophus loquitur de operatione intellectuali animae, secundum quod est corpori unita; sic enim non est sine phantasmate, ut dictum est.

3 AD TERTIUM dicendum quod secundum statum praesentem, quo anima corpori unitur, non participat a substantiis superioribus species intelligibiles, sed solum lumen intellectuale; et ideo indiget phantasmatibus ut obiectis a quibus species intelligibiles accipiat. Sed post separationem amplius participabit etiam intelligibiles species; unde non indigebit exterioribus obiectis.

4 Et similiter dicendum est AD QUARTUM.

5 AD QUINTUM dicendum quod philosophus loquitur secundum opinionem quorumdam, qui posuerunt intellectum habere organum corporale sicut et sensum; ut patet per ea quae ante praemittuntur. Hoc enim posito, penitus anima separata intelligere non posset. Vel potest dici quod loquitur de intelligere secundum modum intelligendi quo nunc intelligimus.

6 AD SEXTUM dicendum quod anima unitur corpori per suam operationem, quae est intelligere, non quia sine corpore quoquomodo intelligere non posset, sed quia naturali ordine sine corpore perfecte non intelligeret, ut expositum est.

7 Et per hoc patet solutio AD SEPTIMUM.

8 AD OCTAVUM dicendum quod phantasmata non sunt obiecta intellectus nisi secundum quod fiunt intelligibilia actu per lumen intellectus agentis. Unde quaecumque species intelligibiles actu recipiantur in intellectu et undecumque, non habebunt aliam rationem obiecti formalem, penes quam obiecta potentias diversificant.

9 AD NONUM dicendum quod operatio intellectus agentis et possibilis respicit phantasmata secundum quod est anima corpori unita; sed cum erit anima a corpore separata, per intellectum possibilem recipiet species effluentes a substantiis superioribus, et per intellectum agentem habebit virtutem ad intelligendum.

10 AD DECIMUM dicendum quod operatio propria animae est intelligere intelligibilia actu. Nec per hoc diversificatur species intellectualis operationis, quod intelligibilia actu sunt accepta a phantasmatibus vel aliunde.

2. Quanto ao segundo, deve-se dizer que o Filósofo se refere à operação intelectual da alma enquanto unida ao corpo: neste sentido, não intelige sem fantasmas.

3. Quanto ao terceiro, deve-se dizer que, segundo a condição presente (na qual a alma está unida ao corpo), ela não tem participação das substâncias superiores no que tange às espécies inteligíveis, mas somente no que tange à luz intelectual.[341] E por isso requer os fantasmas como objetos dos quais recebe espécies inteligíveis. Mas depois da separação participará de modo mais amplo também das espécies inteligíveis, e por isso não carecerá dos objetos exteriores.

4. E o mesmo se deve dizer quanto ao quarto.

5. Quanto ao quinto, deve-se dizer que o Filósofo está referindo-se à opinião de alguns que defendiam que o intelecto teria um órgão corpóreo, como se dá com os sentidos; e isto é patente pelas palavras que ali precedem esta passagem. Se se afirmasse tal coisa, a alma separada não poderia inteligir em absoluto. Ou ainda: poder-se-ia também dizer que Aristóteles se refere à intelecção segundo o modo como agora a realizamos.

6. Quanto ao sexto, deve-se dizer que a alma se une ao corpo em razão de sua operação (ou seja, inteligir), não porque sem o corpo não pudesse inteligir de modo algum, mas porque, no que tange à sua ordem natural, não inteligiria perfeitamente sem o corpo, como já se expôs.

7. E daí se depreende a resposta ao sétimo.

8. Quanto ao oitavo, deve-se dizer que os fantasmas não são objeto do intelecto senão na medida em que se tornam inteligíveis em ato mediante a luz do intelecto agente. Daí que quaisquer espécies inteligíveis em ato que sejam recebidas no intelecto, não importa sua origem, não terão outra razão formal de objeto conforme a qual os objetos diversificam as potências.[342]

9. Quanto ao nono, deve-se dizer que as operações do intelecto agente e do possível são respectivas aos fantasmas apenas quando a alma está unida ao corpo. Quando, porém, a alma estiver separada do corpo, receberá mediante o intelecto possível as espécies provenientes das substâncias superiores, e mediante o intelecto agente terá capacidade para inteligir.

10. Quanto ao décimo, deve-se dizer que a operação própria da alma é inteligir os inteligíveis em ato. E não se diversifica a espécie da operação intelectual pelo fato de os inteligíveis em ato serem provenientes de fantasmas ou de outra fonte.

11 AD UNDECIMUM dicendum quod anima separata non intelligit res per essentiam suam, neque per essentiam rerum intellectarum, sed per species influxas a substantiis superioribus in ipsa separatione; non a principio cum esse incepit, ut Platonici posuerunt.

12 Per hoc etiam patet solutio AD DUODECIMUM.

13 AD DECIMUMTERTIUM dicendum quod anima, cum est corpori unita, si haberet species innatas, per eas posset intelligere, sicut intelligit per acquisitas. Sed licet sit perfectior in natura sua, tamen propter motus suos corporeos et occupationes sensibiles retinetur ut non possit ita libere coniungi substantiis superioribus ad recipiendum influxum earum, sicut post separationem.

14 AD DECIMUMQUARTUM dicendum quod non est naturale animae ut per species influxas intelligat cum est corpori unita, sed solum postquam est separata, ut dictum est.

15 AD DECIMUMQUINTUM dicendum quod animae separatae poterunt etiam intelligere per species prius acquisitas in corpore; sed tamen non solum per eas, sed etiam per influxas, ut dictum est.

16 Et per hoc patet solutio AD DECIMUMSEXTUM.

17 AD DECIMUMSEPTIMUM dicendum quod species intelligibiles quandoque sunt in intellectu possibili in potentia tantum; et tunc homo est intelligens in potentia, et indiget aliquo reducente in actum vel per doctrinam vel per inventionem. Quandoque autem sunt in eo in actu perfecto, et tunc intelligit actu. Quandoque autem sunt in eo medio modo inter potentiam et actum, scilicet in habitu; et tunc potest intelligere actu quando voluerit. Et per hunc modum species intelligibiles acquisitae sunt in intellectu possibili quando actu non intelligit.

18 AD DECIMUMOCTAVUM dicendum quod, sicut iam dictum est, operatio intellectualis non differt specie, sive intelligibile actu, quod est obiectum intellectus, accipiatur a phantasmatibus sive undecumque. Operatio enim potentiae recipit distinctionem et speciem secundum obiectum quantum ad formalem rationem ipsius, non secundum id quod est materiale in ipso. Et ideo si per species intelligibiles conservatas in intellectu, prius autem acceptas a phantasmatibus, anima separata intelligat non convertendo se ad phantasmata, non erunt dissimiles

Questão XV

11. Quanto ao DÉCIMO PRIMEIRO, deve-se dizer que a alma separada não intelige a coisa por meio de sua própria essência, nem mediante a essência das coisas inteligidas, mas mediante as espécies infundidas pelas substâncias separadas durante o próprio estado de separação – e não desde que começou a existir, como propuseram os platônicos.

12. Daí se depreende também a solução para o DÉCIMO SEGUNDO.

13. Quanto ao DÉCIMO TERCEIRO, deve-se dizer que, se a alma unida ao corpo possuísse espécies inatas, poderia inteligir mediante elas, tal como intelige mediante as espécies adquiridas. Mas, embora seja mais perfeita em sua própria natureza, ela se encontra impedida (devido a seus movimentos corpóreos e a suas ocupações sensíveis) de unir-se livremente às substâncias superiores para receber seu influxo, que é o que sucede depois da separação.

14. Quanto ao DÉCIMO QUARTO, deve-se dizer que não é natural à alma inteligir mediante espécies infundidas estando ainda unida ao corpo, mas somente depois de separada, como se disse.

15. Quanto ao DÉCIMO QUINTO, deve-se dizer que as almas separadas também poderão inteligir mediante as espécies adquiridas no corpo quando em vida, mas não somente mediante elas: também mediante as espécies infundidas, como se disse.

16. E daí se depreende a solução para o DÉCIMO SEXTO.

17. Quanto ao DÉCIMO SÉTIMO, deve-se dizer que as espécies inteligíveis encontram-se no intelecto possível às vezes somente em potência – neste caso o homem é inteligente em potência, e requer algo que as leve ao ato, seja por ensino, seja por uma descoberta[343] – e às vezes se encontram em ato perfeito: neste caso o homem está inteligindo em ato. Outras vezes, porém, encontram-se no intelecto daquela maneira intermediária entre a potência e o ato (ou seja, habitualmente), que é quando o homem pode inteligir em ato no momento em que o desejar. É deste modo que as espécies inteligíveis adquiridas em vida residem no intelecto possível quando não se está inteligindo em ato.

18. Quanto ao DÉCIMO OITAVO, deve-se dizer que, como já se indicou, a operação intelectual não muda de espécie apenas porque o inteligível em ato (que é o objeto do intelecto) provenha dos fantasmas ou tenha outra origem. Pois a operação de uma potência recebe do objeto sua distinção e espécie segundo o que há de formal no referido objeto, não segundo o que nele há de material. Assim, se a alma separada, sem converter-se aos fantasmas,[344] intelige mediante espécies inteligíveis previamente deles recebidas (e conservadas no intelecto), tal operação

specie operationi quae ex speciebus acquisitis causatur, et per quam species acquiruntur.

19 AD DECIMUMNONUM dicendum quod intellectus possibilis non est natus recipere a phantasmatibus nihil secundum quod phantasmata fiunt actu per lumen intellectus agentis, quod est quaedam participatio luminis substantiarum superiorum. Et ideo non removetur quin a substantiis superioribus recipere possit.

20 AD VICESIMUM dicendum quod scientia in anima nata est causari a phantasmatibus secundum statum quo est corpori unita, secundum quem statum non potest causari a superioribus agentibus tantum. Poterit autem hoc esse, cum anima fuerit a corpore separata.

21 AD VICESIMUMPRIMUM dicendum quod ex hoc quod scientia substantiarum separatarum non est proportionata animae nostrae, non sequitur quod nullam intelligentiam ex earum influxu capere possit; sed solum quod non possit capere perfectam et distinctam, ut dictum est.

causada mediante espécies anteriormente adquiridas não diferirá formalmente daquela causada mediante espécies que se adquirem [após a separação].

19. Quanto ao décimo nono, deve-se dizer que receber espécies dos fantasmas apenas é inato ao intelecto possível na medida em que eles tenham sido levados ao ato pela luz do intelecto agente, a qual é certa participação da luz das substâncias superiores. E por isso não se exclui que possa receber algo das substâncias superiores.

20. Quanto ao vigésimo, deve-se dizer que a ciência ser causada pelos fantasmas é algo inato à alma, mas segundo o estado de união ao corpo. Nesse estado, a ciência não pode ser causada exclusivamente por agentes superiores. Mas isto poderá suceder quando a alma estiver separada do corpo.

21. Quanto ao vigésimo primeiro, deve-se dizer que, do fato de a ciência possuída pelas substâncias separadas não estar proporcionada à nossa alma, não se depreende que nenhuma inteligência possa receber influxo delas, mas tão somente que não pode receber um conhecimento perfeito e distinto, conforme já dissemos.

QUAESTIO XVI

Decimosexto quaeritur utrum anima coniuncta corpori possit intelligere substantias separatas

Et videtur quod sic.

1 Nulla enim forma impeditur a fine suo per materiam cui naturaliter unitur. Finis enim animae intellectivae videtur esse intelligere substantias separatas, quae sunt maxime intelligibiles. Uniuscuiusque enim rei finis est ut perveniat ad perfectum in sua operatione. Non ergo anima humana impeditur ab intelligendo substantias separatas per hoc quod unitur tali corpori, quod est propria eius materia.

2 Praeterea, finis hominis est felicitas. Ultima autem felicitas, secundum philosophum in X Ethic., consistit in operatione altissimae potentiae, scilicet intellectus, respectu nobilissimi obiecti, quod non videtur esse nisi substantia separata. Ergo ultimus finis hominis est intelligere substantias separatas. Inconveniens autem est, si homo totaliter deficiat a fine suo: sic enim vanum esset. Cognoscere ergo potest homo substantias separatas. Sed de ratione hominis est quod anima corpori sit unita. Ergo anima unita corpori intelligere potest substantias separatas.

3 Praeterea, omnis generatio pervenit ad aliquem terminum: nihil enim in infinitum movetur. Est autem quaedam intellectus generatio, secundum quod de potentia in actum reducitur; prout scilicet fit actu sciens. Hoc ergo non procedit in infinitum, sed pervenit quandoque ad aliquem terminum, ut scilicet totaliter sit factus in actu. Quod esse non potest nisi omnia intelligibilia intelligat, inter quae praecipue sunt substantiae separatae. Ergo intellectus humanus ad hoc pervenire potest quod intelligat substantias separatas.

QUESTÃO XVI

Se a alma unida ao corpo pode conhecer as substâncias separadas[345]

E PARECE QUE SIM.

1. De fato, aquela matéria à qual a forma está naturalmente unida não a impede de atingir seu fim. E o fim da alma intelectiva parece ser inteligir as substâncias separadas, que são maximamente inteligíveis: pois o fim de qualquer coisa é alcançar o perfeito em sua operação. Logo, a alma humana não se encontra impedida de inteligir as substâncias separadas pelo fato estar unida a um corpo que é sua matéria própria.

2. Ademais, o fim do homem é a felicidade. E a felicidade última do homem, segundo diz o Filósofo no livro X da *Ética*,[346] consiste na operação da mais alta potência, isto é, o intelecto, com respeito ao mais nobre objeto, que não parece ser senão a substância separada. Logo, o fim último do homem é inteligi-las. Mas seria inconveniente que o homem carecesse totalmente de seu fim, pois ele existiria em vão. Pode o homem, portanto, conhecer as substâncias separadas. Mas é da razão do homem que a alma esteja unida ao corpo. Portanto, tem-se que a alma unida ao corpo pode inteligir as substâncias separadas.

3. Ademais, toda geração alcança algum termo: de fato, nada se move *in infinitum*. Ora, há certa *geração* no intelecto, segundo a qual ele se reduz da potência ao ato, na medida em que *se torna*[347] ciente em ato. Portanto, isto não procede *in infinitum*, mas em dado momento alcança um termo, de modo que seja totalmente posto em ato. E isto não pode ocorrer exceto se ele inteligir todos os inteligíveis, entre os quais se encontram de modo precípuo as substâncias separadas. Logo, para alcançar este fim, é possível que o intelecto humano inteligija as substâncias separadas.

4 Praeterea, difficilius videtur facere separata ea quae non sunt separata et intelligere ea, quam intelligere ea quae secundum se sunt separata. Sed intellectus noster etiam corpori unitus facit separata ea quae non sunt secundum se separata, dum abstrahit species intelligibiles a rebus materialibus, per quas res materiales intelligit. Ergo multo fortius poterit intelligere substantias separatas.

5 Praeterea, excellentia sensibilia pro tanto minus sentiuntur quia corrumpunt harmoniam organi. Si autem esset aliquod organum sensus quod non corrumperetur ab excellenti sensibili, quanto sensibile esset excellentius, tanto magis sentiret ipsum. Intellectus autem nullo modo corrumpitur ab intelligibili, sed magis perficitur. Ergo ea quae sunt magis intelligibilia magis intelligit. Sed substantiae separatae, quae sunt secundum se actu intelligibiles utpote immateriales, sunt magis intelligibiles quam substantiae materiales, quae non sunt intelligibiles nisi in potentia. Ergo, cum anima intellectiva unita corpori intelligat substantias materiales, multo magis intelligere potest substantias separatas.

6 Praeterea, anima intellectiva etiam unita corpori abstrahit quidditatem a rebus habentibus quidditatem. Et cum non sit in infinitum abire, necesse est quod perveniat abstrahendo ad aliquam quidditatem quae non sit res habens quidditatem, sed quidditas tantum. Cum ergo substantiae separatae nihil aliud sint quam quaedam quidditates per se existentes, videtur quod anima intellectiva unita corpori intelligere possit substantias separatas.

7 Praeterea, innatum est nobis per effectus causas cognoscere. Oportet autem aliquos effectus substantiarum separatarum in rebus sensibilibus et materialibus esse, cum omnia corporalia a Deo per Angelos administrentur; ut patet per Augustinum in III de Trin. Potest igitur anima unita corpori, per sensibilia substantias separatas intelligere.

8 Praeterea, anima unita corpori intelligit seipsam; mens enim intelligit se et amat se, ut dicit Augustinus in IX de Trin. Sed ipsa est de natura substantiarum separatarum intellectualium. Ergo unita corpori potest intelligere substantias separatas.

9 Praeterea, nihil est frustra in rebus. Frustra autem videtur esse intelligibile, si a nullo intellectu intelligatur. Ergo substantias separatas, cum sint intelligibiles, intellectus noster intelligere potest.

4. Ademais, parece mais difícil fazer separadas aquelas coisas que não o são e então inteligi-las, do que inteligir aquelas que, segundo si mesmas, já se encontram separadas. Ora, nosso intelecto, ainda que unido ao corpo, torna separado aquilo que não o é segundo si mesmo, ao abstrair das coisas materiais as espécies inteligíveis pelas quais inteligem as coisas. Logo, com muito mais razão inteligem as substâncias separadas.

5. Ademais, os excessos sensíveis são, pelo seu próprio excesso, aquilo que menos sentimos: pois corrompem a harmonia do órgão. Se, todavia, houvesse algum órgão dos sentidos que não se corrompesse por um excesso sensível, então, quanto maior o excesso do sensível, mais ele o sentiria. No entanto, o intelecto de modo algum é corrompido pelo inteligível; ao contrário, mais recebe perfeição. Portanto, as coisas que são mais inteligíveis são por ele mais inteligidas. Mas as substâncias separadas, que são segundo si mesmas como que inteligíveis imateriais em ato, são mais inteligíveis que as substâncias materiais, que não são inteligíveis senão em potência. Logo, visto que a alma intelectiva unida ao corpo inteligem as substâncias materiais, pode muito mais inteligir as substâncias separadas.

6. Ademais, a alma intelectiva, mesmo unida ao corpo, abstrai a quididade de coisas *que possuem quididade*. E, como não se pode ir *in infinitum*, é necessário que ela, abstraindo, alcance uma quididade que não seja *algo que possui quididade*, mas unicamente *uma quididade*. Ora, como as substâncias separadas nada são senão certas quididades existentes *per se*, parece que a alma intelectiva unida ao corpo poderia inteligir as substâncias separadas.

7. Ademais, é-nos inato conhecer as causas pelos efeitos. E é necessário que haja certos efeitos das substâncias separadas nas coisas sensíveis e materiais, visto que todos os entes corporais são administrados por Deus mediante os anjos, como esclarecido por Agostinho no livro III *Sobre a Trindade*.[348] Portanto, pode a alma unida ao corpo inteligir as substâncias separadas mediante as coisas sensíveis.

8. Ademais, a alma unida ao corpo inteligem a si mesma. De fato, a mente compreende a si e se ama, como diz Agostinho no livro IX *Sobre a Trindade*.[349] Mas ela própria é da natureza das substâncias separadas intelectuais. Logo pode, unida ao corpo, inteligir as substâncias separadas.

9. Ademais, nada nas coisas existe em vão. Decerto, parece vão ser inteligível, se não se é inteligido por intelecto nenhum. Portanto, visto que são inteligíveis as substâncias separadas, pode inteligi-las o nosso intelecto.

10 Praeterea, sicut se habet visus ad visibilia, ita intellectus ad intelligibilia. Sed visus noster potest cognoscere omnia visibilia, etiam incorruptibilia, quamvis ipse sit corruptibilis. Ergo intellectus noster, etiam dato quod esset corruptibilis, posset intelligere substantias separatas incorruptibiles, cum sint per se intelligibiles.

SED CONTRA.

Nihil sine phantasmate intelligit anima, ut dicit philosophus in III de anima. Sed per phantasmata non possunt intelligi substantiae separatae. Ergo anima unita corpori non potest intelligere substantias separatas.

RESPONDEO. Dicendum, quod hanc quaestionem Aristoteles promisit se determinaturum in III de anima, licet non inveniatur determinata ab ipso in libris eius qui ad nos pervenerunt. Unde sectatoribus eius fuit occasio diversimode procedendi ad huiusmodi quaestionis solutionem.

Quidam enim posuerunt quod anima nostra etiam corpori unita potest pervenire ad hoc quod intelligat substantias separatas; et hoc ponunt esse ultimam felicitatem humanam. Sed in modo intelligendi est apud eos diversitas.

Quidam enim posuerunt quod anima nostra potest pertingere ad intelligendum substantias separatas, non quidem eodem modo quo pervenimus ad intelligendum alia intelligibilia, de quibus instruimur in scientiis speculativis per definitiones et demonstrationes, sed per continuationem intellectus agentis nobiscum. Ponunt enim intellectum agentem esse quamdam substantiam separatam, quae naturaliter substantias separatas intelligit. Unde cum iste intellectus agens fuerit unitus nobis sic ut per eum intelligamus, sicut nunc intelligimus per habitus scientiarum, sequeretur quod intelligamus substantias separatas.

Modum autem quo iste intellectus agens possit sic continuari nobis, ut per eum intelligamus, talem assignant.

Manifestum est enim ex philosopho in II de anima quod quando nos dicimur aut esse aut operari aliquid duobus, unum eorum est quasi forma,

10. Ademais, a visão está para as coisas visíveis assim como o intelecto está para as inteligíveis. Mas nossa visão pode conhecer todas as coisas visíveis, mesmo as incorruptíveis,[350] por mais que ela própria seja corruptível. E assim nosso intelecto, mesmo concedido que fosse corruptível, poderia inteligir as substâncias separadas incorruptíveis, visto que são inteligíveis *per se*.

MAS EM SENTIDO CONTRÁRIO:

A alma nada intelige sem os fantasmas, como diz o Filósofo no livro III *Sobre a Alma*.[351] Mas as substâncias separadas não podem ser inteligidas mediante os fantasmas. Portanto, não pode a alma, estando unida ao corpo, inteligir as substâncias separadas.

RESPONDO. Deve-se dizer que, embora Aristóteles haja prometido resolver esta questão no livro III *Sobre a Alma*,[352] ela não se encontra determinada nos volumes que chegaram a nós. Por isso, entre seus seguidores houve vários modos distintos de proceder para solucioná-la.

Alguns propuseram que nossa alma, ainda que unida ao corpo, pode chegar a inteligir as substâncias separadas – e afirmam ser isto a felicidade humana última. Mas há entre eles diferenças no modo em que se daria este inteligir.

Afirmaram alguns que nossa alma pode alcançar a intelecção das substâncias separadas, não do mesmo modo que alcançamos a intelecção dos outros inteligíveis (dos quais nos instruímos nas ciências especulativas por definições e demonstrações), mas pela continuação[353] do intelecto agente conosco. Defendem, pois, que o intelecto agente é certa substância separada, que intelige naturalmente substâncias separadas. Logo, quando este intelecto estiver unido a nós de modo que inteligamos mediante ele, assim como agora inteligimos pelos hábitos das ciências, ocorrerá que inteligiremos tais substâncias.

E a maneira pela qual este intelecto agente poderia ter continuação conosco, de modo que por ele inteligamos, assim a descrevem:

É evidente, como aponta o Filósofo, no livro II *Sobre a Alma*,[354] que quando dizemos que "somos" ou que "operamos" algo mediante dois fatores, um deles é como forma, e o outro como matéria; assim dizemos ser curados pela saúde e

et aliud sicut materia. Sicut dicimur sanari sanitate et corpore; unde sanitas comparatur ad corpus sicut forma ad materiam. Manifestum est etiam nos intelligere per intellectum agentem, et per intelligibilia speculata; venimus enim in cognitionem conclusionum per principia naturaliter nota, et per intellectum agentem. Necesse est igitur quod intellectus agens comparetur ad intelligibilia speculata sicut principale agens ad instrumentum, et sicut ut forma ad materiam, vel actus ad potentiam; semper enim quod est perfectius duorum, est quasi actus alterius. Quidquid autem recipit in se id quod est quasi materia, recipit illud etiam quod est quasi forma. Sicut corpus recipiens superficiem, recipit etiam colorem, qui est forma quaedam superficiei; et pupilla recipiens colorem, recipit etiam lumen, quod est actus coloris, eo enim est visibilis actu. Sic igitur intellectus possibilis in quantum recipit intelligibilia speculata, in tantum recipit de intellectu agente. Quando igitur intellectus possibilis receperit omnia speculata, tunc totaliter recipiet in se intellectum agentem; et sic intellectus agens fiet quasi forma intellectus possibilis, et per consequens unum nobis. Unde sicut nunc intelligimus per intellectum possibilem, tunc intelligemus per intellectum agentem, non solum omnia naturalia sed etiam substantias separatas.

Sed in hoc est quaedam diversitas inter quosdam sectantium hanc opinionem. Quidam enim ponentes intellectum possibilem esse corruptibilem, dicunt quod nullo modo intellectus possibilis potest intelligere intellectum agentem, neque substantias separatas. Nos autem in statu illius continuationis intellectus agentis nobiscum, intelligimus ipsum intellectum agentem et alias substantias separatas per ipsum intellectum agentem, in quantum unietur nobis ut forma. Alii vero, ponentes intellectum possibilem esse incorruptibilem, dicunt quod intellectus possibilis potest intelligere intellectum agentem, et alias substantias separatas.

Haec autem positio impossibilis est et vana, et contra intentionem Aristotelis.

Impossibilis quidem, quia duo impossibilia ponit: scilicet quod intellectus agens sit quaedam substantia separata a nobis secundum esse; et quod nos per intellectum agentem intelligimus sicut per formam. In tantum enim aliquo operamur ut forma, in quantum illo adipiscimur aliquod esse actu. Sicut calidum calore calefacit, in quantum est calidum actu; nihil enim agit nisi secundum quod est actu. Oportet ergo id [quo] aliquid agit

pelo corpo, donde a saúde está para o corpo como a forma está para a matéria. É também manifesto que inteligimos pelo intelecto agente e pelos inteligíveis especulativos;[355] pois chegamos à cognição das conclusões pelos princípios naturalmente conhecidos e pelo intelecto agente. Portanto, é necessário que o intelecto agente esteja para os inteligíveis especulativos como o agente principal está para o instrumento, e como a forma está para a matéria (ou como o ato para a potência); pois sempre que, entre dois, há um mais perfeito, ele está para o outro como ato. Ora, o que quer que receba em si aquilo que se comporta como matéria, recebe também o que se comporta como forma – assim como o corpo que recebe a superfície recebe também a cor, que é certa forma da superfície, e assim como a pupila que recebe a cor recebe também a luz, que é ato da cor (pois pela luz a cor é visível em ato). Portanto, sempre que o intelecto possível recebe inteligíveis especulativos, recebe na mesma medida algo do próprio intelecto agente. Assim, quando o intelecto possível houver recebido todos os especulativos, então receberá em si o intelecto agente por inteiro; e desta maneira o intelecto agente se tornará como forma do intelecto possível e, por consequência, se unirá a nós.[356] Donde, assim como agora inteligimos pelo intelecto possível, então inteligiremos pelo intelecto agente, não somente todas as coisas naturais, mas também as substâncias separadas.

Quanto a isto, há uma divergência entre alguns dos que seguem tal opinião. De fato, alguns, que afirmam ser corruptível o intelecto possível, dizem que de nenhum modo pode ele inteligir o intelecto agente, tampouco as substâncias separadas; mas que nós, no estado daquela continuação do intelecto agente conosco, inteligiremos o próprio intelecto agente e as substâncias separadas mediante o próprio intelecto agente, que se unirá a nós como forma. Já outros, que afirmam que o intelecto possível é incorruptível, dizem que ele pode inteligir o intelecto agente e as outras substâncias separadas.[357]

Ora, toda esta posição é impossível e vã, e contrária à intenção de Aristóteles.

É impossível, porque propõe duas impossibilidades: que o intelecto agente seja uma substância separada de nós segundo o ser, e que nós inteligamos mediante o intelecto agente como que mediante uma forma. Ora, de fato, operamos mediante algo como que *por uma forma* na mesma medida em que chegamos por meio dele a algum ser em ato – assim como algo quente aquece pelo calor enquanto é quente em ato. (Pois nada age senão conforme está em ato.) Portanto, é necessário que aquela coisa pela qual algo age ou opera formalmente esteja unida a ele

aut operatur formaliter, uniri ei secundum esse. Unde impossibile est quod duarum substantiarum separatarum secundum esse una formaliter operetur per aliam. Et sic impossibile est, si intellectus agens est quaedam substantia separata a nobis secundum esse, quod ea formaliter intelligamus. Posset autem esse ut ea intelligeremus active, sicut dicimur videre sole illuminante.

Vana est etiam praedicta positio, quia rationes ad ipsam inductae non de necessitate concludunt. Et hoc patet in duobus. Primo quidem, quia si intellectus agens est substantia separata ut ponunt, comparatio intellectus agentis ad intelligibilia speculata non erit sicut luminis ad colores, sed sicut solis illuminantis. Unde intellectus possibilis per hoc quod recipit intelligibilia speculata, non coniungitur substantiae eius, sed alicui effectui ipsius. Sicut oculus, per hoc quod recipit colores, non unitur substantiae solis, sed lumini eius. Secundo, quia dato quod per hoc quod recipit intelligibilia speculata coniungatur intellectus possibilis ipsi substantiae intellectus agentis aliquo modo, non tamen sequitur quod recipiendo omnia intelligibilia speculata, quae abstrahuntur a phantasmatibus et acquiruntur per principia demonstrationum, perfecte coniungantur substantiae intellectus agentis. Nisi hoc esset probatum quod omnia huiusmodi intelligibilia speculata adaequarent virtutem et substantiam intellectus agentis; quod patet esse falsum: quia intellectus agens est altioris gradus in entibus, si est substantia separata, quam omnia quae fiunt intelligibilia per ipsum in rebus naturalibus.

Mirum est etiam quod ipsimet non intellexerunt defectum suae rationis. Quamvis enim ponerent quod per unum vel duo [vel tria] intelligibilia speculata [uniretur] nobiscum, non tamen sequitur secundum eos quod propter hoc intelligamus omnia alia intelligibilia speculata. Manifestum est autem quod multo plus excedunt substantiae intelligibiles separatae omnia praedicta, quae dicuntur intelligibilia speculata, quam omnia ea simul accepta excedunt unum vel duo, vel quolibet ex eis. Quia omnia ista sunt unius generis, et eodem modo intelligibilia; substantiae autem separatae sunt altioris generis, et altiori modo intelliguntur. Unde etiam si continuetur intellectus agens nobiscum secundum quod est forma et agens istorum intelligibilium, non sequitur propter hoc quod continuetur nobiscum secundum quod intelligit substantias separatas.

segundo o ser; por isso é impossível que, de duas substâncias separadas segundo o ser, uma opere formalmente pela outra. E assim é também impossível, se o intelecto agente é certa substância separada de nós segundo o ser, que intelijamos formalmente por meio dela. Poderia ocorrer, no entanto, que por meio dela inteligíssemos ativamente, como dizemos que vemos enquanto o sol ilumina.

É novamente vã a mencionada posição, porque os raciocínios apresentados para alcançá-la não concluem necessariamente. E isto se evidencia em dois pontos. *Primeiro*, porque, se o intelecto agente é uma substância separada, como propõem, a comparação sua com os inteligíveis especulativos não será como a da luz com as cores, mas como a do sol que ilumina. Assim o intelecto possível, pelo fato de que recebe inteligíveis especulativos, não está em conjunção com a substância [do intelecto agente], mas com algum efeito desta; assim como o olho, pelo fato de que recebe cores, não está unido à substância do sol, mas à sua luz. *Segundo*, porque, dado ainda que o intelecto possível, pelo fato de que recebe inteligíveis especulativos, se junte *de algum modo* com a própria substância do intelecto agente, tampouco ocorreria que, recebendo todos os inteligíveis especulativos – abstraídos dos fantasmas e adquiridos mediante os princípios de demonstração –, se junte perfeitamente à substância do intelecto agente. A não ser que estivesse provado que todos estes inteligíveis especulativos se adequassem em virtude e em substância ao intelecto agente, o que é claramente falso: pois o intelecto agente é, entre os entes, de um grau mais alto – se é uma substância separada – do que tudo o que se torna inteligível mediante ele nas coisas naturais.

É também impressionante que aquelas mesmas pessoas não tenham compreendido o defeito de seu raciocínio. Pois, por mais que propusessem que mediante um ou dois ou três inteligíveis especulativos ele fosse unido a nós, não se segue, porém, segundo eles, que por causa disto intelijamos todos os outros inteligíveis especulativos. Ora, é manifesto que as substâncias separadas excedem muito mais a todos os anteriores mencionados (chamados "inteligíveis especulativos") do que todos eles excedem, juntos, a um ou dois, ou a quantos deles se queira. Pois as substâncias separadas são de gênero mais elevado, e são inteligidas de modo mais elevado. E assim, ainda que tivesse continuação conosco o intelecto agente, na medida em que é forma e agente destes inteligíveis, não se seguiria, por causa disso, que teria continuação conosco no que se refere a inteligir as substâncias separadas.

Manifestum est etiam quod haec positio est contra intentionem Aristotelis, qui dicit in I Ethic. quod felicitas est quoddam bonum commune, quod potest accidere omnibus non orbatis ad virtutem. Intelligere autem omnia quae dicuntur ab eis intelligibilia speculata, vel est impossibile alicui homini, vel adeo rarum quod nulli unquam homini hoc accidit in statu huius vitae, nisi Christo qui fuit Deus et homo. Unde impossibile est quod hoc requiratur ad felicitatem humanam. Ultima autem humana felicitas consistit in intelligendo nobilissima intelligibilia, ut dicit philosophus in X Ethic. Non igitur ad intelligendum substantias separatas quae sunt nobilissima intelligibilia, secundum quod in hoc consistit felicitas humana, requiritur quod aliquis intelligat intelligibilia speculata omnia.

Alio etiam modo apparet quod praedicta positio est contra intentionem Aristotelis. Dicitur enim in I Ethic. quod felicitas consistit in operatione quae est secundum perfectam virtutem. Et ideo, ut appareat in quo determinate consistit felicitas, necesse habuit determinare de omnibus virtutibus, ut ipsemet dicit in fine I Ethic., quarum quaedam ponuntur ab ipso morales, ut fortitudo, temperantia, et huiusmodi; quaedam autem intellectuales, quae sunt quinque secundum ipsum, sapientia, intellectus, scientia, prudentia, et ars. Inter quas praecipuam ponit sapientiam, in cuius operatione dicit consistere ultimam felicitatem, ut in textu apparet. Sapientia autem est ipsa philosophia prima, ut patet in I Metaphys. Unde relinquitur quod ultima felicitas humana, quae potest haberi in hac vita, secundum intentionem Aristotelis, est cognitio de substantiis separatis, qualis potest haberi per principia philosophiae, et non per modum continuationis quam aliqui somniaverunt.

Unde fuit alia opinio, quod anima humana per principia philosophiae devenire potest ad intelligendum ipsas substantias separatas. Ad quod quidem ostendendum sic procedebat.

Manifestum est enim quod anima humana potest abstrahere a rebus materialibus quidditates earum, et intelligere eas; hoc enim contingit quoties intelligimus de aliqua re materiali quid est. Si igitur illa quidditas abstracta non est quidditas pura, sed [est] res habens quidditatem, iterum intellectus noster potest abstrahere illam. Et, cum non possit procedere in infinitum, devenietur ad hoc quod intelligat aliquam simplicem quidditatem et per eius considerationem intellectus noster intelliget substantias separatas, quod nihil aliud sunt quam quaedam simplices quidditates.

É também evidente que esta proposta é contra a opinião de Aristóteles, que afirma no livro I da *Ética*[358] que a felicidade é certo bem comum, que pode sobrevir a todos os que não são desprovidos de virtude. Ora, inteligir todos os "inteligíveis especulativos", como são chamados, ou é impossível a um homem, ou é muito raro, pois jamais isto ocorreu a alguém no estado desta vida, exceto ao Cristo, que foi Deus e homem. Logo, é impossível que isto seja requerido para a felicidade humana. Ora, a felicidade última do homem consiste em inteligir *os mais nobres inteligíveis*, como diz o Filósofo no livro X da *Ética*;[359] portanto, para inteligir as substâncias separadas (que são os mais nobres inteligíveis), não se requer – na medida em que nisto consiste a felicidade humana – que alguém inteliga *todos* os inteligíveis especulativos.

Também de outro modo vê-se que a mencionada opinião é contra a intenção de Aristóteles. Pois se diz no livro I da *Ética*[360] que a felicidade consiste na operação que se dá segundo a perfeita virtude. E por isso, para que ficasse claro em que consiste precisamente a felicidade, foi-lhe necessário determinar, entre todas as virtudes (como ele próprio afirma, no fim do livro I da *Ética*),[361] quais delas são postas por ele como morais – fortaleza, temperança, etc. –, e quais como intelectuais – que segundo ele são cinco: sabedoria, intelecto, ciência, prudência e arte. Entre estas põe como principal a sabedoria, em cuja operação consiste a felicidade última, como consta do texto. A sabedoria, por sua vez, é a própria filosofia primeira, o que está claro no livro I da *Metafísica*;[362] logo, resta que a felicidade humana última que se pode possuir nesta vida, segundo a intenção de Aristóteles, é a cognição das substâncias separadas – que se pode obter pelos princípios da filosofia, e não pelo modo da *continuação*,[363] com que alguns sonharam.

E então houve outra opinião: a de que a alma humana poderia alcançar, pelos princípios da filosofia, a intelecção das substâncias separadas. Para demonstrá-la, assim procediam:

É manifesto que a alma humana pode abstrair das coisas materiais as suas quididades e inteligi-las; isto se realiza tantas vezes quantas inteligimos de alguma coisa material aquilo que ela é. Portanto, se aquela quididade abstraída não é pura quididade, mas apenas uma coisa possuidora de quididade, novamente pode o nosso intelecto abstraí-la. E, como não se pode proceder ao infinito, chegar-se-á a que inteliga alguma quididade simples e, mediante sua consideração, nosso intelecto inteligirá as substâncias separadas – que nada são senão certas quididades simples.

Sed haec ratio omnino est insufficiens.

Primo quidem, quia quidditates rerum materialium sunt alterius generis a quidditatibus separatis, et habent alium modum essendi. Unde per hoc quod intellectus noster intelligit quidditates rerum materialium, non sequitur quod intelligat quidditates separatas. Item diversae quidditates intellectae differunt specie; et inde est quod etiam qui intelligit quidditatem unius rei materialis, non intelligit quidditatem alterius. Non enim qui intelligit quid est lapis intelligit quid est animal. Unde, dato quod quidditates separatae essent eiusdem rationis cum quidditatibus materialibus, non sequeretur quod qui intelligit has quidditates rerum materialium, intelligeret substantias separatas; nisi forte secundum opinionem Platonis, qui posuit substantias separatas esse species horum sensibilium.

Et ideo aliter dicendum est, quod anima intellectiva humana ex unione ad corpus habet aspectum inclinatum ad phantasmata; unde non informatur ad intelligendum aliquid nisi per species a phantasmatibus acceptas. Et huic consonat dictum Dionysii in cap. I Cael. Hierar. Dicit enim quod *impossibile est nobis lucere divinum radium, nisi varietate sacrorum velaminum circumvelatum*. In tantum igitur anima, dum est unita corpori, potest ad cognitionem substantiarum separatarum ascendere, in quantum potest per species a phantasmatibus acceptas manuduci. Hoc autem non est ut intelligatur de eis quid sint, cum illae substantiae excedant omnem proportionem horum intelligibilium, sed possumus hoc modo de substantiis separatis aliquo modo cognoscere quia sunt. Sicut per effectus deficientes devenimus in causas excellentes, ut cognoscamus de eis tantum quia sunt; et dum cognoscimus quia sunt causae excellentes, scimus de eis quia non sunt tales quales sunt earum effectus. Et hoc est scire de eis magis quid non sunt quam quid sunt.

Et secundum hoc est aliqualiter verum quod, in quantum intelligimus quidditates quas abstrahimus a rebus materialibus, intellectus noster convertendo se ad illas quidditates potest intelligere substantias separatas, ut intelligat eas esse immateriales, sicut ipsae quidditates sunt a materia abstractae.

Et sic per considerationem intellectus nostri deducimur in cognitionem substantiarum separatarum intelligibilium. Nec enim est mirum, si substantias separatas non possumus in hac vita cognoscere intelligendo

Mas este arrazoado é absolutamente insuficiente.

Primeiro, porque as quididades das coisas materiais são distintas em gênero das quididades separadas, e possuem outro modo de ser. Donde, pelo fato de que nosso intelecto capte as quididades das coisas materiais, não se segue que capte as quididades separadas. Novamente, as diversas quididades inteligidas diferem em espécie; e disso se depreende também que quem intelige a quididade de uma coisa material não intelige a quididade de outra. De fato, aquele que intelige o que é uma pedra não intelige o que é um animal. Logo, ainda que as quididades separadas fossem da mesma razão que as quididades materiais, não se seguiria que quem inteligisse estas últimas, inteligiria as substâncias separadas; exceto porventura segundo a opinião de Platão,[364] que propôs serem substâncias separadas as espécies destes entes sensíveis.

E por isto deve-se dizer, de outro modo, que a alma intelectiva humana, por sua união com o corpo, possui o olhar voltado aos fantasmas. Por isso, ela não é informada[365] para inteligir senão mediante espécies recebidas pelos fantasmas. E isto concorda com o que afirma Dionísio, no capítulo I de *Sobre a Hierarquia Celeste*:[366] diz ele que "é impossível o raio divino iluminar a nós, senão cingido pela variedade dos velames sagrados". Logo, a alma (enquanto unida ao corpo) pode ascender à cognição das substâncias separadas apenas na medida em que pode ser conduzida pelas espécies recebidas dos fantasmas. Isto, entretanto, não se dá para que entendamos *o que elas são*, uma vez que tais substâncias excedem toda a proporção destes inteligíveis [inferiores]. Mas assim podemos, acerca das substâncias separadas, de certo modo conhecer *que*[367] elas são – assim como, por efeitos deficientes, chegamos a causas excelentes, para que delas saibamos apenas que existem. E, quando conhecemos que são causas excelentes, delas sabemos que não são tais quais seus efeitos. De fato, isto é saber delas mais o que *não são* do que o que *são*.

E, segundo isto, é de alguma maneira verdade que, na medida em que inteligimos as quididades que abstraímos das coisas materiais, nosso intelecto, convertendo-se a tais quididades, pode inteligir as substâncias separadas, de modo que entenda que elas são imateriais assim como são abstraídas de matéria as próprias quididades.

E assim, mediante consideração de nosso intelecto, chegamos por dedução à cognição das substâncias separadas inteligíveis. Nem é de se admirar que não possamos nesta vida conhecer as substâncias separadas inteligindo *o que são*, mas

quid sunt, sed quid non sunt; quia etiam quidditatem et naturam corporum caelestium non aliter cognoscere possumus. Et sic etiam Aristoteles notificat ea in I de caelo et mundo; scilicet ostendens quod non sunt gravia neque levia, neque generabilia neque corruptibilia, neque contrarietatem habentia.

1 AD PRIMUM ergo dicendum quod finis ad quem se extendit naturalis possibilitas animae humanae, est ut cognoscat substantias separatas secundum modum praedictum; et ab hoc non impeditur per hoc quod corpori unitur. Et similiter etiam in tali cognitione substantiae separatae ultima est felicitas hominis ad quam per naturalia pervenire potest.

2 Unde patet solutio AD SECUNDUM.

3 AD TERTIUM dicendum quod cum intellectus possibilis continue reducatur de potentia in actum per hoc quod magis ac magis intelligit, finis tamen huiusmodi reductionis sive generationis erit in intelligendo supremum intelligibile, quod est divina essentia. Sed ad hoc non potest pervenire per naturalia, sed per gratiam tantum.

4 AD QUARTUM dicendum quod difficilius est facere separata et intelligere, quam INTELLIGERE quae separata sunt, si de eisdem agatur; sed si de aliis non est necessarium. Quia maior potest esse difficultas in intelligendo tantum aliqua separata, quam in abstrahendo et in intelligendo alia.

5 AD QUINTUM dicendum quod sensus respectu excellentium sensibilium duplicem defectum patitur: unum quidem, quia non potest ipsum comprehendere propter hoc quod excedit proportionem sensus; alium autem quia post excellentia sensibilia non percipit minora sensibilia, propter hoc quia corrumpitur organum sensus. Licet igitur intellectus non habeat organum quod possit corrumpi ab intelligibili excellenti, tamen aliquod excellens intelligibile potest excedere facultatem intellectus nostri in intelligendo. Et tale intellegibile est substantia separata, quae excedit facultatem intellectus nostri, qui secundum quod est unitus corpori, est natus perfici per species a phantasmatibus abstractas. Si tamen intellectus noster intelligeret substantias separatas, non intelligeret minus alia, sed magis.

o que *não são*; pois tampouco podemos conhecer de outro modo a quididade e a natureza dos corpos celestes. E assim também o aponta Aristóteles, no livro I *Sobre o Céu e o Mundo*,[368] a saber: expondo que *não são* pesados nem leves, *nem* geráveis *nem* corruptíveis, *nem* possuidores de contrariedade.

◻

1. Quanto ao primeiro argumento, portanto, deve-se dizer que o fim ao qual se estende a possibilidade natural da alma humana é que conheça as substâncias separadas segundo o modo acima mencionado; e disto não se encontra impedida por estar unida ao corpo. E, de modo semelhante, também em tal cognição das substâncias separadas está a felicidade última do homem (à qual possa chegar por meios naturais).

2. E com isto evidencia-se a solução para o segundo.

3. Quanto ao terceiro, deve-se dizer que, embora o intelecto possível reduza-se continuamente da potência ao ato pelo fato de que intelige mais e mais, no entanto o fim desta redução (ou geração) se dará em inteligir o supremo inteligível, que é a essência divina. Mas a isto não pode ele chegar por meios naturais, mas apenas pela graça.

4. Quanto ao quarto, deve-se dizer que é mais difícil fazer separadas as coisas e inteligi-las, do que inteligir as que estão separadas, *se se trata das mesmas coisas*; todavia, se se trata de outras, isto não é necessariamente verdade. Pois maior pode ser a dificuldade em somente inteligir algumas coisas separadas do que em abstrair e inteligir outras.

5. Quanto ao quinto, deve-se dizer que os sentidos, com respeito aos excessos sensíveis, sofrem um duplo defeito: um, porque não podem compreendê-los (visto que estes excedem a proporção dos sentidos); outro, porque, após os excessos sensíveis, não percebe os sensíveis menores (visto que se corromperam os órgãos dos sentidos). Pois bem: embora o intelecto não possua órgãos (que poderiam corromper-se por excesso sensível), pode algo excessivamente inteligível exceder a faculdade de nosso intelecto para inteligi-lo. E é este o caso da substância separada, que excede a faculdade de nosso intelecto, ao qual, conforme se encontra unido ao corpo, é inato perfazer-se mediante as espécies abstraídas dos fantasmas. Porém, se de fato nosso intelecto inteligisse as substâncias separadas, não menos inteligiria as outras, mas mais.

6 AD SEXTUM dicendum quod quidditates abstractae a rebus materialibus non sufficiunt ut per eas possimus cognoscere de substantiis separatis quid sunt, ut ostensum est.

7 Et similiter dicendum AD SEPTIMUM. Nam effectus deficientes, ut supra dictum est, non sufficiunt ut per eos cognoscatur de causa quid est.

8 AD OCTAVUM dicendum quod intellectus possibilis noster intelligit seipsum non directe apprehendendo essentiam suam, sed per speciem a phantasmatibus acceptam. Unde philosophus dicit in III de anima quod intellectus possibilis est intelligibilis sicut et alia. Et hoc ideo est, quia nihil est intelligibile secundum quod est in potentia, sed secundum quod est actu, ut dicitur in IX Metaph. Unde, cum intellectus possibilis sit in potentia tantum in esse intelligibili, non potest intelligi nisi per formam suam per quam fit actu, quae est species a phantasmatibus abstracta; sicut et quaelibet alia res intelligitur per formam suam. Et hoc est commune in omnibus potentiis animae, quod actus cognoscuntur per obiecta, et potentiae per actus, et anima per suas potentias. Sic igitur et anima intellectiva per suum intelligere cognoscitur. Species autem a phantasmatibus accepta non est forma substantiae separatae ut per eam cognosci possit, sicut per eam aliqualiter cognoscitur intellectus possibilis.

9 AD NONUM dicendum quod ratio illa omnino inefficax est, propter duo. Primo quidem, quia intelligibilia non sunt propter intellectus intelligentes ipsa; sed magis intelligibilia sunt fines et perfectiones intellectuum. Unde non sequitur quod si esset aliqua substantia intelligibilis non intellecta ab aliquo alio intellectu, quod propter hoc esset frustra; nam frustra dicitur de eo quod est ad finem ad quem non pertingit. Secundo, quia si substantiae separatae non intelligantur ab intellectu nostro secundum quod est corpori unitus, intelliguntur tamen a substantiis separatis.

10 AD DECIMUM dicendum quod species quarum est visus receptivus, possunt esse similitudines quorumcumque corporum, sive corruptibilium, sive incorruptibilium. Sed species a phantasmatibus abstractae, quarum est receptivus intellectus possibilis, non sunt similitudines substantiarum separatarum; et ideo non est simile.

6. QUANTO AO SEXTO, deve-se dizer que as quididades abstraídas das coisas materiais não bastam para que por elas possamos conhecer das substâncias separadas *o que elas são*,[369] como foi exposto.

7. E o mesmo deve-se dizer QUANTO AO SÉTIMO. De fato, efeitos deficientes, como dito acima, não bastam para que por eles se conheça da causa o que ela é.

8. QUANTO AO OITAVO, deve-se dizer que nosso intelecto possível intelige a si próprio, não apreendendo diretamente a sua essência, mas pela espécie colhida dos fantasmas. Donde afirma o Filósofo, no livro III *Sobre a Alma*,[370] que o intelecto possível é inteligível tal como o são as outras coisas. E isto se dá porque nada é inteligível segundo está em potência, mas segundo está em ato, conforme se diz no livro IX da *Metafísica*.[371] Assim, visto que intelecto possível é apenas potência no ser inteligível, não pode ele inteligir-se senão por uma forma sua[372] pela qual ele se faz em ato, que é uma espécie abstraída dos fantasmas – assim como qualquer outra coisa se intelige mediante sua forma. E isto é comum em todas as potências da alma: pois o ato é conhecido mediante seus objetos, e as potências mediante o ato, e a alma mediante suas potências. Logo, também a alma intelectiva é conhecida mediante seu inteligir. Ora, mas a espécie colhida dos fantasmas não é a forma da substância separada, para que esta se possa conhecer por ela, tal como por ela se conhece de certo modo o intelecto possível.

9. QUANTO AO NONO, deve-se dizer que tal raciocínio é absolutamente ineficaz, por dois motivos. *Primeiro*, porque os inteligíveis não existem em razão dos intelectos que os inteligem; os inteligíveis são antes fins e perfeições dos intelectos. Logo, se houvesse alguma substância separada não inteligida por algum outro intelecto, não se seguiria que ela por isto existisse em vão; pois se diz "vão" aquilo que está para um fim e não o atinge. *Segundo*, porque se as substâncias separadas não fossem inteligidas por nosso intelecto enquanto está unido ao corpo, ainda assim seriam inteligidas pelas outras substâncias separadas.

10. QUANTO AO DÉCIMO, deve-se dizer que as espécies das quais a visão é receptiva podem ser as semelhanças de quaisquer corpos, quer corruptíveis, quer incorruptíveis. Mas as espécies abstraídas dos fantasmas, das quais é receptivo o intelecto possível, não são semelhanças das substâncias separadas. E por isso os casos propostos não são similares.

QUAESTIO XVII

Decimoseptimo quaeritur utrum anima separata intelligat substantias separatas

Et videtur quod non.

1 Perfectioris enim substantiae est perfectior operatio. Sed anima unita corpori est perfectior quam separata, ut videtur: quia quaelibet pars perfectior est unita toti quam separata. Si igitur anima unita corpori non potest intelligere substantias separatas, videtur quod nec a corpore separata.

2 Praeterea, anima nostra aut potest cognoscere substantias separatas per naturam, aut per gratiam tantum. Si per naturam, cum naturale sit animae quod corpori uniatur, non impediretur per unionem ad corpus quin substantias separatas cognosceret. Si autem per gratiam, cum non omnes animae separatae habeant gratiam, sequitur quod ad minus non omnes animae separatae cognoscant substantias separatas.

3 Praeterea, anima unita est corpori, ut perficiatur in eo scientiis et virtutibus. Maxima autem perfectio animae consistit in cognitione substantiarum separatarum. Si igitur ex hoc solo quod separatur, cognosceret substantias separatas, frustra anima corpori uniretur.

4 Praeterea, si anima separata cognoscit substantiam separatam, oportet quod cognoscat eam vel per essentiam eius vel per speciem ipsius. Sed non per essentiam substantiae separatae, quia essentia substantiae separatae non est unum cum anima separata. Similiter nec per speciem eius; quia a substantiis separatis, cum sint simplices, non potest fieri abstractio speciei. Ergo anima separata nullo modo cognoscit substantias separatas.

5 Praeterea, si anima separata cognoscit substantiam separatam, aut cognoscit eam sensu, aut intellectu. Manifestum est autem quod

QUESTÃO XVII

Se a alma separada intelige as substâncias separadas[373]

E PARECE QUE NÃO.

1. Pois a uma substância mais perfeita corresponde uma operação mais perfeita. Ora, a alma unida ao corpo é mais perfeita que separada, como se vê: porque qualquer parte é mais perfeita unida ao todo que separada. Portanto, se a alma unida ao corpo não pode inteligir as substâncias separadas, parece que tampouco [o pode] estando separada do corpo.

2. Ademais, nossa alma somente pode conhecer as substâncias separadas por sua natureza ou pela graça. Se é por sua natureza: visto que é natural à alma estar unida ao corpo, sua união com o corpo não deveria impedi-la de conhecer as substâncias separadas. E se é pela graça: dado que nem todas as almas separadas têm a graça, segue-se que ao menos nem todas as almas separadas conhecem as substâncias separadas.

3. Ademais, a alma está unida ao corpo para que mediante ele se aperfeiçoe no conhecimento e na virtude. Mas a maior perfeição da alma consiste no conhecimento das substâncias separadas. Portanto, se conhecesse as substâncias separadas unicamente porque está separada, em vão a alma se uniria ao corpo.

4. Ademais, se a alma separada conhece a substância separada, é necessário que a conheça pela essência ou pela espécie. Ora, a alma não a conhece pela essência, porque a essência da substância separada não é una com a alma separada. De modo semelhante, tampouco a conhece por sua espécie, porque das substâncias separadas, por serem simples, não se pode fazer abstração da espécie. Logo, a alma separada não conhece as substâncias separadas de modo algum.

5. Ademais, se a alma separada conhece a substância separada, conhece-a com o sentido ou com o intelecto. Ora, é manifesto que não a conhece com o

non cognoscit eam sensu, quia substantiae separatae non sunt sensibiles. Similiter etiam nec per intellectum, quia intellectus non est singularium; substantiae autem separatae sunt quaedam substantiae singulares. Ergo anima separata nullo modo cognoscit substantiam separatam.

6 Praeterea, intellectus possibilis animae nostrae plus distat ab Angelo quam imaginatio nostra ab intellectu possibili; quia imaginatio et intellectus possibilis radicantur in eadem substantia animae. Sed imaginatio nullo modo potest intelligere intellectum possibilem. Ergo intellectus possibilis noster nullo modo potest apprehendere substantiam separatam.

7 Praeterea, sicut se habet voluntas ad bonum, ita intellectus ad verum. Sed voluntas quarumdam animarum separatarum, scilicet damnatarum, non potest ordinari ad bonum. Ergo et intellectus earum nullo modo potest ordinari ad verum; quod potissime intellectus consequitur in cognitione substantiae separatae. Ergo non omnis anima separata potest cognoscere substantiam separatam.

8 Praeterea, felicitas ultima secundum philosophos ponitur in intelligendo substantias separatas, ut dictum est. Si autem animae damnatorum intelligunt substantias separatas, quas non possumus hic intelligere, videtur quod damnati sint propinquiores felicitati quam nos; quod est inconveniens.

9 Praeterea, una intelligentia intelligit aliam per modum suae substantiae, ut dicitur in libro de causis. Sed anima separata non potest cognoscere suam substantiam, ut videtur; quia intellectus possibilis non cognoscit seipsum, nisi per speciem a phantasmatibus abstractam vel acceptam, ut dicitur in III de anima. Ergo anima separata non potest cognoscere separatas substantias.

10 Praeterea, duplex est modus cognoscendi. Unus modus secundum quem a posterioribus devenimus in priora; et sic quae sunt magis nota simpliciter, cognoscuntur a nobis per ea quae sunt minus nota simpliciter. Alio modo a prioribus in posteriora devenimus; et sic quae sunt magis nota simpliciter, prius cognoscuntur a nobis. In animabus autem separatis non potest esse primus modus cognoscendi. Ille enim modus competit nobis secundum quod cognitionem a sensu accipimus. Ergo anima separata intelligit modo secundo, scilicet deveniendo a prioribus in posteriora.

sentido, porque as substâncias separadas não são sensíveis. De modo semelhante, tampouco com o intelecto, porque o intelecto não versa sobre o singular, e as substâncias separadas são substâncias singulares. Logo, a alma separada não conhece as substâncias separadas de modo algum.

6. Ademais, o intelecto possível de nossa alma dista mais do anjo do que nossa imaginação dista do intelecto possível, porque a imaginação e o intelecto possível se reduzem à mesma substância da alma. Ora, a imaginação não pode conhecer o intelecto possível de modo algum. Logo, nosso intelecto possível não pode apreender as substâncias separadas de modo algum.

7. Ademais, a vontade está para o bem assim como o intelecto está para o verdadeiro. Ora, a vontade de algumas almas separadas, como a dos condenados, não pode ordenar-se ao bem. Logo, tampouco seu intelecto pode de modo algum ordenar-se ao verdadeiro, [ordenação] que o intelecto realiza mais fortemente no conhecimento das substâncias separadas. Logo, nem toda alma separada pode conhecer as substâncias separadas.

8. Ademais, a felicidade última reside, segundo alguns filósofos, no conhecimento das substâncias separadas, como já se disse.[374] Mas, se as almas dos condenados conhecem as substâncias separadas que nós não podemos conhecer nesta vida, parece que os condenados são muito mais próximos à felicidade que nós; o que é inadmissível.

9. Ademais, uma inteligência intelige outra pelo modo de sua própria substância, como se diz no *Livro sobre as Causas*.[375] Ora, parece que a alma separada não pode conhecer sua própria substância, dado que o intelecto possível não se conhece a si mesmo senão mediante uma espécie abstraída ou tomada dos fantasmas, como se diz no livro III *Sobre a Alma*.[376] Logo, a alma separada não pode conhecer as outras substâncias separadas.

10. Ademais, são dois os modos de conhecer. Por um deles, chegamos ao anterior pelo posterior;[377] e assim o que é mais cognoscível *simpliciter* nos é conhecido por aquilo que é menos cognoscível *simpliciter*. Por outro, chegamos ao posterior pelo anterior;[378] e assim o que é mais cognoscível *simpliciter* nos é conhecido antes. Mas nas almas separadas não pode dar-se o primeiro modo, pois ele nos compete na medida em que temos conhecimento pelos sentidos. Logo, a alma separada intelige do segundo modo, ou seja, caminhando do anterior ao posterior. E, deste modo, o que é mais cognoscível *simpliciter* lhe é conhecido primeiramente.

Et sic quae sunt magis nota simpliciter, sunt per prius ei nota. Sed maxime notum est essentia divina. Si igitur anima separata naturaliter cognoscit substantias separatas, videtur quod ex solis naturalibus possit videre essentiam divinam, quae est vita aeterna; et hoc est contra apostolum, qui dicit Rom. VI: *gratia Dei vita aeterna*.

11 Praeterea inferior substantia separata intelligit aliam, secundum quod impressio superioris est in inferiori. Sed impressio substantiae separatae est in anima separata multum deficienter a substantia separata. Ergo non potest eam intelligere.

Sed contra.

Simile a simili cognoscitur. Sed anima separata est substantia separata. Ergo potest intelligere substantias separatas.

Respondeo. Dicendum quod secundum ea quae fides tenet, convenienter videtur dicendum quod animae separatae cognoscant substantias separatas. Substantiae enim separatae dicuntur Angeli et Daemones, in quorum societatem deputantur animae hominum separatae, bonorum vel malorum. Non videtur autem probabile quod animae damnatorum Daemones ignorent, quorum societati deputantur, et qui animabus terribiles esse dicuntur. Multo autem minus probabile videtur quod animae bonorum ignorent Angelos, quorum societate laetantur.

Hoc autem quod animae separatae substantias separatas ubicumque cognoscant, rationabiliter accidit. Manifestum est enim quod anima humana corpori unita aspectum habet ex unione corporis ad inferiora directum; unde non perficitur nisi per ea quae ab inferioribus accipit, scilicet per species a phantasmatibus abstractas. Unde neque in cognitionem sui ipsius neque in cognitionem aliorum potest devenire, nisi in quantum ex praedictis speciebus manuducitur, ut supra dictum est.

Sed quando iam anima erit a corpore separata, aspectus eius non ordinabitur ad aliqua inferiora, ut ab eis accipiat; sed erit absolutus, potens a superioribus substantiis influentiam recipere sine inspectione phantasmatum,

Ora, o mais cognoscível é a essência divina. Portanto, se a alma separada conhece naturalmente as substâncias separadas, então parece poder, somente por suas virtudes naturais, contemplar a essência divina – ou seja, a vida eterna –, o que é contrário ao que diz o Apóstolo em Romanos 6,23: "A vida eterna é um dom de Deus".

11. Ademais, uma substância separada inferior intelige outra na medida em que no inferior está a impressão do superior. Mas a impressão de uma substância separada está na alma separada de modo muito mais deficiente do que o modo pelo qual está em outra substância separada. Logo, a alma separada não pode conhecer tal substância separada.

MAS EM SENTIDO CONTRÁRIO:

O semelhante é conhecido pelo semelhante. Ora, a alma separada é uma substância separada. Logo, pode inteligir outras substâncias separadas.

RESPONDO. Deve-se dizer que, segundo o que defende a fé, parece coerente sustentar que as almas separadas conhecem as substâncias separadas. Pois se diz que as substâncias separadas são os anjos e os demônios, a cuja companhia se destinam as almas separadas dos homens, bons ou maus. Não parece provável que as almas dos condenados desconheçam os demônios, aos quais estão destinadas a associar-se. Nem, muito menos, parece provável que as almas dos bons desconheçam os anjos, em cuja companhia se alegram.

E que as almas separadas conheçam as substâncias separadas onde quer que estejam é algo que sucede razoavelmente. Pois é patente que a alma humana unida a seu corpo volta-se diretamente ao inferior, por esta união com o corpo; assim, não se aperfeiçoa senão mediante o que recebe do inferior, ou seja, em razão das espécies abstraídas dos fantasmas. Daí que não possa alcançar o conhecimento nem de si mesma, nem de outro, sem o concurso das referidas espécies.

Mas, quando a alma estiver separada do corpo, já não estará ordenada às coisas inferiores para que delas receba algo, mas estará livre e poderá receber o influxo das substâncias superiores sem se converter aos fantasmas – que nesse momento absolutamente não existirão –, e mediante tal influxo será reduzida a

quae tunc omnino non erunt, et per huiusmodi influentiam reducetur in actum. Et sic seipsam cognoscet directe suam essentiam intuendo, et non a posteriori, sicut nunc accidit.

Sua autem essentia pertinet ad genus substantiarum separatarum intellectualium, et eumdem modum subsistendi habet, licet sit infima in hoc genere; omnes enim sunt formae subsistentes. Sicut igitur una aliquarum aliarum substantiarum separatarum cognoscit aliam intuendo substantiam suam, in quantum in ea est aliqua similitudo alterius substantiae cognoscendae, per hoc quod recipit influentiam ab ipsa vel ab aliqua altiori substantia, quae est communis causa utriusque; ita etiam anima separata intuendo directe essentiam suam cognoscet substantias separatas secundum influentiam receptam ab eis vel a superiori causa, scilicet Deo. Non tamen ita perfecte cognoscet substantias separatas naturali cognitione, sicut ipsae cognoscunt se invicem; eo quod anima est infima inter eas, et infimo modo recipit intelligibilis luminis emanationem.

1 AD PRIMUM ergo dicendum quod anima unita corpori est quodammodo perfectior quam separata, scilicet quantum ad naturam speciei. Sed quantum ad actum intelligibilem habet aliquam perfectionem a corpore separata, quam habere non potest dum est corpori unita. Nec hoc est inconveniens: quia operatio intellectualis competit animae secundum quod supergreditur corporis proportionem; intellectus enim non est actus alicuius organi corporalis.

2 AD SECUNDUM dicendum quod loquimur de cognitione animae separatae quae sibi per naturam competit; nam loquendo de cognitione quae sibi dabitur per gratiam, aequabitur Angelis in cognoscendo. Haec autem cognitio, ut cognoscat praedicto modo substantias separatas, est sibi naturalis, non simpliciter, sed in quantum est separata. Unde in quantum est unita, non competit sibi.

3 AD TERTIUM dicendum quod ultima perfectio cognitionis naturalis animae humanae haec est, ut intelligat substantias separatas. Sed perfectius ad hanc cognitionem habendam pervenire potest per hoc quod in corpore est, quia ad hoc disponitur per studium, et maxime per meritum. Unde non frustra corpori unitur.

ato. E assim conhecer-se-á a si mesma diretamente, intuindo sua essência, e não *a posteriori*, como agora sucede.

Ora, sua essência pertence ao gênero das substâncias intelectuais separadas, e por isso tem o mesmo modo de subsistência destas, embora seja a mais ínfima delas; pois são todas formas subsistentes. Por conseguinte, assim como qualquer das demais substâncias separadas conhece outra intuindo sua própria substância, uma vez que a semelhança da outra substância que deve conhecer encontra-se nela – seja porque recebe influxo dela ou de alguma substância mais elevada, que é causa comum de ambas –, assim também a alma separada, intuindo diretamente em sua própria essência, conhecerá as substâncias separadas segundo o influxo que receba delas ou de alguma causa superior, ou seja, Deus. No entanto, não conhecerá naturalmente as substâncias separadas com a perfeição com que estas mesmas se conhecem entre si, porque a alma é a mais ínfima delas, e recebe do modo mais ínfimo a emanação da luz intelectual.

1. QUANTO AO PRIMEIRO ARGUMENTO, portanto, deve-se dizer que a alma unida ao corpo é de certo modo mais perfeita do que separada, a saber, quanto à natureza de sua espécie. Mas, quanto ao ato inteligível, possui, separada do corpo, certa perfeição que não pode ter enquanto unida ao corpo. E não há inconveniente nisso, uma vez que a operação intelectual compete à alma na medida em que excede a proporção do corpo. (De fato, o intelecto não é ato de nenhum órgão corporal.)

2. QUANTO AO SEGUNDO, deve-se dizer que nos referimos àquele conhecimento da alma separada que lhe compete por natureza. (Pois, se nos referimos ao conhecimento que lhe será dado mediante a graça, igualar-se-á aos anjos.) Mas tal conhecimento que a alma tem das substâncias separadas (isto é, pelo modo antes mencionado) lhe é natural não *simpliciter*, mas enquanto está separada. Por isso, estando unida ao corpo, não lhe compete.

3. QUANTO AO TERCEIRO, deve-se dizer que a perfeição última do conhecimento natural de que é capaz a alma humana reside em inteligir as substâncias separadas. No entanto, ela pode mais perfeitamente chegar a este conhecimento enquanto, no corpo, dispõe-se a isso mediante o estudo e (principalmente) o mérito. Por isso, não se une ao corpo inutilmente.

4 Ad quartum dicendum quod anima separata non cognoscit substantiam separatam per essentiam eius, sed ipsius speciem et similitudinem. Sciendum tamen est quod non semper species per quam aliquid cognoscitur est abstracta a re, quae per ipsam cognoscitur; sed tunc solum quando cognoscens accipit speciem a re. Et tunc haec species accepta est simplicior et immaterialior in cognoscente quam in re quae cognoscitur. Si autem fuerit e contrario, scilicet quod res cognita immaterialior sit et simplicior quam cognoscens, tunc species rei cognitae in cognoscente non dicitur abstracta, sed impressa et influxa. Et sic est in proposito.

5 Ad quintum dicendum quod singulare non repugnat cognitioni intellectus nostri, nisi in quantum individuatur per hanc materiam. Species enim intellectus nostri oportet esse a materia abstractas. Si vero fuerint aliqua singularia in quibus natura speciei non individuetur per materiam, sed unumquodque eorum sit quaedam natura speciei immaterialiter subsistens, unumquodque eorum per se intelligibile erit. Et huiusmodi singularia sunt substantiae separatae.

6 Ad sextum dicendum quod imaginatio et intellectus possibilis humanus magis conveniunt subiecto, quam intellectus possibilis humanus et intellectus angelicus; qui tamen plus conveniunt specie et ratione, cum utrumque eorum pertineat ad esse intelligibile. Actio enim consequitur formam secundum naturam suae speciei, et non ex parte subiecti. Unde quantum ad convenientiam in actione magis attendenda est convenientia duarum formarum eiusdem speciei in diversis substantiis, quam formarum differentium specie in eodem subiecto.

7 Ad septimum dicendum quod damnati sunt deordinati ab ultimo fine; unde voluntas eorum non est in bonum, secundum hunc ordinem. Tendit tamen in aliquod bonum, quia etiam Daemones, ut dicit Dionysius, bonum et optimum concupiscunt, vivere, esse, et intelligere; sed hoc bonum non ordinant in summum bonum, et ideo voluntas eorum perversa est. Unde et nihil prohibet quin animae damnatorum multa vera intelligant; sed non illud primum verum, scilicet Deum, cuius visione efficiantur beati.

8 Ad octavum dicendum quod felicitas ultima hominis non consistit in cognitione alicuius creaturae, sed solum in cognitione Dei. Unde dicit

4. QUANTO AO QUARTO, deve-se dizer que a alma separada não conhece a substância separada pela essência desta, mas por sua espécie e semelhança. E deve-se saber que a espécie pela qual algo é conhecido nem sempre é abstraída da coisa que mediante ela se faz conhecer; isto só ocorre quando o cognoscente recebe a espécie da própria coisa.[379] Neste caso, a espécie recebida é mais simples e imaterial no cognoscente do que na coisa conhecida. Se, porém, se desse o contrário, ou seja, se a coisa conhecida fosse em si mais imaterial e simples do que no cognoscente, então a espécie da coisa conhecida no cognoscente não seria considerada abstrata, mas impressa e resultante de influxo. E assim se procede contra esta objeção.

5. QUANTO AO QUINTO, deve-se dizer que o singular não é incompatível com o conhecimento próprio de nosso intelecto senão na medida em que está individuado pela matéria; pois é necessário que as espécies de nosso intelecto estejam abstraídas da matéria. Mas, se existissem alguns singulares em que a natureza da espécie não estivesse individuada pela matéria, senão que cada um deles fosse a natureza de uma espécie que subsistisse imaterialmente, então cada um deles seria inteligível *per se*. E é deste tipo de singulares que são as substâncias separadas.

6. QUANTO AO SEXTO, deve-se dizer que a imaginação e o intelecto possível humano coincidem num mesmo sujeito muito mais que o intelecto possível humano e o intelecto angélico, os quais, todavia, coincidem mais na espécie e na razão, dado que ambos pertencem ao ser inteligível. Pois a ação se segue à forma segundo a natureza de sua espécie, e não por parte do sujeito. Por isso, quanto à coincidência na ação, deve-se atender muito mais à coincidência existente entre duas formas de uma mesma espécie em substâncias diversas do que à existente entre formas diferentes em espécie num mesmo sujeito.

7. QUANTO AO SÉTIMO, deve-se dizer que efetivamente os condenados não se ordenam ao fim último; daí que sua vontade não esteja no bem, no que tange a esta ordem. No entanto, sua vontade tende a certo bem (porque também os demônios, como diz Dionísio no capítulo IV de *Sobre os Nomes Divinos*,[380] desejam algo bom e excelente: ser, viver e conhecer), mas não ordenam esse bem ao sumo bem: e por isso sua vontade é perversa. Por isso, nada impede que as almas dos condenados conheçam muitas coisas verdadeiras, mas não aquele que é a verdade primeira, ou seja, Deus, que é contemplado pelos bem-aventurados.

8. QUANTO AO OITAVO, deve-se dizer que a felicidade última do homem não consiste no conhecimento de nenhuma criatura, mas tão somente em conhecer a

Augustinus in libro confessionum: *beatus est qui te novit, etiam si illa nesciat,* scilicet creaturas; *infelix autem, si illa sciat, te autem ignoret. Qui autem te et illa novit, non propter illa beatior, sed propter te solum beatus.* Licet ergo damnati aliqua sciant quae nos nescimus, sunt tamen a vera beatitudine remotiores quam nos, qui ad eam possumus pervenire, illi autem non possunt.

9 Ad nonum dicendum quod anima humana alio modo cognoscet seipsam cum fuerit separata; et alio modo nunc, ut dictum est.

10 Ad decimum dicendum quod animae separatae licet competat ille modus cognoscendi quo ea quae sunt notiora simpliciter magis cognoscit, non tamen sequitur quod vel anima separata vel quaecumque alia substantia separata creata, per sua naturalia et per suam essentiam possit intueri Deum. Sicut enim substantiae separatae alterius modi esse habent quam substantiae materiales, ita Deus alterius modi esse habet quam omnes substantiae separatae. In rebus enim materialibus tria est considerare, quorum nullum est aliud: scilicet individuum, naturam speciei et esse. Non enim possumus dicere quod hic homo sit sua humanitas, quia humanitas consistit tantum in speciei principiis; sed hic homo supra principia speciei addit principia individuantia, secundum quod natura speciei in hac materia recipitur et individuatur. Similiter etiam nec humanitas est ipsum esse hominis. In substantiis autem separatis, quia immateriales sunt, natura speciei non recipitur in aliqua materia individuante, sed est ipsa natura per se subsistens. Unde non est in eis aliud habens quidditatem, et aliud quidditas ipsa. Sed tamen aliud est in eis esse, et aliud quidditas. Deus autem est ipsum suum esse subsistens. Unde, sicut cognoscendo quidditates materiales non possumus cognoscere substantias separatas, ita nec substantiae separatae per cognitionem suae substantiae possunt cognoscere divinam essentiam.

11 Ad undecimum dicendum quod per hoc quod impressiones substantiarum separatarum in anima separata deficienter recipiuntur, non sequitur quod nullo modo eas cognoscere possint, sed quod imperfecte eas cognoscant.

Deus. Donde Agostinho dizer em suas *Confissões*:³⁸¹ "Feliz aquele que te conhece, ainda que não conheça aquelas (ou seja, as criaturas); e infeliz se conhece estas, mas a ti não te conhece. Aquele porém que te conhece a ti e àquelas não é mais feliz por conhecê-las, mas é feliz somente por conhecer-te a ti". Logo, embora alguns condenados conheçam o que nós não conhecemos, estão porém mais afastados que nós da verdadeira felicidade, que nós ainda podemos alcançar e eles já não podem.

9. QUANTO AO NONO, deve-se dizer que a alma humana separada conhecerá a si mesma de um modo distinto pelo qual ela agora se conhece, como já se disse.

10. QUANTO AO DÉCIMO, deve-se dizer que, embora às almas separadas corresponda aquele modo de conhecimento pelo qual ela antes entende aquilo que é mais cognoscível *simpliciter*, isso não significa que uma alma separada (ou qualquer outra substância separada criada), possa intuir a Deus mediante Suas próprias virtudes naturais e Sua própria essência. Pois, assim como as substâncias separadas têm um ser diferente do das substâncias materiais, assim também Deus possui um ser diferente do de todas as substâncias separadas. De fato, em se tratando das coisas materiais, devem-se considerar três coisas que não se identificam entre si: o indivíduo, a natureza da espécie e o ser. Não podemos dizer que este homem seja sua humanidade, porque a humanidade consiste tão somente nos princípios da espécie; mas a este homem, por sobre os princípios de sua espécie, acrescentam-se os princípios individuantes, na medida em que a natureza da espécie é recebida e individuada nesta matéria. De modo semelhante, a humanidade tampouco se identifica com o próprio ser do homem. Assim, nas substâncias separadas, visto que são imateriais, a natureza da espécie não é recebida numa matéria individuante, mas a própria natureza é subsistente por si mesma. Daí que neste caso o possuidor da quididade e a quididade em si não se distingam. Não obstante, nelas uma coisa é o ser e outra a quididade. Já Deus é o próprio ser subsistente. Portanto, assim como ao conhecermos as quididades materiais não podemos conhecer as substâncias separadas, assim tampouco podem as substâncias separadas, ao conhecerem sua própria substância, conhecer a essência divina.

11. QUANTO AO DÉCIMO PRIMEIRO, deve-se dizer que, do fato de que as impressões das substâncias separadas são recebidas pela alma separada deficientemente, não se segue que ela não possa conhecer as substâncias separadas de modo algum, mas apenas que as conhece imperfeitamente.

QUAESTIO XVIII

Decimoctavo quaeritur utrum anima separata cognoscat omnia naturalia

Et videtur quod non.

1 Quia sicut dicit Augustinus, Daemones multa cognoscunt per experientiam longi temporis; quam quidem non habet anima, mox cum fuerit separata. Cum igitur Daemon sit perspicacioris intellectus quam anima, quia data naturalia in eis manent clara et lucida, ut Dionysius dicit; videtur quod anima separata non cognoscat omnia naturalia.

2 Praeterea, animae, cum sunt unitae corporibus, non cognoscunt omnia naturalia. Si igitur separatae a corporibus omnia naturalia cognoscunt, videtur quod post separationem huiusmodi scientiam acquirant. Sed aliquae animae aliquorum naturalium in hac vita scientiam acquisierunt. Ergo illorum eorumdem post separationem habebunt duplicem scientiam; unam acquisitam hic et aliam ibi. Quod videtur impossibile, quia duae formae eiusdem speciei non sunt in eodem subiecto.

3 Praeterea, nulla virtus finita potest super infinita. Sed virtus animae separatae est finita, quia et essentia eius finita est. Ergo non potest super infinita. Sed naturalia intellecta sunt infinita; nam species numerorum et figurarum et proportionum infinitae sunt. Ergo anima separata non cognoscit omnia naturalia.

4 Praeterea, omnis cognitio est per assimilationem cognoscentis et cogniti. Sed impossibile videtur esse quod anima separata, cum sit immaterialis, assimiletur naturalibus, cum sint materialia. Ergo impossibile videtur quod anima [separata] naturalia cognoscat.

QUESTÃO XVIII

Se a alma separada conhece todas as coisas naturais[382]

E PARECE QUE NÃO.

1. Pois, conforme diz Agostinho,[383] os demônios conhecem muitas coisas pela experiência de longo tempo. Ora, a alma não possui tal experiência logo após haver-se separado do corpo. Portanto, como o demônio é de intelecto mais perspicaz que a alma, pois, como diz Dionísio,[384] os dados naturais lhes permanecem claros e lúcidos, parece que a alma separada não conheceria todos os entes naturais.

2. Ademais, as almas, quando estão unidas aos corpos, não conhecem todas as coisas naturais. Portanto, se conhecem todas as coisas naturais separadas dos corpos, parece que adquiririam tal ciência após a separação. Mas várias almas adquiriram ciência de algumas coisas naturais nesta vida. Logo possuirão, após a separação, ciência dupla destas mesmas coisas: uma adquirida agora, a outra depois. E isto parece impossível, porque duas formas de uma mesma espécie não existem no mesmo sujeito.

3. Ademais, nenhuma virtude finita tem poder sobre entes infinitos. Mas a virtude da alma separada é finita, pois sua essência também o é. Logo, não tem poder sobre os infinitos. Ora, mas os inteligíveis naturais são infinitos, pois o são as espécies dos números, as das figuras e as das proporções. Portanto, a alma separada não conhece todos os entes naturais.

4. Ademais, toda cognição se dá pela assimilação[385] entre o conhecido e o cognoscente. Mas parece impossível que a alma separada, visto que é imaterial, assemelhe-se aos entes naturais, que são materiais. E assim parece impossível que a alma separada conheça entes naturais.

5 Praeterea, intellectus possibilis se habet in ordine intelligibilium sicut materia prima in ordine sensibilium. Sed materia prima secundum unum ordinem non est receptiva nisi unius formae. Ergo cum intellectus possibilis separatus non habeat nisi unum ordinem, cum non trahatur ad diversa per sensus, videtur quod non possit recipere nisi unam formam intelligibilem; et ita non potest cognoscere omnia naturalia, sed unum tantum.

6 Praeterea, ea quae sunt diversarum specierum, non possunt esse uni et eidem similia secundum speciem. Cognitio autem fit per assimilationem speciei. Ergo una anima separata non potest cognoscere omnia naturalia, cum sint specie diversa.

7 Praeterea, si animae separatae cognoscunt omnia naturalia, oportet quod habeant in se formas quae sunt similitudines rerum naturalium. Aut igitur quantum ad genera et species tantum; et sic non cognoscent individua, et per consequens nec omnia naturalia, quia individua maxime videntur esse in natura. Vel etiam quantum ad individua; et sic, cum individua sint infinita, sequitur quod in anima separata sint similitudines infinitae. Quod videtur impossibile. Non igitur anima separata cognoscit omnia naturalia.

8 Sed dicebat, quod in anima separata sunt tantum similitudines generum et specierum; sed applicando eas ad singularia potest singularia cognoscere. Sed contra, intellectus universalem cognitionem, quam habet penes se, non potest applicare nisi ad particularia quae iam novit. Si enim scio quod omnis mula est sterilis, non possum applicare nisi ad hanc mulam quam cognosco. Cognitio enim particularis praecedit naturalem applicationem universalis ad particulare. Non enim applicatio huiusmodi potest esse causa cognitionis particularium. Et sic particularia animae separatae remanebunt ignota.

9 Praeterea, ubicumque est cognitio ibi est aliquis ordo cognoscentis ad cognitum. Sed animae damnatorum non habent aliquem ordinem; dicitur enim Iob X, quod ibi, scilicet in Inferno, *nullus ordo, sed sempiternus horror inhabitat*. Ergo ad minus animae damnatorum non cognoscent naturalia.

10 Praeterea, Augustinus dicit in libro de cura pro mortuis gerenda quod animae mortuorum ea quae hic fiunt, omnino scire non possunt. Naturalia autem sunt quae hic fiunt. Ergo animae mortuorum non habent cognitionem naturalium.

5. Ademais, o intelecto possível está na ordem dos inteligíveis assim como a matéria prima está na ordem dos sensíveis. Ora, mas a matéria prima, segundo [sua] ordem, não é receptiva senão de uma só forma. Portanto, visto que o intelecto possível separado não possuiria senão uma só ordem – uma vez que os sentidos não o levariam a coisas diversas –, parece que ele não poderia receber senão uma só forma inteligível. E assim não pode ele conhecer todas as coisas naturais, mas uma apenas.

6. Ademais, coisas de espécies diversas não podem ser semelhantes a um só e mesmo ente segundo a espécie. Mas a cognição faz-se mediante a assimilação da espécie. Logo, uma só alma separada não pode conhecer todas as coisas naturais, pois elas são de espécies diversas.

7. Se as almas separadas conhecem todas as coisas naturais, é necessário que possuam em si as formas que são semelhanças das coisas naturais. Portanto, ou isto se dá apenas quanto aos gêneros e espécies – e assim não conhecem os indivíduos e, por consequência, todos os entes naturais, pois são os indivíduos o que com mais razão se diz existir na natureza –, ou isto se dá também quanto aos indivíduos; neste caso, visto que os indivíduos são infinitos,[386] ocorre que haverá na alma separada infinitas semelhanças, o que parece impossível. Portanto, a alma separada não conhece todas as coisas naturais.

8. Poder-se-ia dizer, porém, que na alma separada há apenas as semelhanças dos gêneros e espécies, e que por aplicação destas aos singulares a alma pode conhecê-los. Mas em sentido contrário: o intelecto não pode aplicar a cognição universal que possui consigo senão aos particulares que já conhece; ora, se sei que toda mula é estéril, não posso aplicar [tal conhecimento] senão a esta mula que conheço, porque a cognição do particular precede naturalmente a aplicação do universal ao particular. Assim, tal aplicação não pode ser causa da cognição de particulares. Portanto, os particulares permanecerão desconhecidos para a alma separada.

9. Ademais, onde quer que haja cognição, ali há alguma ordenação do cognoscente ao conhecido. Mas as almas dos condenados não possuem nenhuma ordem; pois se diz em Jó X que lá, no inferno, não há nenhuma ordem, senão que nele habita o eterno horror. Logo, ao menos as almas dos condenados não conhecem as coisas naturais.

10. Ademais, diz Agostinho, no livro *Sobre o Cuidado Que Se Deve Ter com os Mortos*,[387] que as almas dos mortos encontram-se onde absolutamente não podem saber das coisas que ocorrem aqui. Ora, dão-se aqui as coisas naturais. Logo, as almas dos mortos não têm conhecimento das coisas naturais.

11 Praeterea, omne quod est in potentia, reducitur in actum per id quod est in actu. Manifestum est autem quod anima humana quamdiu est corpori unita, est in potentia respectu vel omnium, vel plurimorum quae naturaliter sciri possunt; non enim omnia scit actu. Ergo si post separationem scit omnia naturalia, oportet quod per aliquid reducatur in actum. Hoc autem non videtur esse nisi intellectus agens, quo est omnia facere. Sed per intellectum agentem non potest reduci in actum omnium intelligibilium, quae non intellexit. Comparat enim philosophus in III de anima intellectum agentem lumini, phantasmata vero coloribus. Lumen autem non sufficit ad faciendum visum in actu omnium visibilium, nisi et colores adsint. Ergo nec intellectus agens poterit facere intellectum possibilem actu respectu omnium intelligibilium, cum phantasmata adesse non possint animae separatae, cum sint in organis corporeis.

12 Sed dicebat quod non reducitur in actum omnium naturaliter scibilium per intellectum agentem, sed per aliquam superiorem substantiam. Sed contra quandocumque aliquid reducitur in actum per agens extraneum quod non est sui generis, talis reductio non est naturalis. Sicut si aliquod sanabile sanetur per artem vel per virtutem divinam, erit sanatio artificialis et miraculosa; non autem naturalis, nisi quando sanatio fit per principium intrinsecum. Proprium autem agens et connaturale respectu intellectus possibilis humani, est intellectus agens. Si igitur intellectus possibilis reducatur in actum per aliquod superius agens et non per intellectum agentem, non erit cognitio naturalis de qua nunc loquimur. Et sic non aderit omnibus animabus separatis, cum in solis naturalibus omnes animae separatae conveniant.

13 Praeterea, si anima separata reducatur in actum omnium naturaliter intelligibilium, aut hoc erit a Deo, aut ab Angelo. Non autem ab Angelo, ut videtur; quia Angelus non est causa naturae ipsius animae. Unde nec naturalis animae cognitio videtur esse per actionem Angeli. Similiter etiam inconveniens videtur quod animae damnatorum a Deo recipiant tantam perfectionem post mortem ut cognoscant omnia naturalia. Nullo igitur modo videtur quod animae separatae omnia naturalia cognoscant.

11. Ademais, tudo o que está em potência reduz-se ao ato por aquilo que está em ato. Mas é evidente que a alma humana, durante todo o tempo em que está no corpo, ou está em potência com respeito a todas as coisas que podem naturalmente conhecer-se, ou ao menos está em potência com respeito a várias delas; de fato, ela não conhece em ato todas as coisas. Portanto, se após a separação a alma conhece todas as coisas naturais, é forçoso que mediante algo elas se reduzam ao ato. E esse algo não parece ser senão o intelecto agente, pelo qual se fazem [inteligíveis em ato] todas as coisas, como consta do livro III de *Sobre a Alma*.[388] Mas a alma não pode reduzir-se, mediante o intelecto agente, ao ato de todos os inteligíveis que não inteligiu: pois, como o mostra o Filósofo,[389] o intelecto agente compara-se à luz, e os fantasmas às cores. Ora, a luz não basta para produzir a visão em ato de todos os visíveis, a não ser que lhe estejam presentes também as cores. Portanto, tampouco o intelecto agente poderá fazer que o intelecto possível se ponha em ato com respeito a todos os inteligíveis, pois os fantasmas não podem estar presentes à alma separada, uma vez que residem apenas nos órgãos corpóreos.

12. Poder-se-ia dizer, porém, que não é pelo intelecto agente que a alma separada se reduz ao ato de todas as coisas naturalmente cognoscíveis, mas por alguma substância superior. Mas em sentido contrário: sempre que algo se reduz ao ato mediante um agente externo que não é de seu gênero, tal redução não se diz natural. Se alguém que pode ser curado, por exemplo, efetivamente é curado mediante a arte ou o poder divino, tal cura será artificial ou miraculosa, mas não natural – o que se dá somente quando a cura se faz mediante princípio intrínseco. Ora, o agente próprio e conatural ao intelecto possível é o intelecto agente. Portanto, se o intelecto possível for levado ao ato por outro agente superior, tal cognição não será natural, e é dela que agora falamos. Assim, ela não se dará em todas as almas separadas, uma vez que é apenas no âmbito do natural que coincide a totalidade das almas separadas.

13. Ademais, se a alma separada fosse levada ao ato de tudo o que é naturalmente inteligível, ou o faria Deus, ou o anjo. Mas não o faria o anjo, pelo que parece, pois ele não é causa da natureza da própria alma, e por isso tampouco a cognição natural da alma parece dar-se mediante a ação do anjo. E parece igualmente inconveniente que, após a morte, as almas dos condenados recebam de Deus tamanha perfeição, que as faça conhecer todas as coisas naturais. Logo, de nenhum dos modos parece que as almas separadas conheçam todas as coisas naturais.

14 Praeterea, ultima perfectio uniuscuiusque existentis in potentia est ut reducatur in actum, quantum ad omnia secundum quod est in potentia. Sed intellectus possibilis humanus non est in potentia naturali nisi omnium intelligibilium naturalium, id est quae naturali cognitione intelligi possunt. Si ergo anima separata intelligit omnia naturalia, videtur quod omnis substantia separata ex sola separatione habeat ultimam suam perfectionem, quae est felicitas. Frustra igitur sunt alia adminicula ad felicitatem consequendam adhibita, si sola separatio a corpore, hoc animae praestare potest; quod videtur inconveniens.

15 Praeterea, ad scientiam sequitur delectatio. Si igitur animae omnes separatae cognoscunt omnia naturalia, videtur quod animae damnatorum maximo gaudio perfruantur; quod videtur inconveniens.

16 Praeterea, super illud Is., LXIII: *Abraham nescivit nos*, dicit Glossa: *nesciunt mortui, etiam sancti, quid agunt vivi, etiam eorum filii.* Sed ea quae inter vivos hic aguntur, sunt naturalia. Ergo animae separatae non cognoscunt omnia naturalia.

Sed contra.

1 Anima separata intelligit substantias separatas. Sed in substantiis separatis sunt species omnium naturalium. Ergo anima separata cognoscit omnia naturalia.

2 Sed dicebat quod non est necessarium quod qui videt substantiam separatam, videat omnes species in intellectu eius existentes. Sed contra est quod Gregorius dicit: *quid est quod non videant qui videntem omnia vident?* Videntes igitur Deum vident omnia ea quae Deus videt. Ergo eadem ratione et videntes Angelos vident ea quae Angeli vident.

3 Praeterea, anima separata cognoscit substantiam separatam, in quantum est intelligibilis; non enim videt eam visu corporeo. Sed sicut est intelligibilis substantia separata, ita et species in intellectu eius existens. Ergo anima separata non solum intelligit substantiam separatam, sed etiam species intelligibiles in ipsa existentes.

4 Praeterea, intellectum in actu est forma intelligentis, et est unum cum intelligente. Si igitur anima separata intelligit substantiam

14. Ademais: a perfeição última de qualquer coisa que existe em potência é que seja levada ao ato com respeito a tudo aquilo segundo o qual ela existe em potência. Mas o intelecto possível humano não está em potência natural senão com respeito a todos os inteligíveis *naturais*, ou seja, aqueles que ele pode inteligir mediante cognição natural. Portanto, se a alma separada intelige todas as coisas naturais, parece que toda alma separada, apenas pelo fato de separar-se, possui sua perfeição última, que é a felicidade. Logo, seriam vãos os demais auxílios promovidos para alcançar-se a felicidade, se para isso a mera separação do corpo já lhe serve. E isto parece inconveniente.

15. Ademais, ao conhecimento segue-se o deleite. Logo, se todas as almas separadas conhecem todas as coisas naturais, parece que as almas dos condenados desfrutam de enorme alegria; o que é inconveniente.

16. Ademais, consta em Isaías 63,16: "Abraão não nos conheceu", e sobre isto se diz na Glosa:[390] "Desconhecem os mortos (mesmo os santos) aquilo que fazem os vivos, ainda que estes sejam seus filhos". Mas as coisas que aqui se fazem entre os vivos são coisas naturais. Logo, as almas separadas não conhecem todas as coisas naturais.

Mas em sentido contrário:

1. A alma separada intelige as substâncias separadas. Mas nestas residem as espécies de todas as coisas naturais. Logo, a alma separada conhece todas as coisas naturais.

2. Poder-se-ia dizer, porém, que não é necessário que aquele que vê a substância separada veja também todas as espécies que existem em seu intelecto. Mas em sentido contrário, diz Gregório:[391] "o que é que não veriam os que veem aquele que tudo vê?" Portanto, os que veem a Deus veem também tudo o que Ele vê. Ora, pelo mesmo raciocínio, os que veem os anjos também veem tudo o que estes veem.

3. Ademais, a alma separada conhece a substância separada na medida em que esta é inteligível, pois não a vê com visão corpórea. Mas, assim como é inteligível a substância separada, também o é a espécie que reside em seu intelecto. Logo, a alma separada não só intelige a substância separada, mas também as espécies inteligíveis nela existentes.

4. Ademais, o inteligido em ato é forma daquele que intelige, e é com ele uma coisa só. Portanto, se a alma separada intelige a substância separada, que por sua

separatam intelligentem omnia naturalia, videtur quod ipsa omnia naturalia intelligat.

5 Praeterea, quicumque intelligit maiora intelligibilia, intelligit etiam minora, ut dicitur in III de anima. Si igitur anima separata intelligit substantias separatas quae sunt maxime intelligibilia, ut supra dictum est, videtur sequi quod intelligat omnia alia intelligibilia.

6 Praeterea, si aliquid est in potentia ad multa, reducitur in actum quantum ad omnia illa ab activo, quod est actu omnia illa. Sicut materia quae est in potentia calida et sicca, ab igne fit actu calida et sicca. Sed intellectus possibilis animae separatae est in potentia ad omnia intelligibilia. Activum autem a quo recipit influentiam, scilicet substantia separata, est in actu respectu omnium illorum. Ergo vel reducet animam de potentia in actum quantum ad omnia intelligibilia, vel quantum ad nullum. Sed manifestum est quod non quantum ad nullum, quia animae separatae aliqua intelligunt quae etiam hic non intellexerunt. Ergo quantum ad omnia. Sic igitur anima separata intelligit omnia naturalia.

7 Praeterea, Dionysius dicit in V capite de Divin. Nomin. quod superiora in entibus sunt exemplaria inferiorum. Substantiae autem separatae sunt supra res naturales. Ergo sunt exemplaria rerum naturalium. Et ita animae separatae per inspectionem substantiarum separatarum, videtur quod cognoscant omnia naturalia.

8 Praeterea, animae separatae cognoscunt res per formas influxas. Sed formae influxae dicuntur esse formae ordinis universi. Ergo animae separatae cognoscunt totum ordinem universi; et sic cognoscunt omnia naturalia.

9 Praeterea, quidquid est in inferiori natura, totum est in superiori. Sed anima separata est superior rebus naturalibus. Ergo omnia naturalia sunt quodammodo in anima. Sed anima cognoscit seipsam. Ergo cognoscit omnia naturalia.

10 Praeterea, quod narratur Luc. XVI de Lazaro et divite, non est parabola, sed res gesta, ut Gregorius dicit; quod patet per hoc, quod persona per nomen proprium exprimitur. Ibi etiam dicitur, quod dives in Inferno positus Abraham cognovit, quem ante non cognoverat. Ergo, pari ratione, animae separatae, etiam damnatorum, cognoscunt aliqua quae hic non cognoverunt. Et sic videtur quod cognoscant omnia naturalia.

vez intelige todas as coisas naturais, parece que a referida alma separada inteligiria assim as próprias coisas naturais todas.

5. Ademais, quem quer que intelija as coisas maiores, intelige também as menores, como se diz no livro III *Sobre a Alma*.[392] Portanto, se a alma separada intelige as substâncias separadas – as quais são maximamente inteligíveis, como já foi dito[393] –, parece dar-se que ela também intelija todos os demais inteligíveis.

6. Ademais, se algo está em potência a muitas coisas, o agente que as tem todas em ato o perfaz com relação a todas elas: a matéria, por exemplo, que é quente e seca em potência, mediante o fogo faz-se quente e seca em ato. Mas o intelecto possível da alma separada está em potência a todos os inteligíveis; e o agente pelo qual ele recebe influência (ou seja: a substância separada) está em ato com respeito a todos os inteligíveis. Portanto, ou ele reduz a alma da potência ao ato quanto a todos os inteligíveis, ou quanto a nenhum. Mas não quanto a nenhum, porque as almas separadas inteligem ao menos algumas coisas que em vida não haviam inteligido. Logo, ela o faz com respeito a todos. Conclui-se então que a alma separada intelige todas as coisas naturais.

7. Ademais, afirma Dionísio, no Capítulo V de *Sobre os Nomes Divinos*,[394] que os superiores entre os entes são exemplares dos inferiores. Mas as substâncias separadas são superiores às coisas naturais. Logo, são exemplares destas coisas naturais. Assim, parece que as almas separadas, ao inspecionar as substâncias separadas, conhecem todas as coisas naturais.

8. Ademais, as almas separadas conhecem as coisas mediante formas recebidas por influxo. Mas diz-se que estas são as formas da ordem do universo. Logo, as almas separadas conhecem toda a ordem do universo, e assim também todas as coisas naturais.

9. Ademais, o que quer que haja na natureza inferior, está inteiro na superior. Mas a alma separada é superior às coisas naturais. Logo, todas elas estão de certo modo na alma. Mas a alma conhece a si mesma. Portanto, conhece todas as coisas naturais.

10. Ademais, o que se narra em Lucas XVI, acerca do Lázaro e do rico, não é uma parábola, mas um relato, conforme diz Gregório.[395] E isto se vê pelo fato de que a pessoa é interpelada por seu nome próprio. Mas na referida passagem diz-se que o rico posto no inferno conheceu a Abraão, a quem antes não conhecia. Logo, pelo mesmo raciocínio, as almas separadas – mesmo as dos condenados – conhecem coisas que aqui não conheceram; e assim parece que conheceriam todas as coisas naturais.

Respondeo. Dicendum quod anima separata secundum quid intelligit omnia naturalia, sed non simpliciter. Ad cuius evidentiam considerandum est quod, talis est ordo rerum ad invicem, ut quaecumque inveniuntur in inferiori natura, inveniantur excellentius in superiori. Sicut ea quae sunt in istis generabilibus et corruptibilibus sunt nobiliori modo in corporibus caelestibus, sicut in causis universalibus. Calidum enim et frigidum, et alia huiusmodi, sunt in istis inferioribus velut quaedam qualitates particulares et formae; sed in corporibus caelestibus sunt velut quaedam universales virtutes, a quibus derivantur in haec inferiora. Similiter etiam et quaecumque sunt in natura corporali, sunt eminentius in natura intellectuali. Formae enim rerum corporalium in ipsis rebus corporalibus sunt materialiter et particulariter; in ipsis vero substantiis intellectualibus sunt immaterialiter et universaliter. Unde et in Lib. de causis dicitur, quod omnis intelligentia est plena formis. Ulterius autem quaecumque sunt in tota creatura, eminentius sunt in ipso Deo. In creaturis enim sunt formae rerum et naturae multipliciter et divisim, sed in Deo simpliciter et unite.

Et istud esse rerum tripliciter exprimitur. Primo enim dixit Deus: *fiat firmamentum*; per quod intelligitur esse rerum in verbo Dei. Secundo dicitur: *et fecit Deus firmamentum*; per quod intelligitur esse firmamenti in intelligentia angelica. Tertio dicitur: *et factum est ita*; per quod intelligitur esse firmamenti in propria natura, ut Augustinus exponit; et similiter in aliis. Sicut enim a Deo profluxerunt res, ut in propria natura subsisterent, ita ex divina sapientia profluxerunt formae rerum in substantias intellectuales, quibus res intelligerent.

Unde considerandum est quod, eo modo quo aliquid est de perfectione naturae, eo modo ad perfectionem intelligibilem pertinet. Singularia namque non sunt de perfectione naturae propter se, sed propter aliud: scilicet ut in eis salventur species quas natura intendit. Natura enim intendit generare hominem non hunc hominem; nam in quantum homo non potest esse, nisi sit hic homo. Et idem est quod philosophus dicit in libro de animalibus quod in assignandis causis accidentium speciei oportet nos reducere in causam finalem, accidentia vero individui in causam efficientem vel materialem. Quasi solum id quod est in specie, sit de intentione naturae. Unde et cognoscere species

Questão XVIII

RESPONDO. Deve-se dizer que a alma separada intelige todas as coisas naturais não *simpliciter*, mas *secundum quid*. Para tornar evidente este ponto, temos de levar em conta a ordem que há entre as coisas. Esta ordem é tal, que tudo o que se encontra numa natureza inferior encontra-se também na superior, e de modo mais excelente; assim como aquilo que se encontra nestas coisas geráveis e corruptíveis encontra-se de modo mais nobre nos corpos celestes, como que em suas causas universais. O quente, o frio e as demais qualidades deste tipo, por exemplo, existem nas coisas inferiores como certas qualidades e formas particulares; já nos corpos celestes, existem como certas virtudes universais das quais são derivadas nestes entes inferiores.[396] Igualmente, quaisquer coisas que existem na natureza corporal existem de modo mais eminente na natureza intelectual: as formas das coisas corpóreas existem nestas coisas corpóreas de modo material e particular; já nas substâncias separadas, existem de modo imaterial e universal. (Daí que também se diga, no *Livro sobre as Causas*,[397] que toda inteligência é repleta de formas.) E, por fim, qualquer coisa que há na totalidade da criatura encontra-se de modo mais eminente no próprio Deus – pois, nas criaturas, as formas das coisas e da natureza encontram-se de modo múltiplo e dividido; em Deus, encontram-se de modo simples e unidas.

E a este triplo ser das coisas se faz menção no Gênesis I, por nele exprimir-se de três modos a produção das coisas. Pois, como o expõe Agostinho,[398] primeiro disse Deus: "Faça-se o firmamento",[399] o que significa o ser das coisas no Verbo de Deus. Segundo, diz-se: "E fez Deus o firmamento",[400] o que significa o ser do firmamento na inteligência angélica. Terceiro, diz-se: "E assim se fez",[401] o que significa o ser do firmamento na própria natureza. E o mesmo se diz ali acerca das demais coisas. Portanto, assim como as coisas fluíram da divina sapiência para que subsistissem em sua própria natureza, assim também dela fluíram para as substâncias intelectuais as formas das coisas, para que, por meio destas formas, as coisas pudessem ser inteligidas pelas substâncias intelectuais.

Por isso, deve-se considerar que, do mesmo modo pelo qual algo se refere à perfeição da natureza, do mesmo modo pertence à perfeição inteligível. Ora, os singulares não se referem à perfeição da natureza em função de si mesmos, mas em função de outro: de que neles se salvem as espécies que a natureza tem em vista. Pois a natureza tem em vista gerar *o homem*, não *este homem* (exceto na medida em que *o homem* não pode ser senão *este homem*). E é por isso que afirma o Filósofo, no livro *Sobre os Animais*,[402] que, ao designar as causas dos

rerum pertinet ad perfectionem intelligibilem; non autem cognitio individuorum, nisi forte per accidens.

Haec igitur perfectio intelligibilis quamvis omnibus substantiis intellectualibus adsit, non tamen eodem modo. Nam in superioribus sunt formae intelligibiles rerum magis unitae et magis universales; in inferioribus autem magis multiplicantur et sunt minus universales, secundum quod magis recedunt ab uno primo simplici, et appropinquant ad particularitatem rerum. Sed tamen quia in superioribus est potentior vis intellectiva, superiores substantiae in paucis formis universalibus obtinent perfectionem intelligibilem, ut cognoscant naturas rerum usque ad ultimas species. Si autem in substantiis inferioribus essent formae adeo universales sicut sunt in superioribus, cum hoc quod habent inferiorem virtutem intellectivam, non consequerentur ex huiusmodi formis ultimam perfectionem intelligibilem, ut cognoscerent res usque ad indivisibiles species; sed remaneret earum cognitio in quadam universalitate et confusione, quod est cognitionis imperfectae. Manifestum est enim quod, quanto intellectus fuerit efficacior, tanto magis ex paucis potest multa colligere; cuius signum est quod rudibus et tardioribus oportet singulatim exponere, et exempla particularia inducere ad singula.

Manifestum est autem quod anima humana est infima inter omnes intellectuales substantias; unde eius capacitas naturalis est ad recipiendum formas rerum conformiter rebus materialibus. Et ideo anima humana unita est corpori ut ex rebus materialibus species intelligibiles possit recipere secundum intellectum possibilem. Nec est ei maior virtus naturalis ad intelligendum, quam ut secundum huiusmodi formas sic determinatas in cognitione intelligibili perficiatur. Unde et lumen intelligibile quod participat, quod dicitur intellectus agens, hanc operationem habet, ut in huiusmodi species intelligibiles faciat actu.

Quoniam igitur anima est unita corpori, ex ipsa unione corporis habet aspectum ad inferiora, a quibus accipit species intelligibiles proportionatas suae intellectivae virtuti, et sic in scientia perficitur. Sed, cum fuerit a corpore separata, habet aspectum ad superiora tantum, a quibus recipit influentiam specierum intelligibilium universalium. Et, licet minus universaliter recipiantur in ipsa quam sint in substantiis superioribus, tamen non est sibi tanta efficacia virtutis intellectivae, ut per huiusmodi genus specierum

acidentes *da espécie*, é necessário reduzi-las à causa final; já quanto aos acidentes *do indivíduo*, se as reduz à causa eficiente ou material, assim indicando que apenas aquilo que concerne à espécie está na intenção da natureza. Por isso, é também o conhecimento da espécie das coisas o que concerne à perfeição inteligível, e não o conhecimento dos indivíduos (a não ser *per accidens*).

Logo, esta perfeição inteligível, por mais que esteja presente a todas as substâncias intelectuais, não o está do mesmo modo: pois nas superiores são mais unidas e universais as formas inteligíveis das coisas; nas inferiores, mais estas formas se multiplicam e menos universais elas são, na mesma razão em que se afastam do uno primeiro e simples e acercam-se à particularidade das coisas materiais. Entretanto, como nas substâncias superiores é mais potente a capacidade intelectiva, obtém com poucas formas universais a perfeição inteligível para que conheçam as naturezas das coisas até às últimas espécies. Por sua vez, como as substâncias inferiores possuem menor virtude intelectiva, se acaso houvesse nelas formas tão universais quanto as das superiores, não obteriam destas formas a perfeição inteligível última para que conhecessem as coisas até suas espécies indivisíveis – e assim sua cognição permaneceria em certa universalidade e confusão, o que é próprio de uma cognição imperfeita. De fato, é evidente que, quanto mais eficaz é um intelecto, tanto mais pode coligir muitas coisas a partir de poucas; sinal disto é que nas pessoas mais rudes e lentas faz-se necessário expor todas as coisas uma a uma, e dar exemplos particulares de cada.

Ora, é manifesto que a alma humana é a ínfima entre todas as substâncias intelectuais. E por isso está unida a um corpo: para que das coisas materiais possa receber espécies inteligíveis segundo o intelecto possível. Tampouco há nela maior força intelectiva natural do que para aperfeiçoar-se na cognição inteligível segundo formas assim determinadas; e por este motivo a luz inteligível da qual ela participa, chamada intelecto agente, possui esta operação: reduzir ao ato tais espécies inteligíveis.

Enquanto está unida ao corpo, e em virtude desta mesma união, a alma tem seu olhar voltado às coisas inferiores, das quais recebe espécies inteligíveis proporcionadas à sua virtude intelectiva, e assim aperfeiçoa sua ciência. Mas, quando estiver separada, terá seu olhar voltado apenas às coisas superiores, das quais recebe influxo de espécies inteligíveis universais. Mesmo assim, embora sejam nela recebidas de modo menos universal que nas substâncias superiores, não há na alma capacidade intelectiva suficiente para que por espécies inteligíveis deste gênero ela

intelligibilium possit perfectam cognitionem consequi, intelligendo specialiter et determinate unumquodque; sed in quadam universitate et confusione, sicut cognoscuntur res in principiis universalibus. Hanc autem cognitionem acquirunt animae separatae subito per modum influentiae, et non successive per modum instructionis, ut Origenes dicit.

Sic dicendum est igitur, quod animae separatae naturali cognitione in universali cognoscunt omnia naturalia, non autem specialiter unumquodque. De cognitione autem quam habent animae sanctorum per gratiam, alia ratio est; nam secundum illam Angelis adaequantur, prout vident omnia in verbo. Ergo respondendum est ad obiectiones.

1 AD PRIMUM ergo dicendum quod, secundum Augustinum, Daemones tripliciter res cognoscunt. Quaedam per revelationem bonorum Angelorum: quae scilicet sunt supra cognitionem naturalem eorum, sicut mysteria Christi et Ecclesiae, et alia huiusmodi; quaedam vero cognoscunt acumine proprii intellectus; scilicet ea quae sunt naturaliter scibilia; quaedam vero per experientiam longi temporis: scilicet eventus futurorum contingentium in singularibus, quae non per se pertinent ad cognitionem intelligibilem, ut dictum est. Unde de eis ad praesens non agitur.

2 AD SECUNDUM dicendum quod in illis qui scientiam aliquorum naturalium scibilium in hac vita acquisierunt, erit determinata cognitio in speciali eorum quae hic acquisierunt, aliorum vero universalis et confusa. Unde non inutile erit eis scientiam acquisivisse. Nec est inconveniens quod utraque scientia eorumdem scibilium adsit eidem, cum non sint ambae unius rationis.

3 AD TERTIUM dicendum quod ratio illa non pertinet ad propositum, eo quod non ponimus quod anima separata cognoscat omnia naturalia in speciali. Unde non repugnat eius cognitioni infinitas specierum quae est in numeris, figuris et proportionibus. Quia tamen eodem modo posset concludere haec ratio contra cognitionem angelicam, dicendum est, quod species figurarum et numerorum et huiusmodi, non sunt infinitae in actu, sed in potentia tantum. Nec est etiam inconveniens quod virtus substantiae intellectualis finitae ad huiusmodi infinita extendat se; quia virtus intellectiva

consiga uma cognição perfeita (que a faça inteligir especial e determinadamente cada coisa), senão que a realiza em certa universalidade e confusão, como quando se conhecem as coisas apenas em seus princípios gerais. (Tal cognição as almas separadas adquirem subitamente, por modo de influxo, e não sucessivamente, por modo de instrução, como o sustentou Orígenes.)[403]

Portanto, deve-se dizer que, por cognição natural, as almas separadas conhecem *no universal* todas as coisas naturais, mas não especialmente cada uma delas. Já quanto à cognição que possuem as almas dos santos mediante a graça, o raciocínio é outro; pois segundo a graça elas se equiparam aos anjos, na medida em que veem todas as coisas no Verbo.

Há que responder, pois, a ambos os grupos de argumentos:

1. QUANTO AO PRIMEIRO ARGUMENTO, deve-se dizer que, segundo Agostinho,[404] os demônios conhecem por três modos: por revelação dos anjos, conhecem aquelas coisas que estão acima da cognição natural, como os mistérios do Cristo e da Igreja, e similares; pela agudeza de seu próprio intelecto, conhecem aquelas que são naturalmente conhecíveis; já pela experiência de longo tempo, conhecem os eventos futuros contingentes nas coisas singulares, que em verdade não pertencem *per se* à cognição inteligível, como já foi dito; donde não vêm ao caso no momento presente.

2. QUANTO AO SEGUNDO, deve-se dizer que, naqueles que nesta vida adquiriram ciência de algumas coisas naturais cognoscíveis, haverá cognição *in speciali*[405] e determinada destas coisas que aqui se conheceram; já das outras, a terão *in universali* e confusa. Donde não lhes será inútil haver aqui adquirido ciência. Tampouco é inconveniente que ambas as ciências sobre os mesmos cognoscíveis estejam na mesma pessoa, pois não são de mesma razão.

3. QUANTO AO TERCEIRO, deve-se dizer que o argumento não serve ao seu propósito, porque não defendemos que a alma separada conheça todas as coisas naturais *in speciali*; donde não haver inconveniente em que conheça a infinidade das espécies que há nos números, figuras e proporções. Não obstante, visto que tal razão poderia igualmente concluir contra a cognição angélica, deve-se dizer que as espécies das figuras e números (e outras semelhantes) não são infinitas em ato, mas apenas em potência.[406] Logo, tampouco é inconveniente que a virtude da substância intelectual finita estenda-se a infinitos desse tipo, porque também a virtude

est quodammodo infinita, in quantum non est terminata per materiam. Unde et universale cognoscere potest, quod quodammodo est infinitum, in quantum de sui ratione, potentia continet infinita.

4 AD QUARTUM dicendum, quod formae rerum materialium sunt in substantiis immaterialibus immaterialiter. Et sic est assimilatio inter utrumque quantum ad rationes formarum, non quantum ad modum essendi.

5 AD QUINTUM dicendum quod materia prima non se habet ad formas nisi dupliciter: vel in potentia pura, vel in actu puro. Eo quod formae naturales, statim ut sunt in materia, habent operationes suas, nisi sit aliquod impedimentum. Quod ideo est, quia forma naturalis non se habet nisi ad unum; unde statim quod forma ignis est in materia, facit eum moveri sursum. Sed intellectus possibilis se habet ad species intelligibiles tripliciter: quandoque enim se habet in potentia pura, sicut ante addiscere; quandoque autem in actu puro, sicut cum actu considerat; quandoque autem medio modo inter potentiam et actum, sicut cum est scientia in habitu et non in actu. Comparatur igitur forma intellecta ad intellectum possibilem sicut forma naturalis ad materiam primam, prout est intellecta in actu, non prout est habitualiter. Et inde est quod, sicut materia prima simul et semel non informatur nisi una forma, ita intellectus possibilis non intelligit nisi unum intelligibile; potest tamen scire multa habitualiter.

6 AD SEXTUM dicendum quod substantiae cognoscenti potest aliquid assimilari dupliciter. Aut secundum suum esse naturale; et sic non assimilantur diversa secundum speciem, cum ipsa sit unius speciei. Aut secundum esse intelligibile; et sic secundum quod habet diversas species intelligibiles, sic possunt ei assimilari diversa secundum speciem, cum tamen ipsa sit unius speciei.

7 AD SEPTIMUM dicendum quod animae separatae non solum cognoscunt species, sed individua; non tamen omnia, sed aliqua. Et ideo non oportet quod sint in ea species infinitae.

8 AD OCTAVUM dicendum quod applicatio universalis cognitionis ad singularia non est causa cognitionis singularium, sed consequens ad ipsam. Quomodo autem anima separata singularia cognoscat, infra quaeretur.

9 AD NONUM dicendum quod cum bonum consistat in modo, specie et ordine, secundum Augustinum in libro de natura boni, in tantum invenitur in re aliqua de ordine, in quantum invenitur ibi de bono. In damnatis autem

intelectiva é de certo modo infinita, na medida em que não está determinada pela matéria. Por isso pode também conhecer o universal, que é de certa maneira infinito, enquanto na razão de si mesmo contém infinitas coisas em potência.

4. QUANTO AO QUARTO, deve-se dizer que as formas das coisas materiais estão nas substâncias imateriais imaterialmente; e assim há assimilação entre ambas quanto às razões formais, não quanto ao modo de ser.

5. QUANTO AO QUINTO, deve-se dizer que a matéria prima não tem relação com as formas senão de dois modos: ou em potência pura, ou em ato puro; porque as formas naturais, no momento em que estão na matéria, já possuem suas operações, a não ser que haja algum impedimento. Isto se dá porque a forma natural não tem relação senão com algo uno; por isso, no momento em que a forma do fogo está na matéria, faz mover-se para cima. Mas o intelecto possível tem relação com as formas de três modos: às vezes está em potência pura, como está antes do aprendizado; às vezes está em ato puro, como quando a pessoa considera em ato o que aprendeu; e às vezes está de modo intermédio entre a potência e o ato, como quando há aquela ciência habitual, mas não está levada ao ato. Portanto, compara-se a forma intelectiva ao intelecto possível como a forma natural à matéria prima, mas na medida em que está em ato, não ao modo do hábito. E é por isso que, assim como a matéria não acolhe, ao mesmo tempo e de uma só vez, mais que uma só forma, igualmente o intelecto não inteligge senão um só inteligível; mas ele pode conhecer muitos habitualmente.

6. QUANTO AO SEXTO, deve-se dizer que de dois modos pode algo assemelhar-se à substância cognoscente: ou segundo o ser natural, e assim não se lhe assemelham várias coisas distintas em espécie, visto que ela própria é de uma só espécie; ou segundo o ser inteligível, e assim, na medida em que possui várias espécies inteligíveis, podem assimilar-se-lhe diversas coisas distintas em espécie.

7. QUANTO AO SÉTIMO, deve-se dizer que as almas separadas não só conhecem as espécies, mas também os indivíduos. Não todos, mas alguns; por isso não é necessário que haja nela espécies infinitas.

8. QUANTO AO OITAVO, deve-se dizer que a aplicação da cognição universal aos singulares não é causa da cognição destes, mas sua consequência. De que modo a alma separada conhece os singulares, isso investigaremos mais adiante.[407]

9. QUANTO AO NONO, deve-se dizer que, como o bem consiste em modo, espécie e ordem – conforme explica Agostinho em *Sobre a Natureza do Bem*[408] –, o bem se encontrará em algo na medida em que nele houver ordem. Ora, nos condenados

non est bonum gratiae, sed naturae; unde non est ibi ordo gratiae, sed naturae, qui sufficit ad huiusmodi cognitionem.

10 Ad decimum dicendum quod Augustinus loquitur de singularibus quae hic fiunt, de quibus dictum est quod non pertinent ad cognitionem intelligibilem.

11 Ad undecimum dicendum quod intellectus possibilis non potest reduci in actum cognitionis omnium naturalium per lumen solum intellectus agentis, sed per aliquam superiorem substantiam, cui actu adest cognitio omnium naturalium. Et si quis recte consideret, intellectus agens, secundum ea quae philosophus de ipso tradit, non est activum respectu intellectus possibilis directe: sed magis respectu phantasmatum, quae facit intelligibilia actu, per quae intellectus possibilis reducitur in actum quando aspectus eius inclinatur ad inferiora ex unione corporis. Et eadem ratione quando aspectus eius est ad superiora post separationem a corpore, fit in actu per species actu intelligibiles quae sunt in substantiis superioribus, quasi per agens proprium. Et sic talis cognitio est naturalis.

12 Unde patet solutio ad duodecimum.

13 Ad decimumtertium dicendum quod huiusmodi perfectionem recipiunt animae separatae a Deo mediantibus Angelis. Licet enim substantia animae creetur a Deo immediate, tamen perfectiones intelligibiles proveniunt a Deo mediantibus Angelis, non solum naturales, sed etiam quae ad mysteria gratiarum pertinent, ut patet per Dionysium cap. IV Cael. hierarchiae.

14 Ad decimumquartum dicendum quod anima separata, habens universalem cognitionem scibilium naturalium, non est perfecte reducta in actum; quia cognoscere aliquid in universali, est cognoscere imperfecte et in potentia. Unde non attingit ad felicitatem etiam naturalem. Unde non sequitur quod alia auxilia, quibus pervenitur ad felicitatem, sint superflua.

15 Ad decimumquintum dicendum quod damnati de hoc ipso bono cognitionis quod habent, tristantur, in quantum cognoscunt se destitutos esse summo bono, ad quod per alia bona ordinabantur.

16 Ad decimumsextum dicendum quod Glossa illa loquitur de particularibus, quae non pertinent ad perfectionem intelligibilem, ut dictum est.

não há o bem da graça, mas apenas o da natureza; por isso não há neles a ordem da graça, mas sim a da natureza, que no entanto basta para esse modo de cognição.

10. QUANTO AO DÉCIMO, deve-se dizer que Agostinho se refere aos singulares que aqui se dão, acerca dos quais já mencionamos que não pertencem à cognição inteligível.

11. QUANTO AO DÉCIMO PRIMEIRO, deve-se dizer que o intelecto possível não pode reduzir-se ao ato da cognição de todas as coisas naturais apenas mediante a luz do intelecto agente, mas mediante alguma substância superior, na qual reside em ato a cognição de todas as coisas naturais. E, se consideramos o tema corretamente, o intelecto agente (conforme nos ensina o Filósofo) não é ativo com respeito ao intelecto possível diretamente, mas antes com respeito aos fantasmas que ele torna inteligíveis em ato, pelos quais o intelecto possível se reduz ao ato quando seu olhar está voltado aos entes inferiores devido à união com o corpo. E, pela mesma razão, quando seu olhar se volta às coisas superiores devido à separação do corpo, é levado ao ato – como que por seu agente próprio – mediante espécies inteligíveis em ato que há nas substâncias superiores. E por isso é natural este modo de cognição.

12. Donde se evidencia a solução para O DÉCIMO SEGUNDO.

13. QUANTO AO DÉCIMO TERCEIRO, deve-se dizer que tal perfeição as almas separadas recebem de Deus mediante as substâncias separadas. Pois, embora as almas separadas sejam criadas por Deus imediatamente, as perfeições inteligíveis provêm de Deus à alma mediante os anjos; e não só as naturais, mas também aquelas perfeições referentes aos mistérios da graça, como ensina Dionísio no quarto capítulo da *Hierarquia Celeste*.[409]

14. QUANTO AO DÉCIMO QUARTO, deve-se dizer que a alma separada, que possui conhecimento universal dos cognoscíveis naturais, não está perfeitamente reduzida ao ato, pois conhecer algo *in universali* é conhecer em potência; por isso ela tampouco alcança a felicidade natural. E assim não se segue que sejam supérfluos os demais auxílios pelos quais se alcança a felicidade.

15. QUANTO AO DÉCIMO QUINTO, deve-se dizer que os condenados sofrem com o próprio bem da cognição que possuem, na medida em que conhecem estar destituídos do sumo bem, para o qual estavam ordenados mediante os demais bens.

16. QUANTO AO DÉCIMO SEXTO, deve-se dizer que ali a Glosa se refere aos particulares, que não pertencem à cognição inteligível, como foi dito.

ad s. c. 1 AD PRIMUM vero in contrarium dicendum quod anima separata non perfecte comprehendit substantiam separatam; et ideo non oportet quod cognoscat omnia quae in ipsa sunt per similitudinem.

ad s. c. 2 AD SECUNDUM dicendum quod verbum Gregorii veritatem habet quantum ad cognitionem obiecti intelligibilis, quod est Deus; quod, quantum est de se, repraesentat omnia intelligibilia. Non tamen necesse est quod quicumque videt Deum, sciat omnia quae ipse scit; nisi comprehendat ipsum, sicut ipse seipsum comprehendit.

ad s. c. 3 AD TERTIUM dicendum quod species quae sunt in intellectu Angeli, sunt intelligibiles intellectui eius cuius sunt formae, non tamen intellectui animae separatae.

ad s. c. 4 AD QUARTUM dicendum quod, licet intellectum sit forma substantiae intelligentis, non tamen oportet quod anima separata intelligens substantiam separatam, intelligat intellectum eius; quia non comprehendit ipsam.

ad s. c. 5 AD QUINTUM dicendum quod, licet anima separata aliquo modo cognoscat substantias separatas, non tamen oportet quod alia omnia cognoscat perfecte; quia nec ipsas substantias separatas perfecte cognoscit.

ad s. c. 6 AD SEXTUM dicendum quod anima separata reducitur a superiore substantia in actum omnium intelligibilium naturalium, non perfecte sed universaliter, ut dictum est.

ad s. c. 7 AD SEPTIMUM dicendum quod, licet substantiae separatae sint quodammodo exemplaria omnium rerum naturalium, non tamen sequitur quod, eis cognitis, omnia cognoscantur; nisi perfecte comprehenderentur ipsae substantiae separatae.

ad s. c. 8 AD OCTAVUM dicendum quod anima separata cognoscit per formas influxas, quae tamen non sunt formae ordinis universi in speciali sicut in substantiis superioribus, sed in generali tantum, ut dictum est.

ad s. c. 9 AD NONUM dicendum quod res naturales sunt quodammodo in substantiis separatis et in anima: sed in substantiis separatis in actu, in anima vero in potentia ad omnes formas naturales intelligendas.

ad s. c. 10 AD DECIMUM dicendum quod anima Abraham erat substantia separata; unde et anima divitis poterat eam cognoscere, sicut et alias substantias separatas.

QUESTÃO XVIII

1. QUANTO AO PRIMEIRO DOS ARGUMENTOS EM CONTRÁRIO, deve-se dizer que a alma separada não compreende perfeitamente a substância separada; e por isso não é necessário que conheça tudo o que nela reside ao modo de semelhança.

2. QUANTO AO SEGUNDO, deve-se dizer que as palavras de Gregório são verdadeiras quanto à virtude daquele objeto inteligível que é Deus, que de sua parte representa todos os inteligíveis. Mas não é necessário que qualquer um que veja a Deus saiba tudo o que Ele sabe, exceto se O compreendesse tão bem quanto Ele próprio Se compreende.

3. QUANTO AO TERCEIRO, deve-se dizer que as espécies que há no intelecto do anjo são inteligíveis ao intelecto do qual são formas, mas não ao intelecto da alma separada.[410]

4. QUANTO AO QUARTO, deve-se dizer que, embora o inteligido seja forma da substância inteligente, não é necessário que a alma separada, ao inteligir a substância separada, inteliga o seu inteligido – uma vez que aquela não compreende[411] a esta.

5. QUANTO AO QUINTO, deve-se dizer que, embora a alma separada de certo modo conheça as substâncias separadas, não se segue que conheça todas as outras coisas perfeitamente, pois ela tampouco conhece perfeitamente as substâncias separadas.

6. QUANTO AO SEXTO, deve-se dizer que a alma separada é levada, pela substância superior, ao ato de todos os inteligíveis naturais; mas não perfeitamente, e sim universalmente, como foi dito.

7. QUANTO AO SÉTIMO, deve-se dizer que, embora as substâncias separadas sejam, de certo modo, exemplares de todas as coisas naturais, disto não se segue que, conhecendo-as, tudo seja conhecido, salvo se as substâncias separadas fossem perfeitamente compreendidas.

8. QUANTO AO OITAVO, deve-se dizer que a alma separada compreende por formas recebidas por influxo, que não obstante não são formas da ordem do universo *in speciali* como nas substâncias separadas, mas apenas *in universali*, como foi dito.

9. QUANTO AO NONO, deve-se dizer que as coisas naturais residem, de certo modo, tanto nas substâncias separadas quanto na alma. Mas naquelas encontram-se em ato; nesta encontram-se em potência (na medida em que a alma está em potência para inteligir todas as formas naturais).

10. QUANTO AO DÉCIMO, deve-se dizer que a alma de Abraão era uma substância separada; por isso a alma do rico podia conhecê-la, assim como às demais substâncias separadas.[412]

QUAESTIO XIX

Decimonono quaeritur utrum potentiae sensitivae remaneant in anima separata

Et videtur quod sic.

1 Quia potentiae animae vel essentialiter insunt ei, vel sunt proprietates naturales eius. Sed nec essentialia possunt separari a re, dum ipsa res manet, neque proprietates naturales eius. Ergo in anima separata manent potentiae sensitivae.

2 Sed dicebat quod remanent in ea ut in radice. Sed contra, esse in aliquo ut in radice est esse in eo ut in potentia; quod est esse in aliquo virtute et non actu. Essentialia autem rei et proprietates naturales eius oportet quod sint in re actu, et non virtute tantum. Ergo potentiae sensitivae non remanent in anima separata solum ut in radice.

3 Praeterea, Augustinus dicit in libro de spiritu et anima, quod anima, recedens a corpore trahit secum sensum et imaginationem, concupiscibilem et irascibilem, quae sunt in parte sensitiva. Ergo potentiae sensitivae remanent in anima separata.

4 Praeterea, totum non est integrum cui desunt aliquae partes eius. Sed potentiae sensitivae sunt partes animae. Si igitur non essent in anima separata, anima separata non esset integra.

5 Praeterea, sicut est homo per rationem et intellectum, ita est animal per sensum; nam rationale est differentia hominis constitutiva, et sensibile est differentia constitutiva animalis. Si ergo non est idem sensus non erit idem animal. Sed si potentiae sensitivae non remanent in anima separata, non erit idem sensus in homine resurgente qui modo est; quia, quod in nihilum cedit, non potest resumi idem numero. Ergo

QUESTÃO XIX

Se as potências sensitivas permanecem na alma separada[413]

E PARECE QUE SIM.

1. Pois as potências da alma ou lhe são inerentes essencialmente ou são propriedades naturais dela. Ora, as coisas essenciais a uma coisa não podem separar-se dela enquanto ela permanece, e tampouco as propriedades naturais dela. Logo, permanecem na alma separada as potências sensitivas.

2. Poder-se-ia dizer, porém, que permanecem nela apenas como em sua raiz. Mas em sentido contrário: existir em algo como em sua raiz é existir nele apenas em potência, porque equivale a existir em algo virtualmente, não em ato. Ora, é necessário que o essencial de uma coisa e as propriedades naturais desta coisa existam nela em ato e não apenas virtualmente. Logo, as potências sensitivas não permanecem na alma apenas como em sua raiz.

3. Ademais, diz Agostinho em *Sobre o Espírito e a Alma* que a alma se separa do corpo levando consigo a sensação, a imaginação, o concupiscível e o irascível, que ficam na parte sensitiva. Logo, as potências sensitivas permanecem na alma separada.

4. Não está completo o todo ao qual faltam algumas de suas partes. Ora, as potências sensitivas são partes da alma. Logo, se não estivessem na alma separada, a alma separada não estaria completa.

5. Assim como o homem é homem pela razão e pelo intelecto, assim também o animal é animal pelos sentidos; pois "racional" é diferença constitutiva do homem, e "sensível" é diferença constitutiva do animal. Por conseguinte, se desaparecem estes mesmos sentidos, desaparece este mesmo animal. Ora, se as potências sensitivas não permanecem na alma separada, tem-se que, quando o

homo resurgens non erit idem animal, et sic neque idem homo; quod est contra id quod dicitur Iob XIX: *quem visurus sum ego ipse, et oculi mei conspecturi sunt.*

6 Praeterea, Augustinus dicit, XII super Gen. ad Litter., quod poenae quas in Inferno animae patiuntur, sunt similes visis dormientium, id est secundum similitudines corporalium rerum. Sed huiusmodi visa dormientium sunt secundum imaginationem, quae pertinet ad partem sensitivam. Ergo potentiae sensitivae sunt in anima separata.

7 Praeterea, manifestum est quod gaudium est in concupiscibili, et ira in irascibili. Sed in animabus separatis bonorum est gaudium, et in animabus malorum est dolor et ira; est enim ibi fletus et stridor dentium. Ergo, cum concupiscibilis et irascibilis sint in parte sensitiva, ut philosophus dicit in III de anima, videtur quod potentiae sensitivae sint in anima separata.

8 Praeterea, Dionysius dicit quod malum Daemonis est furor irrationalis, concupiscentia amens, et phantasia proterva. Sed haec pertinent ad potentias sensitivas. Ergo potentiae sensitivae sunt in Daemonibus; multo ergo magis in anima separata.

9 Praeterea, Augustinus dicit super Gen. ad Litt. quod anima quaedam sentit sine corpore, scilicet gaudium et tristitiam. Sed quod convenit animae sine corpore, est in anima separata. Ergo sensus est in anima separata.

10 Praeterea, in libro de causis dicitur quod in omni anima sunt res sensibiles. Sed res sensibiles per hoc sentiuntur, quia sunt in anima. Ergo anima separata sentit res sensibiles; et ita est in ea sensus.

11 Praeterea, Gregorius dicit quod id quod dominus narrat Lucae XVI de divite epulone, non est parabola, sed gesta. Dicitur autem ibi, quod dives in Inferno positus, nec dubium quin secundum animam separatam, vidit Lazarum, et audivit Abraham sibi loquentem. Ergo anima separata vidit et audivit; et sic est in ea sensus.

12 Praeterea, eorum quae sunt idem secundum esse vel secundum substantiam, unum non potest esse sine altero. Sed anima sensibilis et rationalis in homine sunt idem secundum esse et secundum substantiam. Ergo non potest esse quin sensus remaneat in anima rationali separata.

homem ressuscitar, seus sentidos não serão os mesmos que os que ele agora tem; pois aquilo que recai no nada não pode voltar a existir como numericamente o mesmo. Logo, o homem que ressuscitar não será o mesmo animal, e deste modo tampouco o mesmo homem que agora existe, o que é contrário ao que dito em Jó 19,27: "Eu mesmo o contemplarei, meus olhos o verão".

6. Ademais, diz Agostinho no livro XII de seu *Comentário Literal ao Gênesis*[414] que as penas que as almas padecem no inferno são semelhantes às coisas vistas pelos que dormem, ou seja, segundo a semelhança das coisas corporais. Ora, essas coisas vistas pelos que dormem derivam da imaginação, que pertence à parte sensitiva. Logo, as potências sensitivas existem na alma separada.

7. Ademais, é patente que o deleite reside no concupiscível, e a ira no irascível. Ora, nas almas separadas dos bons há deleite, enquanto nas almas dos maus há dor e ira (pois nelas há choro e ranger de dentes). Logo, uma vez que o concupiscível e o irascível residem na parte sensitiva, como diz o Filósofo no livro III *Sobre a Alma*,[415] parece que há potências sensitivas na alma separada.

8. Ademais, diz Dionísio no capítulo IV de *Sobre os Nomes Divinos*[416] que o mal do demônio reside em seu furor irracional, em sua concupiscência demente e em sua fantasia perversa. Ora, essas coisas pertencem às potências sensitivas. Logo, as potências sensitivas existem nos demônios, e com maior razão nas almas separadas.

9. Ademais, diz Agostinho em seu *Comentário Literal ao Gênesis*[417] que a alma sente algumas coisas sem o corpo, como o deleite e a tristeza. Ora, o que está na alma sem corpo está na alma separada. Logo, há sentido na alma separada.

10. Ademais, no *Livro sobre as Causas*[418] se diz que em toda alma existem coisas sensíveis. Ora, as coisas sensíveis são sentidas porque estão na alma. Logo, a alma separada sente coisas sensíveis, razão por que existe nela o sentido.

11. Ademais, diz Gregório[419] que o narrado pelo Senhor em Lucas 16, acerca do rico Epulão, não é uma parábola, mas um relato. Mas ali se diz que, estando no inferno o rico, ou seja, sua alma separada, Lázaro viu e também ouviu Abraão falar àquele. Logo, sua alma separada viu e ouviu, razão por que existem nela sentidos.

12. Ademais, nas coisas idênticas segundo o ser ou segundo a substância, uma delas não pode existir sem a outra. Ora, no homem a alma sensitiva e a racional são idênticas segundo o ser e a substância.[420] Logo, não pode suceder que os sentidos não permaneçam na alma racional separada.

13 Praeterea, quod cedit in nihil non resumitur idem numero. Sed si potentiae sensitivae non manent in anima separata, oportet quod cedant in nihilum. Ergo in resurrectione non erunt eaedem numero. Et sic, cum potentiae sensitivae sint actus organorum, neque organa erunt eadem numero, neque totus homo erit idem numero; quod est inconveniens.

14 Praeterea, praemium et poena respondet merito et demerito. Sed meritum et demeritum hominis consistit, ut plurimum, in actibus sensitivarum potentiarum, dum vel passiones sequimur vel eas refrenamus. Ergo iustitia videtur exigere quod actus sensitivarum potentiarum sint in animabus separatis, quae praemiantur vel puniuntur.

15 Praeterea, potentia nihil est aliud quam principium actionis vel passionis. Anima autem est principium operationum sensitivarum. Ergo potentiae sensitivae sunt in anima sicut in subiecto. Et ita non potest esse quin remaneant in anima separata; cum accidentia contrarietate carentia non corrumpantur nisi per corruptionem subiecti.

16 Praeterea, memoria est in parte sensitiva secundum philosophum. Sed memoria est in anima separata; quod patet per hoc quod dicitur diviti epuloni per Abraham, Luc. cap. XVI: *recordare quia recepisti bona in vita tua*. Ergo potentiae sensitivae sunt in anima separata.

17 Praeterea, virtutes et vitia remanent in animabus separatis. Sed quaedam virtutes et vitia sunt in parte sensitiva: dicit enim philosophus in III Ethic., quod temperantia et fortitudo sunt irrationabilium partium. Ergo potentiae sensitivae manent in anima separata.

18 Praeterea, de mortuis qui resuscitati dicuntur, legitur in plerisque historiis sanctorum, quod quaedam imaginabilia se vidisse recitaverunt: puta domos, campos, flumina, et huiusmodi. Ergo animae separatae imaginatione utuntur, quae est in parte sensitiva.

19 Praeterea, sensus iuvat cognitionem intellectivam; nam cui deficit unus sensus deficit una scientia. Sed cognitio intellectiva perfectior erit in anima separata quam in anima coniuncta corpori. Ergo magis aderit ei sensus.

20 Praeterea, philosophus dicit in I de anima quod, si senex accipiat oculum iuvenis, videbit utique sicut et iuvenis. Ex quo videtur

13. Ademais, o que recai no nada não pode voltar a existir como numericamente o mesmo. Mas, se as potências sensitivas não permanecem na alma separada, é necessário que recaiam no nada. Logo, com a ressurreição, não serão as mesmas numericamente. E, como as potências sensitivas são atos dos órgãos, nem os órgãos serão numericamente os mesmos nem o homem todo será o mesmo numericamente; o que é inadmissível.

14. Ademais, prêmio e pena correspondem ao mérito e ao demérito, respectivamente. Mas o mérito e o demérito do homem consistem, na maioria das vezes, em atos das potências sensitivas, na medida em que seguimos nossas paixões ou as refreamos. Logo, a justiça parece exigir que os atos das potências sensitivas existam nas almas separadas, que são premiadas ou castigadas.

15. Ademais, as potências não são senão princípios de ação ou paixão. Ora, a alma é princípio de operações sensitivas. Logo, as potências sensitivas estão na alma como em seu sujeito. Assim, não pode suceder que não permaneçam na alma separada, dado que os acidentes isentos de contrariedade não se corrompem senão pela corrupção de seu sujeito.

16. Ademais, segundo o Filósofo,[421] a memória reside na parte sensitiva. Mas a memória permanece na alma separada, o que é evidente pelo que diz Abraão ao rico em Lucas 16,25: "Lembra-te de que recebeste teus bens em vida". Logo, as potências sensitivas permanecem na alma separada.

17. Ademais, virtudes e vícios permanecem nas almas separadas. Mas há algumas virtudes e vícios na parte sensitiva: pois diz o Filósofo no livro III da *Ética*[422] que a temperança e a fortaleza pertencem à parte irracional da alma. Logo, as potências sensitivas permanecem na alma separada.

18. Ademais, dos mortos que se diz terem revivido, lê-se, na maioria das histórias dos santos, que estes relatavam haver visto certos entes que movem a imaginação, como casas, campos, rios e coisas do tipo. Logo, as almas separadas se servem da imaginação, que reside na parte sensitiva.

19. Ademais, o sentido é auxiliar do conhecimento intelectual; pois àquele que falha um sentido falta um tipo de conhecimento. Ora, o conhecimento intelectual será mais perfeito na alma separada do que na alma unida ao corpo. Logo, com maior necessidade estará presente na primeira o sentido.

20. Ademais, diz o Filósofo no livro I *Sobre a Alma*[423] que, se um ancião recebesse os olhos de um jovem, veria como o jovem. Donde se depreende que, ao se

quod debilitatis organis non debilitantur potentiae sensitivae. Ergo nec destructis, destruuntur. Et sic videtur quod potentiae sensitivae remanent in anima separata.

SED CONTRA.

1 Est quod philosophus dicit in [II] de anima, de intellectu loquens, quod hoc solum separatur sicut perpetuum a corruptibili. Ergo potentiae sensitivae non remanent in anima separata.

2 Praeterea, philosophus dicit, in XVI libro de animalibus, quod quarum potentiarum operationes non sunt sine corpore, neque ipsae potentiae sunt sine corpore. Sed operationes potentiarum sensitivarum non sunt sine corpore: exercentur enim per organa corporalia. Ergo potentiae sensitivae non sunt sine corpore.

3 Praeterea, Damascenus dicit quod nulla res destituitur propria operatione. Si ergo potentiae sensitivae remanerent in anima separata haberent proprias operationes; quod est impossibile.

4 Praeterea, frustra est potentia quae non reducitur ad actum. Nihil autem est frustra in operationibus Dei. Ergo potentiae sensitivae non manent in anima separata, in qua non possunt reduci ad actum.

RESPONDEO. Dicendum quod potentiae animae non sunt de essentia animae, sed sunt proprietates naturales quae fluunt ab essentia eius, ut ex prioribus quaestionibus haberi potest. Accidens autem dupliciter corrumpitur: uno modo a suo contrario, sicut frigidum corrumpitur a calido; alio modo per corruptionem sui subiecti. Non enim accidens remanere potest corrupto subiecto. Quaecumque igitur accidentia seu formae contrarium non habent, non destruuntur nisi per destructionem subiecti. Manifestum est autem quod potentiis animae nihil est contrarium; et ideo, si corrumpantur, non corrumpuntur nisi per corruptionem sui subiecti. Ad investigandum igitur utrum potentiae sensitivae corrumpantur corrupto corpore vel remaneant in anima separata, principium investigationis oportet accipere, ut consideremus quid sit subiectum potentiarum praedictarum.

debilitarem os órgãos, não se debilitam as potências sensitivas. Logo, tampouco ao se destruírem aqueles se destroem estas. Assim, parece que as potências sensitivas permanecem na alma separada.

Mas em sentido contrário:

1. Tem-se o que diz o Filósofo no livro II *Sobre a Alma*[424] ao tratar do intelecto: que só este se separa, tal como o perpétuo se separa do corruptível. Logo, as potências sensitivas não permanecem na alma separada.

2. Ademais, diz o Filósofo em sua obra *Sobre os Animais*[425] que as operações que não podem prescindir do corpo provêm de potências que tampouco podem prescindir do corpo. Ora, as operações das potências sensitivas não podem prescindir do corpo, pois são executadas mediante órgãos corporais. Logo, as potências sensitivas não podem prescindir do corpo.

3. Ademais, diz Damasceno[426] que nenhuma coisa é privada de sua operação própria. Logo, se as potências sensitivas permanecessem na alma separada, teriam suas operações próprias; o que é impossível.

4. Ademais, é vã uma potência que não se reduz ao ato. Mas nada é vão nas operações de Deus. Logo, as potências sensitivas não permanecem na alma separada, porque nela não podem reduzir-se ao ato.

Respondo. Deve-se dizer que as potências da alma não são a essência da alma, mas propriedades naturais que emanam de sua essência, como já se disse em questões anteriores.[427] Mas um acidente se corrompe de dois modos: de um modo, por seu contrário (tal como o frio se corrompe pelo quente); de outro modo, por corrupção de seu sujeito (pois um acidente não pode permanecer estando corrompido seu sujeito). Portanto, quaisquer acidentes ou formas que não tenham contrário só serão destruídos mediante a destruição de seu sujeito. Ora, mas é manifesto que nada há de contrário às potências da alma; portanto, caso se corrompam, isso só se dá por corrupção de seu sujeito. Por conseguinte, para investigar se as potências sensitivas se corrompem uma vez corrompido o corpo, ou se permanecem na alma separada, é preciso que consideremos como princípio da investigação qual é o sujeito das referidas potências.

Manifestum est autem quod subiectum potentiae oportet esse id quod secundum potentiam dicitur potens: nam omne accidens suum subiectum denominat. Idem autem est quod potest agere vel pati, et quod est agens vel patiens; unde oportet ut illud sit subiectum potentiae quod est subiectum actionis vel passionis, cuius potentia est principium. Et hoc est quod philosophus dicit, in libro de somno et vigilia quod cuius est potentia eius est actio.

Circa operationes autem sensuum diversa fuit opinio. Plato enim posuit quod anima sensitiva per se haberet propriam operationem: posuit enim quod anima, etiam sensitiva, est movens seipsam et quod non movet corpus nisi prout est a se mota. Sic igitur in sentiendo est duplex operatio: una qua anima movet seipsam, alia qua movet corpus. Unde Platonici definiunt quod sensus est motus animae per corpus. Unde et propter hoc quidam huiusmodi positionis sectatores distinguunt duplices operationes partis sensitivae: quasdam scilicet interiores, quibus anima sentit, secundum quod seipsam movet; quasdam exteriores, secundum quod movet corpus. Dicunt etiam quod sunt duplices potentiae sensitivae. Quaedam quae sunt in ipsa anima principium interiorum actuum; et istae manent in anima separata, corpore destructo cum suis actibus. Quaedam vero sunt principia exteriorum actuum; quae sunt in anima simul et corpore, et pereunte corpore, pereunt.

Sed haec positio stare non potest. Manifestum est enim quod unumquodque secundum hoc operatur secundum quod est ens; unde quae per se habent esse, per se operantur, sicut individua substantiarum. Formae autem quae per se non possunt esse, sed dicuntur entia in quantum eis aliquid est, non habent per se operationem, sed dicuntur operari in quantum per eas subiecta operantur. Sicut enim calor non est id quod est, sed est id quo aliquid est calidum; ita non calefacit, sed est id quo calidum calefacit. Si igitur anima sensitiva haberet per se operationem, sequeretur quod haberet per se subsistentiam, et sic non corrumperetur corrupto corpore. Unde etiam brutorum animae essent immortales; quod est impossibile. Et tamen Plato hoc dicitur concessisse.

Manifestum est igitur quod nulla operatio partis sensitivae potest esse animae tantum ut operetur; sed est compositi per animam, sicut

Evidentemente, é preciso que o sujeito de uma potência seja aquilo que, conforme à potência, se diz potente: pois todo acidente denomina seu sujeito. Pois bem, aquilo que pode agir ou padecer é o mesmo que o agente ou o paciente. Portanto, é preciso que o sujeito da potência seja aquilo que é sujeito da ação ou da paixão, das quais essa potência é princípio. Por isso diz o Filósofo em *Sobre o Sonho e a Vigília*[428] que a tal potência, tal ação.

Já acerca das operações dos sentidos, houve diversidade de opinião. Pois Platão[429] propôs que a alma sensitiva tivesse por si a sua operação própria. Defendia que a alma, incluída a sensitiva, se move a si mesma, e que não move o corpo senão conforme ela é movida por si mesma. Assim, no sentir haveria uma dupla operação: uma pela qual a alma se move a si mesma, e outra pela qual move o corpo. Por esta razão, os platônicos definem a sensação como o movimento da alma através do corpo. E por isso alguns partidários desta posição distinguem dois tipos de operações na parte sensitiva: a saber, umas interiores, com que a alma sente segundo se move a si mesma, e outras exteriores, segundo move o corpo. E dizem também que são duas as classes de potências sensitivas: umas que na alma mesma são princípio de seus atos interiores (e estas, destruído o corpo, permanecem na alma separada junto com seus atos) e outras que são princípio de seus atos exteriores, que existem simultaneamente na alma e no corpo (e, ao perecer este, também perecem tais potências).

Mas esta posição não pode sustentar-se. De fato, é patente que cada coisa opera na medida em que é ente. De modo que as coisas que têm o ser por si mesmas operam por si mesmas, como os indivíduos substanciais. Já as formas que não podem existir por si mesmas, mas que se chamam entes em virtude de algo que existe nelas, não operam por si mesmas, senão que agem na medida em que seus sujeitos operam por meio delas. Assim como o calor não é o quente, mas aquilo pelo qual um sujeito é quente, assim tampouco é aquilo que esquenta, mas aquilo pelo qual o quente esquenta. Por conseguinte, se a alma sensitiva operasse por si mesma, seguir-se-ia que teria subsistência por si mesma; e por conseguinte não se corromperia uma vez corrompido o corpo. Daí que também as almas dos animais seriam imortais, o que é impossível. (Não obstante, diz-se que Platão concedeu que isto seria verdadeiro.)

Por conseguinte, é patente que nenhuma operação da parte sensitiva pode pertencer apenas à alma como a seu operante, porque é antes uma operação do composto mediante a alma, assim como a ação de esquentar é própria do sujeito

calefactio est calidi per calorem. Compositum igitur est videns et audiens, et omnia sentiens, sed per animam; unde etiam compositum est potens videre et audire et sentire, sed per animam. Manifestum est ergo quod potentiae partis sensitivae sunt in composito sicut in subiecto; sed sunt ab anima sicut a principio. Destructo igitur corpore, destruuntur potentiae sensitivae, sed remanent in anima sicut in principio. Et hoc est quod alia opinio dicit, quod potentiae sensitivae manent in anima separata solum sicut in radice.

1 AD PRIMUM ergo dicendum quod potentiae sensitivae non sunt de essentia animae, sed sunt proprietates naturales: compositi quidem ut subiecti, animae vero ut principii.

2 AD SECUNDUM dicendum quod huiusmodi potentiae dicuntur in anima separata remanere ut in radice, non quia sint actu in ipsa, sed quia anima separata est talis virtutis, ut si uniatur corpori iterum potest causare has potentias in corpore; sicut et vitam.

3 AD TERTIUM dicendum quod illam auctoritatem non oportet nos recipere, cum liber iste falsum habeat auctorem in titulo: non enim est Augustini, sed cuiusdam alterius. Posset tamen illa auctoritas exponi, ut dicatur quod anima trahit secum huiusmodi potentias non actu, sed virtute.

4 AD QUARTUM dicendum quod potentiae animae non sunt partes essentiales, vel integrales, sed potentiales; ita tamen quod quaedam earum insunt animae secundum se, quaedam vero composito.

5 AD QUINTUM dicendum quod sensus dicitur dupliciter. Uno modo ipsa anima sensitiva, quae est huiusmodi potentiarum principium; et sic per sensum animal est animal sicut per propriam formam. Hoc enim modo a sensu sensibile sumitur, prout est differentia constitutiva animalis. Alio modo dicitur sensus ipsa potentia sensitiva, quae, cum sit proprietas naturalis ut dictum est, non est constitutiva speciei, sed consequens speciem. Hoc igitur modo sensus non manet in anima separata, sed sensus primo modo dictus manet. Nam in homine eadem est essentia animae sensibilis et rationalis. Unde nihil prohibet

quente em virtude do calor. Por conseguinte, é antes o composto aquele que tudo vê e ouve e sente, mas em virtude da alma; portanto, é também o composto que pode ver, ouvir e sentir, mas em virtude da alma. Logo, é manifesto que as potências da parte sensitiva existem no composto como em seu sujeito, mas provêm da alma como de seu princípio. Por conseguinte, uma vez destruído o corpo, destroem-se as potências sensitivas, embora permaneçam na alma como em seu princípio. E é isto que diz a outra opinião, a saber, que as potências sensitivas permanecem na alma separada somente como em sua raiz.

1. QUANTO AO PRIMEIRO ARGUMENTO, portanto, deve-se dizer que as potências sensitivas não são a essência da alma, mas propriedades naturais: do composto como seu sujeito, mas da alma como seu princípio.

2. QUANTO AO SEGUNDO, deve-se dizer que tais potências permanecem na alma separada como em sua raiz, não porque nela existam em ato, mas porque a alma separada é de tal virtude ou força que, caso se unisse ao corpo novamente, poderia causar tais potências no corpo, assim como também a vida.

3. QUANTO AO TERCEIRO, deve-se dizer que não é necessário que acolhamos a autoridade daquele livro, dado que ele apresenta no título um autor falso: pois não foi escrito por Agostinho, mas por outro autor.[430] No entanto, poder-se-ia defender a autoridade [deste outro] dizendo que a alma leva consigo tais potências não em ato, mas virtualmente.

4. QUANTO AO QUARTO deve-se dizer que as potências da alma não são partes essenciais ou integrais da alma, senão potenciais, mas de modo que algumas inerem diretamente na alma por si mesmas, enquanto outras inerem no composto.

5. QUANTO AO QUINTO, deve-se dizer que "sentido" tem duas acepções. Pela primeira designa-se a própria alma sensitiva, que é princípio das correspondentes potências; e assim o animal, pelo sentido, é animal como por sua forma própria. Pois é nesta acepção de "sentido" que se toma "sensível" como diferença constitutiva do animal. Pela segunda acepção designa-se por "sentido" a própria potência sensitiva, que, por ser uma propriedade natural, não é constitutiva da espécie, mas algo consequente à espécie. Portanto, tomado deste modo, o sentido não permanece na alma separada; o sentido somente permanece se tomado na primeira acepção. Ora, no homem a essência da alma sensível e a da alma racional são a

hominem resurgentem esse idem animal numero. Ad hoc enim quod aliquid sit idem numero, sufficit quod principia essentialia sint eadem numero; non autem requiritur quod proprietates et accidentia sint eadem numero.

6 AD SEXTUM dicendum quod Augustinus videtur hoc retractasse in libro Retractationum. Dicit enim II super Genes. ad Litt., quod poenae Inferni secundum imaginariam visionem sunt, et quod locus Inferni non est corporeus, sed imaginarius. Unde coactus fuit reddere rationem, si Infernus non est locus corporeus, quare Inferi dicuntur esse sub terra. Et hoc ipsemet reprehendit dicens: *de Inferis magis mihi videtur docere debuisse quod sub terris sint, quam rationem reddere cur sub terris esse credantur sive dicantur, quasi non ita sit*. Hoc autem retractato quod de loco Inferni dixerat, videntur omnia alia retractari quae ad hoc pertinent.

7 AD SEPTIMUM dicendum quod in anima separata non est gaudium neque ira, secundum quod sunt actus irascibilis et concupiscibilis, quae sunt in sensitiva parte; sed secundum quod his designatur motus voluntatis, quae est in parte intellectiva.

8 AD OCTAVUM dicendum quod quia malum hominis est secundum tria scilicet phantasiam protervam, quae scilicet est principium errandi, concupiscentiam amentem et irrationalem furorem, propter hoc Dionysius malum Daemonis sub similitudine humani mali describit. Non ut intelligatur in Daemonibus esse phantasia, aut irascibilis, aut concupiscibilis, quae sunt in parte sensitiva; sed aliqua his proportionata, secundum quod competit naturae intellectivae.

9 AD NONUM dicendum quod per verba illa Augustini non intelligitur quod anima aliqua sentiat absque organo corporali; sed quod aliqua sentiat absque ipsis corporibus sensibilibus, utpote metum et tristitiam; aliqua vero per ipsa corpora, utpote calidum et frigidum.

10 AD DECIMUM dicendum quod omne quod est in aliquo, est in eo per modum recipientis. Unde res sensibiles sunt in anima separata non per modum sensibilem, sed per modum intelligibilem.

11 AD UNDECIMUM dicendum quod nihil prohibet in descriptione rerum gestarum aliqua metaphorice dici. Licet enim quod dicitur in Evangelio de

mesma. Portanto, nada impede que o homem que ressuscite seja o mesmo animal numericamente. Pois, para que algo seja numericamente o mesmo, basta que os princípios essenciais sejam numericamente os mesmos; não se requer que as propriedades e os acidentes sejam numericamente os mesmos.

6. QUANTO AO SEXTO, deve-se dizer que Agostinho parece ter-se retratado disso justamente em sua obra *Retratações*.[431] De fato, no livro XII de seu *Comentário Literal ao Gênesis*,[432] diz ele que as penas do inferno são produto de visões imaginárias, e que o local do inferno não é corpóreo, mas imaginário. Mas viu-se então obrigado a explicar a razão por que se diz que o inferno está debaixo da terra,[433] se não é um lugar corpóreo. E por isso ele mesmo desaprovou a afirmação anterior, dizendo: "Com respeito ao inferno, parece-me que devia haver ensinado que se encontra debaixo da terra, em vez de dar razões por que se crê ou se diz que está debaixo da terra, como se assim não fosse". E, ao retratar-se do que havia sustentado sobre o local do inferno, vê-se que se retratou de todas as demais coisas que disso se depreendem.

7. QUANTO AO SÉTIMO, deve-se dizer que na alma separada não há deleite nem ira como atos do apetite irascível e do concupiscível, que residem na parte sensitiva; mas sim na medida em que por eles se designa o movimento da vontade, que reside na parte intelectiva.

8. QUANTO AO OITAVO, deve-se dizer que, como o mal do homem reside em três coisas, a saber: a fantasia perversa (que é princípio de desatinos), a concupiscência demente e o furor irracional, por esta razão Dionísio descreve o mal do demônio à semelhança dos males do homem; mas não para que se considere que nos demônios exista fantasia, apetite irascível e apetite concupiscível, que residem na parte sensitiva, senão algo proporcional a isto, segundo o que compete à natureza intelectiva.

9. QUANTO AO NONO, deve-se dizer que por tais palavras de Agostinho não se entende que a alma sinta sem seu órgão corporal, senão que sente algumas coisas sem necessidade dos próprios corpos sensíveis (como quando sente medo e tristeza), e sente outras mediante eles, como o quente e o frio.

10. QUANTO AO DÉCIMO, deve-se dizer que tudo o que existe em algo, está neste algo ao modo do recipiente. Por isso, as coisas sensíveis não existem na alma separada ao modo sensível, mas ao modo inteligível.

11. QUANTO AO DÉCIMO PRIMEIRO, deve-se dizer que nada impede que, numa narração de fatos realmente sucedidos, digam-se algumas coisas metaforicamente. Portanto, embora seja um fato sucedido o que se diz no Evangelho

Lazaro et divite sit res gesta, tamen metaphorice dicitur quod Lazarus vidit et audivit, sicut et metaphorice dicitur quod linguam habuit.

12 Ad duodecimum dicendum quod substantia animae sensibilis in homine manet post mortem; non tamen manent potentiae sensitivae.

13 Ad decimumtertium dicendum quod sicut sensus, prout nominat potentiam, non est forma totius corporis, sed anima sensitiva, sensus autem est proprietas compositi; ita etiam potentia visiva non est actus oculi, sed anima secundum quod est principium talis potentiae. Quasi ita dicatur quod anima visiva est actus oculi, sicut anima sensitiva est actus corporis; potentia autem visiva est proprietas consequens. Unde non oportet quod sit alius oculus resurgentis, licet alia sit potentia sensitiva.

14 Ad decimumquartum dicendum quod praemium non respondet merito sicut praemiando, sed sicut ei pro quo aliquid praemiatur. Unde non oportet quod omnes actus resumantur in remuneratione quibus aliquis meruit, sed sufficit quod sint in divina recordatione. Alias oporteret iterum sanctos occidi; quod est absurdum.

15 Ad decimumquintum dicendum quod anima est principium sentiendi, non sicut sentiens, sed sicut id quo sentiens sentit. Unde potentiae sensitivae non sunt in anima sicut in subiecto, sed sunt ab anima sicut a principio.

16 Ad decimumsextum dicendum quod anima separata recordatur per memoriam, non quae est in parte sensitiva, sed quae est in parte intellectiva; prout Augustinus ponit eam partem imaginis.

17 Ad decimumseptimum dicendum quod virtutes et vitia, quae sunt irrationabilium partium, non manent in anima separata nisi in suis principiis; omnium enim virtutum semina sunt in voluntate et ratione.

18 Ad decimumoctavum dicendum quod, sicut ex supradictis patet, anima separata a corpore non eumdem modum habet cognoscendi sicut cum est in corpore. Eorum ergo quae apprehendit anima separata secundum modum sibi proprium absque phantasmatibus, remanet cognitio in ea postquam ad pristinum statum redit, corpori iterato coniuncta, secundum modum tunc sibi convenientem, scilicet cum conversione ad phantasmata. Et ideo quae intelligibiliter viderunt, imaginabiliter narrant.

sobre Lázaro e o rico, diz-se metaforicamente, porém, que este viu a Lázaro e ouviu [a Abraão], assim como também se diz metaforicamente que ele tinha língua.

12. QUANTO AO DÉCIMO SEGUNDO, deve-se dizer que, no homem, a substância da alma sensitiva subsiste depois da morte, mas não as próprias potências sensitivas.

13. QUANTO AO DÉCIMO TERCEIRO, deve-se dizer que, assim como o sentido, enquanto dá nome à potência, não é forma de todo o corpo, mas [o é] a alma sensitiva (pois o sentido é uma propriedade do composto), assim também a potência visiva não é ato do olho, mas sim a alma, na medida em que ela é princípio de tal potência – quase como se disséssemos que a "alma visiva" é ato do olho tal como a alma sensitiva é ato de todo o corpo; já a potência visiva lhe é uma propriedade consequente. Logo, não é necessário que seja outro o olho daquele que ressuscita, embora seja outra a potência sensitiva.

14. QUANTO AO DÉCIMO QUARTO, deve-se dizer que o prêmio não está para o mérito como para aquilo *que é dado como prêmio*, mas [está para o mérito] como para aquilo *pelo qual o prêmio é dado*. Daí não ser necessário que todos os atos pelos quais se mereceu algo sejam retomados na remuneração, senão que basta existirem na lembrança divina. De outra maneira, seria necessário que muitos santos fossem mortos novamente, o que é absurdo.

15. QUANTO AO DÉCIMO QUINTO, deve-se dizer que a alma é princípio da sensação não como aquele que sente, mas como aquilo pelo qual o sentinte sente. Donde as potências sensitivas não estarem na alma como em seu sujeito, mas procederem da alma como de seu princípio.

16. QUANTO AO DÉCIMO SEXTO, deve-se dizer que a alma separada recorda pela memória, mas não aquela que reside na parte sensitiva, e sim a que reside na parte intelectiva, ao modo pelo qual Agostinho[434] a considera como parte da imaginação.

17. QUANTO AO DÉCIMO SÉTIMO, deve-se dizer que as virtudes e os vícios pertencentes às partes irracionais não permanecem na alma separada senão em seus princípios: pois na vontade e na razão estão os germes de todas as virtudes.

18. QUANTO AO DÉCIMO OITAVO, deve-se dizer que a alma separada não tem o mesmo modo de conhecer da alma que está no corpo. Portanto, daquelas coisas que a alma separada apreende segundo o modo que lhe é próprio (isto é, sem os fantasmas), permanece nela um conhecimento depois que retorna à sua condição inicial (unida a seu corpo pela segunda vez), mas segundo o modo que nesse momento lhe convém, ou seja, pela conversão aos fantasmas.[435] Por isso, narram imaginativamente o que viram inteligivelmente.

19 Ad decimumnonum dicendum quod intellectus indiget auxilio sensus secundum statum imperfectae cognitionis, prout scilicet accipit a phantasmatibus; non autem secundum perfectiorem cognitionis modum, qui competit animae separatae. Sicut homo indiget lacte in pueritia, non tamen in perfecta aetate.

20 Ad vicesimum dicendum quod potentiae sensitivae non debilitantur secundum se debilitatis organis, sed solum per accidens; unde et per accidens corrumpuntur corruptis organis.

19. Quanto ao décimo nono, deve-se dizer que o intelecto necessita da ajuda do sentido quando se encontra em estado de conhecimento imperfeito, ou seja, na medida em que ainda o recebe dos fantasmas; mas não necessita de tal ajuda para o modo de conhecimento mais perfeito, que corresponde à alma separada. Tal como o homem, que necessita de leite durante a infância, mas não na idade madura.

20. Quanto ao vigésimo, deve-se dizer que as potências sensitivas não se debilitam essencialmente ao se debilitarem seus órgãos, mas apenas acidentalmente. Do mesmo modo, destroem-se acidentalmente uma vez destruídos os seus órgãos.

QUAESTIO XX

Vicesimo quaeritur utrum anima separata singularia cognoscat

Et videtur quod non.

1 Quia de potentiis animae in anima separata remanet solus intellectus. Sed obiectum intellectus est universale et non singulare; scientia enim est universalium, sensus autem singularium, ut dicitur in I de anima. Ergo anima separata non cognoscit singularia, sed tantum universalia.

2 Praeterea, si anima separata cognoscit singularia aut per formas prius acquisitas, cum esset in corpore; aut per formas influxas. Sed non per formas prius acquisitas. Nam formarum quas anima per sensus acquirit dum est in corpore, quaedam sunt intentiones individuales, quae conservantur in potentiis partis sensitivae; et sic remanere non possunt in anima separata, cum huiusmodi potentiae non maneant in ea, ut ostensum est. Quaedam autem intentiones sunt universales, quae sunt in intellectu, unde hae solae manere possunt. Sed per intentiones universales non possunt cognosci singularia. Ergo anima separata non potest cognoscere singularia per species quas acquisivit in corpore. Similiter autem neque per species influxas; quia huiusmodi species aequaliter se habent ad omnia singularia. Unde sequeretur quod anima separata omnia singularia cognosceret; quod non videtur esse verum.

3 Praeterea, cognitio animae separatae impeditur per loci distantiam. Dicit enim Augustinus, in libro de cura pro mortuis gerenda, quod animae mortuorum ibi sunt ubi ea quae hic fiunt, omnino scire non possunt. Cognitionem autem quae fit per species influxas, non impedit loci distantia. Ergo anima non cognoscit singularia per species influxas.

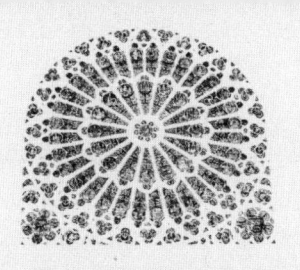

QUESTÃO XX

Se a alma separada conhece os singulares[436]

E PARECE QUE NÃO.

1. Porque, das potências da alma, apenas o intelecto permanece na alma separada. Ora, o objeto do intelecto é o universal, não o singular; pois à ciência cabem os universais, e aos sentidos os singulares, como se diz no livro I *Sobre a Alma*. Portanto, a alma separada não conhece os singulares, mas apenas os universais.

2. Ademais, se a alma separada conhece os singulares, ou o faz por formas antes adquiridas quando estava no corpo, ou por formas infusas.[437] Mas não o faz por formas antes adquiridas porque, daquelas formas que a alma recebe mediante os sentidos enquanto está no corpo, algumas são intenções individuais que se conservam nas potências da parte sensitiva e que, portanto, não podem permanecer na alma separada, visto que nela tais potências não persistem, como já se demonstrou; já outras daquelas formas são intenções universais que residem no intelecto, e por isso somente elas permanecem. No entanto, não se podem conhecer os singulares por intenções universais. Logo, a alma separada não pode conhecer os singulares mediante as espécies que adquiriu no corpo. De modo semelhante, tampouco podem fazê-lo mediante espécies infusas, pois tais espécies se dispõem igualmente a todos os singulares: seguir-se-ia que a alma separada conheceria todos os singulares, o que não parece ser verdadeiro.

3. Ademais, a cognição da alma separada é impedida pela distância local; pois diz Agostinho, no livro *Sobre o Cuidado Que Se Deve Ter com os Mortos*, que as almas dos mortos situam-se onde não podem saber das coisas que aqui ocorrem. Ora, mas a cognição que se dá por espécies infusas não é impedida pela distância local. Portanto, a alma separada não conhece os singulares por espécies infusas.

4 Praeterea, species influxae aequaliter se habent ad praesentia et futura: non enim influxus intelligibilium specierum est sub tempore. Si igitur anima separata cognoscit singularia per species influxas, videtur quod non solum cognoscat praesentia vel praeterita, sed etiam futura; quod esse non potest, ut videtur. Cum cognoscere futura sit solius Dei, prout dicitur Is., [XLI]: *annuntiate quae ventura sunt in fine, et dicam quod dii estis vos.*

5 Praeterea, singularia sunt infinita. Species autem influxae non sunt infinitae. Non ergo anima separata per species influxas potest singularia cognoscere.

6 Praeterea, id quod est indistinctum non potest esse principium distinctae cognitionis. Cognitio autem singularium est distincta. Cum igitur formae influxae sint indistinctae, utpote universales existentes; videtur quod per species influxas anima separata, singularia cognoscere non possit.

7 Praeterea, omne quod recipitur in aliquo, recipitur in eo per modum recipientis. Sed anima separata est immaterialis. Ergo formae influxae recipiuntur in ea immaterialiter. Sed quod est immateriale non potest esse principium cognitionis singularium, quae sunt individuata per materiam. Ergo anima separata per formas influxas non potest cognoscere singularia.

8 Sed dicebat quod per formas influxas possunt cognosci singularia, licet sint immateriales: quia sunt similitudines rationum idealium, quibus Deus et universalia et singularia cognoscit. Sed contra, Deus per rationes ideales cognoscit singularia, in quantum sunt factrices materiae, quae est principium individuationis. Sed formae influxae animae separatae non sunt materiae factrices, quia non sunt creatrices: hoc enim solius Dei est. Ergo anima separata per formas influxas non potest cognoscere singularia.

9 Praeterea, similitudo creaturae ad Deum non potest esse per univocationem, sed solum per analogiam. Sed cognitio quae fit per similitudinem analogiae, est imperfectissima; sicut si aliquid cognosceretur per alterum, in quantum convenit cum illo in ente. Si ergo anima separata cognoscit singularia per species influxas, in quantum sunt similes rationibus idealibus; videtur quod imperfectissime singularia cognoscat.

4. Ademais, as espécies infusas se dispõem igualmente às coisas presentes e às futuras; pois o influxo das espécies inteligíveis não se encontra sob o tempo. Se, portanto, a alma separada conhece os singulares mediante espécies infusas, parece que não apenas conheceria as coisas presentes ou pretéritas, mas também as futuras; e parece que isto não pode dar-se, visto que conhecer as coisas futuras é próprio apenas de Deus. De fato, diz-se em Isaías 41,23: "Revelai o que há de acontecer no futuro, e saberemos que vós sois deuses".

5. Ademais, os singulares são infinitos. Ora, mas as espécies infusas não são infinitas. Portanto, não pode a alma separada conhecer os singulares mediante espécies infusas.

6. Ademais, aquilo que é indistinto não pode ser princípio de cognição distinta. Mas a cognição dos singulares é distinta. Assim, visto que, devido a sua condição universal, as formas infusas são indistintas, parece que a alma separada não pode por elas conhecer os singulares.

7. Ademais, tudo que se recebe é recebido ao modo do recipiente. Mas a alma separada é imaterial; logo, nela as formas infusas são recebidas imaterialmente. Mas o que é imaterial não pode ser princípio de cognição dos singulares, que são individuados pela matéria. Portanto, a alma separada não pode conhecer os singulares mediante formas infusas.

8. Poder-se-ia dizer, porém, que, embora as formas infusas sejam imateriais, podem-se por elas conhecer os singulares, porque elas são semelhanças das razões ideais pelas quais Deus conhece tanto os universais quanto os singulares. Mas em sentido contrário: Deus conhece os singulares mediante razões ideais na medida em que elas são produtoras da matéria, que é princípio de individuação. Ora, mas as formas infusas na alma separada não são produtoras da matéria, porque não são criadoras, o que é próprio apenas de Deus. Portanto, não pode a alma separada conhecer os singulares por formas infusas.

9. Ademais, a semelhança da criatura com Deus não pode ser por univocidade, mas apenas por analogia. Mas a cognição que se dá pela semelhança da analogia é a menos perfeita, como se algo fosse conhecido por outro na medida em que convém com ele [na noção de] ente.[438] Portanto, se a alma separada conhece os singulares mediante formas infusas na mesma medida em que estas são semelhantes às razões ideais, parece que os conheceria de modo imperfeitíssimo.

10 Praeterea, dictum est in praecedentibus, quod anima separata non cognoscit naturalia per formas influxas nisi in quadam confusione, et in universali. Hoc autem non est cognoscere. Ergo anima separata non cognoscit singularia per species influxas.

11 Praeterea, species illae influxae per quas anima separata singularia ponitur cognoscere, non causantur a Deo immediate: quia, secundum Dionysium, lex divinitatis est infima per media reducere. Nec iterum causantur per Angelum: quia Angelus huiusmodi species causare non potest neque creando, cum nullius rei sit creator; neque transmutando, quia oportet esse aliquod medium differens. Ergo videtur quod anima separata non habeat species influxas, per quas singularia cognoscat.

12 Praeterea, si anima separata cognoscit singularia per species influxas, hoc non potest esse nisi dupliciter. Vel applicando species ad singularia, vel convertendo se ad ipsas species. Si applicando ad singularia, constat quod huiusmodi applicatio non fit accipiendo aliquid a singularibus; cum non habeat potentias sensitivas quae natae sunt a singularibus accipere. Relinquitur ergo quod haec applicatio fit ponendo aliquid circa singularia; et sic non cognoscet ipsa singularia, sed hoc tantum quod circa singularia ponit. Si autem per species dictas cognoscit singularia convertendo se ad ipsas, sequetur quod non cognoscet singularia nisi secundum quod sunt in ipsis speciebus. Sed in speciebus praedictis non sunt singularia nisi universaliter. Ergo anima separata non cognoscit singularia nisi in universali.

13 Praeterea, nullum finitum super infinita potest. Sed singularia sunt infinita. Cum igitur virtus animae separatae sit finita, videtur quod anima separata non cognoscat singularia.

14 Praeterea, anima separata non potest cognoscere aliquid nisi visione intellectuali. Sed Augustinus, XII super Genesim ad Litt., dicit quod visione intellectuali non cognoscuntur neque corpora neque similitudines. Cum igitur singularia sint corpora, videtur quod ab anima separata cognosci non possunt.

15 Praeterea, ubi est eadem natura, et idem est modus operandi. Sed anima separata est eiusdem naturae cum anima coniuncta corpori. Cum ergo anima coniuncta corpori non possit cognoscere singularia per intellectum, videtur quod nec anima separata.

10. Ademais, foi dito anteriormente[439] que a alma separada não conhece as coisas naturais por formas infusas exceto em certa confusão e no universal. Mas isto não é o mesmo que conhecer os singulares. Portanto, a alma separada não conhece os singulares por espécies infusas.

11. Aquelas espécies infusas pelas quais se afirma que a alma conhece os singulares não são causadas imediatamente por Deus; pois segundo Dionísio a regra da divindade é conduzir[440] os inferiores através de intermediários. Tampouco podem os anjos causar tais espécies: nem por criação, pois não é criador de coisa alguma, nem por transmutação, pois nesse caso seria necessário algum meio condutor. Portanto, parece que a alma separada não possuiria espécies infusas pelas quais conheça o singular.

12. Ademais, se a alma separada conhece o singular por espécies infusas, isto não pode dar-se senão de duas maneiras: ou aplicando-as aos singulares, ou por conversão às próprias espécies. Se o faz aplicando-as, consta que tal aplicação não se faz recebendo algo dos singulares, visto que ela não possui potências sensitivas, cuja função é a recepção dos singulares. Resta, portanto, que esta aplicação far-se-ia pondo algo acerca dos singulares, e assim a alma separada não conheceria os próprios singulares, mas apenas aquilo que ela mesma poria acerca deles. Se, por outro lado, a alma separada conhece os singulares mediante tais espécies por conversão a elas, seguir-se-á que não conhecerá os singulares senão na razão em que se encontram nestas próprias espécies. Ora, mas em tais espécies não se encontram os singulares senão universalmente. Portanto, a alma separada não conhece os singulares senão no universal.

13. Ademais, nada finito tem poder sobre o infinito. Mas os singulares são infinitos. Portanto, como a virtude da alma é finita, parece que a alma separada não conheceria os singulares.

14. Ademais, a alma separada não pode conhecer senão por visão intelectual. Mas diz Agostinho, no livro XII do *Comentário Literal ao Gênesis*, que por visão intelectual não se conhecem nem os corpos, nem [suas] semelhanças. Logo, como os singulares são corpos, parece que não podem ser conhecidos pela alma separada.

15. Ademais, lá onde se encontra uma mesma natureza, encontra-se também o mesmo modo de operar. Mas a alma separada tem natureza idêntica à da alma unida ao corpo. Portanto, visto que a alma unida ao corpo não pode conhecer os singulares mediante o intelecto, parece que tampouco o pode a alma separada.

16 Praeterea, potentiae distinguuntur per obiecta. Sed propter quod unumquodque, illud magis. Ergo obiecta sunt magis distincta quam potentiae. Sed sensus nunquam fiet intellectus. Ergo singulare, quod est sensibile, nunquam fiet intelligibile.

17 Praeterea, potentia cognoscitiva superioris ordinis minus multiplicatur respectu eorumdem cognoscibilium quam potentia inferioris ordinis. Sensus enim communis est cognoscitivus omnium quae per quinque exteriores sensus apprehenduntur. Et similiter Angelus una potentia cognoscitiva, scilicet intellectu, cognoscit universalia et singularia, quae homo sensu et intellectu apprehendit. Sed nunquam potentia inferioris ordinis potest apprehendere id quod est alterius potentiae quae ab ea distinguitur, sicut visus nunquam potest apprehendere obiectum auditus. Ergo intellectus hominis nunquam potest apprehendere singulare, quod est obiectum sensus, licet intellectus Angeli cognoscat utrumque et apprehendat.

18 Praeterea, in libro de causis dicitur quod intelligentia cognoscit res in quantum est causa eis, vel in quantum regit eas. Sed anima separata neque causat singularia, neque regit singularia. Ergo non cognoscit ea.

Sed contra.

1 Formare propositiones non est nisi intellectus. Sed anima, etiam coniuncta corpori, format propositionem cuius subiectum est singulare, praedicatum universale; ut cum dico: Socrates est homo. Quod non possum facere nisi cognoscerem singulare et comparationem eius ad universale. Ergo etiam anima separata per intellectum cognoscit singularia.

2 Praeterea, anima est inferior secundum naturam omnibus Angelis. Sed Angeli inferioris hierarchiae recipiunt illuminationes singularium effectuum; et in hoc distinguuntur ab Angelis mediae hierarchiae, qui recipiunt illuminationes secundum rationes universales effectuum; et ab Angelis supremae, qui recipiunt illuminationes secundum rationes universales existentes in causa. Cum igitur tanto sit magis particularis cognitio, quanto substantia cognoscens est inferioris ordinis; videtur quod anima separata multo fortius singularia cognoscat.

16. Ademais, as potências se distinguem por seus objetos. Mas aquilo pelo qual [cada um tem uma distinção ou atributo] possui com maior força [esta mesma distinção ou atributo].[441] Portanto, os objetos são mais distintos que as potências. Ora, o sentido nunca se tornará intelecto. Logo, o singular, que é sensível, jamais se tornará inteligível.

17. Ademais, uma potência cognoscitiva de ordem superior é menos multiplicada, com respeito aos mesmos cognoscíveis, que uma potência cognoscitiva de ordem inferior. De fato, o sentido comum é cognoscitivo de tudo que se apreende pelos cinco sentidos exteriores. De modo semelhante, o anjo, com uma só potência cognoscitiva – o intelecto – conhece os universais e os singulares, os quais o homem apreende pelo sentido e pelo intelecto. Mas nunca uma potência de ordem inferior pode apreender aquilo que cabe a outra potência distinta, tal como nunca pode a visão apreender o objeto da audição. Portanto, o intelecto do homem nunca pode apreender o singular, que é objeto dos sentidos, embora o intelecto do anjo conheça a ambos.

18. Ademais, diz-se no *Livro Sobre as Causas* que a inteligência conhece as coisas na medida em que lhes é causa, ou na medida em que as rege. Mas a alma separada não causa nem rege os singulares. Portanto, não os conhece.

Mas em sentido contrário:

1. Formar proposições não cabe senão ao intelecto. Mas a alma (também aquela unida ao corpo) forma proposições cujo sujeito é singular e o predicado é universal, como quando digo "Sócrates é homem". Isto não poderia dar-se exceto se ela conhecesse o singular e a disposição deste ao universal. Logo, também a alma separada conhece os singulares pelo intelecto.

2. Ademais, a alma é inferior em natureza a todos os anjos. Mas os anjos de hierarquia inferior recebem iluminações acerca de efeitos singulares; e nisto distinguem-se daqueles da hierarquia média, que as recebem segundo as razões universais dos efeitos, e daqueles da hierarquia superior, que as recebem segundo as razões universais existentes na causa. Logo, visto que, tanto mais particular é a cognição quanto mais é de ordem inferior a substância cognoscente, parece que com muito mais razão a alma separada conheceria os singulares.

3 Praeterea, quidquid potest virtus inferior, potest superior. Sed sensus potest cognoscere singularia, qui est inferior intellectu. Ergo anima separata secundum intellectum potest singularia cognoscere.

Respondeo. Dicendum quod necesse est dicere, quod anima separata quaedam singularia cognoscat, non tamen omnia. Cognoscit autem singularia quaedam, quorum prius cognitionem accepit dum corpori esset unita; aliter enim non recordaretur eorum quae gessit in vita, et sic periret ab anima separata conscientiae vermis. Cognoscit etiam quaedam singularia quorum cognitionem accepit post separationem a corpore; aliter enim non affligeretur ab igne Inferni, et ab aliis corporalibus poenis quae in Inferno esse dicuntur. Quod autem non omnia singularia cognoscat anima separata secundum naturalem cognitionem, ex hoc manifestum est quod animae mortuorum nesciunt ea quae hic aguntur, ut Augustinus dicit.

Habet igitur haec quaestio duas difficultates: unam communem et aliam propriam. Communis quidem difficultas est ex hoc quod intellectus noster non videtur esse cognoscitivus singularium, sed universalium tantum. Unde cum Deo et Angelis et animae separatae non competat aliqua cognoscitiva potentia nisi solus intellectus, difficile videtur quod eis singularium cognitio adsit.

Unde quidam in tantum erraverunt, ut Deo et Angelis cognitionem singularium subtraherent; quod est omnino impossibile. Nam hoc posito, providentia divina excluderetur a rebus, et iudicium Dei de humanis actibus tolleretur. Auferrentur etiam et ministeria Angelorum, quos de salute hominum credimus esse sollicitos, secundum illud apostoli: *omnes sunt administratorii spiritus in ministerium missi propter eos qui hereditatem capiunt salutis.*

Et ideo alii dixerunt Deum quidem et Angelos, necnon et animas separatas, singularia cognoscere per cognitionem universalium causarum totius ordinis universali. Nihil enim est in rebus singularibus quod ex illis universalibus causis non derivetur. Et ponunt exemplum: sicut si aliquis cognosceret totum ordinem caeli et stellarum, et mensuram et motus eorum, sciret per intellectum omnes futuras eclypses, et quantae, et quibus in locis, et quibus temporibus futurae essent.

3. Ademais, tudo que uma virtude inferior pode realizar, pode-o uma superior. Mas o sentido pode conhecer o singular, que é inferior ao intelecto. Portanto, também a alma separada pode, pelo intelecto, conhecer os singulares.

RESPONDO. Deve-se dizer que necessariamente a alma conhece alguns singulares, mas não todos. De fato, conhece alguns singulares dos quais teve conhecimento enquanto estava unida ao corpo: de outro modo, não se recordaria daquilo que fez em vida, e assim desapareceria da alma o remorso da consciência.[442] Conhece também certos singulares cuja cognição adquirirá após a separação do corpo: de outro modo, não padeceria o fogo do inferno e outras penas que lá se diz haver. Que a alma separada não conheceria todos os singulares mediante cognição natural, faz-se manifesto pelo fato de que as almas dos mortos desconhecem o que aqui se passa, como o diz Agostinho.

Portanto, apresentam-se nesta questão duas dificuldades: uma comum e outra própria. A dificuldade comum consiste em que nosso intelecto não parece ser capaz de conhecer os singulares, mas apenas os universais. Assim, visto que a Deus, aos anjos e à alma separada não compete outra potência cognitiva senão o intelecto, parece difícil admitir que neles haja a cognição do singular.

Por isso, alguns erraram de modo a negar a Deus e aos anjos a cognição dos singulares. E isto é totalmente impossível, pois, ao afirmá-lo, tanto se eliminaria a providência divina nas coisas, quanto se tolheria o juízo de Deus acerca dos atos humanos; também se subtrairia o ministério dos anjos, os quais cremos se ocupam da salvação dos homens, como afirma o Apóstolo:[443] "todos esses espíritos são ministros enviados para exercer seu ministério a favor daqueles que hão de receber a herança da salvação".

Por isso, outros defenderam que Deus e os anjos, e não menos as almas separadas, conhecem os singulares por cognição das causas universais de toda a ordem do universo. Pois nada há nas coisas singulares que não derive daquelas causas universais. E dão um exemplo: se alguém conhecesse toda a ordem do céu e das estrelas, assim como a medida de seus movimentos, conheceria mediante o intelecto todos os eclipses futuros, sua magnitude, seu lugar e em que momentos se dariam.

Sed hoc non sufficit ad veram singularium cognitionem. Manifestum est enim quod quantumcumque adunentur aliqua universalia, nunquam ex eis perficitur singulare. Sicut si dicam hominem album, musicum et quaecumque huiusmodi addidero, nunquam erit singulare. Possibile est enim omnia haec adunata pluribus convenire. Unde qui cognoscit omnes causas in universali, nunquam propter hoc proprie cognoscet aliquem singularem effectum. Nec ille qui cognoscit totum ordinem caeli, cognoscit hanc eclypsim ut est hic.

Etsi enim cognoscat eclypsim futuram esse in tali situ solis et lunae, et in tali hora, et quaecumque huiusmodi in eclypsibus observantur; tamen talem eclypsim possibile est pluries evenire. Et ideo alii, ut veram cognitionem singularium Angelis et animabus adscriberent, dixerunt quod huiusmodi cognitionem ab ipsis singularibus accipiunt. Sed hoc est omnino inconveniens. Cum enim maxima sit distantia inter intelligibile et esse materiale et sensibile, non statim forma rei materialis ab intellectu accipitur, sed per multa media ad eum deducitur. Puta, forma alicuius sensibilis prius fit in medio, ubi est spiritualior quam in re sensibili, et postmodum in organo sensus; et exinde derivatur ad phantasiam, et ad alias inferiores vires; et ulterius tandem perducitur ad intellectum.

Haec autem media nec etiam fingere possibile est competere Angelis, aut animae separatae. Et ideo aliter dicendum est quod formae rerum, per quas intellectus cognoscit, dupliciter se habent ad res: quaedam enim sunt factivae rerum, quaedam autem a rebus acceptae. Et illae quidem quae sunt rerum factivae, in tantum ducunt in cognitionem rei, in quantum eius factivae existunt; unde artifex qui artificiato tradit formam vel dispositionem materiae, per formam artis cognoscit artificiatum quantum ad illud quod in eo causat. Et quia nulla ars hominis causat materiam, sed accipit eam iam praeexistentem, quae est individuationis principium; ideo artifex per formam, puta aedificator, cognoscit domum in universali, non autem hanc domum ut est haec, nisi in quantum eius notitiam accipit per sensum.

Deus autem per intellectum suum non solum producit formam ex qua sumitur ratio universalis, sed etiam materiam quae est individuationis principium; unde per suam artem cognoscit et universalia et singularia. Sicut enim a divina arte effluunt res materiales ut subsistant in propriis naturis, ita ab

Questão XX

Mas isto não basta para a verdadeira cognição dos singulares. Pois é evidente que, não importa o quanto se agregue a universais, nunca se pode deste modo perfazer um singular. De fato, se eu dissesse "homem *branco, músico...*" e o que mais se lhe possa agregar, isto ainda não seria um singular; pois é possível que este grupo inteiro de atributos convenha a muitos. Portanto, aquele que conhece todas as causas no universal nunca por isso conhecerá propriamente um efeito singular. Tampouco aquele que conhece toda a ordem dos céus conhece *este eclipse* como *este*; pois, ainda que conheça que um eclipse há de ocorrer em tal posição do sol e da lua, e em tal hora, e com todas as características do tipo que observamos nos eclipses, não obstante um eclipse com tais atributos poderia dar-se várias vezes.

Portanto, para atribuir verdadeira cognição de singulares aos anjos e às almas separadas, já outros disseram que tal cognição é recebida por eles a partir dos próprios singulares. Mas isto é totalmente inconveniente. Visto que é máxima a distância entre o ser inteligível e o ser material sensível, não é de pronto que a forma da coisa material é recebida no intelecto, mas alcança-o por muitos intermediários: a forma da coisa sensível encontra-se antes num meio, em que é mais espiritual que na coisa sensível; depois, no órgão dos sentidos; em seguida, passa à imaginação e às outras capacidades interiores; só então, por último, alcança o intelecto.

Ora, é impossível até mesmo fingir que todos estes intermediários se encontram nos anjos e nas almas separadas. Portanto, deve-se afirmar, de outro modo, que as formas das coisas (pelas quais o intelecto as conhece) se dispõem a elas de duas maneiras: algumas são produtoras[444] das coisas, e outras são recebidas das coisas. E aquelas que são produtoras das coisas levam à sua cognição exatamente na mesma medida em que as produzem; por isso o artífice, que ao artefato dá a forma ou disposição da matéria, pela forma da arte conhece-o segundo aquilo que ele causa no referido artefato. E, como nenhuma arte humana causa a matéria (que é princípio de individuação), mas recebe-a já preexistente, tem-se portanto que o artífice, pela forma da arte – tome-se por exemplo um construtor –, conhece a casa no universal, mas não conhece *esta casa* como *esta*, exceto na medida em que dela tem notícia pelos sentidos.

Deus, ao contrário, mediante Seu intelecto produz não só a forma (da qual se toma a razão do universal), mas também a matéria, que é princípio de individuação. Assim, por Sua arte conhece tanto os universais como os singulares. Assim como fluem da arte divina as coisas materiais para que subsistam em suas

eadem arte effluunt in substantias intellectuales separatas similitudines rerum intelligibiles, quibus res cognoscant secundum quod producuntur a Deo. Et ideo substantiae separatae cognoscunt non solum universalia, sed etiam singularia; in quantum species intelligibiles in eas a divina arte emanantes sunt similitudines rerum et secundum formam et secundum materiam.

Nec est inconveniens, formam quae est factiva rei, quamvis sit immaterialis, esse similitudinem rei et quantum ad formam et quantum ad materiam. Quia semper in aliquo altiori est aliquid uniformius quam sit in inferiori natura. Unde licet in natura sensibili sit aliud forma et materia; tamen id quod est altius et causa utriusque, unum existens se habet ad utramque. Propter quod superiores substantiae immaterialiter materialia cognoscunt, et uniformiter divisa, ut Dionysius dicit.

Formae autem intelligibiles a rebus acceptae per quamdam abstractionem a rebus accipiuntur; unde non ducunt in cognitionem rei quantum ad id a quo fit abstractio, sed quantum ad id quod abstrahitur tantum. Et sic cum formae receptae in intellectu nostro a rebus sint abstractae a materia et ab omnibus conditionibus materiae, non ducunt in cognitionem singularium, sed universalium tantum. Haec est igitur ratio quare substantiae separatae possunt per intellectum singularia cognoscere, cum tamen intellectus noster cognoscat universalia tantum.

Sed circa singularium cognitionem aliter se habet intellectus angelicus, et aliter animae separatae. Diximus enim in superioribus quod efficacia virtutis intellectivae quae est in Angelis, est proportionata universalitati formarum intelligibilium in eis existentium. Et ideo per huiusmodi formas universales cognoscunt omnia ad quae se extendunt. Unde, sicut cognoscunt omnes species rerum naturalium sub generibus existentes, ita cognoscunt omnia singularia rerum naturalium quae sub speciebus continentur. Efficacia autem virtutis intellectivae animae separatae non est proportionata universalitati formarum influxarum, sed magis est proportionata formis a rebus acceptis; propter quod naturale est animae corpori uniri. Et ideo supra dictum est quod anima separata non cognoscit omnia naturalia, etiam secundum species, determinate et complete, sed in quadam universalitate et confusione. Unde nec species influxae sufficiunt in eis ad cognitionem singularium, ut sic possint cognoscere omnia singularia, sicut Angeli cognoscunt.

naturezas próprias, assim também da mesma arte fluem para as substâncias imateriais as semelhanças inteligíveis das coisas, pelas quais tais substâncias as conheçam segundo são produzidas por Deus. E por isso as substâncias separadas conhecem não apenas os universais, mas também os singulares, na medida em que as espécies inteligíveis que nelas residem – e que emanam da arte divina – são semelhanças das coisas, tanto segundo a forma, quanto segundo a matéria.

Tampouco é inconveniente que a forma produtora da coisa, embora imaterial, seja sua semelhança não só quanto à forma, mas também quanto à matéria; pois, naquilo que é mais elevado, tudo se encontra mais uniformemente que na natureza inferior. Portanto, embora na natureza sensível se encontrem distintas forma e matéria, aquilo que por sua vez é mais elevado e causa de ambas, existindo em sua própria unidade, se dispõe a ambas. Por esta razão as substâncias superiores *conhecem imaterialmente as coisas materiais e uniformemente as divididas*, como diz Dionísio.[445]

Por outro lado, aquelas formas inteligíveis que são recebidas das coisas são-no mediante certa abstração. Por isso, não levam à cognição da coisa no tocante àquilo *a partir do qual* se faz a abstração, mas apenas no tocante àquilo *que dela se abstrai*. Assim, visto que as formas recebidas em nosso intelecto a partir das coisas são abstraídas da matéria e de todas as condições materiais, não levam à cognição do singular, mas somente do universal.[446]

Contudo, acerca da cognição dos singulares, o intelecto do anjo e o da alma separada se comportam distintamente. Pois dissemos acima[447] que a eficácia da virtude intelectiva que há nos anjos é proporcional à universalidade das formas inteligíveis que neles residem; assim, mediante tais formas universais conhecem tudo aquilo a que elas se estendem. Logo, assim como conhecem todas as espécies das coisas naturais situadas nos vários gêneros, assim também conhecem todos os singulares das coisas naturais contidas sob as espécies. Em contrapartida, a eficácia da virtude intelectiva de nossa alma não está proporcionada à universalidade das formas infusas, mas antes àquelas formas recebidas das coisas – razão pela qual é natural à alma estar unida ao corpo. E por isso foi dito acima[448] que a alma separada não conhece todos os entes naturais (também segundo suas espécies) de modo determinado e completo, mas em certa universalidade e confusão. Daí que as espécies infusas tampouco lhe bastam para a cognição dos singulares de modo a que possam conhecê-los todos, tal como se dá nos anjos.

Sed tamen huiusmodi species influxae determinantur in ipsa anima ad cognitionem aliquorum singularium, ad quae anima habet aliquem ordinem specialem vel inclinationem: sicut ad ea quae patitur, vel ad ea ad quae afficitur, vel quorum aliquae impressiones et vestigia in ea remanent. Omne enim receptum determinatur in recipiente secundum modum recipientis. Et sic patet quod anima separata cognoscit singularia; non tamen omnia, sed quaedam.

1 AD PRIMUM ergo dicendum quod intellectus noster nunc cognoscit per species a rebus acceptas, quae sunt abstractae a materia et omnibus materiae conditionibus; et ideo non potest cognoscere singularia, quorum principium est materia, sed universalia tantum. Sed intellectus animae separatae habet formas influxas, per quas potest singularia cognoscere ratione iam dicta.

2 AD SECUNDUM dicendum quod anima separata non cognoscit singularia per species prius acquisitas dum erat corpori unita, sed per species influxas; non tamen sequitur quod cognoscat omnia singularia, ut ostensum est.

3 AD TERTIUM dicendum quod animae separatae non impediuntur a cognoscendis quae sunt hic, propter loci distantiam. Sed quia non est in eis tanta efficacia intellectivae virtutis, ut per species influxas omnia singularia cognoscere possint.

4 AD QUARTUM dicendum quod nec etiam Angeli omnia futura contingentia cognoscunt. Per species enim influxas singularia cognoscunt, in quantum participant speciem. Unde futura quae nondum participant speciem in quantum futura sunt, ab eis non cognoscuntur, sed solum in quantum sunt praesentia in suis causis.

5 AD QUINTUM dicendum quod Angeli qui cognoscunt omnia singularia naturalia, non habent tot species intelligibiles quot sunt singularia ab eis cognita; sed per unam speciem cognoscunt multa, ut in superioribus ostensum est. Animae vero separatae non cognoscunt omnia singularia. Unde quantum ad eas ratio non concludit.

6 AD SEXTUM dicendum quod si species essent a rebus acceptae, non possent esse propria ratio singularium a quibus abstrahuntur. Sed species

Questão XX

Não obstante, tais espécies infusas são determinadas na própria alma para a cognição de alguns singulares, aos quais ela possui certa ordenação especial ou inclinação, tais como aqueles que ela padece ou pelos quais tem afeição, ou ainda aqueles dos quais permanecem certas impressões e vestígios; pois tudo que é recebido determina-se no recipiente segundo o modo do próprio recipiente. E assim se esclarece como a alma separada conhece os singulares; não todos, mas alguns.

1. Quanto ao primeiro argumento, deve-se dizer que nosso intelecto agora conhece por espécies tomadas das coisas, que são abstraídas da matéria e de todas as condições materiais; portanto, não pode assim conhecer os singulares, cujo princípio é a matéria, mas apenas os universais. Já o intelecto da alma separada possui formas infusas pelas quais pode conhecer os singulares, segundo a razão que expusemos.

2. Quanto ao segundo, deve-se dizer que a alma separada não conhece os singulares pelas espécies antes adquiridas quando estava unida ao corpo, mas por espécies infusas. Mas disso não se segue que conheçam todos os singulares, como já o mostramos.

3. Quanto ao terceiro, deve-se dizer que não é devido à distância local que as almas separadas são impedidas de conhecer as coisas que aqui ocorrem, mas porque sua virtude intelectiva não possui eficácia suficiente para que conheçam todos os singulares mediante espécies infusas.

4. Quanto ao quarto, deve-se dizer que tampouco os anjos conhecem todos os futuros contingentes. Pois, mediante espécies infusas, conhecem os singulares enquanto participam da espécie; e assim os futuros (que, na medida em que são futuros, ainda não participam da espécie) não são por eles conhecidos, senão apenas na medida em que se encontram presentes em suas causas.

5. Quanto ao quinto, deve-se dizer que os anjos, que conhecem todos os singulares naturais, não possuem tantas espécies inteligíveis quantos sejam os singulares por eles conhecidos, senão que por uma só espécie conhecem muitas coisas, tal como já mostramos antes. As almas separadas, por sua vez, não conhecem todos os singulares, e por isso a objeção não teria força contra elas.

6. Quanto ao sexto,[449] deve-se dizer que, se fossem tais espécies tomadas das coisas, não poderiam ser razão própria dos singulares dos quais são

influxae, cum sint similitudines idealium formarum quae sunt in mente divina, possunt distincte repraesentare singularia; maxime illa ad quae anima habet aliquam determinationem ex natura sua.

7 Ad septimum dicendum quod species influxa quamvis sit immaterialis et distincta, est tamen similitudo rei et quantum ad formam et quantum ad materiam, in qua est distinctionis et individuationis principium ut expositum est.

8 Ad octavum dicendum quod quamvis formae intelligibiles non sint creatrices rerum, sunt tamen similes formis creatricibus, non quidem in virtute creandi, sed in virtute repraesentandi res creatas. Aliquis enim artifex potest tradere artem aliquid faciendi alicui, cui tamen non adest virtus ut perficiat illud.

9 Ad nonum dicendum quod quia formae influxae non sunt similes rationibus idealibus in mente divina existentibus nisi secundum analogiam, ideo per huiusmodi formas illae rationes ideales non perfecte cognosci possunt. Non tamen sequitur quod per eas imperfecte cognoscantur res quarum sunt rationes ideales. Huiusmodi enim res non sunt excellentiores formis influxis, sed e converso; unde per formas influxas perfecte comprehendi possunt.

10 Ad decimum dicendum quod formae influxae determinantur ad cognitionem quorumdam singularium in anima separata ex ipsius animae dispositione, ut dictum est.

11 Ad undecimum dicendum quod species influxae causantur in anima separata a Deo mediantibus Angelis. Nec obstat quod quaedam animae separatae sunt superiores quibusdam Angelis. Non enim nunc loquimur de cognitione gloriae, secundum quam anima potest esse Angelis vel similis, vel aequalis, vel etiam superior; sed loquimur de cognitione naturali, in qua anima deficit ab Angelo. Causantur autem huiusmodi formae in anima separata per Angelum, non per modum creationis; sed sicut id quod est in actu, reducit aliquid sui generis de potentia in actum. Et, cum huiusmodi actio non sit situalis, non oportet hic quaerere medium deferens situale; sed idem hic operatur ordo naturae quod in corporalibus ordo situs.

12 Ad duodecimum dicendum quod anima separata per species influxas cognoscit singularia, in quantum sunt similitudines singularium per

abstraídas; mas, visto que as espécies infusas são semelhanças das formas ideais que residem na mente divina, podem distintamente representar os singulares, e com mais razão aqueles para os quais a alma possui alguma determinação proveniente de sua natureza.

7. QUANTO AO SÉTIMO, deve-se dizer que a espécie infusa, embora seja imaterial, é semelhança da coisa tanto quanto à forma como quanto à matéria, conforme expusemos.

8. QUANTO AO OITAVO, deve-se dizer que, embora as formas inteligíveis não sejam criadoras das coisas, não obstante são semelhantes às formas criadoras; não na virtude de criar, mas na virtude de representar as coisas criadas. Pois um artífice pode comunicar a alguém a arte de produzir algo, sem que este alguém possua a virtude para produzi-lo.

9. QUANTO AO NONO, deve-se dizer que, como é apenas segundo analogia que as formas infusas são semelhantes às razões ideais existentes na mente divina, é verdade que por tais formas infusas não se podem conhecer perfeitamente as referidas razões ideais. Mas disso não se segue que por elas se conheçam imperfeitamente as próprias coisas correspondentes às razões ideais, pois tais coisas não são mais nobres que as formas infusas, senão todo o contrário. Portanto, podem elas ser compreendidas mediante as formas infusas.

10. QUANTO AO DÉCIMO, deve-se dizer que as formas infusas são determinadas na alma separada para a cognição de certos singulares, devido à disposição da própria alma, como foi dito.

11. QUANTO AO DÉCIMO PRIMEIRO, deve-se dizer que as espécies infusas na alma separada são causadas por Deus mediante os anjos. (E não constitui problema o fato de que algumas almas separadas sejam superiores a alguns anjos, pois aqui não estamos tratando da cognição da glória, segundo a qual a alma pode ser, ou igual aos anjos, ou mesmo superior; aqui tratamos da cognição natural, na qual a alma é superada pelo anjo.) Tais formas são causadas na alma separada mediante o anjo, não por modo de criação, mas ao modo pelo qual aquele que está em ato reduz ao ato o que se encontra em potência. E, visto que tal ação não é de tipo que possui local, não nos é necessário buscar aqui um meio local condutor; a função que, entre os corpos, é exercida pela ordenação local, aqui a exerce a ordenação de natureza.

12. QUANTO AO DÉCIMO SEGUNDO, deve-se dizer que a alma separada conhece os singulares por espécies infusas na medida em que estas são suas semelhanças,

modum iam dictum. Applicatio autem et conversio, de quibus in obiectione fit mentio, magis huiusmodi cognitionem concomitantur quam eam causent.

13 Ad decimumtertium dicendum quod singularia non sunt infinita in actu, sed in potentia. Nec intellectus Angeli aut animae separatae prohibentur cognoscere infinita singularia unum post unum, cum et sensus hoc possit; et intellectus noster hoc modo cognoscit infinitas species numerorum. Sic enim infinitum non est in cognitione nisi successive, et secundum actum coniunctum potentiae; sicut etiam ponitur esse infinitum in rebus [naturalibus].

14 Ad decimumquartum dicendum quod Augustinus non intendit dicere quod corpora et similitudines corporum non cognoscantur intellectu; sed quod intellectus non movetur in sua visione a corporibus, sicut sensus; nec a similitudinibus corporum, sicut imaginatio; sed ab intelligibili veritate.

15 Ad decimumquintum dicendum quod, licet anima separata sit eiusdem naturae cum anima coniuncta corporis, tamen propter separationem a corpore habet aspectum liberum ad substantias superiores, ut possit per eas recipere influxum intelligibilium formarum, per quas singularia cognoscat; quod non potest dum est corpori unita, ut in superioribus ostensum est.

16 Ad decimumsextum dicendum quod singulare secundum quod est sensibile, scilicet secundum corporalem immutationem, nunquam fit intelligibile; sed secundum quod forma immaterialis intelligibilis ipsum repraesentare potest, ut ostensum est.

17 Ad decimumseptimum dicendum quod anima separata per suum intellectum recipit species intelligibiles per modum superioris substantiae, in qua una virtute cognoscitur quod homo duabus virtutibus, scilicet sensu et intellectu, cognoscit. Et ideo anima separata utrumque cognoscere potest.

18 Ad decimumoctavum dicendum quod anima separata quamvis non regat res vel causet eas, tamen habet formas similes causanti et regenti: non enim causans et regens cognoscit quod regitur et causatur nisi in quantum eius similitudinem habet.

Ad ea vero quae in contrarium obiiciuntur, etiam respondere oportet, quia falsum concludunt.

e pelo modo já descrito. Quanto à aplicação e à conversão, mencionadas na objeção, estas são mais bem concomitantes à referida cognição do que causas suas.

13. QUANTO AO DÉCIMO TERCEIRO, deve-se dizer que os singulares não são infinitos em ato, mas em potência. Ora, nem o intelecto do anjo, nem o da alma separada encontram-se impedidos de conhecer infinitos singulares um após o outro, pois também nossos sentidos podem fazê-lo, e também desse modo nosso intelecto conhece as infinitas espécies de números; pois assim o infinito não se dá no entendimento senão sucessivamente e segundo um ato unido à potência, da mesma maneira como afirmamos que ele se dá nas coisas naturais.[450]

14. QUANTO AO DÉCIMO QUARTO, deve-se dizer que não era a intenção de Agostinho afirmar que os corpos e as semelhanças de corpos não seriam conhecidos pelo intelecto, mas que o intelecto não é movido, em sua visão, pelos corpos (tal como o é o sentido), nem pelas semelhanças de corpos (como o é a imaginação), mas antes pela verdade inteligível.

15. QUANTO AO DÉCIMO QUINTO, deve-se dizer que, embora a alma separada e a alma unida ao corpo sejam de mesma natureza, devido à separação do corpo sua mirada encontra-se desimpedida de voltar-se para as substâncias superiores, de modo que pode, mediante elas, receber o influxo de formas inteligíveis – o que não pode fazer quando unida ao corpo, como já se mostrou anteriormente.[451]

16. QUANTO AO DÉCIMO SEXTO, deve-se dizer que o singular, na medida em que é sensível (ou seja, segundo a mutação corpórea), jamais se torna inteligível; mas [o faz] na medida em que a forma imaterial pode representá-lo, como já se expôs.

17. QUANTO AO DÉCIMO SÉTIMO, deve-se dizer que a alma separada recebe mediante seu intelecto as espécies inteligíveis ao modo das substâncias superiores, no qual, por uma só virtude, [a intelectiva,] conhece-se aquilo que o homem tem de conhecer por duas: o sentido e o intelecto. Por isso, pode a alma separada conhecer a ambos.

18. QUANTO AO DÉCIMO OITAVO, deve-se dizer que a alma separada, embora não governe as coisas, nem as cause, possui formas semelhantes àquela que causa e rege. E é justamente na medida em que possui sua semelhança que aquele que causa e rege conhece o regido e causado.

Quanto aos argumentos arrolados em sentido contrário, também cabe responder-lhes, pois concluem falsamente.

ad s. c. 1 AD PRIMUM quorum dicendum est quod anima coniuncta corpori per intellectum cognoscit singulare, non quidem directe, sed per quamdam reflexionem; in quantum scilicet ex hoc quod apprehendit suum intelligibile, revertitur ad considerandum suum actum et speciem intelligibilem quae est principium suae operationis, et eius speciei originem. Et sic venit in considerationem phantasmatum et singularium, quorum sunt phantasmata. Sed haec reflexio compleri non potest nisi per adiunctionem virtutis cogitativae et imaginativae, quae non sunt in anima separata. Unde per modum istum anima separata singularia non cognoscit.

ad s. c. 2 AD SECUNDUM dicendum quod Angeli inferioris hierarchiae illuminantur de rationibus singularium effectuum, non per species singulares, sed per rationes universales, ex quibus cognoscere singularia possunt propter efficaciam virtutis intellectivae, in qua excedunt animam separatam. Et, licet rationes ab eis perceptae sint universales simpliciter, tamen dicuntur particulares per comparationem ad rationes universaliores, quas Angeli superiores recipiunt.

ad s. c. 3 AD TERTIUM dicendum quod id quod potest virtus inferior, potest et superior; non tamen eodem modo, sed excellentiori. Unde easdem res quas sensus percipit materialiter et singulariter, intellectus immaterialiter et universaliter cognoscit.

Questão XX

1. Quanto ao primeiro deles, deve-se dizer que a alma unida ao corpo conhece o singular pelo intelecto, não diretamente, mas mediante certa reflexão, na medida em que, pelo fato de que apreende seu inteligível, volta-se à consideração de seu próprio ato, à da espécie inteligível que é princípio de sua operação, e à da origem desta mesma espécie. Deste modo, alcança a consideração dos fantasmas e dos singulares que lhes correspondem. Mas esta reflexão só se pode dar mediante o concurso das virtudes cogitativa e imaginativa,[452] que estão ausentes na alma separada. Esta, portanto, não pode conhecer os singulares pelo referido modo.

2. Quanto ao segundo, deve-se dizer que os anjos de hierarquia inferior são iluminados acerca das razões dos efeitos singulares, não por espécies singulares, mas por razões universais, pelas quais podem conhecê-los devido à eficácia de sua virtude intelectiva, que excede a da alma separada. E, embora as razões por eles recebidas sejam universais *simpliciter*, não obstante dizem-se "particulares" em comparação com as razões ainda mais universais recebidas pelos anjos superiores.

3. Quanto ao terceiro, deve-se dizer que tudo que pode a virtude inferior, pode-o também a superior, mas não do mesmo modo, senão por outro mais elevado. Por isso, aquelas mesmas coisas que o sentido percebe materialmente e singularmente, conhece-as o intelecto imaterialmente e universalmente.

QUAESTIO XXI

Vicesimoprimo quaeritur utrum anima separata possit pati poenam ab igne corporeo

Et videtur quod non.

1 Nihil enim patitur nisi secundum quod est in potentia. Sed anima separata non est in potentia nisi secundum intellectum; quia potentiae sensitivae in ea non manent, ut ostensum est. Ergo anima separata non potest pati ab igne corporeo nisi secundum intellectum, intelligendo scilicet ipsum. Hoc autem non est poenale, sed magis delectabile. Ergo anima non potest pati ab igne corporeo poenam.

2 Praeterea, agens et patiens communicant in materia, ut dicitur in I de generatione. Sed anima, cum sit immaterialis, non communicat in materia cum igne corporeo. Ergo anima separata non potest pati ab igne corporeo.

3 Praeterea, quod non tangit non agit. Sed ignis corporeus non potest tangere animam neque secundum ultima quantitatis, cum anima sit incorporea; neque etiam tactu virtutis, cum virtus corporis non possit imprimere in substantiam incorpoream, sed magis e converso. Nullo igitur modo anima separata potest pati ab igne corporeo.

4 Praeterea, dupliciter dicitur aliquid pati: vel sicut subiectum, ut lignum patitur ab igne; vel sicut contrarium, ut calidum a frigido. Sed anima non potest pati ab igne corporeo sicut subiectum passionis, quia oporteret quod forma ignis fieret in anima. Et sic sequeretur quod anima calefieret et igniretur; quod est impossibile. Similiter non potest dici quod anima patiatur ab igne corporeo sicut contrarium a contrario; tum quia animae nihil est contrarium, tum quia sequeretur quod anima ab igne

QUESTÃO XXI

Se a alma separada pode padecer como pena o fogo corpóreo[453]

E PARECE QUE NÃO.

1. Pois nada padece senão na medida em que está em potência. Ora, mas a alma separada não está em potência senão segundo seu intelecto; pois nela não há potências sensitivas, como já se disse.[454] Logo, a alma separada só pode padecer o fogo corpóreo em conformidade com seu intelecto, ou seja, inteligindo-o. Isto, porém, não é penoso, mas sim deleitoso. Logo, a alma não pode padecer pena pelo fogo corpóreo.

2. Ademais, o agente e o paciente se comunicam na matéria, como se diz no livro I *Sobre a Geração e a Corrupção*.[455] Mas a alma, visto que é imaterial, não se comunica na matéria com o fogo corpóreo. Logo, a alma separada não pode padecer o fogo corpóreo.

3. Ademais, o que não toca não age. Ora, o fogo corpóreo não pode tocar a alma: nem segundo sua quantidade última (dado que a alma é incorpórea), nem por contato de virtudes, pois a virtude de um corpo não pode imprimir-se numa substância incorpórea, mas antes o contrário. Portanto, a alma separada não pode padecer o fogo corpóreo de modo algum.

4. Ademais, diz-se que uma coisa padece de dois modos. Ou como sujeito, tal como a madeira padece o fogo, ou como contrário, tal como o quente padece o frio. Ora, como sujeito da paixão a alma não pode padecer o fogo corpóreo, porque seria necessário que a forma do fogo se desse na alma; pois se seguiria que a alma se esquentaria e se queimaria, o que é impossível. E tampouco pode a alma padecer o fogo corpóreo tal como um contrário padece o seu contrário; seja porque a alma não tem contrário, seja porque se seguiria que a alma seria

corporeo destrueretur; quod est impossibile. Anima igitur non potest pati ab igne corporeo.

5 Praeterea, inter agens et patiens oportet esse proportionem aliquam. Sed inter animam et ignem corporeum non videtur esse aliqua proportio, cum sint diversorum generum. Ergo anima non potest pati ab igne corporeo.

6 Praeterea, omne quod patitur movetur. Anima autem non movetur, cum non sit corpus. Ergo anima non potest pati.

7 Praeterea, anima est dignior quam corpus quintae essentiae. Sed corpus quintae essentiae est omnino impassibile. Ergo multo magis anima.

8 Praeterea, Augustinus dicit, XII super Genes. ad litteram, quod agens est nobilior patiente. Sed ignis corporeus non est nobilior anima. Ergo ignis non potest agere in animam.

9 Sed dicebat, quod ignis non agit in animam virtute propria et naturali, sed in quantum est instrumentum divinae iustitiae. Sed contra, sapientis artificis est uti convenientibus instrumentis ad finem suum. Sed ignis corporeus non videtur esse conveniens instrumentum ad puniendum animam, cum hoc non conveniat ei ratione suae formae, per quam instrumentum adaptatur ad effectum, ut dolabra ad dolandum, et serra ad secandum. Non enim sapienter ageret artifex, si uteretur serra ad dolandum et dolabra ad secandum. Ergo multo minus Deus, qui est sapientissimus, utitur igne corporeo ut instrumento ad puniendum animam.

10 Praeterea, Deus, cum sit auctor naturae, nihil contra naturam facit, ut dicit quaedam Glossa super illud Rom. XI: *contra naturam insertus es*. Sed contra naturam est ut corporeum in incorporeum agat. Ergo hoc Deus non facit.

11 Praeterea, Deus non potest facere quod contradictoria sint simul vera. Hoc autem sequeretur, si subtraheretur alicui quod est de essentia eius. Puta, si homo non esset rationalis, sequeretur quod esset simul homo et non homo. Ergo Deus non potest facere quod aliqua res careat eo quod est ei essentiale. Sed esse impassibile est essentiale animae; convenit enim ei in quantum est immaterialis. Ergo Deus non potest facere quod anima patiatur ab igne corporeo.

12 Praeterea, unaquaeque res habet potentiam agendi secundum suam naturam. Non ergo potest res aliqua accipere potentiam agendi quae sibi non competit sed magis alteri rei, nisi a propria natura immutetur in

destruída pelo fogo corpóreo, o que é impossível. Logo, a alma não pode padecer o fogo corpóreo.

5. Ademais, entre o agente e o paciente é necessário que haja certa proporção. Mas entre a alma e o fogo corpóreo não parece existir nenhuma proporção, visto que são de diversos gêneros. Logo, a alma não pode padecer o fogo corpóreo.

6. Ademais, tudo o que padece se move. Mas a alma não se move, dado que não é corpo. Logo, a alma não pode padecer.

7. Ademais, a alma é mais digna que o corpo da quintessência.[456] Ora, o corpo da quintessência é absolutamente impassível. Logo, com maior razão o é a alma.

8. Ademais, diz Agostinho no livro XII de seu *Comentário Literal ao Gênesis*[457] que o agente é mais nobre que o paciente. Ora, o fogo corpóreo não é mais nobre que a alma. Logo, o fogo não pode agir sobre a alma.

9. Poder-se-ia dizer, porém, que o fogo não age sobre a alma por virtude própria e natural, mas enquanto instrumento da justiça divina. Mas em sentido contrário: é próprio de um artífice sábio servir-se dos instrumentos mais convenientes para seu fim. Ora, o fogo corpóreo não parece ser o instrumento conveniente para castigar a alma, porque isto não lhe convém em razão de sua forma, e é pela forma que o instrumento se adapta ao efeito pretendido – como uma enxó se destina a desbastar a madeira, e uma serra a cortar. Logo, muito menos Deus, que é o [artífice] mais sábio, se serve do fogo corpóreo como instrumento para castigar a alma.

10. Ademais, sendo Deus autor da natureza, nada faz de contrário a esta, como diz certa *Glosa*[458] a Romanos 11,24: "contra a natureza foste enxertado". Mas é contrário à natureza que o corpóreo aja sobre o incorpóreo. Logo, Deus não faz isso.

11. Ademais, Deus não pode fazer que coisas contraditórias sejam simultaneamente verdadeiras. Ora, isto se daria se a algo fosse subtraído o que cabe à sua essência; por exemplo, se o homem não fosse racional, seguir-se-ia que seria simultaneamente homem e não homem. Logo, Deus não pode fazer que alguma coisa careça do que lhe é essencial. Mas ser impassível é essencial à alma, pois lhe convém enquanto é imaterial. Logo, Deus não pode fazer que a alma padeça pelo fogo corpóreo.

12. Ademais, cada coisa tem a potência para agir segundo sua natureza. Logo, nenhuma coisa pode receber uma potência para agir que não compita a ela, mas antes a outra coisa, a não ser que sua própria natureza seja modificada.

aliam naturam. Sicut aqua non calefacit, nisi fuerit ab igne transmutata. Sed habere potentiam agendi in res spirituales, non competit naturae ignis corporei, ut ostensum est. Si ergo a Deo hoc habet ut instrumentum divinae iustitiae, quod in animam separatam agere possit; videtur quod iam non sit ignis corporeus, sed alterius naturae.

13 Praeterea, id quod fit virtute divina, habet propriam et veram rationem rei in natura existentis. Cum enim divina virtute aliquis caecus illuminatur, recipit visum secundum veram et propriam rationem naturalem visus. Si anima igitur virtute divina patiatur ab igne prout est instrumentum divinae iustitiae, sequitur quod anima vere patiatur secundum propriam rationem passionis. Pati autem dupliciter dicitur. Uno modo, secundum quod pati dicitur recipere tantum; sicut intellectus patitur ab intelligibili, et sensus a sensibili. Alio modo, per hoc quod abiicitur aliquid a substantia patientis; sicut cum lignum patitur ab igne. Si igitur anima separata patiatur ab igne corporeo divina virtute, prout ratio passionis consistit in receptione tantum, cum receptum sit in recipiente secundum modum eius, sequitur quod anima separata recipiat ab igne corporeo immaterialiter et incorporaliter secundum modum suum. Talis autem receptio non est animae punitiva, sed perfectiva. Ergo hoc non erit ad poenam animae. Similiter etiam nec potest pati anima ab igne corporeo prout passio abiicit a substantia; quia sic substantia animae corrumperetur. Ergo non potest esse quod anima patiatur ab igne corporeo, etiam prout est instrumentum divinae iustitiae.

14 Praeterea, nullum instrumentum agit instrumentaliter, nisi exercendo operationem propriam. Sicut serra agit instrumentaliter ad perfectionem arcae secando. Sed ignis non potest agere in animam actione propria naturali; non enim potest calefacere animam. Ergo non potest agere in animam ut instrumentum divinae iustitiae.

15 Sed dicebat, quod ignis aliqua actione propria agit in animam, in quantum scilicet detinet eam ut sibi alligatam. Sed contra, si anima alligatur igni et ab eo detinetur, oportet quod ei aliquo modo uniatur. Non autem unitur ut forma, quia sic anima vivificaret ignem; nec unitur ei ut motor, quia sic magis pateretur ignis ab anima quam e converso. Non est autem alius modus quo substantia incorporea corpori uniri

Assim, a água não aquece senão se modificada pelo fogo. Ora, ter potência para agir sobre as coisas espirituais não compete à natureza do fogo corpóreo, como já se disse. Logo, se como instrumento da justiça divina o fogo tem, mediante Deus, poder para agir sobre a alma separada, parece que já não é um fogo corpóreo, e sim de outra natureza.

13. Ademais, o que se faz por virtude divina tem própria e verdadeira razão de coisa existente na natureza. Pois, quando por virtude divina o cego vê, este recebe a visão segundo a verdadeira e própria razão natural da visão. Por conseguinte, se a alma por virtude divina padece o fogo enquanto instrumento da justiça divina, segue-se que a alma verdadeiramente padece segundo a razão própria da paixão. Mas a paixão diz-se de duas maneiras. Primeiro, na medida em que padecer é apenas receber, como quando o intelecto é paciente do inteligível, e o sentido do sensível. Segundo, na medida em que algo é eliminado da substância do paciente; como quando a madeira padece o fogo. Logo, se por virtude divina a alma separada padece o fogo corpóreo ao modo da paixão que consiste somente numa recepção, então, visto que o recebido está no recipiente segundo o modo deste, segue-se que a alma recebe o fogo corpóreo imaterialmente e incorporalmente segundo o modo dela. Tal recepção, porém, não é punitiva para a alma, mas perfectiva. Portanto, não lhe é uma pena. Similarmente, tampouco pode a alma padecer o fogo corpóreo ao modo da paixão que elimina algo da substância; porque nesse caso a substância da alma se corromperia. Logo, não pode suceder que a alma padeça o fogo corpóreo, mesmo sendo ele instrumento da justiça divina.

14. Ademais, nenhum instrumento age instrumentalmente senão exercendo sua operação própria. Deste modo a serra, cortando, age instrumentalmente para a perfeição da arca. Ora, mas o fogo não pode agir sobre a alma por sua ação natural própria, pois não pode aquecer a alma. Logo, não pode agir sobre a alma como instrumento da justiça divina.

15. Poder-se-ia dizer, porém, que o fogo age com outra ação própria sobre a alma, na medida em que a retém como ligada a ele. Mas em sentido contrário: se a alma se liga ao fogo e é por ele retida, é necessário que se una a ele de algum modo. Mas não se une ao fogo como forma, porque neste caso a alma vivificaria o fogo; tampouco se une a ele como motor, porque neste caso seria em verdade o fogo que padeceria a alma, e não o contrário. Ora, não há outro modo por que

possit. Ergo anima separata non potest alligari ab igne corporeo, nec ab eo detineri.

16 Praeterea, id quod est alligatum alicui, non potest ab eo separari. Sed spiritus damnati separantur aliquando ab igne corporeo infernali. Nam Daemones dicuntur esse in hoc aere caliginoso; animae etiam damnatorum interdum aliquibus apparuerunt. Non ergo patitur anima ab igne corporeo ut ei alligata.

17 Praeterea, id quod alligatur alicui et detinetur ab eo, impeditur per ipsum a propria operatione. Sed propria operatio animae est intelligere, a qua impediri non potest per alligationem ad aliquid corporeum; quia intelligibilia sua in se habet, ut in [II] de anima dicitur. Unde non oportet ut ea extra se quaerat. Ergo anima separata non punitur per alligationem ad ignem corporeum.

18 Praeterea, sicut ignis per modum istum potest detinere animam; ita et alia corporea, vel etiam magis, in quantum sunt grossiora et graviora. Si ergo anima non puniretur nisi per detentionem et alligationem, eius poena non deberet soli igni attribui, sed magis aliis corporibus.

19 Praeterea, Augustinus dicit, XII super Genes. ad litteram, quod substantiam Inferorum non est credendum esse corporalem, sed spiritualem. Damascenus etiam dicit, quod ignis Inferni non est materialis. Ergo videtur quod anima non patiatur ab igne corporeo.

20 Praeterea, sicut dicit Gregorius in moralibus, delinquens servus ad hoc punitur a domino ut corrigatur. Sed illi qui sunt damnati in Inferno, incorrigibiles sunt. Ergo non debent puniri per ignem corporeum infernalem.

21 Praeterea, poenae per contrarium fiunt. Sed anima peccavit subdendo se corporalibus rebus per affectum. Ergo non debet per aliqua corporalia puniri, sed magis per separationem a corporalibus.

22 Praeterea, sicut ex divina iustitia redduntur poenae peccatoribus, ita et praemia iustis. Sed iustis non redduntur praemia corporalia, sed spiritualia tantum. Unde si qua praemia corporalia iustis reddenda in Scriptura traduntur, intelliguntur metaphorice; sicut dicitur Luc. XXII: *ut edatis et bibatis super mensam meam in regno meo.* Ergo et peccatoribus non infliguntur poenae corporales, sed spirituales tantum; et ea quae de poenis corporalibus in Scripturis dicuntur, erunt metaphorice intelligenda. Et sic anima non patitur ab igne corporeo.

uma substância incorpórea possa unir-se a um corpo. Logo, a alma separada não pode ligar-se ao fogo corpóreo, nem ser retida por ele.

16. Ademais, o que está ligado a uma coisa não pode separar-se dela. Ora, os espíritos condenados algumas vezes se separam do fogo corpóreo infernal. Pois se diz que os demônios habitam a névoa; e também as almas dos condenados por vezes apareceram a alguns. Logo, a alma não padece o fogo corpóreo como algo ligado a ele.

17. Ademais, o que está ligado a uma coisa e está retido por ela também se encontra impedido de executar sua operação própria. Ora, a operação própria da alma é inteligir, ação da qual não pode ser impedida por seu encadeamento a algo corpóreo, uma vez que [já] possui em si seus inteligíveis, como se diz no livro II *Sobre a Alma*.[459] Portanto, não é necessário que os busque fora de si. Logo, a alma separada não é castigada com o encadeamento ao fogo corpóreo.

18. Ademais, assim como o fogo pode reter a alma do modo aqui referido, também outros corpos podem fazê-lo – e até melhor, por ser mais densos e mais pesados. Logo, se a alma fosse castigada com a retenção e o encadeamento, tal pena não deveria atribuir-se tanto ao fogo, mas antes a outros corpos.

19. Ademais, diz Agostinho no livro XII de seu *Comentário Literal ao Gênesis*[460] que não se deve crer que a substância dos infernos é corporal, mas espiritual. Também Damasceno[461] diz que o fogo do inferno não é material. Logo, parece que a alma não padece o fogo corpóreo.

20. Ademais, diz Gregório em seus *Escritos Morais*[462] que o servo faltoso é punido por seu senhor para que se corrija. Mas os que estão condenados ao inferno são incorrigíveis. Logo, não deveriam ser punidos com o fogo corpóreo do inferno.

21. Ademais, as penas se produzem a partir do contrário [do que se fez]. Ora, a alma pecou submetendo-se às coisas corporais por afeição a elas. Logo, não deve ser punida com algo corporal, mas com sua separação do corporal.

22. Ademais, assim como pela justiça divina dão-se penas aos pecadores, assim também se dão prêmios aos justos. Mas aos justos não se dão prêmios corporais, mas apenas espirituais (daí que, se se encontram nas Sagradas Escrituras prêmios corporais que hão de dar-se aos justos, são eles entendidos metaforicamente, como quando se diz em Lucas 22,30: "a fim de que comais e bebais à minha mesa em meu Reino"). Logo, tampouco aos pecadores se infligirão penas corporais, mas apenas espirituais; e aquilo que se diz nas Escrituras acerca das penas corporais deverá ser entendido metaforicamente. Portanto, a alma não padece o fogo corpóreo.

Sed contra.

Idem ignis est quo punientur corpora et animae damnatorum et Daemones; ut patet per illud Matth. XXV: *ite, maledicti, in ignem aeternum, qui paratus est Diabolo et Angelis eius*. Sed corpora damnatorum necessarium est quod puniantur igne corporeo. Pari ergo ratione animae separatae igne corporeo puniuntur.

Respondeo. Dicendum quod circa passionem animae ab igne, multipliciter aliqui locuti sunt.

Quidam enim dixerunt quod anima non patietur poenam ab aliquo igne corporeo, sed spiritualis eius afflictio metaphorice in Scripturis ignis nomine designatur. Et haec fuit opinio Origenis. Sed hoc pro tanto non videtur sufficiens, quia, ut Augustinus dicit, XXI de Civit. Dei, oportet intelligi ignem esse corporeum quo cruciabuntur corpora damnatorum, quo etiam igne et Daemones et animae cruciantur, secundum sententiam de eo inductam.

Et ideo aliis visum fuit quod ignis ille corporeus est; sed non ab eo immediate anima patitur poenam, sed ab eius similitudine secundum imaginariam visionem. Sicut accidit dormientibus, quod ex visione aliquorum terribilium quae se perpeti vident, veraciter affliguntur; licet ea a quibus affliguntur, non sint vera corpora, sed similitudines corporum.

Sed haec positio stare non potest; quia in superioribus est ostensum, quod potentiae sensitivae partis, inter quas est vis imaginativa, non manent in anima separata. Et ideo oportet dicere quod ab ipso corporali igne patitur anima separata.

Sed quomodo patiatur, videtur difficile assignare. Quidam enim dixerunt quod anima separata patitur ignem hoc ipso quod videt. Quod tangit Gregorius in Dial. dicens: *ignem eo ipso patitur anima, quo videt*. Sed cum videre sit perfectio videntis, omnis visio est delectabilis in quantum huiusmodi. Unde nihil in quantum est visum, est afflictivum, sed inquantum apprehenditur ut nocivum.

Mas em sentido contrário:

É com um só e mesmo fogo que se punirão os corpos e almas dos condenados e os demônios, conforme se vê em Mateus 25,41: "Apartai-vos de mim, malditos, para o fogo eterno preparado para o diabo e para os seus anjos". Ora, é necessário que os corpos dos condenados sejam punidos com o fogo corpóreo. Logo, pela mesma razão, as almas separadas são punidas com fogo corpóreo.

Respondo. Deve-se dizer que, acerca da paixão da alma pelo fogo, se propuseram muitas coisas distintas.

Alguns disseram que a alma não padecerá pena por um fogo corpóreo, mas que sua aflição espiritual é metaforicamente designada nas Sagradas Escrituras sob o nome "fogo". E foi esta a opinião de Orígenes.[463] Mas tal posição não parece ser suficiente com respeito a este assunto, porque, como diz Agostinho no livro XXI *Sobre a Cidade de Deus*,[464] convém entender que é corpóreo o fogo pelo qual serão atormentados os corpos dos condenados, e também o fogo pelo qual são atormentados tanto os demônios quanto as almas, conforme a sentença ditada pelo Senhor.

Assim, a outros pareceu que este fogo é corpóreo, mas que a alma não padece sua pena imediatamente por ele, mas sim por sua semelhança, segundo uma visão imaginária: assim como sucede aos que dormem e, pela visão de algo terrível que parecem padecer, realmente se afligem, ainda que aquilo por que se afligem não sejam verdadeiros corpos, mas semelhanças de corpos.

Mas tampouco esta posição pode sustentar-se, porque se demonstrou anteriormente que as potências da parte sensitiva, entre as quais se encontra a virtude imaginativa, não permanecem na alma separada.

Portanto, é necessário dizer que é pelo próprio fogo corporal que a alma separada padece; mas de que modo padece é difícil determinar. Alguns disseram que a alma separada padece o fogo pelo próprio fato de que o vê. Disto trata Gregório em seus *Diálogos*,[465] dizendo: "a alma padece o fogo pelo próprio fato de que o vê". Mas, como ver é a perfeição do vidente, toda visão é deleitável enquanto tal. Donde nada é aflitivo apenas na medida em que é visto, mas sim na medida em que é percebido como nocivo.

Et ideo alii dixerunt quod anima videns illum ignem, et apprehendens ut nocivum sibi, ex hoc affligitur. Quod tangit Gregorius, XIV Dial. dicens, quod quia anima cremari se conspicit, crematur. Sed tunc considerandum restat, utrum ignis secundum rei veritatem sit nocivus animae, vel non. Et si quidem non sit animae nocivus secundum rei veritatem, sequetur quod decipietur in sua aestimatione, qua apprehendit ipsum ut nocivum. Et hoc videtur inopinabile; praecipue quantum ad Daemones, qui acumine intellectus vigent in rerum naturis cognoscendis.

Oportet ergo dicere quod secundum rei veritatem ille ignis corporeus animae sit nocivus. Unde Gregorius, IV Dialog., concludit dicens: *colligere ex dictis evangelicis possumus, quod incendium anima non solum videndo, sed experiendo patiatur.*

Ad investigandum ergo quomodo ignis corporeus animae vel Daemoni nocivus esse possit, considerandum est quod nocumentum alicui non infertur secundum quod recipit id quo perficitur, sed secundum quod a suo contrario impeditur. Unde passio animae per ignem non est secundum receptionem tantum, sicut patitur intellectus ab intelligibili et sensus a sensibili, sed secundum quod aliquid patitur ab altero per viam contrarietatis et obstaculi. Hoc autem contingit dupliciter. Impeditur enim aliquid uno modo a suo contrario quantum ad esse suum quod habet ex aliqua forma inhaerente; et sic patitur aliquid a suo contrario per alterationem et corruptionem, sicut lignum ab igne comburitur. Aliquid autem impeditur ab aliquo obstante vel contrariante quantum ad suam inclinationem. Sicut naturalis inclinatio lapidis est ut feratur deorsum; impeditur autem ab aliquo obstante et vim inferente, ut per violentiam quiescat, vel per violentiam moveatur.

Neuter autem modus passionis poenalis est in re cognitione carente. Nam ubi non potest esse dolor et tristitia, non competit ratio afflictionis et poenae. Sed in habente cognitionem, ab utroque modo passionis consequitur afflictio et poena; sed diversimode. Nam passio quae est secundum alterationem a contrario, infert afflictionem et poenam secundum sensibilem dolorem; sicut cum sensibile excellens corrumpit harmoniam sensus. Et ideo excellentiae sensibilium, et maxime tangibilium, dolorem sensibilem inferunt; contemperationes autem eorum

E por isso disseram alguns que a alma, ao ver tal fogo e percebê-lo como nocivo a ela, se aflige por isso. Disto trata Gregório em seus *Diálogos*,⁴⁶⁶ dizendo que a alma, ao ver-se sendo queimada, queima-se. Mas então resta considerar se o fogo, segundo a verdade das coisas, é ou não nocivo à alma. Ora, se tal fogo não fosse nocivo à alma segundo a verdade das coisas, então se seguiria que [aquele que assim opina] estaria enganado em suas ponderações pelas quais o considera nocivo. Mas isto parece impensável, principalmente quanto aos demônios, que, pela agudeza de seu intelecto, excelem em conhecer as coisas naturais.

Logo, é necessário dizer que, segundo a verdade das coisas, tal fogo corpóreo é nocivo à alma. Donde diz Gregório em seus *Diálogos*,⁴⁶⁷ a título de conclusão: "Podemos coligir das sentenças evangélicas que a alma padece um incêndio, não só olhando-o, mas também sentindo-o".

Logo, para investigar de que modo o fogo corpóreo poderia ser nocivo à alma ou ao demônio, deve-se considerar que o dano a algo não se lhe inflige na medida em que ele recebe aquilo que o perfaz, mas na medida em que ele é impedido por seu contrário. Daí que a paixão da alma pelo fogo não se dá segundo o modo da mera recepção (como o intelecto que padece o inteligível e o sentido que padece o sensível), mas na medida em que algo padece outro por via da contrariedade e do obstáculo. E isto sucede de dois modos. De um modo, enquanto uma coisa é impedida por seu contrário no que tange ao ser que ela possui mediante uma forma que lhe é inerente; e assim algo padece seu contrário mediante alteração e corrupção, como a madeira que é consumida pelo fogo. Mas uma coisa também é impedida de outro modo, a saber, por algo que a obstaculiza ou contraria no que se refere à sua inclinação: a inclinação natural da pedra, por exemplo, é que seja levada para baixo, mas ela pode ser impedida por algum obstáculo ou força, de modo que por violência se a faça repousar ou mover-se.

Ora, nenhum destes dois modos de padecer é verdadeiramente penoso num ente desprovido de conhecimento, pois, onde não pode haver dor nem tristeza, não há a razão de aflição nem de pena. Em contrapartida, naquele que tem conhecimento, pode dar-se aflição e pena de ambos os modos, mas de maneira diversa. Pois a paixão que se dá segundo a alteração por um contrário produz aflição e pena segundo a dor sensível (como quando um sensível muito intenso corrompe a harmonia do sentido), e por isso a intensidade dos sensíveis, principalmente os do tato, causa dor sensível; seu abrandamento é causa de deleite por

delectant propter convenientiam ad sensum. Sed secunda passio non infert poenam secundum dolorem sensibilem, sed secundum tristitiam quae oritur in homine vel in animali ex hoc quod aliquid interiori aliqua vi apprehenditur ut repugnans voluntati, vel cuicumque appetitui. Unde ea quae sunt contraria voluntati et appetitui affligunt, et magis interdum quam ea quae sunt dolorosa secundum sensum; praeeligeret enim aliquis verberari, et graviter secundum sensum affligi, quam vituperia sustinere, vel aliqua huiusmodi quae voluntati repugnant.

Secundum igitur primum modum passionis anima non potest pati poenam ab igne corporeo; non enim possibile est quod ab eo alteretur et corrumpatur. Et ideo non eo modo ab igne affligitur ut ex eo dolorem sensibilem patiatur. Potest autem pati anima ab igne corporeo, secundo modo passionis, in quantum per huiusmodi ignem impeditur a sua inclinatione, vel voluntate.

Quod sic patet. Anima enim, et quaelibet incorporalis substantia, quantum est de sui natura, non est obligata alicui loco; sed transcendit totum ordinem corporalium. Quod ergo alligetur alicui, et determinetur ad aliquem locum per quamdam necessitatem, est contra eius naturam et contrarium appetitui naturali. Et hoc dico, nisi in quantum coniungitur corpori, cuius est forma naturalis, in quo aliquam perfectionem consequitur.

Quod autem aliqua spiritualis substantia alicui corpori obligetur, non est ex virtute corporis potentis substantiam incorpoream detinere; sed ex virtute alicuius superioris substantiae alligantis spiritualem substantiam tali corpori. Sicut etiam per artes magicas, permissione divina, virtute superiorum Daemonum aliqui spiritus rebus aliquibus alligantur, vel anulis, vel imaginibus, vel huiusmodi rebus. Et per hunc modum animae et Daemones alligantur, virtute divina, in sui poenam, corporeo igni. Unde Augustinus dicit, XXI de Civit. Dei: *cur non dicamus, quamvis miris modis, etiam spiritus incorporeos poena corporalis ignis affligi, si spiritus hominum, etiam ipsi profecto incorporei, et nunc possunt includi corporalibus membris, et tunc poterunt corporum suorum vinculis insolubiliter alligari? Adhaerebunt ergo spiritus, licet incorporei, corporalibus ignibus cruciandi; accipientes ex ignibus poenam, non dantes ignibus vitam.*

ser conveniente ao sentido. A segunda classe de paixão, porém, não provoca pena segundo a dor sensível, mas segundo a tristeza interior que se origina no homem ou no animal pelo fato de que algo, mediante certa virtude interior, é apreendido como repugnante para a vontade ou para qualquer apetite. Daí que as coisas que são contrárias à vontade e ao apetite também aflijam, e às vezes mais do que as que causam dor sensível; de fato, alguém antes quereria ser golpeado ou gravemente afligido em seus sentidos do que suportar vitupérios ou coisas do tipo, que são repugnantes para a vontade.

Pois bem, a alma não pode padecer o fogo corpóreo segundo o primeiro tipo de paixão: pois não é possível que a alma seja por ele alterada ou destruída; daí que não seja afligida pelo fogo de modo que por ele padeça uma dor sensível. Mas a alma pode padecer o fogo corpóreo de acordo com o segundo tipo de paixão, na medida em que este fogo obstaculiza sua inclinação ou vontade.

E isto se evidencia da seguinte maneira: a alma – e qualquer substância incorpórea –, no que lhe compete por natureza, não está atada a nenhum lugar, senão que transcende toda a ordem corporal. Assim, que ela esteja ligada a algo, e determinada a um lugar por alguma necessidade, é contrário à sua natureza e contrário ao seu apetite natural; exceto quando está unida a seu próprio corpo, do qual é forma natural e com o qual obtém certa perfeição.

Que uma substância espiritual esteja ligada a um corpo não é algo que sucede pela virtude que teria o corpo de deter a substância incorpórea, mas pela virtude de certa substância superior que liga a substância espiritual a tal corpo – assim como também, mediante artes mágicas, com permissão divina, e pela virtude de demônios superiores, alguns espíritos estão atados a certos objetos, sejam anéis, imagens ou coisas deste tipo. E é pelo referido modo, mas por virtude divina, que as almas e os demônios são atados ao fogo corpóreo para sua pena. Donde dizer Agostinho no livro XXI *Sobre a Cidade de Deus*:[468] "Por que não diríamos que também os espíritos incorpóreos – de modo admirável, mas não obstante verdadeiro – podem sofrer pena do fogo corpóreo, se os espíritos humanos, que de fato são igualmente incorpóreos, tanto puderam agora ser encerrados em seus membros corporais quanto poderão então ser atados a seus corpos por laços indissolúveis? Logo, os espíritos aderirão, ainda que incorpóreos, ao fogo corporal para ser atormentados; recebendo do fogo pena, e não dando vida ao fogo".

Et sic verum est quod ignis ille, in quantum virtute divina detinet animam alligatam, agit in animam ut instrumentum divinae iustitiae. Et in quantum anima apprehendit illum ignem ut sibi nocivum, interiori tristitia affligitur; quae quidem maxima est cum considerat se infimis rebus subdi, quae nata fuit Deo per fruitionem uniri.

Maxima ergo afflictio damnatorum erit ex eo quod a Deo separabuntur; secunda vero ex hoc quod rebus corporalibus subdentur, et infimo et abiectissimo loco.

1-7 Et per hoc patet solutio AD SEPTEM QUAE PRIMO obiiciuntur. Non enim dicimus quod anima patiatur ab igne corporeo vel recipiendo tantum, vel secundum alterationem a contrario, prout praedictae obiectiones procedunt.

8 AD OCTAVUM dicendum quod instrumentum non agit virtute sua, sed virtute principalis agentis. Et ideo, cum ignis agat in animam ut instrumentum divinae iustitiae, non est attendenda dignitas ignis, sed divinae iustitiae.

9 AD NONUM dicendum quod corpora sunt convenientia instrumenta ad puniendum damnatos. Conveniens enim est ut qui suo superiori, scilicet Deo, subdi noluerunt, rebus inferioribus subdantur per poenam.

10 AD DECIMUM dicendum quod Deus, etsi non faciat contra naturam, operatur tamen supra naturam, dum facit quod natura non potest.

11 AD UNDECIMUM dicendum quod esse impassibile a re corporali per modum alterationis, animae competit secundum rationem suae essentiae. Hoc autem modo non patitur divina virtute, sed sicut dictum est.

12 AD DUODECIMUM dicendum quod ignis non habet potentiam agendi in animam ut virtute propria agat, sicut ea quae naturaliter agunt; sed instrumentaliter tantum; et ideo non sequitur quod mutetur a sua natura.

13 AD DECIMUMTERTIUM dicendum quod neutro illorum modorum anima ab igne corporeo patitur, sed sicut dictum est.

14 AD DECIMUMQUARTUM dicendum quod ignis corporeus etsi non calefaciat animam, habet tamen aliam operationem vel habitudinem

Assim, é verdade que este fogo, na medida em que retém a alma ligada a ele por virtude divina, age na alma como instrumento da justiça divina. E, uma vez que a alma apreende tal fogo como nocivo a ela, aflige-se com uma tristeza interior – a qual é ainda maior quando a alma considera o fato de que, nascida para unir-se a Deus desfrutando-O, está submetida às coisas mais baixas.

Por conseguinte, a maior aflição dos condenados provirá do fato de que estarão separados de Deus; e a segunda, do fato de estar submetidos a uma coisa corporal, justamente no lugar mais baixo e abjeto.

1-7. Daí se depreende a solução para AS SETE PRIMEIRAS OBJEÇÕES. Pois não dizemos que a alma padeça o fogo corpóreo somente recebendo-o, nem que o padeça segundo a alteração por um contrário, conforme procedem tais objeções.

8. QUANTO AO OITAVO ARGUMENTO, deve-se dizer que um instrumento não age por virtude própria, mas pela virtude do agente principal. Portanto, visto que o fogo age sobre a alma como instrumento da justiça divina, não se deve levar em conta a dignidade do fogo, mas a da justiça divina.

9. QUANTO AO NONO, deve-se dizer que as coisas corporais são instrumentos convenientes para punir os condenados. Pois é conveniente que aqueles que não quiseram submeter-se ao seu superior (ou seja, Deus) sejam submetidos a seus inferiores para ser punidos.

10. QUANTO AO DÉCIMO, deve-se dizer que Deus, embora não opere contra a natureza, opera acima dela, na medida em que faz o que a natureza não pode fazer.

11. QUANTO AO DÉCIMO PRIMEIRO, deve-se dizer que ser impassível à coisa corporal pelo modo da alteração é algo que compete à alma em razão de sua essência. Não obstante, não é deste modo que ela padece por virtude divina, mas como se disse.

12. QUANTO AO DÉCIMO SEGUNDO, deve-se dizer que o fogo não tem potência para agir sobre a alma por virtude própria, como as coisas que agem naturalmente, mas apenas instrumentalmente; e por isso não ocorre que sua natureza seja mudada.

13. QUANTO AO DÉCIMO TERCEIRO, deve-se dizer que de nenhum dos modos referidos a alma padece o fogo corpóreo, mas sim como foi dito.

14. QUANTO AO DÉCIMO QUARTO, deve-se dizer que o fogo corpóreo, embora não aqueça a alma, tem porém outra operação ou relação com a alma, que é

ad animam, quam corpora nata sunt habere ad spiritus; ut scilicet eis aliqualiter uniantur.

15 AD DECIMUMQUINTUM dicendum quod anima non unitur igni punienti ut forma, quia non dat ei vitam, ut Augustinus dicit; sed unitur ei eo modo quo spiritus uniuntur locis corporeis per contactum virtutis, quamvis etiam non sint ipsorum motores.

16 AD DECIMUMSEXTUM dicendum quod, sicut iam dictum est, anima affligitur ab igne corporeo, in quantum apprehendit eum ut sibi nocivum per modum alligationis et detentionis. Haec autem apprehensio affligere potest etiam cum non est actu alligata, ex hoc solum quod apprehendit se alligationi deputatam. Et per hoc dicuntur Daemones secum ferre Gehennam quocumque vadunt.

17 AD DECIMUMSEPTIMUM dicendum quod licet anima ex huiusmodi alligatione non impediatur ab intellectuali operatione, impeditur tamen a quadam naturali libertate, qua est absoluta ab omni obligatione ad locum corporalem.

18 AD DECIMUMOCTAVUM dicendum quod poena Gehennae non solum est animarum, sed etiam corporum; propter hoc ponitur ignis maxime poena gehennalis, quia ignis est maxime corporum afflictivus. Nihilominus tamen et alia erunt afflictiva, secundum illud Psalm. X: *ignis, sulphur, et spiritus procellarum, pars calicis eorum*. Competit etiam amori inordinato, qui est peccandi principium; ut sicut caelum Empyreum respondet igni caritatis, ita ignis Inferni respondeat inordinatae cupiditati.

19 AD DECIMUMNONUM dicendum quod Augustinus hoc dicit non determinando, sed inquirendo. Vel si hoc opinando dixit, expresse postmodum hoc revocat in XXI de Civit. Dei. Vel potest dici, quod substantia Inferorum dicitur esse spiritualis quantum ad proximum affligens, quod est ignis apprehensus ut nocivus per modum detentionis et alligationis.

20 AD VICESIMUM dicendum quod Gregorius hoc introducit per modum obiectionis quorumdam, qui credebant omnes poenas quae a Deo infliguntur esse purgatorias, et nullam esse perpetuam; quod quidem falsum est. Inferuntur enim a Deo quaedam poenae vel in hac vita, vel post hanc vitam, ad emendationem vel purgationem; quaedam vero ad

distinta da que os corpos têm por natureza com os espíritos, a saber: que de algum modo seja a eles unido.

15. QUANTO AO DÉCIMO QUINTO, deve-se dizer que a alma não se une como forma ao fogo que pune, porque ela não lhe dá a vida, como diz Agostinho; mas une-se a ele do mesmo modo pelo qual os espíritos se unem aos lugares corpóreos: por contato de virtude, embora não sejam motores deles.

16. QUANTO AO DÉCIMO SEXTO, deve-se dizer, como já se explicou, que a alma é afligida pelo fogo corpóreo, na medida em que o apreende como nocivo a ela porque a ata e a retém. E tal apreensão pode afligi-la também quando não esteja ligada a ele em ato, pelo simples fato de que apreende que está determinada a tal ligação. E por isso se diz que os demônios levam consigo o inferno aonde quer que vão.

17. QUANTO AO DÉCIMO SÉTIMO, deve-se dizer que, embora a alma, mediante tal vínculo, não esteja impedida de realizar sua operação intelectual, está não obstante impedida de gozar de certa liberdade natural pela qual estaria desligada de todo vínculo com o lugar corporal.

18. QUANTO AO DÉCIMO OITAVO, deve-se dizer que a pena do inferno não é somente para as almas, mas também para os corpos; por isso se considera o fogo como a maior pena do inferno, porque o fogo é o que mais aflige os corpos. Não obstante, haverá também outras coisas aflitivas, como se lê no Salmo 10,6: "Sobre os ímpios [o Senhor] fará chover fogo e enxofre; um vento abrasador de procela será o seu quinhão". E isto compete também ao amor desordenado (que é princípio de pecado): que, assim como o céu empíreo corresponde ao fogo da caridade, o fogo do inferno corresponda ao desejo desordenado.

19. QUANTO AO DÉCIMO NONO, deve-se dizer que Agostinho não diz isso como quem determina, mas como quem investiga. Ou, se o disse como quem opina, expressamente o revoga depois no livro XXI *Sobre a Cidade de Deus*.[469] Ou pode-se ainda dizer que a substância dos infernos é dita espiritual quanto ao que é causa próxima de aflição, que é o fogo apreendido como nocivo ao modo de encadeamento e retenção.

20. QUANTO AO VIGÉSIMO, deve-se dizer que Gregório introduz isso como a objeção de alguns que acreditavam que todas as penas infligidas por Deus são purgatórias, e que nenhuma é perpétua; o que é falso. Pois algumas penas são infligidas por Deus, ou nesta vida, ou depois dela, para nossa correção ou purgação; já outras,

ultimam damnationem. Nec tales poenae a Deo infliguntur eo quod ipse delectetur in poenis; sed eo quod delectatur in iustitia, secundum quam peccantibus poena debetur. Sic etiam apud homines quaedam poenae infliguntur ad correctionem eius qui punitur, sicut cum pater flagellat filium; quaedam autem ad finalem condemnationem, sicut cum iudex suspendit latronem.

21 AD VICESIMUMPRIMUM dicendum quod poenae sunt per contrarium quantum ad intentionem peccantis: nam peccans intendit propriae satisfacere voluntati. Poena etiam est contraria voluntati ipsius; in quantum ex sapientia divina procedit, ut illud in quo quaerit aliquis suam voluntatem implere, in contrarium ei vertatur. Et sic dicitur in libro Sap. XI: *per quae peccat quis, per haec et torquetur*. Unde quia anima peccat corporalibus inhaerendo, ad divinam sapientiam pertinet ut per corporalia puniatur.

22 AD VICESIMUMSECUNDUM dicendum quod anima praemiatur per hoc quod fruitur eo quod est supra se; punitur autem per hoc quod subditur his quae sunt infra ipsam. Et ideo praemia animarum non sunt convenienter intelligenda nisi spiritualiter; poenae autem intelliguntur corporaliter.

para condenação final. E tais penas não são infligidas por Deus porque Lhe agradem as penas, mas porque Lhe agrada a justiça, segundo a qual a pena é devida aos pecadores. Assim também entre os homens são infligidas certas penas para correção daquele que é castigado, como quando o pai castiga o filho; e outras são infligidas para condenação final, como quando um juiz ordena que um ladrão seja enforcado.

21. QUANTO AO VIGÉSIMO PRIMEIRO, deve-se dizer que as penas se dão por um contrário no que se refere à intenção do pecador, pois a intenção do pecador é satisfazer sua própria vontade, e a pena é contrária à sua vontade. Mas algumas vezes a sabedoria divina procede para que aquilo com que alguém busca satisfazer sua vontade se volte contra ele. E assim se diz no livro da Sabedoria 11,16: "cada um é punido com o instrumento de seu próprio pecado". Por isso, visto que a alma peca aferrando-se às coisas corporais, convém à sabedoria divina que ela seja castigada mediante coisas corporais.

22. QUANTO AO VIGÉSIMO SEGUNDO, deve-se dizer que a alma é premiada pelo fato de que desfruta do que lhe é superior, e que é punida pelo fato de estar submetida ao que lhe é inferior. E por isso os prêmios das almas não são coerentemente concebidos senão espiritualmente, ao passo que as penas podem ser concebidas corporalmente.

NOTAS

[1] O título plural que encabeça esta obra, conforme atesta a edição Leonina, é de uso mais comum, tradicional e justificado do que o singular. Em poucas edições apresentou-se este trabalho como uma *quaestio unica* em vinte e um artigos, dado que, na quase totalidade dos manuscritos (os mais antigos e confiáveis inclusive), o texto era considerado uma sequência de questões. O uso do plural tem sido o padrão, por exemplo, desde suas quatro mais antigas edições: Veneza 1 (1472), Veneza 2 (c.1480), Estrasburgo (1500) e Colônia (1500). Por fim, conforme nos recorda James H. Robb, que foi desta obra o último editor antes da Comissão Leonina, o próprio Santo Tomás (cf. questão 3 *corpus*) dá razão para se optar pelo título plural: "Dicendum quod ista quaestio aliqualiter dependet a superiori". (N. T.)

[2] Cf. *STh* I q75 a2; q76 a1; *In II Sent* d1 q2 a4; d17 q1 a2 ad1; q2 a1; *CG* II c56-59; *De Pot* q3 a9, a11; *De Spirit Creat* a2; *De Un Int* c3; *In III De An* lect7; *Com Th* I c80, c87. – O lat. *hoc aliquid* significa literalmente "este algo", e é de difícil tradução. A expressão corresponde ao grego aristotélico *tóde tí*, e predica-se de tudo aquilo que é particular e subsiste concretamente. Como se verá ao longo da presente questão, a alma diz-se *hoc aliquid* porque, assim como as substâncias propriamente ditas, ela é algo particular que existe por si. No entanto, a alma não se diz substância em sentido pleno, porque, ao contrário desta, não possui essência completa, senão que é apenas parte da essência humana. (N.T.)

[3] Platão, *Phaedo*, 87 B.

[4] Para Tomás de Aquino, indivíduo é o que é idêntico a si mesmo e distinto dos demais (*Individuum autem est, quod est in se indistinctum, ab aliis vero distinctum.* Cf. *STh* I q29 a4). No caso dos entes compostos de matéria e forma, como o homem, a doutrina do Aquinate propõe o seguinte: o princípio da multiplicidade de indivíduos numa mesma espécie é a matéria assinalada por certa quantidade (*materia quantitate signata*): "Deve-se, pois, saber que o princípio de individuação é a matéria não enquanto considerada de qualquer modo, mas somente enquanto matéria assinalada. Chamo *matéria assinalada* àquela considerada sob certas dimensões. Tal matéria não se põe na definição de homem, por exemplo, mas deveria ser posta na definição de Sócrates, se Sócrates tivesse definição. Eis por que, na definição de homem, não entram *estes ossos* e *esta carne*, mas os ossos e a carne tomados em abstrato". (cf. *De Ente et Ess* c2 l.67-77). Esta parte da objeção aponta para o fato de que as formas são individuadas pela matéria, ou seja, pela *materia signata*. Não obstante, notemos que, embora a *materia quantitate signata* seja princípio de individuação, não se identifica com a própria individuação, ou não se poderia explicar a multiplicidade nas almas humanas após a morte, uma vez que todas pertencem a uma mesma espécie, mas carecem de matéria. Em verdade, toda alma humana subsiste à separação do corpo (cf. questão 14) e carrega consigo certa irrepetível delimitação em seu ato, consequente da união com *esta matéria assinalada* que foi seu corpo. Por isso vemos Tomás de Aquino mencionar com precisão que "nas substâncias espirituais não se encontra a multiplicidade de indivíduos em uma mesma espécie, exceto na alma humana, devido ao corpo ao qual é unida. E, embora a sua individuação dependa *occasionaliter* do corpo quanto à sua incoação (pois não adquire para si o ser individuado senão no corpo, do qual é ato), contudo não é necessário que, subtraído o corpo, pereça a individuação: embora [a alma] possua ser absoluto, tal ser sempre permanece individuado, visto que o recebeu individuado por haver sido criada como forma *deste corpo*." (*De Ente et Ess* c5 l.56-71).

Com relação ao princípio de individuação nos Anjos e em Deus – realidades que não entram em composição com a matéria –, cf. *De Spirit Creat* a1 ad9. (N. C.)

[5] Aristóteles, *Metaphysica*, VIII, 3 (1043b 33-1044a 2).

[6] Aristóteles, *De Anima*, II, 1 (412a 6-9).

[7] No glossário tomista, *per se* significa "essencialmente", e *per accidens*, "acidentalmente". Trata-se de conceitos da ordem predicamental bastante usuais em Tomás de Aquino, para identificar o ser ou as operações essenciais ou acidentais dos entes – ou ainda o modo de ordenação das séries causais. Assim, por exemplo, há a série de causas essencialmente ordenadas (*per se*), e a série de causas acidentalmente ordenadas (*per accidens*), entre as quais existe diferença específica: a primeira exige, para a atualidade do efeito, que todas as causas da série estejam com o seu influxo em ato. Por exemplo: para uma estante de livros manter-se de pé, é necessário que os parafusos estejam atualmente bem apertados, que o tamanho e o material usado nas prateleiras sejam proporcionais ao peso dos livros, etc. Já o segundo tipo de série não exige, para a atualidade do efeito, o concurso atual de todas as causas. Por exemplo: para a vida de um filho perdurar *hic et nunc*, não é necessário o influxo atual da totalidade das causas que o geraram, como o consórcio carnal entre os pais e a consequente fusão dos gametas, etc. Nesta passagem do argumento, o Aquinate está referindo-se ao fato de que a alma, unindo-se substancial e essencialmente ao corpo (ou seja, *per se*), não pode estar unida a ele apenas como um motor, pois este tipo de união da alma com o corpo – defendido pelo platonismo ainda em voga na Cristandade à época de Santo Tomás – é acidental (*per accidens*). (N. C.)

[8] Aristóteles, *De Anima*, I, 4 (408b 13-15).

[9] Como o explicará Santo Tomás (cf. questão 14 *corpus*), a alma humana é incorruptível. Pois uma substância que possui uma operação completamente imaterial (o inteligir) supõe um ser também completamente imaterial, uma vez que "a ação segue o ser". Por isso afirmará o Doutor Angélico que a alma humana não é apenas uma forma *pela qual o composto tem ser*, mas uma forma *que possui em si o ser*, ao mesmo tempo em que dá ser ao composto (ou seja, o homem). É a partir da operação intelectiva que atribuímos à alma sua *absoluta imaterialidade* (cf. questão 14, *sed contra* 3). Dadas estas características, a alma humana possui finitude *atual* e infinitude *virtual*: é uma substância intelectual finita aberta potencialmente à compreensão de infinitas coisas, conforme o Aquinate também o apontará (cf. questão 18 ad3). (N. C.)

[10] Aristóteles, *De Anima*, II, 1 (412a 27-28).

[11] Pseudo-Dionísio, *De Divinis Nominibus*, VII, 3 (PG 3, 871).

[12] Aristóteles, *De Anima*, III, 4 (429a 24-27).

[13] A forma dos entes é princípio de operação e, também, de especificação. Em síntese, um ente diferencia-se dos demais *quanto à espécie* pelo modo de operação próprio de sua forma. No caso dos entes compostos de matéria e forma, com o vocábulo "forma" Santo Tomás indica antes de tudo o ato primeiro de organização da matéria, sendo a operação o seu ato segundo (cf. *In II De Cael* 4 n334). Assim, ao perder a forma, um ente perde com ela a sua potência operativa. Mas é também pela forma que o ente se enquadra num gênero ou numa espécie (cf. *CG* II c7), na medida em que, pela operação radicada neste ato primeiro da matéria (no entes compostos de matéria e forma), ou na forma mesma (nas substâncias separadas da matéria), ele terá potências distintas das dos entes de outras espécies. Outra característica da forma é ser princípio de inteligibilidade, pois "todas as espécies inteligíveis são a forma do intelecto quando intelige em ato" (cf. *De Subst Sep* c16). Quando, portanto, o Aquinate afirma que "o intelecto se faz inteligente mediante um inteligível em ato" (cf. *In De Causis* lect3) está referindo-se às formas dos

entes assimiladas imaterialmente por um intelecto. Esta tríplice característica da forma como princípio de operação, de especificação e de inteligibilidade é repetida por Tomás de Aquino em diversas obras, mas com uma radical diferença em relação ao conceito de forma em Aristóteles, segundo o padre italiano Battista Mondin: enquanto a forma, na metafísica do Estagirita, ocupa o posto máximo na hierarquia dos atos, na de Santo Tomás ocupa o posto segundo, pois o ser está no vértice, no ápice (cf. Battista Mondin, *Dizionario Enciclopedico del Piensero di San Tommaso d'Aquino*. Bolonha, Edizione Studio Domenicano, 2000, p. 306). Em resumo, o ser é o horizonte possibilitante dos entes e, por conseguinte, de toda a realidade. Nas palavras do filósofo medieval, "nada possui atualidade senão enquanto é; logo, o próprio ser é a atualidade de todas as coisas e de todas as formas" (*STh* I q4 a1 ad3). (N. C.)

[14] Aristóteles, *De Anima*, III, 4 (429a 24-27).

[15] O termo escolástico "inteligir" (lat. *intelligere*) denota o mesmo que "apreender intelectualmente" – ou simplesmente "conhecer". Seu emprego elimina eventuais ambiguidades geradas pelo uso impróprio do verbo "conhecer", como quando por ele se significa o ato do sentido: "a vista 'conhece' esta cor", etc. Porém, o referido uso impróprio não se dá nesta obra (tampouco nas outras de Tomás), e a expressão toma-se por um sinônimo de "conhecer". Não obstante, seu uso é corrente, e não há razões que justifiquem evitá-lo. (N. T.)

[16] O termo "fantasma" (ou ainda: "imagem"), utilizado regularmente na escolástica, refere-se à impressão proveniente dos sentidos externos que é retida pelas potências sensitivas internas, e na qual reside – potencialmente inteligível – a semelhança da coisa percebida. A faculdade que os preserva é o sentido interno denominado "fantasia" (ou "imaginação"), e aquele que os traz de volta à luz do intelecto é a "memória". Assim, estando a alma humana unida ao corpo como sua forma substancial, é necessário ao intelecto humano atuar sobre os "fantasmas" para realizar a operação do conhecimento. Sobre o conceito, cf. Aristóteles, *De Anima*, III, 3 (429a 1-9); III, 7 (431a 14-20); e Santo Tomás, *STh* I q84 a6-8; q85 a1-2. (N. T.)

[17] Aristóteles, *Praedicamenta*, V (3b 10-25).

[18] Ou seja: de que tipo é este algo, ou a espécie deste algo. (N. T.)

[19] Aristóteles, *Praedicamenta*, V (3a 28-31).

[20] Em terminologia escolástica, "ser reduzido" a algo (por exemplo: ao ato, a um gênero, ao absurdo, etc.) deve ler-se como sinônimo de ser "levado", "conduzido", ou "remetido" a este algo. Paralelamente, dizer que uma parte do corpo é uma substância "por redução" significa que esta parte é "conduzida" a esta denominação, que cabe indiretamente a ela e mais diretamente ao homem, do qual ela é parte. Do mesmo modo, diz-se que a referida parte só tem espécie "por redução" à espécie do todo. (N. T.)

[21] Aristóteles, *De anima*, I, 4 (407b 27-408a 28). Cf. também: Nemésio, *De Natura Hominis*, cap. 2 (PG 40, 537), segundo a edição de Burkhard, Part. II, 3 [27]. Cf. Gregório de Nissa, *De Anima*, *Sermo Primus* (PG 45, 193D).

[22] Nemésio, *De Natura Hominis*, cap. 2 (PG 40, 553), na edição de Burkhard, 9. Cf. Gregório de Nissa, *De Anima*, *Sermo Primus* (PG 45, 196).

[23] Aristóteles, *De Anima*, II, 4 (415b 17).

[24] Aristóteles, *De Anima*, II, 12 (424a 17-21).

[25] Cf. *De Anima*, III, 426b 15-429a 25.

[26] *De Anima*, III, 430a 20; bem como *De Anima*, I, 4 (408b 18-19).

[27] Platão, *Phaedrus*, 245C-246A.

[28] Platão, *Alcibiades*, I,129E-130C.

[29] Lat. *aequivoce*. Ao empregar a expressão "equivocamente", ou "por equivocação", Santo Tomás naturalmente refere-se à predicação por *equivocidade*. Trata-se da predicação na qual dois ou mais termos, embora sejam idênticos, referem-se a conceitos totalmente diversos. Por exemplo: a palavra "leão" aplicada à Constelação de Leão e ao rei dos animais da floresta. (N. C.)

[30] Nemésio, *De Natura Hominis*, cap. 2 (PG 40, 550), ed. Burkhard, p. 8.

[31] O lat. *perficere* é termo técnico que denota a passagem plena de uma potência ao seu ato, ou seja, a compleição deste ato. A essa noção devem relacionar-se também, nesta obra, expressões como "a perfeição de um ato", e similares. Entretanto, o verbo "aperfeiçoar" conota normalmente em nossa língua o sentido de "melhorar", "progredir", o que, não obstante não se distancie do significado correto, daria oportunidade a um entendimento errôneo do conceito. Este padrão de tradução será mantido, salvo raras exceções, ao longo de toda esta obra. (N. T.)

[32] Proclo de Bizâncio, *Liber de Causis*, II, 7-9; na edição de Bardenhewer, p. 165.

[33] Cf. nota 20.

[34] Conforme atesta a edição Leonina, a solução para a referida objeção não chegou aos manuscritos desta obra. Porém, como exemplo de resposta, cabe citar *CG* II c68: "Para que algo seja forma substancial de outro, requerem-se duas coisas: uma, que a forma seja substancialmente princípio do ser daquilo de que é forma (e digo princípio formal, não eficiente, pelo qual algo existe e se denomina ente); donde se segue a outra, a saber, que a forma e a matéria convenham em um só ser, o que não se dá entre o princípio eficiente e aquilo ao qual dá o ser. E tal é o ser no qual subsiste a substância composta, a qual é una segundo o ser, e consta de matéria e forma. Mas não está impedida a substância intelectual, pelo fato de que é subsistente (como foi provado), de ser princípio formal do ser da matéria, como que comunicando seu ser à matéria. Pois não repugna que sejam o mesmo tanto o ser no qual subsiste o composto, quanto a própria forma, visto que o composto não existe senão mediante a forma, nem subsiste separadamente de ambos". (N. T.)

[35] Cf. *Sth* I q76 a1; *CG* II c59, c69-70; *De Spirit Creat* a2; *De Un Int* c1-3; *In* III *De An* lect1.

[36] Aristóteles, *De Anima*, III, 4 (429b 4-5).

[37] Aristóteles, *De Anima*, II, 1 (412a 27-28).

[38] Aristóteles, *De Anima*, III, 4 (429a 24-27).

[39] Aristóteles, *De Anima*, III, 4 (429a 24-27; 429b 4-5).

[40] Aristóteles, *De Anima*, II, 3 (414b 28-32). Cf. Santo Tomás, *De Spirit Creat* a3; e *De Un Int* c1.

[41] Faz parte do tratado *De Generatione Animalium*, II, 3 (736b 2-4).

[42] *De Generatione Animalium*, II, 3 (736b 27-29).

[43] Gálatas 5,17.

[44] Optou-se na presente tradução por grafar este termo sem hífen, para que não se confunda a *matéria primeira* (*próte hýle*) com "matéria-prima" em uso comum e corrente, ou seja, enquanto insumo para a fabricação de um produto. (N. T.)

[45] Aristóteles, *De Anima*, III, 4 (429a 24-27).

[46] Aristóteles, *De Anima*, II, 1 (412b 6-7).

[47] Aristóteles, *De Anima*, III, 4 (429a 10-13, 22-23).

⁴⁸ Aristóteles, *De Anima*, III, 4 (429b 30-31).

⁴⁹ Aristóteles, *De Anima*, I, 2 (404b 7-18; 405b 12-13). Cf. Santo Tomás, *In II Sent* d19 q1 a1.

⁵⁰ Aristóteles, *De Anima*, II, 3 (427a 21-29).

⁵¹ Atribui-se esta posição a Alexandre de Afrodísias. Cf. Averróis, *Commentarium Magnum in Aristotelis De Anima*, III, 5; ed. Crawford, p. 394-95, l. 218-45.

⁵² Trata-se da controversa doutrina observada pelo Aquinate na obra de Averróis, mais precisamente em seu *Comentário Longo* (Cf. Averróis, *Commentarium Magnum in Aristotelis De Anima*, III, 4; ed. Crawford p. 385-86, l. 74-86. Também III, 5; p.406-07, l. 566-83; p. 401-02, l. 419 ss e III, 36; p. 486, l. 200-03). Com raras exceções, são notoriamente predominantes as passagens desta obra que postulam o intelecto possível como ente único em número, irrestritamente separado, eternamente anterior ao homem, e apenas copulado a este pela operação da fantasia. Com efeito, em ibidem III, 19; p. 442, l. 62-64 (vejam-se as variantes no aparato crítico), Averróis chegaria a tratá-lo como o último na hierarquia das inteligências separadas. Para um estudo de como o comentador, ao longo de seus três comentários a esta obra de Aristóteles, gradualmente alcançou tão problemática posição, cf. Herbert Davidson, *Alfarabi, Avicenna, and Averroes on intellect: their cosmologies, theories of the active intellect, and theories of human intellect*. Nova York, Oxford University Press, 1992, p. 282-95. Para tratamento complementar desta questão em Tomás, cf. por exemplo *CG* II c59 e *In III De An* lect7 n 689-95. (N.T.)

⁵³ Aristóteles, *De Anima*, III, 4 (429a 10-13).

⁵⁴ Aristóteles, *Metaphysica*, IV, 4 (1005b 35 ss.).

⁵⁵ O conceito de *continuatio* (do árabe *ittisal* = continuação, copulação), apresentado por Averróis em seu *Comentário Longo*, é central em seus esforços por conciliar a pura imaterialidade do intelecto possível com os atos de intelecção numericamente distintos experimentados regularmente por distintas pessoas. (N. T.)

⁵⁶ Aristóteles, *De Anima*, III, 7 (431a 14-15).

⁵⁷ Aristóteles, *De Anima*, III, 4 (429a 10-29).

⁵⁸ Ou seja, a individualidade destas formas inteligíveis recebidas. (N. T.)

⁵⁹ Aristóteles, *Metaphysica*, VII, 15 (1040a 8-9); 14 (1039a 25).

⁶⁰ Cf. *In III De An* lect8 n704-713; e *STh* I q87 a3.

⁶¹ Orígenes, *De Principiis*, II, 9 (PG 11, 229); III, 5 (PG 11, 330). Cf. Santo Tomás, *De Pot* q3 a9, a10; *STh* I q118 a3.

⁶² Santo Agostinho, *De Genesi contra Manichaeos*, II, 8 (PL 34, 202).

⁶³ No corpo da questão. Refere-se a *De Anima*, III, 4 (429a 18-27).

⁶⁴ Cf. *STh* I q76 a2; *In II Sent* d17 q2 a1; *CG* II c73-75; *In III De An* lect8; *De Un Int* c4; *Com Th* I c85; *De Spirit Creat* a9.

⁶⁵ Aristóteles, *Ethica Nicomachea*, VI, 2 (1139a 27-30). Cf. Santo Tomás, *In Ethic* VI lect2 n130.

⁶⁶ Santo Agostinho, *De Quantitate Animae*, cap. 32, 69 (PL 32, 1073).

⁶⁷ Aristóteles, *De Anima*, III, 4 (429a 21-22).

⁶⁸ Aristóteles, *De anima*, III, 4 (429b 22-25).

⁶⁹ Salomão Moisés Maimônides, *Dux Seu Director Dubitantium aut Perplexorum*, II, f. 39r, proposição XVI.

⁷⁰ Aristóteles, *De Anima*, III, 4 (429b 5).

⁷¹ Aristóteles, *De Anima*, III, 4 (430a 3-4).

⁷² Aristóteles, *De Anima*, III, 4 (429a 27-29).

⁷³ Aristóteles, *De Anima*, III, 4 (429a 27-29).

⁷⁴ Aristóteles, *De Anima*, III, 4 (429a 18-30).

⁷⁵ A citação, na verdade, corresponde a Aristóteles, *Metaphysica*, XII, 8 (1074a 31-38). (N. T.)

⁷⁶ Aristóteles, *De Anima*, III, 4 (429a 24-27).

⁷⁷ Aristóteles, *De Anima*, III, 4 (429a 23-24).

⁷⁸ Aristóteles, *Metaphysica*, VIII, 6 (1045a 36-1045b 7).

⁷⁹ O original latino *quod quid erat esse*, correspondente ao *tò tì ên êinai* do grego de Aristóteles, literalmente traduz-se por "aquilo que era ser". O emprego em seu lugar dos termos "essência" (denotando principalmente seu aspecto formal), "quididade" ou mesmo "substância segunda" é prática comum na escolástica, e não exige especial aprofundamento no presente contexto. (N. T.)

⁸⁰ Aristóteles, *De Anima*, III, 4 (429a 23).

⁸¹ Na questão anterior.

⁸² Na questão anterior.

⁸³ Questões 1 e 2 desta obra; cf. também *De Spirit Creat* a3.

⁸⁴ Conhecer-se mediante suas operações é próprio da inteligência humana. É isto a consciência de si. Para o Aquinate a consciência não é hábito nem faculdade, mas *ato*, a saber: a aplicação de uma determinada ciência a algo, por meio da qual o intelecto conhece a si próprio. Santo Tomás nega que a alma intelectiva seja dotada de autoconhecimento direto e imediato, e sustenta que, num processo reflexivo, *ela retorna a si mesma tendo ido às coisas*. Em outras palavras: *conhecendo o outro, conhece a si mesma*. A própria composição do termo indica este fato: etimologicamente ligado à preposição "*cum*" (nossa atual "com"), uma das funções do prefixo "*con-*", ao aplicar-se a um derivado verbal, é a de denotar duas operações conjuntas ou simultâneas. Por isso Santo Tomás não se distanciava da verdade ao afirmar que "*consciência*" quer dizer "*ciência com outro*": "*conscientia dicitur cum alio scientia*" (cf. *STh* I q79 a13). A esse retorno a si o Aquinate chama *reditio* ou *reflexio*. Na presente obra, em sua resposta ao oitavo argumento da questão 16, afirma: "Isto é comum em todas as potências da alma: (...) o ato é conhecido mediante seus objetos, e as potências mediante o ato, e a alma mediante suas potências. Logo, também a alma intelectiva é conhecida mediante seu inteligir". (N. C.)

⁸⁵ Cf. Platão, *República*, 475E-476A; 478E-480A.

⁸⁶ Aristóteles, *De Anima*, III, 4 (429b 20-22).

⁸⁷ Cf. *STh* I q76 a2 ad3.

⁸⁸ Aristóteles, *Metaphysica*, VII, 14 (1039a 24-26); 15 (1040a 8-9).

⁸⁹ Cf. *STh* I q54 a4; q79 a3; *CG* II c76-78; *De Spirit Creat* a9; *Com Th* I c83; *In III De An* lect10.

⁹⁰ Aristóteles, *De Anima*, III, 3 (428b 30-429a 2).

⁹¹ Aristóteles, *De Anima*, III, 5 (430a 15-16).

⁹² Aristóteles, *De Anima*, II, 7 (418a 31-418b 2).

⁹³ Aristóteles, *De Anima*, II, 12 (424a 18-19).

⁹⁴ Com o vocábulo "meio", Santo Tomás refere-se neste ponto ao *sensus communis*, primeiro dos quatro sentidos internos (sentido comum, imaginação, memória e cogitativa) cuja função é dar unidade aos

dados apreendidos pelos sentidos externos: tato, olfato, visão, audição e paladar. O *sensus communis* é, de acordo com o Aquinate, a raiz comum de todos os sentidos e, também, o seu fim, na medida em que é o termo final das apreensões particulares de cada sentido externo (cf. *STh* I q78 a4 ad2). Dadas as suas características, o sentido comum comporta maior grau de imaterialidade, em razão de estar mais afastado do sensível concreto do que os sentidos externos. Isto explica a passagem na qual afirma Santo Tomás que o meio "recebe espiritualmente as espécies dos sensíveis". (N. C.)

[95] Aristóteles, *De Anima*, III, 5 (430a 10-14).

[96] Aristóteles, *Metaphysica*, VII, 13 (1038b 35-36).

[97] Cf. Platão, *Timaeus*, 52A; *Phaedo*, 73-79; Aristóteles, *Metaphysica*, I, 6 (987b 7-10); 9 (991b 2-3); III, 2 (997b 11).

[98] Aristóteles, *Metaphysica*, I, 9 (990a 32 ss.); XIII, 1-9 (1076a 8 ss.).

[99] Averróis, *Commentarium Magnum in Aristotelis De Anima*, II, 67; ed. Crawford, p. 231, l. 13-21.

[100] Aristóteles, *De Anima*, II, 7 (418a 29-30).

[101] Aristóteles, *De Anima*, II, 7 (418a 31-418b 1).

[102] Aristóteles, *De Anima*, III, 5 (430a 15-16).

[103] Aristóteles, *Analytica Posteriora*, II, 19 (100a 9-11).

[104] Cf. *STh* I q79 a4-5; *In II Sent* d17 q2 a1; *CG* II c76-78; *In III De An* lect10; *De Spirit Creat* a10; *Com Th* I c86; *De Ver* q10 a6.

[105] Aristóteles, *De Anima*, III, 5 (430a 22).

[106] Aristóteles, *De Anima*, III, 5 (430a 17-19).

[107] Luz do intelecto agente – *lumen intellectus agentis* – foi o conceito empregado por Tomás de Aquino ao fazer reparos à gnosiologia agostiniana da iluminação. Segundo o Bispo de Hipona, a percepção da verdade provém de uma direta iluminação divina na mente humana: é a luz divina o que propicia ao homem compreender as coisas por meio de símbolos e palavras. Em resumo, para Agostinho, a luz divina põe ao alcance do homem as verdades – que estão em seu interior como reflexo da própria verdade divina, eterna, necessária, imutável. Neste contexto, o mestre não faria mais do que transmitir ao discípulo os signos das coisas, e estes, para serem compreendidos, necessitariam haurir sua inteligibilidade da iluminação divina. A isto o Aquinate contrapõe o seguinte: se por "iluminação divina" se entende a potência da faculdade intelectiva ou a virtude encerrada nos primeiros princípios do entendimento, que não se adquirem por serem *hábitos naturais inatos*, então se pode dizer que Deus ilumina a mente humana. Mas a atividade cognoscitiva não consiste em o homem ser "iluminado" por Deus cada vez que entende algo. Para a aquisição da ciência requer-se o processo de compor e dividir raciocínios, tendo sempre como fundamento os primeiros princípios indemonstráveis. Neste contexto, o que faz o conhecimento passar da potência ao ato não é outra coisa senão o intelecto agente, princípio operativo inerente à alma humana. Esta é, pois, a função própria do intelecto agente – *iluminar*, fazer passar da potência ao ato um novo conteúdo inteligível. Cf. *De Ver* q11 a1-2. (N. C.)

[108] Aristóteles, *De Anima*, III, 5 (430a 14-17).

[109] Aristóteles, *De Anima*, III, 5 (430a 14-17).

[110] Aristóteles, *De Anima*, III, 5 (430a 18-19).

[111] Aristóteles, *De Anima*, III, 5 (430a 10-13).

[112] Avicena, *De Anima*, V, 5 (fol. 25 ^{rb}).

[113] Ao que parece, autores como Guilherme de Auvergne, "o Parisiense". Cf. deste: *De Anima*, VII, 6. (N. T.)

[114] Novamente, Guilherme de Auvergne. *De Anima*, VII, 6. (N. T.)

[115] João 17,3.

[116] *Vide supra*, questão 4.

[117] Ou seja, para que se possa dizer verdadeiramente que o intelecto agente é algo *em nós...* (N. T.)

[118] Estas duas frases são de difícil tradução, pois seu argumento é de igualmente difícil compreensão, conforme o indicam as divergências nos manuscritos com respeito a esta passagem. Seguimos, portanto, a seleção de texto proposta na edição Leonina, que de fato melhor atende ao itinerário argumentativo. E assim resume-se o raciocínio em questão: para se dizer com exatidão que o intelecto agente *é algo em nós*, não basta meramente defender que seu agir (e fundamentalmente seu ser) esteja "em nós" pelo fato de que em nós residam os fantasmas por ele iluminados. Porque o intelecto agente está para os fantasmas iluminados assim *como um artífice está para sua obra*, e nunca uma obra alcança propriamente o agir de seu artífice. Logo, esta posição é rejeitada por ser insuficiente, pois com ela apenas se poderia dizer com exatidão que a *obra* do artífice estaria em nós, não a *ação* deste artífice, e menos ainda seu ser. (N. T.)

[119] Aristóteles, *De Anima*, III, 5 (430a 15-16).

[120] Salmo 4,7.

[121] Sustentava-se a tese de que a potência visiva teria, imanente à sua própria composição, algo do mesmo ato pelo qual seu objeto se lhe faz perceptível. Em outra passagem (cf. *In II Sent* d9 q1 a2 ad4), Tomás menciona esta "luz imanente" como certo componente fundamental da própria potência visiva, o qual seria então fortalecido pela luz ambiente para que se pudesse perfazer o ato da visão. No caso das aves noturnas, estimou-se que esta luz imanente realmente poderia bastar-se a si própria. Não obstante, tais anacronismos biológicos não constituem aqui inconveniente, porque, se a tese proposta não se confirma na faculdade visiva das aves noturnas, não obstante se confirma na faculdade intelectiva humana, visto que não se pode encontrar nos próprios fantasmas a virtude puramente imaterial, necessária para tornar inteligíveis em ato (e, para isso, efetivamente imateriais) as semelhanças de coisas que neles residem. (N. T.)

[122] Aristóteles, *Analytica Posteriora*, II, 19 (100a 15-100b 5).

[123] Aristóteles, *De Anima*, III, 5 (430a 22).

[124] Aristóteles, *De Anima*, III, 5 (430a 22).

[125] Aristóteles, *Physica*, II, 3 (195b 1-6). Há manuscritos que citam, por sua vez, o livro posterior da mesma obra; neste caso, a passagem com teor relevante à questão seria *Physica*, III, 1 (201a 19-25). Por fim, cf. também *Metaphysica*, V, 2 (1014a 15-25). (N. T.)

[126] Aristóteles, *De Anima*, III, 5 (430a 23).

[127] Na resposta ao primeiro argumento.

[128] Na resposta ao sexto argumento.

[129] Cf. *STh* I q50 a2; q75 a5; *De Ente et Ess* c4; *In I Sent* d8 q5 a2; *In II Sent* d3 q1 a1; d17 a1 a2; *In De Trin* q5 a4 ad4; *In De Heb* lect2; *CG* II c50-51; *De Pot* q6 a6 ad4; *Quodl* IX q4 a1; III q8; *De Subst Sep* c5-8.

[130] Boécio, *De Trinitate*, II (PL 64, 1250).

[131] Segundo E. Kleinedam (*Das Problem der hylomorphen Zusammensetzung der geistigen Substanzen im 13. Jahrhundert, behandelt bis Thomas von Aquin*. Breslau, 1930, p.12), este argumento fundado na autoridade de Boécio foi pela primeira vez apresentado e respondido pelo preceptor de Santo Tomás, Santo Alberto Magno, em seu próprio *Comentário às Sentenças* (II, d3, a4, arg3). (N. T.)

132 Boécio, *De Hebdomadibus*, "Quomodo substantiae in eo quod sint, bonae sint" (PL 64, 1311).

133 Aristóteles, *De Anima*, III, 5 (430a 14-16).

134 Aristóteles, *De Generatione et Corruptione*, I, 7 (324a 34-35).

135 Santo Agostinho, *De Civitate Dei*, XXI, 10 (PL 41, 724-725).

136 Aristóteles, *Metaphysica*, VII, 8 (1033b 16-19).

137 Aristóteles, *Metaphysica*, VIII, 6 (1045a 36-1045b 7).

138 Alexandre de Afrodísias, *De Intellectu et Intellecto*, edição francesa por G. Théry, em *Autour du Décret de 1210*, vol. II, "Alexandre d'Aphrodise", Le Saulchoir, 1926 (Bibliothèque Thomiste, VII), 74 ss.

139 Alexandre de Afrodísias, que utilizou esta terminologia no referido tratado, teve grande influência nos primeiros escritos de Averróis. Este tomou de Alexandre o hábito de tratar o intelecto possível (ou "em potência", como o chamava Temístio) pelo nome de "intelecto material", nomenclatura criticada por Tomás, provavelmente por dar espaço a imprecisões relativas à natureza desta faculdade. Cf. *De Unitate Intellectus*, I: "... intellectum quem Aristoteles possibilem vocat, ipse autem inconvenienti nomine materialem...") (N. T.)

140 Aristóteles, *De Generatione et Corruptione*, I, 7 (323b 31-33).

141 Aristóteles, *Metaphysica*, VII, 12 (1037b 8-35).

142 O argumento não é de fato de Santo Agostinho, mas de Alcher de Claraval (o Pseudo-Agostinho), *Liber de Spiritu et Anima*, XL (PL 40, 809).

143 Avicebrão, *Fons Vitae*, I, 17; III (*Beiträge zur Geschichte der Philosophie des Mittelalters*, Band I, Hefte, Münster, 1892, 21-22, 118).

144 Semelhante argumento, emblemático do hilemorfismo universal, também foi registrado e refutado por Santo Tomás em outras ocasiões. Cf., por exemplo, *De Subst Sep* a1 arg25 e ad5. (N. T.)

145 Aristóteles, *Physica*, VIII, 5 (260a 27-261a 27); VIII, 9 (265b 16-266a 5).

146 Literalmente, em potência para o "onde". (N. T.)

147 Aristóteles, *Physica*, VII, 3 (247b 23-24).

148 Aristóteles, *De Anima*, III, 4 (429a 29-429b 4).

149 Sobre o conceito de equivocidade ou equivocação, cf. nota 29. Na época de Santo Tomás, era grande a discussão na Universidade de Paris sobre a legitimidade no uso de termos equívocos aplicados a Deus, realidade em si mesma inominável. O Aquinate demonstra que a equivocidade era ali indevida (pois é imprópria ao discurso científico como um todo), e propõe que a Deus devam aplicar-se termos análogos (cf. *STh* I q13 a5). Aqui o filósofo medieval atenta para o uso equívoco da palavra "padecer", que, aplicada aos processos intelectivos, não tem o mesmo significado de quando aplicada aos sentidos. (N. C.)

150 Aristóteles, *Metaphysica*, VIII, 6 (1045b 17-22).

151 Aristóteles, *Metaphysica*, IX, 6 (1048a 25-30).

152 Boécio, *De Hebdomadibus*, "Quomodo substantiae in eo quod sint, bonae sint" (PL 64, 1311).

153 Literalmente, "diafanidade". (N. T.)

154 Aristóteles, *De Anima*, III, 4 (430a 6-9).

155 Enumerem-se algumas das premissas de Santo Tomás no que diz respeito ao tema da criação, arroladas, entre outras obras, em *In II Sent* d1 a2: a) criar é produzir a coisa no ser segundo toda a sua substância (*producere rem in esse secundum totam substantiam suam*); b) nada há que preexista à criação (*quia*

nihil est quod creationi preexistat); c) a criação não é outra coisa senão uma relação [transcendental] da criatura a Deus com novidade no ser (*creatio nihil est alliud realiter quam relatio quaedam ad Deum cum novitate essendi*); d) a criação não comporta movimento metafísico, conforme se aponta na resposta ao décimo argumento da presente questão, porque, sendo do nada (*ex nihilo*), nada existe fora dela que possa mover-se da potência ao ato. Portanto, ao dizer, nesta resposta, que a ação de um criador "não se dá a partir da matéria", o Aquinate tem como pressuposta a tese de que nada preexiste à criação – nem mesmo a matéria prima. (N. C.)

[156] Cf. *De Spirit Creat* 2 8.

[157] Cf. *STh* I q75 a7; *In II Sent* d3 q1 a6; d17 q2 a2 ad5; *CG* II c94-95; *De Pot* q3 a10 ad10.

[158] Averróis, III, *Physica*, T. C. 4, ed. Venetiis, 1574, fol. 87.

[159] Aristóteles, *Physica* III, 1 (201a 8-9).

[160] Santo Agostinho, *De Trinitate*, XV, 16 (PL 42, 1079).

[161] Proclo de Bizâncio, *Liber de Causis*, VII; ed. Bardenhewer, 170, 25-27.

[162] São Gregório Magno, *In Evangelia*, II, 34 (PL 76, 1252).

[163] Santo Agostinho, *De Trinitate*, XV, 1 (PL 42, 1057).

[164] São João Damasceno, *De fide orthodoxa*, II, 3 (PG 94, 865).

[165] Aristóteles, *Metaphysica*, VIII, 3 (1043b 23-32); 6 (1045a 34-1045b 4); também VII, 6 (1031b 4-6); 15 (1039b 30-1040b 4).

[166] Porque, segundo o argumento, nem sequer teriam espécie. (N. T.)

[167] Aristóteles, *Metaphysica*, III, 3 (998b 22-27).

[168] Na questão 1.

[169] Orígenes, *De Principiis*, II, 8 (PG 11, 220).

[170] Orígenes, *De Principiis*, I, 8 (PG 11, 179).

[171] Na questão 1.

[172] Aristóteles, *Physica*, I, 2 (185b 3-4).

[173] Aristóteles, *De Plantis*, I, 1 (816a 39-40; 817b 24).

[174] Aristóteles, *Metaphysica*, VIII, 3 (1043b 33-1044a 2).

[175] Proclo de Bizâncio, *Liber de Causis*, IX; ed. Bardenhewer, 173, 18.

[176] Proclo de Bizâncio, *Liber de Causis*, IX; ed. Bardenhewer, 173, 20-24.

[177] Pseudo-Dionísio, *De Coelesti Hierarchia*, XII, 2 (PG 3, 292).

[178] Cf. *STh* I q76 a5; q91 a1, a3; *In II Sent* d1 q2 a5; *CG* II c90; *De Mal* q5 a5; *In I De An* lect8.

[179] Isto é, um corpo em que predomina o elemento terra, em detrimento dos outros três, mais nobres. (N. T.)

[180] O termo latino *spiritus* traduz o grego *pneûma*, que, em sua antiga acepção, significava "respiração", "sopro animador", "vento". Posteriormente à filosofia clássica grega, os estoicos deram ao vocábulo a significação de "energia que dá a vida a toda a realidade", "alma do mundo". A medicina medieval o concebeu como "substância material móvel e sutilíssima". Na medicina de Erisístrato (304-208 a.C), o *pneûma zotikón* tem sede no coração e regula as funções vasculares, ao passo que o *pneûma physikón* está situado no cérebro e regula as funções neuropsíquicas. Galeno (129-217), que ainda era bastante lido pelos estudantes de medicina na Idade Média, sustentava que o *pneûma physikón* está situado no

fígado e é responsável pelas funções nutritivas. Tais apontamentos da medicina anterior a Santo Tomás são importantes para destacar a sua definição de *spiritus*, antes de tudo, como a respiração dos animais (*nomen spiritus a respiratione animalium sumptum videtur*, cf. CG IV c23). Mas há outros significados para o vocábulo *spiritus* na obra do Aquinate: vento, ar, a alma como substância invisível, etc. (cf. *STh* I q31 a3 ad4), além obviamente dos Anjos, espíritos puros, substâncias separadas da matéria. Na presente obra – de teor eminentemente antropológico (mais do que teológico ou angelológico) –, o termo "espírito" faz-se presente, na grande maioria dos casos, em sua acepção biológica, ou seja, referindo-se a uma operação "pneumática" que, de alguma forma, radica no corpo e impulsiona suas capacidades fisiológicas. (N. C.)

[181] Platão, *Leges*, X, 903D.

[182] Aristóteles, *De Anima*, II, 4 (415b 8-12).

[183] Cf. *De Spirit Creat* a3.

[184] Aristóteles, *De Anima*, III, 4 (429b 30-430a 1).

[185] Aristóteles, *De Anima*, II, 2 (413b 2-5).

[186] Aristóteles, *De Anima*, II, 9 (421a 20-26).

[187] Sobre o equilíbrio na composição dos sentidos e, consequentemente, sua influência na capacidade de raciocinar, cf. Aristóteles *De anima*, II, 9 (421a 16-25). Em Santo Tomás, cf. *In II De An* lect19 n5. (N. T.)

[188] Cf. nota 180.

[189] Santo Agostinho, *De Genesi ad Litteram*, II, 1 (PL 34, 263).

[190] Isto é, uma mescla equilibrada.

[191] Aristóteles, *De Generatione et Corruptione*, II, 8 (334b 31-335a 5).

[192] Avicena, *Metaphysica*, Tr. IX, cap. IV. St. Bonaventure, N.Y., ed. Franciscan Institute, 1948, p. 297-305.

[193] Diels, *Fragmente der Vorsokratiker*, 46B 12. 3. ed. Berlim, 1912, 404.

[194] Santo Agostinho, *De Civitate Dei*, XVIII, 41 (PL 41, 601).

[195] Cf. Platão, *Timaeus*, 39E-40D.

[196] Cf. Aristóteles, *Physica*, VIII (259b 31-260a 10); *Metaphysica*, XII, 8 (1073a 11-37). Cf. ainda Santo Tomás, *De Subst Sep* II 9.

[197] Orígenes, *De Principiis*, I, 7 (PG 11, 172).

[198] São João Damasceno, *De Fide Orthodoxa*, II, 6 (PG 94, 885).

[199] Santo Agostinho *De Genesi ad Litteram*, II, 18 (PL 34, 279-280).

[200] Santo Agostinho, *Enchiridion*, LVIII (PL 40, 260).

[201] A doutrina aristotélica de que o cosmo deveria ter como fonte próxima de seu movimento um motor intelectual foi herdada pela quase totalidade da filosofia escolástica, especialmente por seus grandes representantes, por ser uma explicação exigida pela Física contemporânea, e até então carente de experiências em contrário. Dissemos "quase" para aduzir um exemplo: era a opinião do coetâneo de Santo Tomás, o grande Roberto Kilwardby, que os planetas teriam certo peso natural que os "inclinaria" à execução de suas órbitas. Tal doutrina soa bastante atual, e serviria como antepassada da gravidade newtoniana. Mas convém observar que Kilwardby carecia de base para sua doutrina, pois não lograva explicar, segundo os postulados da Física do século XIII, como um peso (concebido então como uma força que movia um corpo à posição natural de seu elemento) poderia por si só executar naquelas

condições um movimento não só circular, mas ademais perene. E não é próprio do filósofo simplesmente propor uma verdade, mas dar as causas da verdade que postula. Para dar conta de tal movimento, não bastavam os corpos celestes inanimados. Ou se os postulava como animados, ou se postulava que Deus era também causa próxima dos movimentos planetários, ou se lhes delegava como motores certas substâncias intermediárias. *Exigia-se* então para o cosmos um motor intelectual (e por isso Tomás criticava firmemente a Kilwardby: cf. *In II Sent* d14 q1 a3). Já a adoção dos anjos como estes motores não era uma posição necessária (cf. *Resp de XLIII* a5), e por isso tampouco unânime, mas era conveniente por premissas teológicas: parece mais afim à razão que, havendo que escolher entre planetas animados inteligentes, ou uma ação direta de Deus que os regesse todos, ou a ação dos intermediários da Providência (os *espíritos mensageiros* da Escritura), se adotasse a terceira. (N. T.)

[202] Aristóteles, *De Anima*, II, 1 (413a 4-6).

[203] Aristóteles, *Metaphysica*, XII, 8 (1073a 11-37).

[204] Avicena, *Metaphysica*, Tr. X, cap. 1, ed. Venetiis, 1520; ed. Franciscan Institute, 327 ss.

[205] São João Damasceno, *De Fide Orthodoxa*, II, 4 (PG 94, 873).

[206] Santo Agostinho, *Enchiridion*, LVIII (PL 40, 260).

[207] Aristóteles, *De Anima*, III, 4 (429a 15-16); (429b 30-430a 2).

[208] Platão, *Timaeus*, 52A-53C.

[209] Aristóteles, *Metaphysica*, I, 9 (990b ss.); III, 2 (997b 5-12).

[210] Avicena, *Metaphysica*, Tr. X, cap. 1, ed. Venetiis, 1520, ed. Franciscan Institute, 327 ss.

[211] Ou seja, ter não somente o conhecimento completo das quididades das coisas particulares, mas também o conhecimento *presencial*, atual, destas coisas. (N. T.)

[212] Cf. *In II Sent* d3 q3 a3; *De Ver* q8 a11; *CG* II c96; *STh* I q57 a2.

[213] Moisés Maimônides, *Dux Seu Director Dubitantium Aut Perplexorum*, II, 5.

[214] Cf. *STh* I q76 a6-7; *In II Sent* d1 q2 a4 ad3; *CG* II c71; *De Spirit Creat* a3; *In II De An* lect1; *In VIII Metaph* lect5; *Quodl* XII q7 a1.

[215] Alcher de Claraval (Pseudo-Agostinho), *Liber de Spiritu et Anima*, XX (PL 40, 794).

[216] Aristóteles, *De Anima*, I, 4 (408b 13-15).

[217] Aristóteles, *Physica*, VIII, 4 (255a 10-15); VIII, 5 (257b 13-14).

[218] Aristóteles, *Physica*, V, 1 (225a 20-23).

[219] Aristóteles, *De Anima*, II, 1 (412a 27-28).

[220] Aristóteles, *Metaphysica*, VIII, 6 (1045b 17-22).

[221] Proclo de Bizâncio, *Liber de Causis*, IV; ed. Bardenhewer, 166, 19-20.

[222] *Simpliciter* e *secundum quid*, versões latinas do binômio aristotélico *haplôs* e *katà tí*, são termos herdados pela escolástica como um todo e normalmente utilizados sem tradução. Significam, respectivamente, *em sentido absoluto* e *segundo algo* (ou seja, *sob certo aspecto*). (N. T.)

[223] Na questão 1, *passim*.

[224] Aristóteles, *Metaphysica*, VIII, 3 (1043b 33-1044a 2).

[225] Aristóteles, *De Anima*, II, 1 (412a 20-22, 29); *Metaphysica*, VII, 10 (1035b 14-16); VIII, 3 (1043a 35-36).

[226] Aristóteles, *De Anima*, II, 2 (414a 25-28).

[227] Aristóteles, *De Partibus Animalium*, I, 1 (642a 31-642b 3).

[228] Cf., sobre os diversos tipos de anterioridade, *STh* I q77 a4-7.

[229] Avicena, *In De Generatione*, Livro I, T. C. 90 (V. 370 K), Venetiis, 1562-1576.

[230] Averróis, *De Caelo*, III, T. C. 67, ed. Venetiis, 1560, fol. 231-232.

[231] Aristóteles, *De Generatione et Corruptione*, I, 10 (327b 29-31).

[232] Questão 7, ad17.

[233] Particularmente a questão 8: arg. 2, *corpus*, ad1, ad2, ad11, ad19. (N. T.)

[234] Cf. *STh* I q76 a8; *In I Sent* d8 q5 a3; *CG* II c72; *De Spirit Creat* a4; *In I De An* lect14.

[235] Aristóteles, *De Anima*, II, 1 (412a 27-28).

[236] Aristóteles, *De Motu Animalium*, 10 (703a 29-b2).

[237] Aristóteles, *Physica*, VIII, 10 (267b 6-9).

[238] Aristóteles, *De Juventute et Senectute*, II, 2 (468a 20-28).

[239] Aristóteles, *De Anima*, II, 1 (412b 17-25).

[240] Aristóteles, *De Anima*, II, 1 (412b 18-19).

[241] Santo Agostinho, *De Trinitate*, VI, 6 (PL 42, 929).

[242] Aristóteles, *De Anima*, II, 1 (412b 17-25).

[243] Aristóteles, *De Anima*, II, 1 (412a 20-22, 28; 412b 4-9).

[244] Literalmente, "poder de desagregar". Os termos gregos *sínkrisis e diákrisis* são de uso comum no vocabulário filosófico clássico, e receberam versão latina no par *aggregatio* (ou *congregatio*) e *disgregatio* (cf. Boécio, *In Topica*, VII, 2 [PL 64, 990]). Seu significado, porém, não se limita às respectivas noções de "agregar e desagregar", e pode incorporar sentidos como "comprimir e expandir", como é o presente caso: a cor branca, mais propícia à vista, teria a propriedade de expandir nosso raio visual, enquanto que a cor negra o comprimiria. Tal emprego remonta a Platão (*Timaeus*, 67D-E). Aristóteles, em *Physica* VII, 2 (243a15-b20), utiliza *sínkrisis* e *diákrisis* para indicar as duas divisões maiores do movimento local, identificadas em última instância com a tração (*áposis*) e a pulsão (*hélxis*); não obstante, tampouco deixa de usá-los no sentido platônico quando se refere às propriedades das cores: veja-se, por exemplo, *Metaphysica* X, 7 (1057b5-25) e *Topica* I, 15 (107b30), VII, 3 (153b1), onde mencionam-se os efeitos do branco e do negro sobre a capacidade visual. Para outras instâncias desse sentido na obra de Santo Tomás, ver por exemplo *De Pot* q6 a1 ad16, q9 a4 *corpus*. Para um comentário do Aquinate sobre *aggregatio* e *disgregatio* na teoria aristotélica do movimento, cf. *In VII Phys* lect3 n8-11. (N. T.)

[245] Aristóteles, *De Anima*, II, 2 (413b 16-21).

[246] Aristóteles, *De Anima*, II, 4 (415b 8-12).

[247] O que Santo Tomás chama de animais "anelados" corresponde justamente a alguns da categoria dos anelídeos (do latim *annelus*, anel), mas aqui se incluem (pelo teor do exemplo) animais como a planária, da classe das *turbellarias*. Trata-se de vermes que, ao ser seccionados de certa maneira em duas partes, dão origem (com a corrupção do indivíduo original) a dois novos entes viventes. Hoje podemos melhor explicar esta capacidade ao observar que tais animais contam não com apenas um, mas com um par de gânglios cerebrais (ou seja, dois centros nervosos distintos); tal característica, associada à alta capacidade de regeneração de seus tecidos, permite a geração de dois novos indivíduos viventes a partir da corrupção do primeiro. Não obstantes as limitações da Biologia medieval, a base metafísica da resposta do Aquinate

é perfeitamente coerente. No caso de viventes irracionais superiores, a corrupção do indivíduo tão somente cessa o ato de sua forma, e esta jaz no agregado resultante (o cadáver) apenas como mais uma das inúmeras possibilidades que poderiam voltar a atualizar-se na matéria em algum momento posterior. Entretanto, há certos viventes cuja forma substancial é tão simplória e próxima dos elementos, que sua inferioridade ontológica lhes permite conter potencialmente – não em gametas, mas em sua própria carne – outros viventes da mesma espécie: pois a sua corrupção, ao cessar o ato desta forma, leva ao ato outras duas, capacidade que jazia potencialmente naquele vivente, e que se reproduzirá nos viventes subsequentes, cujas formas substanciais terão a mesma espécie do primeiro. Os gânglios a que nos referimos acima, no indivíduo original, são partes suas; após a secção, cada uma é parte de um dos novos indivíduos, que, de modo similar a como ocorreria com uma lesão da qual se recuperassem, gradualmente produzirão cada um seu segundo gânglio, como convém à sua natureza. Notemos, ademais, que este tipo de geração não necessariamente exige a corrupção do indivíduo anterior, se a parte seccionada é menos fundamental em sua composição; para exemplo disto, levemos em conta aqueles viventes que, como observa o Aquinate (seguindo a Aristóteles), têm natureza inferior à dos vermes: as plantas. Nelas, sua ainda maior inferioridade ontológica traduz-se num número muito maior de casos em que a secção, sem corrupção do indivíduo original, produz um ente que, se atendidas as necessidades de sua espécie (como ser plantada em solo fértil, etc.), crescerá e se tornará outro indivíduo completo: é o que conhecemos como reprodução por mudas. (N. C.)

[248] De acordo com Tomás de Aquino, o anjo, substância separada da matéria, jamais pode estar contido num lugar, ou seja: ter a sua forma imaterial circunscrita por uma dimensão quantitativa. O lugar é que, em certo sentido, está contido pelo anjo, quando este nele atua. Neste contexto, sendo o lugar um predicamento comum a todos os corpos naturais (derivado do fato de terem extensão e *quantum material*), Santo Tomás explica como os anjos, estando isentos de tais propriedades, poderiam atuar num lugar – conforme se diz em várias passagens da Sagrada Escritura nas quais os anjos aparecem aos homens. No *Comentário às Sentenças de Pedro Lombardo* (IV d10 q1 a3), o Aquinate frisa que o modo não circunscritivo de o anjo atuar em um lugar é chamado *delimitativo*, ou seja: a sua virtude operativa abarca o lugar de forma tal que este não lhe impõe limites de nenhuma ordem, mas o anjo, sim, é quem o delimita. Na *Suma Teológica*, após definir que há dois modos de uma coisa estar em outra, *intencionalmente* e *realmente* (com sua substância física), Santo Tomás afirma que os corpos naturais estão contidos de forma absoluta na dimensão quantitativa, ao passo que só por meio de uma analogia se pode dizer que os anjos estão num lugar (cf. *STh* I q52 a1-2). (N. C.)

[249] Cf. *STh* I q76 a3; q118 a2 ad2; *CG* II c58; *De Pot* q3 a9 ad9; *Quodl* XI q5 a1; *Com Th* I c90-92.

[250] É conhecida a tese de Aristóteles segundo a qual a alma humana é cooriginada com o corpo, com o qual possui *unidade substancial* – nisto contrariando a Platão, para quem a alma se origina fora do corpo e está unida a ele não substancialmente, mas acidentalmente. De acordo com o Estagirita, o composto hilemórfico humano (corpo/matéria; alma/forma) desenvolveria as suas potências com o passar do tempo. Assim, haveria uma evolução neste desenvolvimento: da alma vegetativa passar-se-ia à sensitiva, e da sensitiva à intelectiva. Neste tópico Santo Tomás assimila integralmente a teoria aristotélica. (N. T.)

[251] Avicena (980-1037), cujos tratados de medicina foram lidos por Tomás de Aquino, dizia que os animais eram gerados por via natural pela mistura dos elementos, mesmo sem a interveniência do sêmen. O Aquinate responde a essa tese dizendo que, na geração natural, o princípio ativo é o poder gerador que existe no sêmen (cf. *STh* I q71 a1 ad1). Aqui o autor medieval segue de perto a Aristóteles, que no livro *Sobre a Geração dos Animais* (II, 3, 736a 33-35) afirmava que a alma vegetativa e a sensitiva provinham do sêmen. Neste segundo argumento da questão 11, a objeção refere-se a uma virtude procedente do pai que

seria *anterior* ao embrião: justamente a do sêmen. Adiante, na resposta ao argumento, o Aquinate repete a tese – muito difundida em seu tempo – de que na geração de uma nova vida a fêmea é apenas princípio passivo, e o macho, princípio ativo. Nisto Santo Tomás é limitado pelos conhecimentos da biologia do seu tempo, que ignorava vários detalhes relativos à célula reprodutiva feminina e ao processo de fecundação – como, por exemplo, a importante atividade do ovócito secundário, no interior das trompas de Falópio. Seja como for, mesmo hoje a sua teoria de que o sêmen é princípio ativo não pode ser tomada por algo absurdo em toda linha, dada a absoluta imobilidade física do óvulo e o fato de ser ele o *receptor* do espermatozoide no momento em que os gametas se fundem para formar o zigoto que dá origem ao embrião. (N. C.)

[252] Aristóteles, *De Generatione Animalium*, II, 3 (736a35-b5).

[253] Aristóteles, *De Anima*, II, 4 (415b 8-12).

[254] Aristóteles, *Physica*, VIII, 5 (257b 16-20).

[255] Aristóteles, *Physica*, IV, 4 (211a 14-17; Cf. IV, 6 (213b 4-5).

[256] Aristóteles, *De Generatione Animalium*, II, 3 (736a 33-35).

[257] Aristóteles, *De Generatione Animalium*, II, 3 (736b 21-30).

[258] Averróis, *In Metaph* VIII 5. Cf. também Santo Tomás, *In XI Metaph* lect12.

[259] Aristóteles, *Metaphysica*, X, 10 (1058b 26-29).

[260] Gennadio, *De Ecclesiasticis Dogmatibus*, XV (PL 58, 984).

[261] Platão, *Timaeus*, 69E-70A; *Republica*, IX, 580D-581C.

[262] Na questão 9.

[263] Cf. *STh* I q118 a2 ad2.

[264] Cf. *STh* I q118 a2 ad2.

[265] Cf. Rozwadowski, A., "De Motus Localis Causa Proxima Secundum Principia S. Thomae", in *Divus Thomae* (Piacenza), XLII (1939), 104-113; *Bulletin Thomiste*, VI (1940-42), n. 351.

[266] Animal deriva de *anima* (alma). (N. T.)

[267] Aristóteles, *Ethica Nicomachea*, I, 13 (1102b 30).

[268] A matéria permanece como "material", ou, em seu caso particular, mais exatamente como "potencial". (N. T.)

[269] Cf. *STh* I q77 a1; q79 a1; *In I Sent* d3 q4 a2; *De Spirit Creat* a11; *Quodl* X q3 a1; *Com Th* I c89.

[270] Alcher de Claraval (Pseudo-Agostinho), *Liber de Spiritu et Anima*, XIII (PL 40, 789).

[271] Entendam-se aqui por "virtudes" não capacidades ou poderes, como se tem usado várias vezes o termo, mas como as perfeições morais citadas. (N. T).

[272] Alcher de Claraval (Pseudo-Agostinho), *Liber de Spiritu et Anima*, XIII (PL 40, 788-789).

[273] Lat. *animus*.

[274] Pseudo-Bernardo, *Meditationes*, I (PL 184, 487). Cf. também São Bernardo de Claraval, *Sermones in Cantica Canticorum*, sermo 11 n.5. (PL 183, 826).

[275] Em verdade, *De Trinitate* X, 11 (PL 42, 983).

[276] Aristóteles, *Ethica Nicomachea*, IX, 4 (1166a 16-17, 22-23); X, 7 (1178a 2-9).

[277] Aristóteles, *De Anima*, II, 1 (412a 19-27).

[278] Aristóteles, *De Anima*, II, 2 (413b 13-414a 3).

²⁷⁹ Na questão 6.

²⁸⁰ Aristóteles, *Praedicamenta*, 8 (9a 14-28).

²⁸¹ Aristóteles, *Physica*, II, 7 (198a 24-27).

²⁸² Por exemplo, o ser humano que gera outro ser humano. (N. T.)

²⁸³ Avicena, *Metaphysica*, Tr. VIII, cap. 7, 263 ss; Tr. IX, cap. 5, 305 ss (segundo a já citada edição do Franciscan Institute).

²⁸⁴ Aristóteles, *Ethica Nicomachea*, VI, 1 (1139a 6-15).

²⁸⁵ Cf. *De Spirit Creat* 11 ad1; *STh* I q77 a1 ad1.

²⁸⁶ Ou seja, enquanto acidentes que se seguem aos princípios da espécie. (N. T.)

²⁸⁷ Aristóteles, *De Somno et Vigilia*, I (454a 8).

²⁸⁸ Cf. *STh* I q77 a3; *In II De An* lect6; *De Ver* q10 a1 ad2; q15 a2; *In I Sent* d17 q1 a4.

²⁸⁹ Proclo de Bizâncio, *Liber de Causis*, XVI; ed. Bardenhewer, 179, 1.

²⁹⁰ O tato é o mais universal dos sentidos, pois está presente em todo o gênero animal: do ente unicelular ao homem, todos os animais são dotados deste sentido, sob algum aspecto. E como em cada um dos sentidos há algo do tato, na medida em que nele se cumpre o estatuto sensorial elementar, *neste aspecto* é ele o mais importante dos sentidos (cf. *Tract De Sen* I 2 n21). Assim, de certa forma o tato conteria em si os outros sentidos, ainda que de forma imperfeita, razão pela qual afirma o Doutor Angélico que o paladar, por exemplo, parece uma espécie circunscrita de tato, pois se orienta a conhecer o conveniente e o inconveniente para o corpo a partir de um contato físico (cf. *Tract De Sen* I 2 n23). A ideia de que o tato é *anterior* à visão – presente nesta passagem do argumento – se apoia na universalidade do tato. (N. C.)

²⁹¹ Aristóteles, *De Anima*, III, 9 (432b 5-7).

²⁹² Aristóteles, *De Anima*, III, 10 (422a 9-21).

²⁹³ Sobre as subdivisões da qualidade, cf. Aristóteles, *Praedicamenta* (9a 28-10a 10).

²⁹⁴ Aristóteles, *De Memoria et Reminiscentia*, I (451a 17-18).

²⁹⁵ Questões 3, 4 e 5.

²⁹⁶ Aristóteles, *De Anima*, II, 4 (415a 16-22).

²⁹⁷ Cf. nota 94.

²⁹⁸ Primeiramente, diferenciemos as potências sensitivas internas da imaginação e da memória: segundo Tomás de Aquino, a primeira limita-se às imagens, e a segunda, ao suscitá-las, traz ao ato uma relação *intencional*. Ambas têm como matéria a mesma imagem ou "fantasma", mas sob razões diversas. A memória humana dirige-se à imagem reconhecendo-a como algo anteriormente percebido (cf. *Tract De Mem* I 3 passim). A imaginação apenas retém o fantasma, ao passo que a memória pode, devido à sua participação na razão, valer-se da imagem para suscitar elementos puramente inteligíveis, armazenados no intelecto. Por isso, deve falar-se de certa dimensão da memória que é imaterial e intelectiva (cujo conteúdo acompanha a alma separada para seu julgamento). É graças à memória, diz o Doutor Angélico, que o homem não só percebe a sua duração no tempo, mas também situa temporalmente um fato: pois, além de recordar a relação temporal entre determinados acontecimentos, recorda também outras coisas – como as características de um lugar, os traços de uma pessoa, um cheiro, etc. Por isto se diz que é possível sentir e recordar a partir de distintas intenções, e o que especifica todas estas recordações é que o recordado se reconhece como antes conhecido. Estabelecida, pois, a diferença entre a imaginação e a memória, remetamo-nos à distinção, feita por Santo Tomás no corpo do texto: é capacidade própria

do homem a *recordação voluntária*, operação em que a vontade se move, mediante suas potências sensitivas, em direção a um ato específico da memória, e à paixão produzida por este ato dá-se o nome de "reminiscência". De fato, como a reminiscência se dá no âmbito das operações do apetite sensitivo interno, ela é corretamente qualificada pelo Aquinate como "paixão": "Um sinal de que a reminiscência é certa paixão corporal (...) é que, quando alguns homens querem recordar algo e não conseguem, lhes vêm a ansiedade, pela qual dirigem a mente mais fortemente a recordar. Isso acontece [por exemplo] com os melancólicos, que são muito agitados em sua imaginação" (cf. *Tract De Mem* I 8 n4). (N. C.)

[299] Lat. *immutatio*. Julgamos conveniente traduzir este étimo por *alteração*, e tendemos à mesma decisão nos vocábulos aparentados (i.e, *immutare = alterar*, etc.) que hão de seguir-se nesta parte. Julgamo-lo adequado, não apenas porque o termo "mutação" encontra-se atualmente impregnado de conotações genéticas, mas porque na maior parte dos casos o sentido aqui presente não se desvia do da *alteratio*, um dos seis movimentos clássicos da Física. Dizemos "na maior parte dos casos" porque, como veremos abaixo, ao mencionar-se que a audição produz apenas "alteração local", devemos então ter em mente o *motus localis* (gênero dos deslocamentos), outro dos seis movimentos clássicos aqui referidos. (N. T.)

[300] Indiferentemente dos anacronismos que se interpõem entre o estado atual da Física e este tratado, o fato de que hoje não consideramos a visão como um sentido totalmente desprovido de alteração material não nos deve impedir de reter o ponto mais relevante desta passagem: para Santo Tomás, a visão é a mais universal das potências sensitivas *quanto a seu alcance ontológico* – o que lhe dá certa preeminência em relação aos demais sentidos externos. Mas, *quanto ao gênero*, o mais universal é o sentido do tato (cf. nota 290). Dadas as suas características, a visão é uma importante auxiliar da potência intelectiva, pois, além de dar a conhecer mais amplamente a realidade (dado que os seus sensíveis próprios são, em certo sentido, mais "imateriais"), imprime na psique as mais fortes imagens. Daí que a visão seja talvez o sentido mais capaz de desordenar as paixões do apetite concupiscível, motivo pelo qual a ascese cristã, desde a época dos Padres do Deserto, sempre passou pela continência do olhar, por onde facilmente entra o pecado. "Se o teu olho é para ti ocasião de pecado, arranca-o" (Mt 18,8). (N. C.)

[301] Aristóteles, *De Anima*, II, 11 (422b 17-33); também II, 7 (418a 13-14).

[302] Cf. *STh* I q75 a6; *In II Sent* d19 q1 a1; *In IV Sent* d50 q1 a1; *CG* II c79-81; *Quodl* X q3 a2; *Com Th* I c84.

[303] Aristóteles, *Metaphysica*, X, 10 (1058b 26-29).

[304] São João Damasceno, *De Fide Orthodoxa*, II, 3 (PG 94, 868).

[305] Aristóteles, *Physica*, VIII, 10 (267b 24-26). Cf. *Metaphysica*, XII, 7 (1073a 5-11).

[306] Aristóteles, *Metaphysica*, X, 10 (1058b 36-1059a 10).

[307] Santo Agostinho, *De Civitate Dei*, XIX, 26 (PL 41, 656).

[308] Aristóteles, *De Anima*, III, 7 (431a 16).

[309] Aristóteles, *Physica*, I, 4 (187b 25-26).

[310] Cf. nota 20.

[311] Santo Agostinho, *De Trinitate*, X, 12 (PL 42, 984).

[312] As razões dos contrários – sejam eles branco e negro, por exemplo – podem dar-se simultaneamente no intelecto, o que não é possível no ser natural, pois nenhuma superfície é, num mesmo ponto, sob um mesmo aspecto, simultaneamente branca e negra. A presença simultânea dos contrários no intelecto não implica contradição, pois esta só se dá na medida em que o intelecto atribui aos mencionados contrários a existência simultânea num mesmo sujeito, sob um mesmo aspecto. (N. T.)

[313] Aristóteles, *De Anima*, II, 2 (413b 24-27).

314 *Forma dat esse rei:* "A forma dá o ser substancial à coisa", diz o axioma escolástico pressuposto por Santo Tomás nesta passagem. (N. C.)

315 Aristóteles, *De Anima*, III, 4 (429b 4).

316 Aristóteles, *De Anima*, III, 5 (430a 23).

317 Santo Agostinho, *De Immortalitate Animae*, I, 1, 1 (PL 32, 1021); 2, 2; 3, 3; 4, 5 (PL 32, 1022, 1023, 1024).

318 Aristóteles, *De Anima*, II, 4 (415b 13).

319 Na questão 8 e na 9.

320 Na questão 8.

321 Cf. questão 15.

322 Aristóteles, *De Anima*, I, 4 (408b 21-22).

323 Quanto a esta questão, faz-se necessário um esclarecimento em prol do leitor que necessite citá-la. Entre as duas fontes latinas em que nos baseamos para esta edição (ou seja, o texto de Turim e a edição Leonina), dá-se nesta seção uma pequena diferença de estrutura, embora não propriamente de conteúdo. Ainda que julguemos dispensável estender-nos aqui sobre as razões editoriais que a geraram, cabe ao menos descrevê-la, como dissemos, em prol da precisão nas citações. Pois bem: nesta questão, a primeira objeção contida no texto de Turim (doravante o "nosso") não recebe na Leonina o número 1, mas sim a letra "a" – e sua respectiva resposta não está na ordem do texto Leonino, mas em forma de nota. Nossa segunda objeção, portanto, tem na Leonina o número 1, assim como sua respectiva resposta. Nossa terceira objeção consta da Leonina dividida em duas, sem número, denominadas "b" e "c", e por isso nossa quarta objeção recebe na Leonina o número 2. Ou seja: nosso conjunto "3, 4" equivale ao conjunto Leonino "b, c, 2". Assim, a resposta que temos à nossa terceira objeção, e que serve igualmente para nossa quarta objeção (como se poderá ver), é listada na Leonina como resposta à objeção de número 2, e em verdade dá ali solução a todo o seu conjunto "b, c, 2". A partir daí, naturalmente, esta defasagem de duas unidades se propaga, ao longo das posteriores objeções e respostas, sob forma de uma constante diferença de dois números: nosso par objeção/resposta 3 equivalerá na Leonina ao par objeção/resposta 5, e assim sucessivamente, até o fim da questão. (N. T.)

324 Cf. *STh* I q89 a1; I-II q67 a2; *In III Sent* d31 q2 a4; *In IV Sent* d50 q1 a1; *De Ver* q19 a1; *CG* II c80-81; *Quodl* III q9 a1.

325 Aristóteles, *De Anima*, I, 4 (408b 12-13).

326 Aristóteles, *De Anima*, III, 7 (431a 16).

327 Aristóteles, *De Anima*, I, 4 (403a 8-9).

328 Aristóteles, *De Anima*, III, 7 (431a 14-15).

329 Aristóteles, *De Anima*, I, 4 (408b 24-25).

330 Aristóteles, *De Anima*, III, 7 (431a 15); 8 (432a 8-9).

331 Espécies concriadas – também chamadas de inatas ou conaturais – são, como indica o nome, espécies cuja produção no intelecto é simultânea à criação do próprio sujeito que intelige. São as espécies que residem na mente angélica e atualizam seu vasto conhecimento. Estas espécies não diferem das adquiridas mediante fantasmas apenas no que tange ao momento e ao modo de sua chegada ao intelecto, senão que possuem universalidade de grau distinto, exigem maior luz intelectual, e tendem a concorrer para uma intelecção que é distinta em espécie àquela que se dá mediante fantasmas (cf. questão 7 *corpus*, arg1, ad1, arg2, ad2 e ad5). (N. T.)

[332] Platão, *Phaedo*, 75 C-D.

[333] Aristóteles, *Ethica Nicomachea*, II, 1 (1103a 26-1103b 2).

[334] As imagens, cuja inteligibilidade está em potência enquanto laboradas pelos quatro sentidos internos (cf. nota 94), tornam-se inteligíveis em ato pela ação do intelecto agente, que as imprime na base do intelecto possível – que é pura potência intelectiva. Eis, em resumo, o caminho cognoscitivo humano de acordo com Santo Tomás: das espécies sensíveis o intelecto agente abstrai as espécies inteligíveis, que, sendo impressas nessa *tabula rasa* que é o intelecto possível, produzem o conhecimento. Em resumo, o intelecto *converte-se* aos fantasmas recebidos pelos sentidos internos (ou seja, volta-se a eles), iluminando-os e fazendo sua inteligibilidade passar da potência ao ato. (N. C.)

[335] Por falta de correlato etimológico na língua portuguesa, o adjetivo latino *"influxus, a, um"* se verte nesta obra principalmente como "infusos", "infusas". Não queremos com isso afirmar que a expressão signifique necessariamente o mesmo que o lat. *"infusus, a, um"*, termo em verdade não empregado nesta obra pelo Aquinate; mas fazemos esta observação porque seria arriscado tratar *influxus* e *infusio* como um modo totalmente idêntico de causalidade. Quanto ao substantivo *"influxus, us"*, por sua vez, não há dificuldade em vertê-lo por "influxo". Vale também observar que, posteriormente, a referida noção voltará a ser empregada com frequência nas questões 17 e 20. (N. T.)

[336] Platão, *Phaedo*, 73C-77A; *Timaeus*, 52A-53C.

[337] Avicena, *De Anima*, V, cap. 6, fol. 25vb ss: segundo a ed. Venetiis, 1508.

[338] Pseudo-Dionísio, *De Coelesti Hierarchia*, I, 2 (PG 3, 122).

[339] Aristóteles, *De Anima*, III, 7 (431a 14-15).

[340] Santo Tomás refere-se aqui às almas dos bem-aventurados, ou seja, daqueles que, mesmo antes do Juízo Final (e, portanto, antes da ressurreição dos corpos), gozarão da visão beatífica e terão as suas inteligências atuantes *sub lumine gloriae*. Essas almas conhecerão todas as coisas no plano natural ao contemplar o Verbo, o *Logos* divino; e por isto Santo Tomás afirma, em várias obras, que neste estado tais almas estarão *deificadas*, ou seja: conhecerão todas as coisas *em Deus*, mesmo sem estar unidas aos seus corpos. (N. C.)

[341] Com isto não afirma Tomás que o homem receba sua luz intelectual, que é inata, a partir das substâncias separadas, tal como delas pode receber espécies inteligíveis quando sua alma se separa da matéria. Esta luz intelectual (cuja virtude reside mais propriamente no intelecto agente) o homem recebe de Deus na criação de sua alma. A participação nela da substância separada consiste no fortalecimento desta luz, que é uma capacidade natural de qualquer intelecto separado superior a outro, seja o referido intelecto bom (anjos) ou mau (demônios). Cf. *De Ver* q11 a3 *corpus* e ad15; *In II Sent* d7 q2 a2 ad3. (N. T.)

[342] Quanto a este ponto – e a seus semelhantes abaixo (cf. ad10, ad18) –, poderia ocorrer ao leitor a seguinte dificuldade: Santo Tomás aqui mostra que a razão formal do ato de intelecção humano é a mesma, não obstante a origem das espécies inteligíveis nele empregadas, e por isso não se poderia objetar que a alma necessitaria de uma potência intelectiva formalmente distinta para inteligir separada do corpo. Não obstante, como podemos recordar, mostra-se na questão 7 (arg1, ad1, arg2, ad2) que a alma humana e os anjos não são de mesma espécie porque a razão de suas intelecções próprias é formalmente distinta, dado que à primeira convém por natureza a intelecção mediante fantasmas, e aos segundos mediante espécies infusas. Ocorre que a diferença de origem das espécies inteligíveis (ou seja: recebidas por influxo, ou a partir dos fantasmas) não constitui em si e por si o princípio de distinção formal no ato intelectivo; é antes o grau de universalidade das espécies inteligíveis adequado a cada natureza o que fundamenta a distinção formal entre seus atos intelectivos, e que exige então afirmar que as respectivas potências que os exercem

seriam formalmente distintas. Como vemos naquela mesma questão 7 (ad5), é com este fundamento que se afirma que também os intelectos angélicos diferem entre si em espécie, embora todos tenham espécies igualmente infusas. Assim, o fato de que ao homem convém por natureza inteligir mediante espécies recebidas dos fantasmas é condição que deriva da necessidade de que elas possuam o mais ínfimo grau de universalidade possível a um inteligível. Quando separada, a intelecção é proporcionada à alma mediante as espécies infusas menos universais; este modo direto, embora não lhe proporcione um ato intelectivo isento de dificuldades, tampouco exige da alma uma potência intelectiva formalmente distinta, devido à baixa universalidade das referidas espécies infusas. (N. T.)

[343] Cf. *De Ver* q11 a1 *corpus*.

[344] Cf. nota 334.

[345] Cf. *STh* I q88 a1-2; *CG* II c60; III c41-46; *De Ver* q10 a11; q18 a5; *In De Trin* q6 a3-4; *In II Metaph* lect1.

[346] Aristóteles, *Ethica Nicomachea*, X, 7 (1177a 11-18).

[347] Lat. *fit*. Esta forma médio-passiva tanto pode significar "torna-se (algo)", se usado com um complemento, quanto "gera-se" ou "é gerado", se usado sem complemento – o que remete à "geração" mencionada pouco antes. Como estes conceitos estão estreitamente conectados entre si, a objeção tem como fundamento algo mais do que um mero jogo de palavras. (N. T.)

[348] Santo Agostinho, *De Trinitate*, III, 4 (PL 42, 873).

[349] Santo Agostinho, *De Trinitate*, IX, 4 (PL 42, 963).

[350] O autor se refere aos corpos celestes. Cf. *STh* I q88 a1 arg5. (N. T.)

[351] Aristóteles, *De Anima*, III, 7 (431a 16).

[352] Aristóteles, *De Anima*, III, 7 (431b 19).

[353] Sobre o conceito, cf. também o *corpus* da questão 2.

[354] Aristóteles, *De Anima*, II, 2 (414a 4-14).

[355] Lat. *intelligibilia speculata* (ou, *speculativa*, segundo a edição Leonina). O termo é também empregado por Averróis, e em suas fontes latinas se encontra mais comumente sob a forma *intellecta speculativa*. Cf. Averróis, *Commentarium Magnum in Aristotelis De Anima*, III, 36 (ed. Crawford, p. 496, l. 505; p. 499, l. 560, 563, 584, *et passim*.) (N. T.)

[356] Literalmente, "far-se-á uno conosco".

[357] Quanto aos primeiros opinantes mencionados neste parágrafo, Santo Tomás se refere a Alexandre de Afrodísias; quanto aos últimos, refere-se a Temístio e a Averróis. Para uma contraposição mais detalhada destas opiniões, cf. *CG* III c42-43. Embora na presente passagem o Aquinate haja posto Averróis ao lado de Temístio, não obstante distingue com precisão as posições de um e de outro (cf., por exemplo, *De Ver* q18 a5 ad8). (N. T.)

[358] Aristóteles, *Ethica Nicomachea*, I, 9 (1099b 18-20).

[359] Aristóteles, *Ethica Nicomachea*, X, 7 (1177a 11-18).

[360] Aristóteles, *Ethica Nicomachea*, I, 7 (1098a 16-17).

[361] Aristóteles, *Ethica Nicomachea*, I, 13 (1102a 5-6; 1103a 4-6).

[362] Aristóteles, *Metaphysica*, I, 2 (982b 7-10).

[363] Cf. nota 55.

³⁶⁴ Platão, *Timaeus*, 52A.

³⁶⁵ Ou seja, não recebe forma... (N. T.)

³⁶⁶ Pseudo-Dionísio, *De Coelesti Hierarchia*, I, 2 (PG 3, 122).

³⁶⁷ No original latino, esta passagem abriga uma sutileza de termos que convém observar, em justificativa à tradução do termo *quia* pela conjunção "que", em vez de "porque": a conjunção *quia*, utilizada neste ponto e nos três outros "que" integrantes que se seguem, é normalmente um conector causal. Raramente é empregada como conjunção integrante – especialmente no latim de Tomás, onde vemos que, quando se expressa esta função mediante conjunção, utiliza-se quase invariavelmente o termo *quod*. Aqui, porém, vê-se *quia* nesta função, e assim a traduzimos igualmente pelo termo "que". Não obstante, o presente emprego deste termo tipicamente causal não é um descuido; o Aquinate está aqui remetendo o leitor a perceber na própria frase o que ele explica ao longo da passagem: que os conhecimentos que neste momento se postulam acerca das substâncias separadas são conhecimentos obtidos ao modo *"quia"* de demonstração, ou seja, dos efeitos às causas. Assim, a sentença: "podemos, acerca das substâncias separadas, de certo modo conhecer *que* elas são" nos aponta, ademais, que sabemos disso *porque* elas existem e enquanto são causas de certos efeitos, pelos quais alcançamos o conhecimento delas. (N. T.)

³⁶⁸ Aristóteles, *De Caelo*, I, 2 (269b 30); I, 3 (270a 12-22).

³⁶⁹ Lat. *cognoscere quid sunt*; ou seja: apreender positivamente sua quididade. Como foi dito, podemos antes saber *o que elas não são*, e a partir daí inferir certas características. (N. T.)

³⁷⁰ Aristóteles, *De Anima*, III, 4 (429b 7-9).

³⁷¹ Aristóteles, *Metaphysica*, IX, 9 (1051a 29-33).

³⁷² Forma "sua", porque a forma do inteligido (a espécie abstraída dos fantasmas) torna-se una com o intelecto que a recebe. (N. T.)

³⁷³ Cf. *STh* I q89 a2; *CG* III c45; *Quodl* III q9 a1.

³⁷⁴ Na questão anterior.

³⁷⁵ Proclo de Bizâncio, *Liber de Causis*, VIII, 16-20; ed. Bardenhewer, 172.

³⁷⁶ Aristóteles, *De Anima*, III, 4 (429a 23-24; 429b 5-9; 430a 3-9; 431a 14-16; 432a 3-8).

³⁷⁷ *A posteriori*: demonstração *quia*, ou dos efeitos para as causas. (N. T.)

³⁷⁸ *A priori*: demonstração *propter quid*, ou das causas para os efeitos. (N. T.)

³⁷⁹ Este é o caso dos homens, cujas formas inteligíveis são *abstraídas* das coisas, e por isso têm seu fundamento nelas. Já o modo angélico de conhecer não extrai das coisas as *species* inteligíveis, pois estas lhes foram infundidas na inteligência por Deus. E assim o anjo conhece sem mediação dos fantasmas, ou seja: de imagens provenientes dos sentidos internos – pois o anjo não os possui. (N. C.)

³⁸⁰ Pseudo-Dionísio, *De Divinis Nominibus*, IV, 23 (PG 3, 725).

³⁸¹ Santo Agostinho, *Confessiones*, V, 4 7 (PL 32, 708).

³⁸² Cf. *STh* I q89 a3-8; *CG* II c99-101.

³⁸³ Santo Agostinho, *De Divinatione Daemonum*, III (PL 40, 584).

³⁸⁴ Pseudo-Dionísio, *De Divinis Nominibus*, IV, 23 (PG 3, 725).

³⁸⁵ No contexto gnosiológico tomista, *assimilare* tem o sentido de "assemelhar-se". (N. T.)

³⁸⁶ Nesta passagem, Santo Tomás usa o conceito de infinitude com analogia de atribuição, pois não é possível uma infinitude numérica em ato, mas tão somente em potência (cf. *STh* I q7 a4 *corpus*). Apenas

a essência divina é infinita em ato (cf. *STh* I q7 a1 *corpus*), pois não se trata de uma infinitude numérica, e sim intensiva. Todas as demais infinitudes deste tipo correspondem a algum modo de participação na infinitude do ser de Deus – como o é o caso da alma, que, como diz Aristóteles, é em potência todas as coisas; trata-se de uma infinitude *secundum quid*, não *simpliciter*. (N. C.)

387 Santo Agostinho, *De Cura pro Mortuis Gerenda*, XIII-XV (PL 40, 604-606).

388 Aristóteles, *De Anima*, III, 5 (430a 10).

389 Aristóteles, *De Anima*, III, 5 (430a 14-17); 7 (431a 15-17).

390 *Glossa Interlineal*, IV, 102, v.

391 São Gregório Magno, *Dialogi*, IV, 34 (PL 77, 376); *Moralia*, XII, 21 (PL 75, 999).

392 Aristóteles, *De Anima*, III, 4 (429b 3-4).

393 Na questão 5.

394 Pseudo-Dionísio, *De Divinis Nominibus*, V, 9 (PG 3, 823).

395 São Gregório Magno, *In Evangelia*, II, 40 (PL 76, 1302, 1304).

396 *De Caelo* II, 7 (289a 11-35).

397 Proclo de Bizâncio, *Liber de Causis*, IX; ed. Bardenhewer, 173, 18.

398 Santo Agostinho, *De Genesi ad Litteram*, II, 8 (PL 34, 269).

399 Gênesis 1,6.

400 Versículo 7.

401 Versículo 7.

402 Aristóteles, *De Generatione Animalium*, V, 1 (778a 30-778b 1).

403 Orígenes, *De Principiis*, I, 6 (PG 11, 169).

404 Santo Agostinho, *De Divinatione Daemonum*, III-VI (PL 40, 584-588).

405 Ou seja, um conhecimento preciso do ente, que abrange adequadamente sua espécie. Neste contexto se lhe opõe a expressão *in universali*, que significa um conhecimento geral, incompleto e, por isso mesmo, potencial em certo sentido – assim como, entre os universais, o gênero tem sua unidade por indeterminação e é mais potencial que a espécie; o contraste entre conhecer uma essência apenas em seu gênero e conhecê-la em gênero, espécie e espécie especialíssima serve de guia a este resultado imperfeito da aplicação da luz intelectiva humana às formas que se lhes agregam após a morte. (N. T.)

406 Cf. nota 386.

407 Na questão 20.

408 Santo Agostinho, *De Natura Boni*, III (PL 42, 553).

409 Pseudo-Dionísio, *De Coelesti Hierarchia*, IV, 2 (PG 3, 180).

410 Naturalmente, isto não ocorre porque a inteligibilidade de uma forma se limite a seu residir neste ou naquele intelecto, mas porque as formas inteligíveis, tal como residem no intelecto angélico, são portadoras de intensidade e universalidade adequadas àquele mesmo intelecto, e por isso altamente inteligíveis *em si*, mas não *para nós*, cuja luz é ínfima. Sobre a intensidade de cada espécie e sua adequação ao intelecto que a possui, cf. questão 7 (ad5) e questão 15 *corpus*: "Para resolver esta dificuldade..." (N. T.)

411 Nesta passagem, "compreender" (lat. *comprehendere*) significa não só inteligir uma coisa, mas ter dela uma intelecção total e abarcante. (N. T.)

⁴¹² Evidentemente, a alma de Abraão é uma "substância separada" na medida em que é uma alma separada. E, no que tange a poder-se meramente conhecê-la, a alma não difere do anjo quanto a esse aspecto. (N. T.)

⁴¹³ Cf. *Sth* I q77 a8; *In IV Sent* d44 q3 a3 qc1-2; d50 q1 a1; *Quodl* X q4 a2; *CG* II c81; *De Virt Card* a4 ad13.

⁴¹⁴ Santo Agostinho, *De Genesi ad Litteram*, XII, 32 (PL 34, 480).

⁴¹⁵ Aristóteles, *De Anima*, III, 9 (432b 5-7).

⁴¹⁶ Pseudo-Dionísio, *De Divinis Nominibus*, IV, 23 (PG 3, 725).

⁴¹⁷ Santo Agostinho, *De Genesi ad Litteram*, XII, 32 (PL 34, 480).

⁴¹⁸ Proclo de Bizâncio, *Liber de Causis*, XIII; ed. Bardenhewer, 176, 8.

⁴¹⁹ São Gregório Magno, *In Evangelia*, II, 40 (PL 76, 1302, 1304).

⁴²⁰ O Doutor Comum refere-se, nesta passagem, ao princípio de identidade. Assim, ao dizer que a alma sensitiva e a racional são idênticas segundo o ser e a substância, Santo Tomás está aludindo ao princípio metafísico segundo o qual a igualdade é o uno *na quantidade*, a semelhança é o uno *na qualidade* e a identidade é o uno *na substância*. Assim, visto que as almas sensitiva e racional não são dois entes distintos, mas integram uma só e mesma substância (ou seja, a alma), por este motivo diz-se que são *idênticas* segundo o ser e a substância. (N. C.)

⁴²¹ Aristóteles, *De Memoria et Reminiscentia*, I (450a 14).

⁴²² Aristóteles, *Ethica Nicomachea*, III, 9 (1117b 22-23).

⁴²³ Aristóteles, *De Anima*, I, 4 (408b 21-22).

⁴²⁴ Aristóteles, *De Anima*, II, 2 (413b 24-27).

⁴²⁵ Aristóteles, *De Generatione Animalium*, II, 3 (736b 22-24).

⁴²⁶ São João Damasceno, *De Fide Orthodoxa*, II, 23 (PG 94, 949).

⁴²⁷ Em Santo Tomás, *De Spirit Creat* a11 ad12.

⁴²⁸ Aristóteles, *De Somno et Vigilia*, I (454a 8).

⁴²⁹ Platão, *Phaedrus*, 245C-246A; 253C-256A.

⁴³⁰ Alcher de Claraval (Pseudo-Agostinho), *Liber de Spiritu et Anima*, XV (PL 40, 791).

⁴³¹ Santo Agostinho, *Retractationes*, II, 24 (PL 32, 640).

⁴³² Santo Agostinho, *De Genesi ad Litteram*, XII, 33 (PL 34, 481).

⁴³³ Cf. *STh Supplementum IIIae* q69.

⁴³⁴ Santo Agostinho, *De Trinitate*, XIV, 8; 12 (PL 42, 1044; 1048).

⁴³⁵ Cf. nota 334.

⁴³⁶ Cf. *STh* I q89 a4; *CG* II c100; *De Ver* q19 a2; *In IV Sent* d50 q1 a3.

⁴³⁷ Lat. *influxas*. Cf. nota 335.

⁴³⁸ Lat. *in quantum convenit cum illo in ente*; literalmente, na medida em que convém com ele no ente. Naturalmente, não se denota com estes termos uma conveniência de análogos *num mesmo ente concreto*, mas que sua analogia se funda em que ambos os termos são entes e, cada um a seu modo, derivam seus atributos deste mesmo transcendental. (N. T.)

⁴³⁹ Questões 15 e 18 (*corpus*).

⁴⁴⁰ Lat. *reducere*. Cf. nota 20.

⁴⁴¹ Cf. Aristóteles, *Analytica Posteriora*, I, 72a 29-30.

442 Literalmente: "o verme da consciência". A expressão deriva do Antigo Testamento (Is 61,24). Embora pouco empregada no Português atual, ela se manteve, por exemplo, na correspondente tradução francesa (*"le ver de la conscience"*). Como vimos (cf. nota 84), por ser a consciência a aplicação de uma determinada ciência a algo, não pode ela significar, em termos metafísicos, um hábito ou potência, mas um ato. Assim, quando a ciência se aplica a algo com o intuito de dirigir, diz Santo Tomás que a consciência instiga, induz ou obriga; e quando se aplica a algo para examinar o que se fez, diz-se que a consciência acusa ou remorde (*accusare vel remordere*, cf. *De Ver* q17 a1 *corpus*). O "verme da consciência" é uma metáfora relativa a este escrutínio moral dos males realizados. (N. T.)

443 Hebreus 1,14.

444 Lat. *factivae*.

445 Pseudo-Dionísio, *De Divinis Nominibus*, VII, 2 (PG 3, 870): "A sapiência divina, conhecendo-se a si mesma, tudo conhece: de modo imaterial, as materiais; de modo indiviso, as divididas; de modo único, as múltiplas, tudo conhecendo e produzindo por ele próprio, que é uno".

446 Pode o leitor perguntar-se por que aquilo que obtemos mediante abstração é apenas o que de universal e formal há na coisa. Ocorre que, como nossas faculdades perceptivas dispõem-se passivamente à origem de seus objetos, apenas podemos captar-lhe o que deriva de seu princípio ativo, e é a forma o componente atual da essência composta. Cf. *De Ver* q8 a11 *corpus*: "Já as formas que estão no intelecto especulativo surgem em nós, de certa maneira, a partir da ação das próprias coisas. Ora, mas toda ação provém da forma. Portanto, naquilo que compete à virtude do agente, não se dá em nós, a partir das coisas, nenhuma forma senão as que são semelhanças da forma. Não obstante, também ocorre que se dê *per accidens* uma semelhança das disposições materiais, na medida em que são recebidas num órgão material (o qual recebe materialmente), e assim retêm-se algumas condições da matéria. Por isso ocorre que o sentido e a imaginação conheçam os singulares. No entanto, como o intelecto recebe de modo totalmente imaterial, as formas que se encontram no intelecto especulativo são semelhanças das coisas apenas segundo suas formas". Também *In IV Sent* d50 q1 a3 *corpus*: "Naquela cognição que se dá mediante formas recebidas das coisas, estas são causa de cognição mediante sua ação. Portanto, como toda ação provém da forma, e a forma é – no que lhe cabe de si – universal, tem-se que pelo referido modo não se pode chegar à cognição das coisas singulares. Pois por tal modo não se conhece a matéria, que é princípio de individuação, senão no universal, na medida em que ela tem relação com a forma universal (assim como aquele que conhece o "curvo" conhece um nariz na medida em que este é sujeito de "curvo"), exceto quando tais formas são recebidas individualmente, tal qual encontram-se nas coisas fora da alma, que é o que ocorre nas potências cognoscitivas que possuem órgão corporal". (N. T.)

447 Questões 15 e 18 (*corpus*).

448 Questão 18 (*corpus*).

449 No texto leonino, a sexta resposta inexiste no texto corrente. Não obstante, fizemos uso da que consta na edição de Turim, também citada na Leonina em forma de nota. (N. T.)

450 Cf. especialmente Aristóteles, *Metaphysica*, XI, 1066b 21-25. Também Santo Tomás, *In XI Metaph* lect10 n2327-2353.

451 Questão 15 (*corpus, in fine*).

452 Dois dos quatro sentidos internos. Cf. nota 94.

453 Cf. *STh* I q64 a4 ad1; *CG* IV c90; *In II Sent* d6 q1 a3; *In IV Sent* d44 q3 a3 qc3; *De Ver* q26 a1; *De Spirit Creat* a1 ad20; *Quodl* II q7 a1; III q10 a1; *Com Th* I c180.

Notas

⁴⁵⁴ Na questão 19.

⁴⁵⁵ Aristóteles, *De Generatione et Corruptione*, I, 7 (324a 34-35).

⁴⁵⁶ Sobre a teoria da quintessência, cf. Aristóteles, *De Caelo*, I (269b 13). Resumidamente, menciona-a Tomás (*Super Meteora* I lect2 n2) junto com os quatro outros princípios corpóreos: "Determinou-se, tanto no livro *Sobre o Céu* quanto em *Sobre a Geração e a Corrupção*, que, entre aqueles princípios corporais que servem de princípio a outros corpos, um é o princípio daqueles corpos a partir dos quais se constitui a natureza dos que são circularmente motores, ou seja, as esferas e estrelas. E tal princípio chama-se *quinta essência*, a partir da qual se formam as coisas daquele tipo. Já os outros princípios (dos corpos inferiores) são quatro, em função das quatro qualidades tangíveis primeiras, que são princípio de ação e paixão: o quente, o frio, o úmido e o seco. Destas resultam apenas quatro combinações possíveis: pois quente e seco é o fogo, quente e úmido é o ar, fria e úmida é a água, fria e seca é a terra. (Que algo seja quente e frio, ou úmido e seco, é impossível.)" (N. T.)

⁴⁵⁷ Santo Agostinho, *De Genesi ad Litteram*, XII, 16 (PL 34, 467).

⁴⁵⁸ *Glossa Ordinaria, Ad Romanos*, 11:24 (PL 114, 508).

⁴⁵⁹ Aristóteles, *De Anima*, II, 5 (417b 23-24).

⁴⁶⁰ Santo Agostinho, *De Genesi ad Litteram*, XII, 32 (PL 34, 481).

⁴⁶¹ São João Damasceno, *Dialogus contra Manichaeos*, 36 (PG 94, 1542).

⁴⁶² São Gregório Magno, *Moralia*, XXXIV, 19 (PL 76, 738).

⁴⁶³ Orígenes, *De Principiis*, II, 10 (PG 11, 236).

⁴⁶⁴ Santo Agostinho, *De Civitate Dei*, XXI, 10 (PL 41, 724-725).

⁴⁶⁵ São Gregório Magno, *Dialogi*, IV, 29 (PL 77, 368).

⁴⁶⁶ São Gregório Magno, *Dialogi*, IV, 30 (PL 77, 368).

⁴⁶⁷ São Gregório Magno, *Dialogi*, IV, 30 (PL 77, 368).

⁴⁶⁸ Santo Agostinho, *De Civitate Dei*, XXI, 10 (PL 41, 724-725).

⁴⁶⁹ Santo Agostinho, *De Civitate Dei*, XXI, 10 (PL 41, 724-725).

Dados Internacionais de Catalogação na Publicação (CIP)
(Câmara Brasileira do Livro, SP, Brasil)

Tomás de Aquino, Santo, 1225-1274.
  Questões disputadas sobre a alma / de Aquino, Santo Tomás; tradução de Luiz Astorga. – São Paulo: É Realizações, 2012. – (Medievalia)

  Título original: Quaestiones disputatae de anima
  ISBN 978-85-8033-122-6

  1. Filosofia medieval 2. Tomás de Aquino, Santo, 1225-1274
I. Título. II. Série.

12-15041   CDD-189

Índices para catálogo sistemático:
1. Filosofia medieval   189

Este livro foi impresso pela Gráfica Vida & Consciência para É Realizações, em maio de 2014. Os tipos usados são da família Sabon Lt Std e Trajan Regular. O papel do miolo é off white norbrite 66g, e o da capa, cartão supremo 250g.